亚洲金融科技发展报告

主　编　吕明霞　伍旭川　王正位
副主编　黄余送　梅　琼　刘　飞

责任编辑：吕　楠
责任校对：孙　蕊
责任印制：张也男

图书在版编目（CIP）数据

亚洲金融科技发展报告 / 吕明霞，伍旭川，王正位主编. —北京：中国金融出版社，2019.10

ISBN 978 – 7 – 5220 – 0119 – 7

Ⅰ. ①亚… Ⅱ. ①吕… ②伍… ③王… Ⅲ. ①金融—科技发展—研究报告—亚洲 Ⅳ. ①F833

中国版本图书馆 CIP 数据核字（2019）第 100667 号

亚洲金融科技发展报告
Yazhou Jinrong Keji Fazhan Baogao

出版 发行	中国金融出版社
社址	北京市丰台区益泽路 2 号
市场开发部	（010）63266347，63805472，63439533（传真）
网上书店	http://www.chinafph.com
	（010）63286832，62658686（传真）
读者服务部	（010）66070833，62568380
邮编	100071
经销	新华书店
印刷	北京市松源印刷有限公司
尺寸	169 毫米 × 239 毫米
印张	22
字数	392 千
版次	2019 年 10 月第 1 版
印次	2019 年 10 月第 1 次印刷
定价	78.00 元
ISBN 978 – 7 – 5220 – 0119 – 7	

如出现印装错误本社负责调换　联系电话（010）63263947

序言

中国金融科技发展了多年，技术和应用已经走在世界前列，子行业第三方支付、网络借贷、互联网理财等已经较为成熟。中国金融科技企业这两年越来越多地布局到东南亚地区，尤其是第三方支付，走在世界前列。金融科技出海成为时下的热点，也是中国金融科技发展到一定程度的必然之路。在此背景下，嘉银新金融研究院依托于已有的对亚洲部分国家和地区的研究报告，适时推出此书，旨在为行业贡献一份智力支持，也为更多的中国金融科技出海企业提供帮助，让它们了解各国相关的宏观经济情况、金融科技情况，以及各子行业的发展情况，尤其是监管政策。同时，此书对于想了解亚洲，尤其是中国、印度和东南亚地区金融科技发展情况的读者而言，是很好的参考用书，可以让他们快速了解整个亚洲的金融科技概况。本书由嘉银新金融研究院组织编写，特别感谢中国人民银行金融研究所互联网金融研究中心和清华大学金融科技研究院相关专业研究人士的大力支持。参与编写的人员有：吕明霞、伍旭川、王正位、黄余送、梅琼、刘飞、卜永强、贺裴菲、胡安子、金阳阳、刘学、李玮琦、秦鹏、王彦囡、王达、张晓艳，在此对所有参与本书撰写和给予修改建议的人员表示感谢。另囿于视角差异，本书难以翔实向大家介绍各个国家和地区的各个行业发展情况，可能有不当之处。由于编者水平有限，本书难免有错漏之处，也请读者提出宝贵意见。

《亚洲金融科技发展报告》编委会

顾　问：严定贵　宋　茜
主　编：吕明霞　伍旭川　王正位
副主编：黄余送　梅　琼　刘　飞
成　员：（按姓氏拼音排序）
　　　　卜永强　贺裴菲　胡安子
　　　　金阳阳　刘　学　李玮琦
　　　　秦　鹏　王彦囡　王　达
　　　　张晓艳

主要编撰单位简介

嘉银新金融研究院

嘉银新金融研究院为嘉银金科（NASDAQ：JFIN）旗下互联网金融行业研究平台。嘉银新金融研究院致力于新金融领域的研究，关注监管走向、行业动态、科技创新、专家观点；同时聚焦全球化国际视野，探索海外发展趋势，为国内行业发展及创新提供智力支持。嘉银新金融研究院在未央网、零壹财经、凤凰网等开辟了专栏，定期输出专业观点，并荣获2018年未央网"最佳机构专栏"称号。

支持单位简介

极融云(上海)企业发展有限公司

极融是嘉银金科旗下金融科技输出品牌,公司总部位于上海,是专注于提供互联网金融技术解决方案的创新型高新科技企业,帮助银行和非银行金融机构构建自主、可控、贴合的大数据风控体系和一站式互联网信贷解决方案,同时于2017年布局东南亚金融科技市场,服务助力出海东南亚市场的企业,至今已帮助多家客户落地印度尼西亚、马来西亚市场、菲律宾及越南等市场。

极融金融科技团队,来自蚂蚁金服、微软等知名企业。团队聚焦使用大数据、AI人工智能与云计算等前沿技术实现为金融机构提供极致高效、便捷的智慧金融解决方案与全场景服务,帮助金融机构得到极致的用户体验。

总　论 ··· 1

第一篇　中国篇

第一章　内地 ··· 11
第一节　中国宏观环境 ··· 11
第二节　中国金融科技概况 ··· 14
第三节　中国网络借贷行业 ··· 15
第四节　中国支付行业 ··· 30
第五节　中国征信行业 ··· 44
第六节　中国互联网理财行业 ··· 63
第七节　中国众筹行业 ··· 71
本章小结 ·· 80

第二章　香港 ··· 82
第一节　香港宏观环境 ··· 82
第二节　香港金融科技概况 ··· 85
第三节　香港网络借贷行业 ··· 95
第四节　香港支付行业 ··· 95
第五节　香港互联网理财行业 ··· 96
本章小结 ·· 97

第二篇　印度篇

第三章　印　度 ··· 101
第一节　印度宏观环境 ··· 101

第二节　印度金融科技概况 ·· 103
第三节　印度网络借贷行业 ·· 106
第四节　印度互联网支付行业 ·· 121
第五节　印度征信行业 ··· 125
第六节　印度个人理财行业 ·· 135
第七节　印度众筹行业 ··· 150
本章小结 ·· 167

第三篇　东南亚篇

第四章　印度尼西亚 ·· 171
第一节　印度尼西亚宏观环境 ·· 171
第二节　印度尼西亚金融科技概况 ··································· 174
第三节　印度尼西亚理财市场 ·· 176
第四节　印度尼西亚信贷市场 ·· 184
第五节　印度尼西亚网络借贷行业 ··································· 190
第六节　印度尼西亚支付行业 ·· 206
第七节　印度尼西亚征信行业 ·· 219
第八节　印度尼西亚众筹行业 ·· 226
本章小结 ·· 234

第五章　菲律宾 ·· 237
第一节　菲律宾金融科技和普惠金融概况 ······················· 237
第二节　菲律宾网络借贷行业 ·· 239
第三节　菲律宾支付行业 ·· 243
第四节　菲律宾征信行业 ·· 248
第五节　菲律宾金融科技监管 ·· 252
本章小结 ·· 257

第六章　新加坡 ·· 259
第一节　新加坡宏观环境 ·· 259
第二节　新加坡金融科技概况 ·· 261
第三节　新加坡网贷与众筹行业 ······································ 262
第四节　新加坡支付行业 ·· 266
第五节　新加坡互联网理财行业 ······································ 268
第六节　新加坡保险科技行业 ·· 272

	第七节 新加坡监管沙盒	277
	本章小结	281
第七章	**马来西亚**	**283**
	第一节 马来西亚宏观环境	283
	第二节 马来西亚金融科技概况	285
	第三节 马来西亚网络借贷行业	288
	第四节 马来西亚支付行业	293
	第五节 马来西亚众筹行业	300
	本章小结	305
第八章	**泰　国**	**306**
	第一节 泰国宏观环境	306
	第二节 泰国金融科技概况	309
	第三节 泰国网络借贷行业	313
	第四节 泰国支付行业	319
	第五节 泰国众筹行业	324
	本章小结	327
第九章	**越　南**	**329**
	第一节 越南宏观环境	329
	第二节 越南金融科技概况	333
	第三节 越南网络借贷行业	335
	第四节 越南支付行业	337
	第五节 越南众筹行业	339
	本章小结	340

总　论

近年来，亚洲国家和地区在金融科技创新发展领域的发展可谓突飞猛进，并且已经在全球金融科技创新和发展领域占据了重要地位。然而，从整体上看，亚洲各个国家和地区在金融科技创新发展方面非常不平衡，不同国家和地区之间的金融科技发展水平仍然存在巨大差异。本报告选择了亚洲典型国家和地区，对其金融科技发展现状进行分析。从金融科技的发展水平以及未来的发展潜力方面来看，可以将亚洲国家和地区的金融科技发展划分为三个梯队。

第一梯队：中国、中国香港、新加坡

从互联网基础设施完善程度、金融科技投融资额、各种金融科技业态的创新发展以及金融科技监管与相关法律法规的完善程度等各个方面来看，中国内地当之无愧地成为亚洲范围内金融科技创新发展的"领头羊"，而且从未来发展趋势来看，中国内地无疑将持续保持金融科技创新发展的良好势头，并继续引领亚洲地区乃至全球金融科技的发展。中国香港和新加坡同属于全球区域性金融中心，不仅具有高度发达的金融服务业，对发展金融科技也高度关注，新加坡还积极推动监管沙盒，意图吸引全球金融科技创新企业落地发展。总的来看，中国内地、中国香港地区以及新加坡金融科技发展在亚洲处于前列。

中国互联网络信息中心（CNNIC）在发布的第43次《中国互联网络发展状况统计报告》显示，截至2018年12月末，中国网民规模达8.29亿，普及率达到59.6%。随着金融科技基础设施的完善，以及移动支付的普及、征信大数据的积累、反欺诈模型的迭代，线上信贷市场呈现爆发式发展。云计算、大数据、生物识别、区块链和人工智能等新兴技术已日渐成熟，并为金融业的发展提供了突破性的技术方案，深度影响传统金融业的发展，金融科技企业面临更大的发展空间。首先，中国金融科技营收总规模保持高速增长。根据前瞻产业研究院发布的《中国科技金融服务深度调研与投资战略规划分析报告》数据，中国金融科技企业2017年营收总规模达到6541.4亿元，同比增长55.2%。其次，互联网巨头争相打造金融科技生态圈。互联网巨头阿里、腾讯等，凭借其自有生态圈的打造，利用金融服务有效融入客户生活场景中，迅速占领零售金融市场。最后，中国金融科技融资领跑全球，获资本高度认可。零壹财经发布的《全球FinTech投融资全景报告》显示，2018年中国金融科技公司融资笔数高达617笔，占全球的55.5%。2018年中国金融科技融资总额约为3283亿元，占到全球的74.6%，2018年中国金融科技投融资继续领跑全球。

从网络借贷行业来看，中国网贷行业市场规模雄踞全球首位，但在严监管的背景下，近年来行业深度洗牌，加速"出清"，地方监管备案、银行资金存管规范等合规工作是主旋律，大数据风控能力作为核心竞争力的作用进一步凸显，网贷企业布局境外市场，境外上市热潮将继续。从支付行业来看，网络支付业务高速增长，移动支付占总体比率不断扩大，移动支付呈现双寡头竞争格局；收购价格水涨船高，存量牌照价值凸显。由于申牌通道关闭，行业进入存量洗牌期，预计未来几年小型第三方支付公司或被大型互联网或互联网金融企业收购，收购潮继续涌现。行业领先的支付机构加速布局海外市场，金融科技出海继续成为热潮。在征信行业，目前主要互联网征信机构的模型多是基于自身平台的金融交易、电商交易、社交或生活数据，是非结构化数据，在个人信息保护、与传统征信系统对接以及监管合规等方面仍有很多工作需要完成。从互联网理财行业来看，近几年余额宝的火热可见一斑，低净值客户的投资热情不断高涨。互联网理财的便利性使得消费者得以轻易参与其中，金融交易门槛降低。但互联网理财在带来便利和快捷的同时，也蕴藏着风险。在网络众筹方面，中国众筹行业处于发展调整阶段，行业开始呈现二八格局，优质平台发展良好，但同时也存在同质化严重、创新不足的问题。

作为全球最具吸引力的经济体之一，中国香港软实力雄厚，主要体现为法制健全、产权保护有力、社会安全、政府透明度高。回归二十多年来，中国香港经济在震荡中显示出特有的韧性。1997—2016年期间，中国香港经济年均增长率达到3.4%，明显高于同期全球发达经济体2.1%的年均增幅。近年来，中国香港金融业复苏明显。搭乘工业革命和全球化发展的快车，中国香港凭借独特的地理区位优势，成为全球最重要的金融与贸易中心之一。中国香港在金融服务和数码基础设施方面均达到世界级水平：中国香港具有稳健的金融基础设施，提供跨币种、多层次的平台，覆盖银行、股票及债券等多种不同的资金融通渠道，符合最高的国际标准，契合中国香港经济发展的需要；早在1999年，中国香港拥有全亚洲首屈一指的电讯基础设施、超过130个互联网服务供应商、接近100万个互联网用户及稳健增长的互联网使用率。在金融科技的创新平台上，中国香港已依托数码港创建了中国香港"FinTech大本营"。数码港早在2014年前就已经开始重点发展金融科技群组，至今已汇聚了超过200家金融科技公司，并提供超过4万平方英尺专为FinTech而设的共用工作间，成为各类金融科技公司的落脚点。目前，中国香港金融科技领域投资也超过了新加坡。2016年中国香港金融科技融资总额1.7亿美元，从业人员约8000人；新加坡金融科技融资总额8600万美元，从业人员约7000人。在所有调查的市场中，中国香港金融科技使用比例最高，达到29.1%，其次为美国（16.5%）、新加坡（14.7%）及英国（14.3%）。中国香港作为老牌的亚洲金融中心，高度重视金融科技创新发展为中国香港发展带来的新机遇，并始终致力于通过培育金融科技创新，巩固和提升中国香港在全球金融市场的地位和影响力。

金融科技创新浪潮不仅催生了人工智能、虚拟现实、区块链等新技术的涌现，促进金融和科技行业的深度融合，还将重塑金融产业的版图。作为老牌亚洲金融中心，中国香港正力争重塑自我，在竞争激烈的环球经济圈中，升级成为亚洲领先的金融科技中心。近年来，中国香港金融科技产业链发展日益成熟。目前，已有数百家金融科技初创企业落户中国香港，多家"创业加速器"（Accelerator）及多个由本地和大型金融机构运营的"创新实验室"，正在加快中国香港金融科技业的发展。中国香港政府也投入大量资金，从多方面完善中国香港的金融科技生态系统，包括促进大学创科研发，推动"再工业化"，扶植创新科技型初创企业和资助中小企升级转型。中国香港充分具备成为亚洲主要金融科技枢纽的优越条件，尤其在网络融资领域，更可发挥融资平台的优势。特别是，中国香港拥有毗邻中国内地的区域优势，使其他城市很难取代。中国香港金融管理局（HKMA）出台的多项措施，包括加强跨境金融科技合作、培训人才、金融科技监管沙盒升级版2.0等，为中国香港金融科技行业的快速发展奠定了基础。然而，中国香港要成为亚洲区域金融科技中心，应开放更多机会给银行从业人员和信息科技专才，并积极吸纳国际金融科技公司在中国香港设立据点。中国内地无疑在全球金融科技发展中占据领先地位。中国香港要巩固其国际金融中心的地位，推动金融科技这个新兴产业的发展是正确而关键的一步，假以时日，金融科技必定能够为中国香港带来远超传统金融板块的经济效益。

新加坡作为"亚洲四小龙"之一，曾在1960—1984年间创造过年均GDP增长9%的经济神话。2008年国际金融危机对新加坡经济冲击巨大，新加坡经济由高速发展转入中低速发展阶段。受国际、国内多种因素的挑战和制约，新加坡经济发展在2010年之后逐步放缓。新加坡确定了全力发展FinTech产业、努力打造FinTech枢纽的新战略，推出了一整套激励、协助和吸引全球科创企业、银行、保险等组织积极参与、合作共赢的新举措。2015年下半年以来，新加坡政府决心将FinTech作为建设"智慧国家"的首要发展任务，不遗余力推动FinTech企业、行业和生态圈的发展，立志成为世界智能科技大国和金融科技中心。2015年8月，新加坡金融管理局（MAS）设立金融科技和创新团队，投入2.25亿新加坡元推动"金融领域科技和创新计划"，鼓励全球金融业在新加坡设立创新和研发中心，支持金融科技项目的开发与应用。2016年5月专门成立金融科技署，管理金融科技相关业务，为企业提供一站式服务，提升新加坡金融科技枢纽地位。为了引导和促进FinTech产业的持续健康发展，MAS于2016年6月推出"监管沙盒"，为FinTech产业创造一个友好的制度环境。在诸多政府支持性政策的激励下，新加坡逐渐成为亚太地区FinTech初创企业培育的首选，并有望成为全球FinTech枢纽和中心之一。

作为全球资本进出亚太地区的跳板，新加坡有着十分成熟的金融产业，能提供全方位的金融服务，为金融科技发展提供坚实的基础。在完善的金融监管体制下，新加坡具有高度发达的资本市场，是亚太地区首屈一指的外汇交易市场，也是该地区最具有吸引力的财富管理中心。众多国际大型金融机构落足新加坡，辐射东南亚地区，形成了金融机构集群。在成熟的金融产业之上，新加坡政府当局十分鼓励金融业的创新与技术应用，使得金融科技能够在新加坡顺利发展壮大。根据新加坡已有的金融科技产业来看，新加坡在金融科技发展方面后来居上，无论是保险科技、数字金融、智能理财都能够在东南亚地区位居前列。

第二梯队：印度

印度作为亚洲金融科技的第二梯队，主要是基于它庞大的人口规模和经济发展潜力。在金融科技创新领域，目前印度正在进入快速成长期。据不完全统计，截至2017年5月初，印度互联网金融独角兽公司数量已超过10家，仅次于美国和中国,广泛分布在电子商务、社交、本地生活、大数据、移动广告等多个领域。总体来看,印度的金融科技整体处于快速发展阶段,巨大的潜力正逐步释放,受到资本市场的狂热追捧,尤其是网贷、互联网支付、征信、个人理财、众筹等子行业发展迅速且各具特点。印度的网络借贷平台具有一些比较明显的优点:透明度较高,信息披露全;对出借人资质有要求;灵活性大;其市场发展空间较大。互联网支付行业相对发展较快,目前三大企业为Paytm、Freecharge、MobiKwik,都是从电子钱包系发展来的互联网支付公司。印度的征信行业处于初始发展阶段,其四大信用信息局均是由国际领先的征信机构参与的公私合营企业。印度信用信息市场的开放性,很好地平衡了市场竞争和保护国内企业的双重需要,形成了包含数据收集、数据处理、形成产品和产品应用等环节的完整征信产业链,但由于数据源的限制,基本都是信贷机构的数据,面临的主要挑战如下:数据质量、消费者教育和意识、争议解决机制、中小企业信用数据发展迟缓。印度的线上理财行业伴随着印度经济高增长而快速成长,金融业态比较齐全和多样化,与个人投资密切相关的是银行储蓄、黄金、房地产、共同基金、理财服务市场,不过市场之间的异质性强。印度的众筹行业发展处于早期,2014年以来呈指数增长趋势,相当多的众筹平台获得了数额巨大的融资,但众筹行业缺乏明确的监管,主要监管机构印度证券交易所(SEBI)尚未出台监管法规。总体上看,印度人口数量庞大,近年来经济发展显著,金融科技开始迅速发展,市场有很大的潜在空间,但是也面临不少的挑战。总之,印度金融科技的发展非常值得期待,对印度国内外的企业都是难得的机遇。

第三梯队:马来西亚、印度尼西亚、泰国、越南、菲律宾

需要指出的是,可以将"第三梯队"进一步划分为三个层次:第一,马来西亚。马来西亚金融科技发展基础较好,近年来发展速度也比较快,属于第三梯队中的"领头羊"。第二,印度尼西亚。虽然印度尼西亚目前在金融科技发展水平上仍处于"第三梯队",但是与印度一样,其国内人口庞大,互联网基础设施建设速度较快,金融科技创新发展的潜力也非常大,未来仍有望成为亚洲地区金融科技创新发展新增长极。第三,泰国、越南和菲律宾。这三个国家互联网基础设施相对较为薄弱,金融科技创新发展在亚洲地区属于

起步阶段。

马来西亚数字科技的良好发展环境，为金融科技创新提供了沃土。马来西亚的金融科技行业包括支付、电子钱包、加密币、众筹、理财、区块链、P2P等多个细分领域。越来越多的公司进入马来西亚金融科技市场，支付和数字钱包仍然是马来西亚金融科技场景最典型的代表。相较于东南亚的其他国家，马来西亚在金融科技立法方面是最先进、最完善的国家之一。马来西亚致力于通过渐进的、迅速响应监管来提高金融服务的质量和效率。近年来，马来西亚监管机构对金融科技持相对开放的态度，马来西亚中央银行自2016年以来颁布了几项重要措施，其中最重要的是马来西亚金融科技监管沙盒的发布。值得注意的是，马来西亚总体上还是亚洲司法管辖复杂度最低的国家之一，对网贷和众筹行业的监管并没有使投资人敬而远之。相反，马来西亚是网贷和股权众筹运营的风水宝地，是第一个出台网贷和股权众筹政策的东盟国家，相比东盟其他国家具有先发优势。总体上，马来西亚金融科技发展处于发展阶段，但其拥有庞大的互联网用户，享有丰富的资源，加上监管层的大力支持和推动，仍然是东南亚金融科技市场的重要组成部分。

截至2018年下半年，印度尼西亚金融科技协会统计到市场已注册的金融科技企业有167家，主要分布在支付和网络借贷这两大子行业。印度尼西亚基于较好的互联网基础设施和快速的经济增长，金融科技市场在蓬勃发展中。就网络借贷行业而言，监管政策已经出台，平台只能作为运营方，做借款人和投资人的撮合。截至2018年末，获得OJK注册登记的平台有87家，获得正式经营许可的只有金光集团旗下的Danamas平台。平台模式也较为多样化，有面向个人和中小企业的贷款，也有特定用途和场景的贷款。中国一些知名网贷企业也已经开始布局，有几家已经在OJK注册。就互联网支付而言，由于印度尼西亚居民持卡率不高以及线下支付的便捷性，尽管有了第三方支付公司，但是发展比较缓慢。印度尼西亚支付市场仍以线下支付为主，网购支付更多采用"线上选购+线下支付"的方式进行。目前印度尼西亚支付服务机构虽然有80~100家，但行业内尚未形成"独角兽"式竞争态势。印度尼西亚有信息信用局，有查询信用的系统，主要是传统银行和非银行金融机构提供的数据。征信行业目前覆盖人群少，很多印度尼西亚人并没有征信记录。目前第三方征信和大数据公司的发展也处于刚开始发展阶段，国内Advance AI和同盾科技等已经在运营。印度尼西亚的金融科技处于快速成长阶段，在监管政策上借鉴了其他国家的经验。为了鼓励金融科技的发展，印度尼西亚监管部门的监管政策更多倾向于鼓励和支持的政策。未来，印度尼西亚金融科技仍然面临着很多挑战：需要更明确的规则；需要更多的合作；人才缺乏；金融素养有待提高。这些都需要在金融科技的进一步发展过程中逐步得到解决。

受泰国政府"4.0战略"的驱动，近两年来，泰国公共及私人部门对金融科技的兴趣显著增加。近些年泰国新成立了不少金融科技公司，提供的金融服务形式更加多元化：一是支付、汇款业务，目前已得到消费者的广泛认可；二是P2P借贷业务，可以帮助个人客户快速获得贷款；三是开始向个人理财市场渗透，通过开发股价分析与评估交易机会系统，为个人和机构参与股票市场交易提供支持服务；四是搭建众筹系统，为企业提供在线筹资服务。泰国金融科技发展主要围绕网贷、支付汇款、保险征信、财务比较、个人理财、众筹等方向发展。由于尚处于行业发展初期，目前泰国金融科技企业数量仍然有限，但是企业融资金额在飞速增长，近五年复合增长率高达383%。从全球金融科技发展态势以及泰国经济社会的发展来看，各类企业对泰国金融科技的信心都在不断增强，一些机构认为泰国正处于电子商务和金融科技服务大爆发的前夜。从整体上看，泰国国内对发展金融科技相对乐观。2016年泰国金融科技协会成立，会员数量达114家，协会为金融科技创业企业建立了一个国家级的金融科技沙盒，帮助初创企业进行产品测试以及寻求融资，致力于成为促进金融科技创业公司、大型银行和投资者之间沟通的网络化俱乐部。现在该协会更加关注为金融科技创新型企业创造一个良好的发展环境。在各方因素综合作用下，预计泰国金融科技行业有望实现快速发展。

随着互联网技术延伸到各个行业，越南也顺应全球化趋势发展金融科技。目前已约有80家金融科技创业公司在越南开展各领域的相关业务，但是金融科技在越南仍处于起步阶段，一些初创公司并不会与银行竞争，而是利用技术帮助银行连接商家和用户。具体而言，这些公司将向越南国家银行（SBV）申请提供支付中介服务的许可证，以便与银行合作向消费者提供相关产品和服务。越南金融科技的参与者主要有当地企业家、移动和互联网运营商、当地银行等机构以及国外投资者等，最近几年市场对金融科技领域的投入加大，不时有投资并购事件发生，金融科技企业的创业氛围良好，环境逐渐开始成熟。目前越南金融科技主要由数字支付、个人理财和企业融资、数字支付解决方案三大领域主导，具体细分领域有个人理财、P2P借贷、POS管理、众筹、支付、金融产品比较、比特币/区块链、货币转账及数据管理等。截至2017年，数字支付解决方案占据整个金融科技市场份额的89%，但在未来的几年里，预计越南将见证金融科技其他领域的长足发展，包括随着P2P贷款兴起的个人理财和企业融资、机器人顾问、众筹投资和其他信用评分等。随着东盟和整个亚洲地区风险投资公司数量的增加，投资者现在正在关注越南金融科技创业公司的情况。然而，金融科技行业的增长需要强大的法律框架，越南政府已开始注意到金融科技的崛起，并于2017年成立了金融科技指导委员会，以改善生态系统，与私营企业密切合作，增加数字服务的可及性，并建立积极的法律框架，以促进金融科技在越南的发展。

菲律宾金融科技相对弱小，处于初创期，以移动支付和创新融资为主，但近年来行业融资金额暴增。截至2017年底，菲律宾有60家金融科技初创企业，2017年市场交易额估计为550万美元，预计将以每年19%的速度增长，2021年市场规模或达到1100百万美元。目前已经成立了非政府组织菲律宾金融科技协会，但会员数量较少。虽然菲律宾网贷和支付行业与其他国家和地区（如欧洲、美国、中国）相比还很落后，但是其直接进入了移动互联网时代，客观上存在巨大的人口红利、语言和文化的便利性等优势，具有比较大的发展潜力。但是，由于其网络基础设施较差，导致其金融科技创新的成本高、效率低、效果差，其监管政策风险较大，且市场竞争加剧，大浪淘沙后一旦形成垄断或寡头垄断，则对后布局者不利。此外，互联网征信发展滞后阻碍了菲律宾网贷和支付行业的发展。

本书选择亚洲部分典型国家和地区，力图向读者全面展示亚洲金融科技发展水平、发展现状和发展潜力，希望能使大家在读完本书后对亚洲金融科技发展状况有一定了解。

第一篇　中国篇

第一章 内 地

第一节 中国宏观环境

一、居民可支配收入持续增加,理财需求持续增长

中国国家统计局数据显示,2011年中国居民人均可支配收入为14551元,2018年增加至28228元,增长约94%。瑞信发布全球财富报告认为,中国家庭财富总量仅用15年就完成了从6.3万亿美元到23万亿美元的增长,同样的增幅美国花了33年。

中国居民可支配收入持续增长,财富的积累导致对金融资产的配置需求加大,传统理财市场(尤其银行理财、公募基金以及股票市场等大众资金较为集中的渠道)投资门槛有一定限制,未能全部满足居民理财需求。此外,长尾客户端需求的提升,要求理财机构能够提供差异化的财富管理方式,降低门槛和运营成本,同时提升投资效率和回报率。

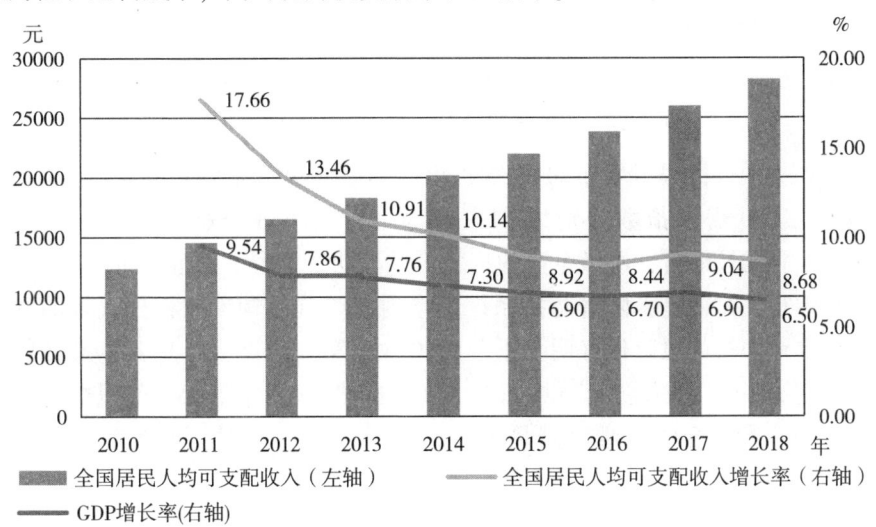

资料来源:中国国家统计局、嘉银新金融研究院整理。

图1-1 2011—2018年中国居民人均可支配收入及增长率、GDP增长率

二、小微企业融资难的问题亟待解决

小微企业融资是一个世界性难题，但又是不得不解决的问题。第五次全国金融工作会议指出，金融是实体经济的血脉，为实体经济服务是金融的天职，是金融的宗旨，也是防范金融风险的根本举措。因此国家层面要建设普惠金融体系，加强小微企业、"三农"和偏远地区的金融服务。

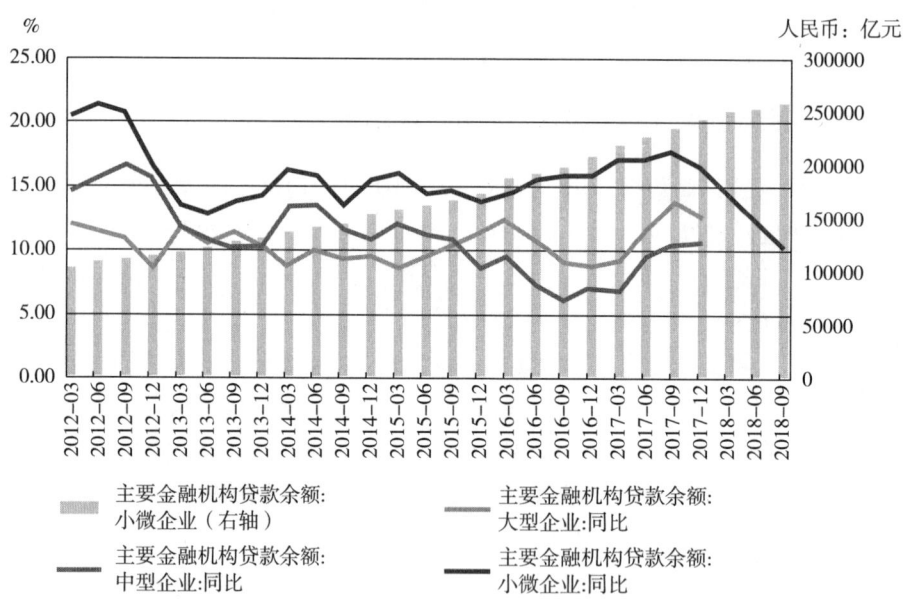

资料来源：Wind，嘉银新金融研究院整理。

图1-2 主要金融机构对各类型企业贷款余额

根据中国人民银行发布的《2018年第四季度银行家问卷调查报告》，大中型企业贷款需求指数分别为54%和56.6%，小微企业贷款需求指数达67.9%。相比较而言，小微企业的贷款需求长期高于大中型企业的贷款需求。

更值得注意的是，随着防控系统性金融风险和结构性去杠杆政策的逐步落地，商业银行的风险偏好明显下降，2018年第二季度银行贷款审批指数为44%，创2015年以来新低（见图1-3）。虽然2018年第三、第四季度有所回升，但银行资金供应难以满足企业的资金需求，特别是小微企业的资金缺口。

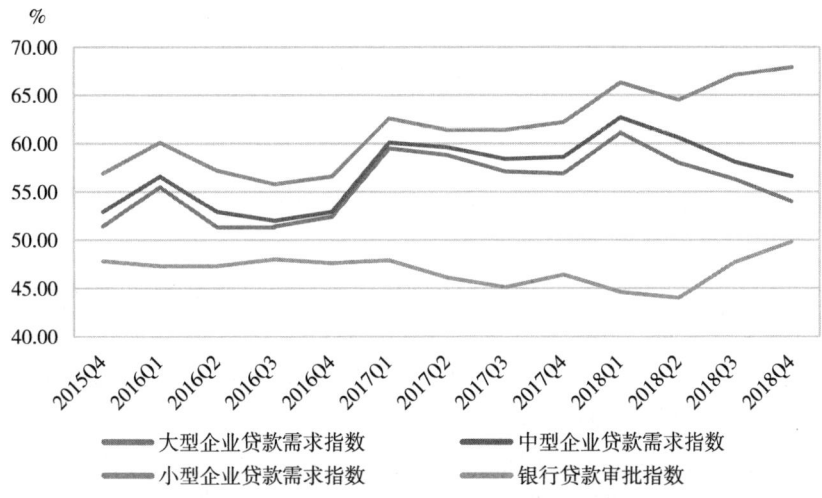

资料来源：中国人民银行，嘉银新金融研究院整理。

图1-3 大中小微企业贷款需求和银行贷款审批指数

三、互联网普及率高，基础设施逐步完善

中国互联网络信息中心（CNNIC）发布的第43次《中国互联网络发展状况统计报告》显示，截至2018年12月，中国网民规模达8.29亿，普及率达到59.6%。

伴随着移动互联网迅速发展，截至2018年底，中国手机网民规模达到8.17亿，网民中使用手机上网人群的占比由2017年的95.5%提升至98.6%；中国移动支付用户规模持续扩大，用户使用习惯进一步巩固，网民线下消费使用手机网上支付比例由2017年的65.5%提升至67.2%。

随着金融科技基础设施的完善，以及移动支付的普及、征信大数据的积累、反欺诈模型的迭代，线上信贷市场呈现爆发式发展。艾瑞报告指出，在"线上获客，大数据风控，IT系统构建，贷后管理"四个领域中，不同程度引入金融科技元素后的泛线上信贷领域迎来大规模爆发，2017年交易规模超过10万亿元，到2020年复合增长率高达57.36%。云计算、大数据、生物识别、区块链和人工智能等新兴技术日渐成熟，为金融业的发展提供了突破性的技术方案，深度影响传统金融业的发展，也促使金融科技企业获得更大的发展空间。

第二节 中国金融科技概况

一、中国金融科技营收总规模保持稳定增长

根据前瞻产业研究院发布的《中国科技金融服务深度调研与投资战略规划分析报告》数据，2014年中国金融科技营收规模不到700亿元，之后呈现高速增长状态，2017年中国金融科技营收总规模达到6541.4亿元，同比增速超过55.2%。目前，中国的金融科技服务于金融机构，更偏重实际业务的后端，并不是金融产业链中利润最丰厚的一环，短时间内金融科技营收规模很难迎来爆发式增长，或将保持稳定增长。前瞻研究院预测2020年中国金融科技营收规模将达到近2万亿元。

二、互联网巨头争相打造金融科技生态圈

互联网巨头阿里、腾讯等，凭借其自有生态圈的打造，利用金融服务有效融入客户生活场景中，迅速占领零售金融市场。从业务模式上看，线上线下高度融合，产业链条完整，包含支付、借贷、资产管理、信用积分（征信）等，见图1-4。

三、中国金融科技融资领跑全球，获资本高度认可

根据零壹财经发布的《全球FinTech投融资全景报告》显示，2018年全球金融科技融资总额达到4403亿元，较2017年和2016年分别增长173%和232.7%。全球范围内金融科技投资热度持续高涨。

2018年，全球金融科技融资总额TOP3为综合金融、网贷和区块链。纵观近3年的走势，网贷、区块链、支付、汽车金融、大数据等多行业融资金额持续走高，其中区块链和大数据尤为明显。据零壹智库不完全统计，2018年综合金融领域融资高达1600多亿元，大额融资案例较多，其中蚂蚁金服Pre-IPO融资140亿美元。

2018年中国金融科技公司融资笔数高达617笔，占全球55.5%，美国和印度紧随其后。2018年中国金融科技融资总额约为3283亿元，占到全球的74.6%，美国507.4亿元，印度和英国分别为163.6亿元和99.8亿元。2018

第一篇 中国篇

年中国金融科技投融资继续领跑全球。

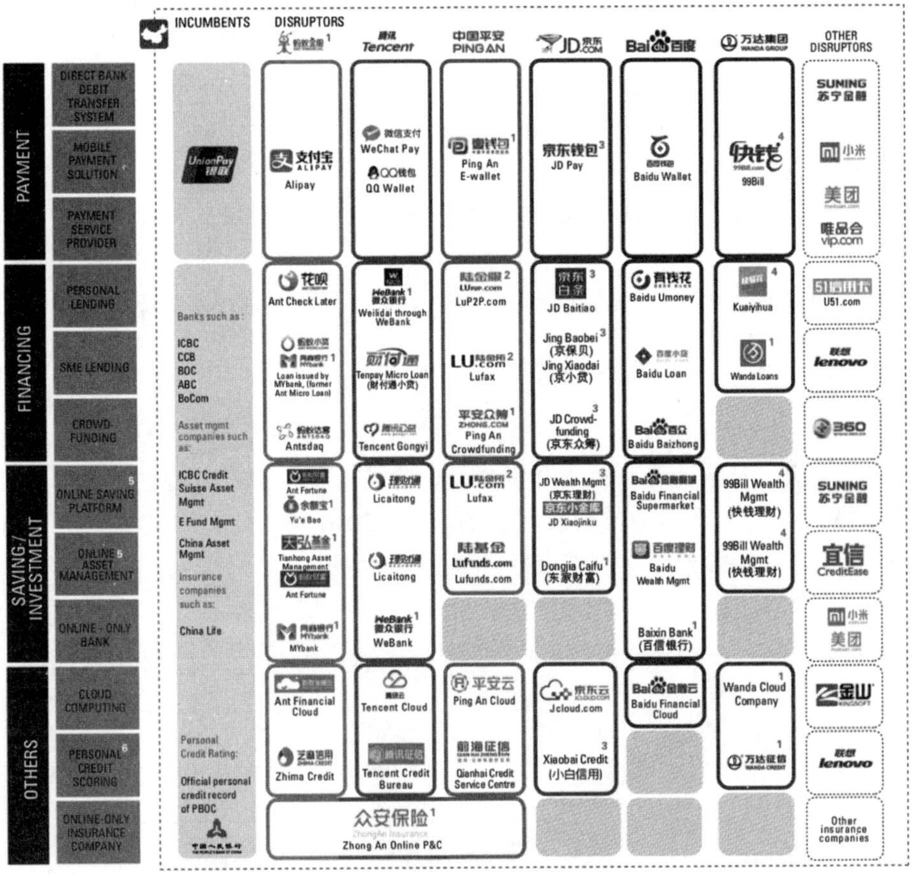

资料来源：高盛资本研究报告。

图1-4 中国金融科技生态圈

第三节 中国网络借贷行业

一、行业发展概况

从2007年第一家网贷平台上线以来，中国网络借贷行业（以下简称P2P或网贷）发展逾十个年头。2007年拍拍贷上线，标志着中国网贷业务的开端。2009年，红岭创投上线，成为首家采用本金垫付模式的平台，很快被推广开

15

来。2011年，采用O2O模式的你我贷上线。2012年，国内首家拥有银行背景的P2P平台——陆金所上线。这一时期平台主要分布在上海、深圳等地区，经过多年发展，这些老平台在网贷行业仍然举足轻重。2013年，在余额宝的带动下，中国网贷平台随风而起，随着平台数量的增加，网贷行业也进入快速扩张阶段，2013年也成为互联网金融发展的元年。

随着2015年底e租宝事件爆发，2016年监管开始强势介入网贷行业，各项网贷监管政策陆续出台。2017年开展了互联网金融风险专项整治工作，2017年也被称之为网贷行业的"合规元年"。2018年在监管趋严背景下，网贷平台加速整改、清退。网贷行业经过逾十年的发展，呈现出如下特点。

（一）网贷行业进入调整阶段，投资人回归理性

如图1-5所示，2018年网贷行业成交量和余额分别达到了1.8万亿元和0.79万亿元。从增速看，2015年网贷行业的成交量和余额增速达到顶峰，均超过250%。随着政策的出台及行业的调整，2016年开始，网贷成交量和网贷余额增速放缓，2018年网贷余额甚至出现负增长。

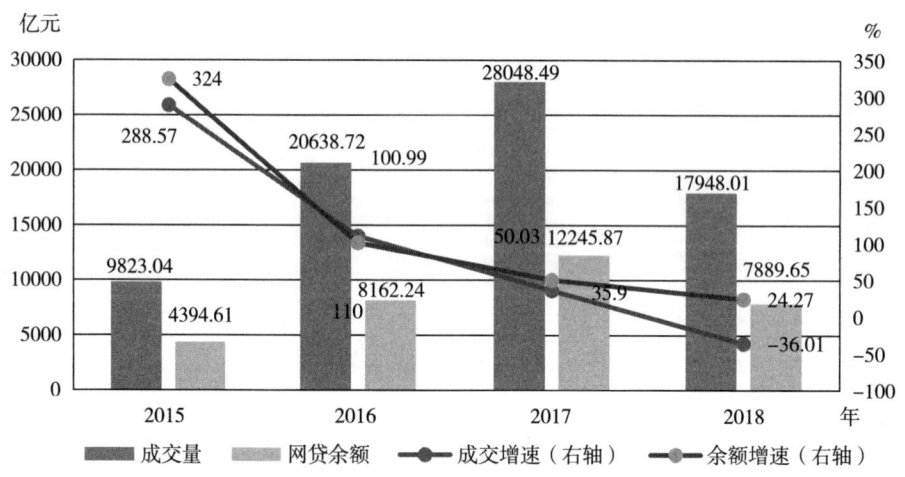

注：2018年贷款余额仅包括本金不包含利息。
资料来源：网贷之家，嘉银新金融研究院整理。

图1-5 网络借贷成交量、余额及增速

从2016年下半年开始，网贷综合收益率降至10%以下。其中原因如下：一方面，由于体量靠前的平台，大部分都具有强大背景，比较受投资人青睐，但其综合收益率相对较低；另一方面，应监管政策要求，资产端借款利率也在逐步下行，综合影响网络借贷行业综合收益率下行。综合收益率下降的背

后是借款利率的下行，投资人回归理性。

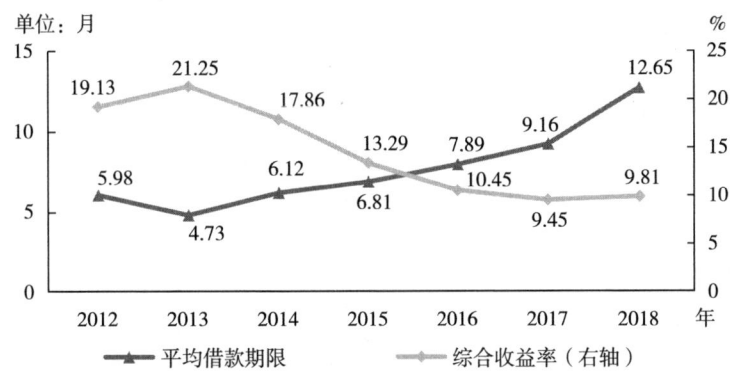

资料来源：网贷之家，嘉银新金融研究院整理。

图 1-6　网贷行业平均借款期限和综合收益率

在监管趋严的背景下，现金贷、活期等不合规产品下线，限额要求等也促使借款期限上升，截至2018年底，平均借款期限超过12个月。

（二）网贷平台资产端争夺激烈

随着监管趋严，单一平台个人20万元、企业100万元的借款额度限制，以及借款综合费率36%被视为监管不能逾越的"红线"。同时，监管明确确定了网贷平台信息中介的角色，禁止销售保险、理财产品，综合理财服务平台的概念被监管否定。

过去几年，很多平台都是关注营销、品牌、流量，通过融资、追求规模，希望通过资本市场实现财富增值，不关心资产质量。随着平台资产端进一步收窄，校园贷、金融交易所等业务相继被禁，现金贷也受到整顿，网贷行业也回归理性，更加注重优质资产。在网贷同质化趋势越发明显的情况下，对资产的争夺成为网贷平台脱颖而出的制胜法宝。作为探索自营资产的先行者，你我贷、积木盒子等平台优势凸显。

（三）网贷行业获资本认可，平台扎堆境外上市

随着2013年互联网金融概念的正式提出，各地方正式鼓励互联网金融企业的政策纷纷出台。此时，中国P2P成立时间较短，处于烧钱阶段，需要资金来扩展业务，支撑平台的运营和发展，网贷行业吸引了大量风投进入，一些具有国资背景的公司及上市公司也参与到P2P行业中。2014年开启了资本狂潮之后，2015年网贷行业的风险投资热潮依然不减。根据盈灿咨询数据的

统计，2014年全年网贷行业有35起风险投资，2015年上半年就达到34次。值得注意的是，大部分获得风投的平台处于A轮融资阶段，这和行业现状不无关系。

从2015年底宜人贷纽交所上市，直到2017年，伴随着"金融科技"概念在全球持续发酵，互联网金融掀起了一波境外上市潮。如表1-1所示，2015年以来有多家网络借贷平台企业到境外上市。

表1-1　　　　　　部分网络借贷平台上市时间和地点

时间	上市主体（涉及平台）	上市地点
2015年12月	宜人贷	纽交所
2017年4月	信而富	纽交所
2017年10月	趣店	纽交所
2017年11月	和信贷	纳斯达克
2017年11月	拍拍贷	纽交所
2017年12月	乐信	纳斯达克
2018年3月	爱鸿森	纳斯达克
2018年3月	积木集团（积木盒子）：借壳上市	港交所
2018年5月	点牛金融	纳斯达克
2018年9月	小赢科技（小赢理财）	纽交所
2018年11月	微贷网	纽交所
2018年12月	嘉银金科（你我贷）：提交材料阶段	纳斯达克

资料来源：公司公告，嘉银新金融研究院整理。

中国互金企业之所以选择在美国和中国香港等境外上市，主要看重的还是其资本市场的发达成熟和积极开放。其一，制度上。美国和中国香港所实行的是注册制，我国境内实行的是审核制。2018年IPO发行审核明显趋严，过审率低于往年。截至2018年12月16日，中国证监会的过审率为55%，相较2017年的76%出现明显下降。短期内50%的过审率可能是常态。且互金企业的境内上市通道基本处于关闭状态。其二，理念上。美国市场突出信息披露，我国境内对企业盈利有强制要求。互金企业成长具有高度的不确定性，美国证监会以充分信息披露为核心、不涉及商业判断的理念，符合互金行业的特征。其三，境外对中国概念股态度友好。近年来，因为中国概念股有国内经济和金融发展前景做支撑而在美国受到投资者追捧，企业也获得了更多融资。而港交所引入同股不同权的制度，让互金平台可以在不影响经营高管决策话语权的情况下，释放更多股份用于股权激励，以吸引人才。

虽然境外上市条件相对宽松，但上市也并非易事。上市筹备是一个漫长的过程，互金企业要面临准备材料、交易所问询、解释商业模式及产品、业务披露等难点。因此，仍然只有小部分优秀的互金平台才能完成境外上市。

二、中国网贷行业监管

2014年4月21日，中国银监会举行新闻发布会，明确表示P2P网络借贷平台要明确四条红线：一是要明确平台中介性质；二是要明确平台自身不得提供担保；三是不得归集资金搞资金池；四是不得非法吸收公众资金。2015年7月，中国人民银行等十部委印发《关于促进互联网金融健康发展的指导意见》（以下简称《指导意见》），被业内称为互联网金融的"基本法"，《指导意见》给予网络借贷明确定位即个体网络借贷机构要明确信息中介性质，主要为借贷双方的直接借贷提供信息服务，不得提供增信服务，不得非法集资。网络借贷业务由中国银监会负责监管，P2P网络借贷告别"无监管"时代。

如表1-2所示，2016年8月至2018年12月，随着《网络借贷信息中介机构业务活动管理暂行办法》的发布，P2P网贷行业的银行资金存管、备案、信息披露三大主要合规政策悉数落地，网贷行业初步形成了较为完善的"1+3"政策制度体系。

表1-2　　2016年以来网络借贷行业发布的重要监管政策

时间	部门	文件名称	主要内容
2016年8月24日	银监会、公安部、工信部、互联网信息办公室四部委	《网络借贷信息中介机构业务活动管理暂行办法》	确立了网贷是信息中介的定位，规定了借贷余额上限等内容
2016年10月28日	银监会、工业和信息化部、工商总局	《网络借贷信息中介机构备案登记管理指引》	对网贷机构的备案制定相关标准
2017年2月22日	银监会	《网络借贷资金存管业务指引》	明确存管行必须为商业银行，并进一步规范银行资金存管的基本模式和业务流程，让银行和平台有政策可依
2017年8月24日	银监会	《网络借贷信息中介机构业务活动信息披露指引》	明确了网络借贷信息中介业务活动中应当披露的具体事项、披露时间、披露频次及披露对象等
2017年12月1日	互联网金融风险专项整治、P2P网贷风险专项整治工作领导小组办公室	《关于规范整顿"现金贷"业务的通知》	对现金贷的概念进行了界定，指出了现阶段现金贷存在的问题，并对潜在的金融风险和社会风险提出了警示

续表

时间	部门	文件名称	主要内容
2017年12月8日	P2P网络借贷风险专项整治工作领导小组办公室（网贷整治办）	《关于做好P2P网络借贷风险专项整治整改验收工作的通知》	2018年4月底完成辖内主要P2P机构备案登记工作，6月底之前全部完成，并对债转转让、风险备付金、资金存管等关键性问题进一步的解释说明
2018年8月17日	全国P2P网络借贷风险专项整治工作领导小组	《关于开展P2P网络借贷机构自律检查工作的通知》《P2P合规检查问题清单》（包含108条）	明确了统一备案标准；在关联融资、自动投标、银行存管等关键问题做了适当的调整
2018年12月19日	互联网金融风险专项整治工作领导小组办公室、P2P网贷风险专项整治工作领导小组办公室	《关于做好网贷机构分类处置和风险防范工作的意见》（第175号文）	主要明确下一阶段的整治工作的主要方向是机构退出。除部分严格合规的在营机构外，其他机构能退尽退，能关尽关。同时还对各类机构进行分类并公布了具体处置方式

资料来源：银监会官网，嘉银新金融研究院整理。

由于多项政策的出台，中国逐渐形成了对网贷行业较为完整的监管体系，从经营资质、借款利率、借款上限等方面均作出具体要求。除银保监会、地方金融局等监管部门外，行业协会在网络借贷行业发展中也发挥了积极作用。2017年11月，中国互联网金融协会与8家征信机构共同发起成立个人征信机构——百行征信。

表1–3　　　　　　　　　　中国网贷监管要求

平台定位	网络借贷信息中介
监管机构	银保监会（原银监会和原保监会合并）、地方金融局
行业自律组织	中国互联网金融协会、地方互联网金融协会
相关资质	地方金融局备案、增值电信业务经营许可证
借款限额	单一平台个人借款不超过20万元，累计不超过100万元 单一平台企业借款不超过100万元，累计不超过500万元
借款利率	不得超过36%
资金存管	银行资金存管，中国互联网金融协会评估存管银行白名单
信息披露	根据信息披露指引披露信息，包括余额、收益率、期限、逾期等信息

资料来源：公开资料，嘉银新金融研究院整理。

2016年8月24日,《网络借贷信息中介机构业务活动管理暂行办法》规定,网贷平台整改过渡期限为12个月。2017年12月下发的《关于做好P2P网络借贷风险专项整治整改验收工作的通知》(第57号文),要求各地要在2018年4月底之前完成辖内主要P2P机构的备案登记工作,6月底之前全部完成。但2018年6月底大限已过,网贷备案再度延期,网贷平台的跑路、爆雷等现象频出,行业一度跌入低谷。

随后,全国P2P网络借贷风险专项整治工作领导小组办公室下发了《关于开展P2P网络借贷机构合规检查工作的通知》,一同下发的还有《P2P合规检查问题清单》,本次合规检查应于2018年12月底前完成。该文件的下发对当前阶段的网贷行业具有重要的作用,也是一系列网贷配套政策的重要环节。

网贷的监管是一个持续的过程,更重要的是设立和完善退出机制和保障机制。如今行业洗牌提速,有很多能力偏弱的机构陆续退出。在监管层、行业协会和平台的共同努力下,最后应该会有一些真正具备实力的合规平台脱颖而出。

三、网贷业务模式及特点

(一) 网贷业务模式

在监管政策出台前,中国的网络借贷平台业务模式主要有三种,也就是效仿国外的纯线上平台模式、本土化的线上线下相结合的O2O模式以及线下债权转让模式。

1. 纯线上平台模式——拍拍贷

纯线上平台模式典型的是2007年成立的拍拍贷,其最初的定位就是信息中介,借款人和投资人都从线上获取信息,平台无担保只做信息撮合,投资人自己承担出借后产生的逾期坏账风险。它贯彻了国外多数P2P"金融脱媒"的理念,主要为借贷双方提供信息流通交互、信息价值认定和其他促成交易完成的服务,但不作为借贷资金的债权债务方。P2P网贷平台作为单纯的网络中介存在,负责制定交易规则和提供交易平台,从用户开发、信用审核、合同签订到贷款发放等整个业务主要在线上平台完成。纯线上模式的P2P网贷平台的优势在于相对规范透明,但在初期也存在着数据获取难度大以及坏账率高的缺陷,正是这种缺陷制约了当时的纯线上平台模式的快速发展。

由于没有线下审贷环节,产品也会相对单一并以小额借款为主。在纯线上模式中，对贷款人的信用审核是通过搭建数据模型来完成的，利用模型对采集到的相关信息进行分析，从而对借款人给出一个合理的信用评级和安全的信用额度。这也是美国 P2P 公司 Lending Club 采用的方式。但是，如何获得进行信用测评的个人或企业的征信数据对于当时我国的 P2P 网贷公司来说是一大难题。拍拍贷调用的是借款人的网络购物和社交圈数据等，并与众多的数据中心展开合作，包括公安部身份证信息查询中心、工商局、法院等。

2. 线上线下相结合的 O2O 模式——你我贷

O2O 模式，也就是线上投资人获取和撮合再结合线下借款人获取和征信的模式，典型的有你我贷、积木盒子等，一般也采用了风险备用金或担保模式。由于中国本身的征信特点以及投资人希望获取固定收益为回报而不是通过定价来自己承担风险，因此 P2P 来到国内后模式发生了一些变化。在当时征信很不完善的中国，线下的征信十分重要。

在纯线上模式中，利用数据建模进行审核相较于传统的审核方式节省了人力成本。但是，基于缺失的数据建立起来的数据模型也存在一定问题，这种问题导致的直接后果就是信用审核可靠性降低，风险控制不成熟，逾期率和坏账率普遍偏高。所以，为了降低风险，提高收益，不少 P2P 网贷公司选择只在线上完成筹资部分，在线下同时获取借款人和信用审核等工作，并且借助 O2O 模式建立有效的风控体系，其中的代表就是你我贷和积木盒子等。这样做的根本原因就在于我国还没有一个健全的征信及信用评分体系，不能对债务人进行线上的统一的信用评分，线上线下相结合的模式，很好地降低了交易风险，也是符合当时中国国情的切实做法。

你我贷平台上线于 2011 年，以个人和小微企业主的借款为主，2017 年以前在全国有不少分公司，主要做资产端的获客和征信。线上线下相结合的模式，其优势在于 P2P 网贷公司在线上吸引出借人，并公开借贷业务信息以及相关法律服务流程，而线下则强化风险控制、开发贷款端客户。比如，借款人在你我贷线上提交借款申请后，平台会通过所在城市的门店采取入户调查的方式审核借款人的资信、还款能力等情况，进行严格的筛选和审核后，才能进入合格标的范围，其风控较为严谨。

3. 线下债权转让模式——宜信

线下债权转让模式主要是指专业放贷人先用自有资金放贷，通过金额拆分和期限错配而形成债权包，然后转让债权。宜信是线下债权转让模式的代表，核心交易结构为宜信的创始人唐宁或其他超级放款人提前放款给需要借款的用户，再把获得的债权进行拆分组合打包成类固定收益的产品，并通过销售队伍将其销售给投资理财客户。宜信首先在全国大规模建立其直销队伍，设立直销门店，专门用来销售其类理财产品的债权包。这种模式由于通过债权的组合拆分，实现了产品的标准化及类固定收益化，同时克服了线上模式极度依赖用户主动寻求贷款因而发展速度缓慢的劣势。

而2012年成立的宜人贷，则是转变为O2O模式，线上主要作为推广和获取投资人的平台和营销渠道，资产端对接宜信的借款产品。

直到2015年12月的e租宝事件后，中国银监会等四部委联合发布《网络借贷信息中介机构业务活动管理暂行办法（征求意见稿）》，拉开P2P网贷行业监管序幕。2016年8月出台了正式的暂行办法，10月国务院办公厅出台《互联网金融风险专项整治工作实施方案》，2017年2月银监会出台《网络借贷资金存管业务指引》等，一系列政策的出台和专项整治，以及地方的相关细则出台，使得网贷平台的模式发生了激变。

由于信息中介的定位（实际上平台过往更多的是承担信用中介的职能），以及单一平台存在企业100万元和个人20万元的借款最高限额，还有平台自身不得担保，如有担保需要找融资性担保公司或保险公司等一系列的监管要求，以及十条负面清单，网贷平台纷纷开始整改或者转型。

因此，在监管政策出台后，从平台业务模式看，线下债权转让模式被明令限制，因为投资人和借款人需直接签订合同，同时资金需要银行存管，过往的超级放款人模式不合规。线下获取投资端用户是禁止的，而O2O模式中借款人线下能否获取借款存在争议。因此注重合规性的平台也采用纯线上模式，关闭了线下借款和征信的门店，走上了纯线上获取投资人和借款人以及纯线上征信的模式。另外一些之前做企业借款为主的平台，一般要求有抵押物，但由于企业借款超过了100万元的借款限额，因此也开始转型推出了纯线上获取借款人的小额信用贷款产品。总体来看，监管政策出台后，纯线上模式成为行业的主流，你我贷也在2017年全部关闭了线下获取资产的门店，成功地实现了资金端和资产端的纯线上化。

（二）担保模式

在无监管的环境下，国内网贷平台发展迅速，除了之前提到的拍拍贷等采用无担保模式外，大多数平台都采用了风险备用金模式和担保模式，甚至还有不少是平台自担保。当时很多的P2P网贷平台，都有本息保障条款，一旦投资者借款出现逾期，平台将根据相关规则垫付。2014年，银监会相关领导多次提到了四条红线，也就是明确平台的中介性质、平台本身不得提供担保、不得搞资金池、不得非法吸收公众资金，但并没有相关细则，国家对于互联网金融总体持鼓励的态度。因此，2014年后平台自身不得提供担保已经明确。2016年8月，银监会发布网贷监管细则——《网络借贷信息中介机构业务活动管理暂行办法》，明确规定平台作为信息中介，自身不得担保，可采用第三方担保和保险承保模式。从目前各地监管口径来看，风险备用金模式还存在争议。

1. 无担保模式

如上文提及，拍拍贷最初的模式就是定位为信息中介，借款人和投资人都从线上获取，平台不做担保，只做信息撮合，投资人自己承担出借后产生的逾期坏账风险。拍拍贷是当时为数不多的坚持效仿美国Lending Club模式、不进行垫付本息的平台。另外还有点融网，在业务之初也做信息中介，没有垫付担保。但由于投资人对平台的不够信任和借款人端风险识别的困难，平台也开始对部分产品采用风险备用金模式，如拍拍贷，后来又改为第三方担保。

2. 风险备用金模式

风险备用金模式是中国的创新担保模式，被广泛采用，有你我贷、宜人贷等。风险备用金计提是指平台根据借款人的信用等级，计提一定比例的金额放入备用金账户。这个风险计提比例动态调整，根据信用等级和违约率适度调整。平台设计的计提比例一般都是尽量能覆盖平台正常的逾期风险。如果有逾期，备用金账户的资金会按照规定给予垫付，如果逾期后有资金催收成功，也会将资金放入风险备用金账户。平台主要的目的还是为了尽可能保证投资人的安全，这是风险备用金设计的基本思想，但这并不等同于兜底。如果风险备用金不足以赔付，就只能按债权比例去赔付。正常情况下，平台计提的风险备用金是足以应付违约风险的，但是如果经济出现大的波动，违约率出现异常上升，那么备用金不足以应对。

在监管明确后，风险备用金模式也被第三方担保模式替代。如你我贷，也从之前的风险备用金模式，改为了第三方担保模式。

3. 第三方担保模式

"担保公司"运营模式，是由第三方担保公司或关联担保公司为投资者的本金及利息提供担保,当借款人无法还款时,由第三方担保公司或关联担保公司先行偿付,有代表性的是陆金所。陆金所的全称为上海陆家嘴国际金融资产交易市场股份有限公司,于2011年成立,是中国平安保险(集团)股份有限公司旗下成员之一。后来由于监管原因,P2P业务独立出来,平台为陆金服。其采用的也是线上线下相结合的经营模式,陆金所委托中国平安旗下的平安融资担保(天津)有限公司对借款方的信用进行审查与核实,提供担保。投资者投标时,无法看到借款人信息和具体的资金用途,陆金所对此的解释是,平安融资担保公司已经为投资者做过筛选和鉴别的工作,逾期和坏账都由担保公司全额赔付。另外,还有积木盒子也采用了第三方担保模式。当时积木盒子与河北投融合作,但后来也爆出问题,担保公司无法偿付。

在监管政策出台及互联网金融整治过程中,担保模式也随之变化,平台自身不得担保,如有担保也只能通过有资质的第三方担保,如保险公司承保和融资性担保公司担保。去担保是监管部门所希望的,既然监管对网贷平台的定位为信息中介,去担保是相对应的。但是,实际上中国的平台要运作,由于征信体系和投资人教育的不足,做到纯粹的信息中介很难,无担保还是比较难以吸引投资人的青睐,这也是在风险备用金模式不适用后,不少平台改为了第三方担保,通过与有融资性担保资质的担保公司合作。而行业中有保险公司背景和资源的平台极少,较少的平台采取了保险公司承保模式,但后来也暴露出了不少问题。后续监管层对担保模式的态度和政策变化,需要密切关注。

(三) 产品特点

P2P行业一直处于无准入门槛、无规范操作标准、无金融监管的"三无"状态,因此,在国家鼓励互联网金融的大背景下,互联网金融企业创新能力强,除了之前提到的担保模式外,产品也是多样化的。

1. 监管政策出台前的产品特点

(1) 借款端产品特点

个人信用借款。这是指个人直接进行借款,没有任何抵押物,相对而言,金额较小,一般都是基于借款人的工资或社保、公积金流水等给予放款。其借款产品有薪资贷、社保贷、公积金贷、保单贷等。根据其借款目的,也有消费贷、装修贷等。根据借款人群分为面向白领、学生、企业主的产品等。早期的个人信用贷采用线下征信模式,随着监管的趋严以及大数据技术的发展,纯线上信贷模式从申请到审批通过、放款,再到借款人还款,不需要借款人提交纸质材料,也不需要进行面签,只要借款人信用记录良好,就可以获得贷款。这个过程可能仅需要几分钟的时间,效率远高于传统信贷模式。在征信技术逐渐完备的趋势下,纯线上放贷将是大势所趋。目前主要做个人信用借款的平台有你我贷、人人贷、宜人贷等。

企业信用借款,也就是根据企业过往业务、财务报告、企业主信用等,直接进行放款的模式。主要做企业借款的平台有新新贷等。小微企业信贷市场具有良好的、长期的成长性,抗宏观经济风险和市场风险能力强,由于贷款笔数多,单笔金额小,能有效分散风险,小微企业巨大的基数蕴含着庞大的信贷需求。

个人或企业抵押借款。个人或者企业抵押自己的房产、车子、厂房、存货等物品,进行借款,平台主要根据其征信报告、抵押物等进行放款。积木盒子和开鑫贷等平台,做企业抵押借款较多。微贷网等平台,做车贷较多。抵押贷款有一定的安全性,但抵押物具有不同特性,也容易受到产权、折旧等影响。由于房贷、企业抵押贷款容易突破20万元、100万元限额,很多平台对这类业务进行调整,以符合监管合规要求。

房贷和车贷。这里所说的房贷和车贷不是指上述提到的房子和车子抵押贷款,而是根据房贷和车贷还款流水记录而提供服务的借款产品。另外,这些产品衍生出来的是购房的首付贷和购车的贷款产品。

供应链金融。根据核心企业和其对应的上下游企业,平台与核心企业合作,给其上下游企业进行放款。一般会通过核心企业担保,或以上下游企业与核心企业形成的应收账款、应付账款为质押,或者以企业的存货为质押。供应链金融基于真实的交易数据,做到商流、物流、资金流、信息流的整合,将对单个企业的风险控制转化为对核心企业的风险控制以及对供应链整体的把控。比如,海尔金控旗下的海融易依托海尔的供应链资源,专注供应链金融。

票据借款。以企业提供的票据为质押,发行票据抵押贷款产品,将承兑汇票的收益权转让给出借人,到期企业还款,若未还款,投资人可以将票据质押,由银行进行承兑等。相较于以汽车和房子为抵押品而言,票据具有明确的金额,不用担心高估质押物的风险。同时,银行承兑也是票据借款的得天独厚的优势,因此,票据一时间成为优质资产。但是,票据也存在假票、克隆票、多次流转等问题。

农业借款。农业借款是指向农民和农企提供借款,服务对象主要包括种养殖户、农资企业、农机企业、农产品加工企业、农产品经销商、农产品批发商等。由于农企和农户存在贷款额度小、经营分散及可抵押资产较少等问题,传统金融机构不愿意提供借贷资金。网贷平台利用技术优势,有助于消除金融地域歧视,解决"三农"融资难题。提供农业借款的平台有翼龙贷等。

艺术品抵押借款。这是指借款人将自己持有的艺术品质押给网贷平台,获得平台投资人固定期限的融资,当融资到期时,借款人必须归还投资人本息,如发生借款人无法归还本息的现象,那么平台有权将质押的艺术品拍卖变现,以弥补投资人的损失。艺术品网贷项目的质押物以钱币卡、字画、玉器为主,平台负责艺术品鉴定估值、借款人信用调查、艺术品保管、质押物回购的风险管理闭环。艺术品真伪问题一直都是困扰艺术品金融化的一个门槛。投资人或者网贷平台都对艺术品行业缺乏足够的了解,而且有的高仿艺术品极度逼真,一旦出现把假品鉴定成真品的错误,将会给投资人造成严重损失。同时,一旦出现逾期,藏品又无法立刻变现,平台也将面临较大的兑付压力,因此,较多此类平台也逐步转型甚至退出。

股权质押借款。用企业股权进行质押借款时,由于股权质押融资的成本并不低,质权人往往能获得较高的利润率,并且相比于信用贷款,股权质押的安全性相对较好,资产标准化程度高。而相比于银行股权质押,P2P网贷平台的审核更为快速,门槛相对较低,给予的借款期限更为灵活。但股权质押存在市场风险、流动性风险、道德风险等,发展受到制约。

校园贷。校园贷是指面向一些在校大学生提供在线借贷服务,主要分为在线分期购物、网络贷款等。不良校园贷通过虚假宣传、低贷款门槛、高额借款手续费、暴力催收等诱导学生过度借贷,造成了一系列的负面影响。

现金贷。现金贷是小额现金贷款业务,是针对申请人发放的消费类贷款,是具有小额、超短期、无特定借款用途特点的借款产品。现金贷能缓解消费者的燃眉之急,但隐含的超高利率、粗放经营模式下坏账率居高不下、对借款人突破法律底线的暴力催收等问题,都影响正常的金融秩序,给社会安定造成了不良影响。

通过上述的产品介绍,可以看出产品区别主要在于:一是目标群体不同,有些面对个人,有些面对企业,有些面向大学生,有些面向消费者,有些面向农民;二是抵押或质押物不同,有些是车辆或者房产,有些是存货,有些是应收账款等。

(2) 投资端产品特点

散标。网贷散标是有明确借款人、借款金额、借款期限等信息,经网贷平台审核后提交到线上的小额借款申请标的，这种类别借款的额度、年化收益率和借款期限均不同，投资人可根据自身的风险承受能力选择合适的标的进行投资。散标符合监管要求，借款人和投资人对应，不存在期限和规模错配的问题。但是，该产品需要投资人自己手动投标，且期限相对较长，用户投资体验不佳，标的到期后，也容易出现"资金站岗"的问题。

转让标。这是指原始债权所有人将原始债权转让给其他投资人而发布的借款标。债权转让主要是为了提高投资用户的流动性，当出借人投资产品还未到期，但又需要资金时，可以通过发布转让标完成债权转让，获得流动性资金。对网贷平台而言，债权转让可以让平台交易更为活跃，增加成交量。债权转让也是理财计划、自动投标得以实现的基础。

理财计划。理财计划是平台将散标或转让标打包发售，投资人授予平台决策权，平台自动匹配债权，到期后通过债权转让方式退出。该产品的优势在于：一是分散投资。这种方式践行了小额分散的投资理念，对应的底层资产分散。二是提高回款利用率。平台根据投资人授权，回款自动投资标的，有效解决了投资人回款导致资金闲置的现象，解决"资金站岗"的问题。三是提高用户体验。有效降低了用户手动投标的时间成本，并达到了小额分散的投资目的，提高用户体验。但是，理财计划通过资金募集一段时间后，再去投资债权，会产生资金池和期限错配问题，且存在信息披露不透明问题，隐含较大流动性风险，监管层对这类产品存在质疑。

活期产品。活期产品最大的特点是投资人可以随进随出，无锁定期。网贷平台的活期产品一类是代销货币基金，另一类是通过债权转让实现即时赎回。针对第一类产品，需要平台具有相应的金融资质。货币基金 T+0 赎回也面临较为严格的监管，网贷平台代销基金均被叫停。在第二类产品模式下，通过多次债权转让，演变成多方关系，存在短期资金对应长期资产问题，当出现流动性问题时，如果找不到新的受让人，就无法满足投资人赎回的要求。平台要做到即时赎回，可能需要通过资金归集，设立资金池才能满足，而监管政策明令禁止不得设立资金池，网贷平台活期产品面临较大的合规风险，已被监管层叫停。

2. 监管政策出台后的产品特点

如前文所述，监管政策出台后，平台主要都走向了纯线上模式，产品也随之调整。监管政策对于个人 20 万元和企业 100 万元的限制，使得平台的产品都围绕小额去设计。这对于之前一直做小额的平台而言也算是一种政策利好，而对之前做大额产品（比如房贷、企业贷款等）的平台而言则不得不面临业务收缩或者转型做其他产品。

以你我贷为例，从业务模式转为纯线上（投资端和借款端）平台后，借款产品从原来的笔均10万元左右，变成了笔均几千元。因为借款人也是从线上获取，原来的线下门店于2017年就完全关闭，不再需要线下征信。因此，借款人群体发生了变化，对应的借款产品金额、利率、期限等也做了调整。信贷自动化审批，是完全依赖于大数据分析模型做出的。

另外，很多之前的产品由于不合规，也被禁止：第一类是超限额的个人和企业借款；第二类是首付贷；第三类是校园贷；第四类是现金贷。由于纯线上获取的借款人线上征信相对单一，监管政策出台后不少平台产品只能集中到金额小和期限短、利率高的信用贷款产品，同时无法确定其真实的用途，此类个人信用借款被称为"现金贷"。现金贷的超高费率和暴力催收引发了很多不良影响。监管层后来要求对其整改并加以禁止。

因此，不少平台主动退出市场或者寻求转型，然而产品和平台息息相关，转型并不是那么容易，有些平台转型做车贷产品、个人小微产品，但这些相当于完全不同的业务，执行不同的风控，同样需要不同的管理层和团队。因此，不少平台不得不主动退出这个市场，有些则在转型不成功后退出。

市场上合规的产品主要是个人低于20万元的借款、企业低于100万元的借款。因为这些借款金额较小，主要是个人信用贷款，或者个人车辆抵押贷款，主要目的还是用于各类消费。

投资端的产品同样面临调整，之前的理财计划等，涉及期限错配等问题，可能引发流动性风险，被要求整改，有些区域甚至债权转让也不被允许，使得投资端产品只有散标。作为技术进步标志的自动投标工具也被一些地区质疑，希望监管层能了解自动投标工具和理财计划之间的区别。自动投标工具只是一个工具，虽然有锁定期，但是锁定期后能否退出由市场决定，而不是平台来承诺，因此，这里也不存在流动性风险。而之前的理财计划，因为有错配和资产包混合问题，平台又没有足够的信息披露和风险提示，确实可能产生流动性风险，引发平台危机。

（四）趋势分析

总体来看，中国网贷行业目前处于风险整治和出清阶段，在严监管的背景下，未来有几个趋势值得重点关注。另外，由于行业的特殊性，其政策风险依然较大。

一是行业深度洗牌，加速"出清"。自2018年年中开始，一些不合规的平台面临转型或退出的选择，行业加速"出清"。对于行业头部平台来说，只有在未来行业日益走向合规的过程中顺势而为、迎头赶上，最终才能在竞争和合规发展中脱颖而出，未来行业集中度会进一步提升。

二是地方监管备案、银行资金存管规范等合规工作是主旋律。网贷平台合规化将逐步完成，平台经过整改验收、备案申请、地方公示等一系列环节，最终完成备案。同时，网贷平台还需完成信息披露、银行资金存管规范、通信业务许可等合规工作，这些将是网贷平台后续的主旋律。

三是大数据风控能力作为核心竞争力的作用进一步凸显。随着平台信息中介性质的进一步明确，平台未来赢取市场的关键是大数据风控能力，唯有低成本获客、不良率可控等，才是平台长期稳定发展的根本。2018年伊始，中国互联网金融协会联合8家个人征信业务机构共同发起成立个人信用信息平台——百行征信，有望化解信息孤岛困局，为网贷行业征信提供数据支持。网络借贷行业是金融科技的组成部分，只有重视技术能力、风控能力以及客户体验才是金融科技企业制胜的法宝，未来大数据风控能力显得更为重要。

四是网贷企业布局境外市场，境外上市热潮将继续。随着国内网贷模式和技术的成熟，市场竞争加剧，国内网贷企业选择出海，开拓境外市场，输出业务模式和技术。目前，国内不少网贷巨头及一些创业团队将目光瞄向了东南亚地区，如闪银、掌众金融已经快速开展了业务。另外，境外上市热将继续发酵，预计有更多平台将眼光瞄向境外。

第四节　中国支付行业

1999年，我国第一家第三方支付公司成立。直到2004年支付宝成立后，第三方支付公司逐渐被大众了解并接受。随着国家政策的积极引导和鼓励，电子商务行业的兴起，以及互联网金融的发展，第三方支付行业迎来高速发展期。同时，也产生了如挪用备用金、二清、套码等乱象。

截至2017年12月底，我国境内已获得第三方支付业务许可的公司共有243家，许可业务类型包括预付卡发行与受理、银行卡收单、网络支付。其中，网络支付包含互联网支付、移动支付、固定电话支付和数字电视支付。

第一篇　中国篇

一、中国支付行业概况

（一）网络支付业务高速增长，移动支付占总体比重不断扩大

中国人民银行统计数据显示，我国第三方机构网络支付业务交易规模从2011年的9万亿元增长到2018年的200万亿元，年复合增长率超过85%，网络支付业务高速发展。

由于移动设备的普及和移动互联网技术的提升，现象级产品的出现使得移动支付用户数大幅增长，移动支付占比迅速飙升。根据普华永道会计师事务所发布的《2019年全球消费者洞察力调查》显示，在全球范围内，中国使用移动支付的比例达到86%，普及率位居全球第一。随着二维码覆盖更多的生活场景，移动支付不断开拓线下市场，普及率还会进一步提升。

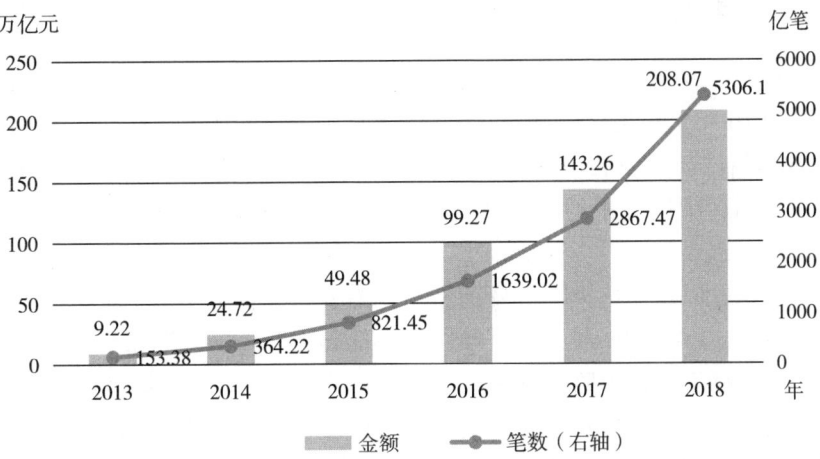

注：网络支付业务包括互联网支付、移动支付、固定电话支付和数字电视支付业务，不包含红包类等娱乐性产品的业务量。

资料来源：中国人民银行，嘉银新金融研究院整理。

图1-7　非银行支付机构发生网络支付业务

（二）移动支付呈现双寡头竞争格局

从现有的移动支付的市场格局看，支付宝和财付通占据了绝对份额。艾瑞咨询2018年数据显示，支付宝市场份额占比为54.3%，财付通占比为39.2%。合计超过90%的市场份额。可见，第三方支付行业集中度极高，目前是支付宝和财付通的天下。

31

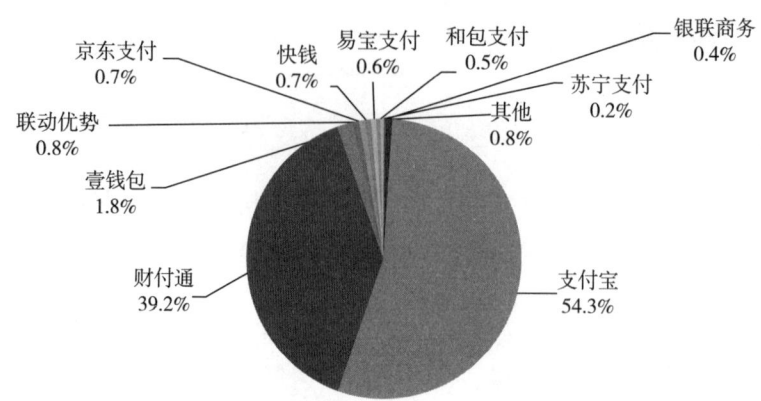

资料来源：艾瑞咨询，嘉银新金融研究院整理。

图1-8　2018年第三方移动支付交易规模格局

（三）收购价格水涨船高，存量牌照价值凸显

2011年，中国人民银行发放首批支付牌照，第三方支付自此获得合法地位。从2016年8月起，在四次续牌中，不断有支付牌照被注销。截至2017年12月31日，271张支付牌照下降至243张。早在第一批第三方支付牌照续期遭遇延期后，中国人民银行明确表示，未来一段时间内原则上不再批设新机构。

随着监管收紧，从资本市场的定价来看，牌照价值可见一斑。据不完全统计，截至2017年10月，全国共发生约百起收购或拟收购第三方支付公司的案例，互联网支付牌照的市场价格为4亿~5亿元；互联网支付+移动支付两项经营业务牌照超过6亿元；拥有互联网支付+移动支付+银行卡收单三项业务资质的牌照价格最高，交易价格普遍超过10亿元。

表1-4　　　　第三方支付机构并购案例（部分）

收购方	支付公司	牌照类型	交易金额	持股比例
国美	银盈通	互联网支付、预付卡	7.2亿元	100%
唯品会	浙江贝付	互联网支付（全国）	4亿元	100%
美团	钱袋宝	互联网支付（全国）、移动电话支付（全国）及银行卡收单（全国）	数十亿元	100%

续表

收购方	支付公司	牌照类型	交易金额	持股比例
小米	捷付睿通	互联网支付、移动电话支付、银行卡收单	6亿元	65%
万达	快钱	互联网支付、移动电话支付、固定电话支付、银行卡收单、预付卡受理（全国）	超过20亿元	68.7%

资料来源：公开资料，嘉银新金融研究院整理。

二、中国支付行业监管

我国第三方支付的监管机构是中国人民银行及其分支机构，按照"属地原则"进行监管，以《非金融机构支付服务管理办法》为政策核心，以人民银行为主导，以行业自律管理、商业银行监督为辅。由于第三方支付的迅猛发展，从2014年开始，中国人民银行对第三方支付出台了相关政策进行规范，如2015年12月出台的《非银行支付机构网络支付业务管理办法》，明确了第三方支付行业只能是中国支付体系的补充，作为非银行支付机构，小额、便捷是其本质，需要做好客户信息安全、资金安全，以及风险防范。2016年开始的互联网金融整治，包含了第三方支付行业，中国人民银行出台了《非银行支付机构分类评级管理办法》。

从支付牌照的收紧，到"96费改"执行，再到二维码支付的开闸放水，监管部门出台的政策都是针对此前行业乱象，极大地促进了行业的良性发展。

（一）备付金管理

我国相关监管制度规定，第三方支付机构只能在一家银行开立备付金专用存款账户，且其分支机构不得另外开设备付金账户。禁止第三方支付机构以任何形式挪用客户备付金，并要求其按照备付金专用账户的利息总额计提风险准备金。2017年1月，中国人民银行总行发布《关于实施支付机构客户备付金集中存管的通知》（银办发〔2017〕10号），明确规定第三方支付机构必须将一定比例客户备付金交存至指定金融机构专户，并将逐步实现全部客户备付金集中存管。2017年底和2018年中相继发布通知，调整备付金交存比例，并在2019年1月最终实现全部交存。

表1–5　　支付机构备付金管理相关规定

时间	文件	主要内容
2017年1月	《关于实施支付机构客户备付金集中存管的通知》	自2017年4月17日起,备付金按照一定比率交存至指定机构专用存款账户,并不计付利息,集中交存比率根据机构评级和业务类型不同,从12%~24%不等,平均交存比率为20%左右
2017年12月	《中国人民银行办公厅关于调整支付机构客户备付金集中交存比例的通知》	自2018年起,集中交存比率由现行的20%左右提高至50%左右
2018年6月	《中国人民银行办公厅关于支付机构客户备付金全部集中交存有关事宜的通知》	自2018年7月9日起,按月逐步提高支付机构备付金集中交存比例,到2019年1月14日实现100%集中交存

资料来源：中国人民银行官网,嘉银新金融研究院整理。

（二）统一清算

此前,第三方支付机构为绕开银联,与多个银行建立合作关系,逐步具备了跨行清算的功能,这加大了中央银行掌握资金流动性的难度,这一模式也成为洗钱、套现获利、诈骗盗取资金的温床,造成了支付和金融市场混乱。自2017年开始,监管文件频发,"断直连"已成为板上钉钉的事情。

表1–6　　涉及"断直连"的相关政策

文件	相关内容
《中国人民银行支付结算司关于将非银行支付机构网络支付业务由直连模式迁移至网联平台处理的通知》（银支付〔2017〕209号）	自2018年6月30日起,支付机构受理的涉及银行账户的网络支付业务,全部通过"网联"平台处理
《中国人民银行关于规范支付创新业务的通知》（银发〔2017〕281号）	各银行、支付机构开展支付业务涉及跨行清算业务时,必须通过中国人民银行跨行清算系统或者具备合法资质的清算机构处理。各银行、支付机构不得新增直连,存量业务要尽快迁移至合法的清算机构处理
《条码支付业务规范（试行）》（银发〔2017〕296号）	银行、支付机构不得新增不同法人机构间直连处理条码支付业务；存量业务应按照人民银行有关规定加快迁移到合法清算机构处理。该政策自2018年4月1日起执行

资料来源：中国人民银行官网,嘉银新金融研究院整理。

截至 2018 年，共有 424 家商业银行和 115 家支付机构接入网联平台。2018 年，网联平台处理业务 1284.77 亿笔，金额 57.91 万亿元。日均处理业务 3.52 亿笔，金额 1586.48 亿元。合规的清算平台有网联清算平台和银联无卡转接清算平台，从机构接入情况来看，同时选择网联和银联已成为主流共识。

（三）创新业务

随着移动支付的快速发展，二维码支付、聚合支付这些新型支付方式的出现，在改变人们生活的同时，也隐藏着风险。2017 年监管部门密集出台有关聚合支付、二维码支付的法律法规，引导行业的合理发展，防范创新业务带来的风险。

表 1-7　　　　　　　　　关于创新业务的监管政策

相关政策	主要内容
《关于开展违规"聚合支付"服务清理整治工作的通知》	将聚合支付定位为收单外包机构。提出不得从事商户资质审核、受理协议签订、资金结算、收单业务交易处理、风险监测、受理终端（网络支付接口）主密钥生成和管理、差错和争议处理等核心业务；不得以任何形式经手特约商户结算资金，从事或变相从事特约商户资金结算；不得伪造、篡改或隐匿交易信息；不得采集、留存特约商户和消费者的敏感信息
《中国人民银行关于规范支付创新业务的通知》	创新业务开展前 30 日报告给中国人民银行；维护支付服务市场公平竞争秩序；加强收单业务受理终端管理；规范小微商户收单业务管理；加强代收业务管理；加强支付业务系统接口管理；等等
《条码支付业务规范（试行）》《条码支付安全技术规范（试行）》《条码支付受理终端技术规范（试行）》	规范线下条码支付，静态支付扫码当日限额为 500 元

资料来源：公开资料，嘉银新金融研究院整理。

三、中国支付产业链分析

第三方支付是商户与客户支付处理及结算的中介，盈利模式是依据交易量的比例向客户收取服务费，业务类型主要包括银行卡收单、预付卡业务及网络支付。

资料来源：公开资料，嘉银新金融研究院整理。

图1-9　第三方支付产业链

（一）预付卡发行与受理

中国支付清算协会的预付卡公示系统显示，目前共有168家获得"支付业务许可证"的预付卡企业。中国人民银行仅向第一批机构发放了全国范围预付卡发行与受理范围的支付牌照，这是非常特殊的许可类型，此后的几批清一色的都是区域经营，全国范围的预付卡发行与受理的机构仅六家，即开联通支付网络服务股份有限公司、资和信电子支付有限公司、裕福支付有限公司、易生支付有限公司、海南新生信息技术有限公司、平安付科技服务有限公司。

表1-8　　具有全国范围预付卡发行与受理的支付机构

	背景	主要产品	覆盖场景
开联通	港股上市企业中国支付通控股	连心卡	涵盖商场、超市、电器大卖场、餐饮、娱乐、健身、美容、休闲、旅游、机票等
资和信	新三板上市企业	商通卡	百货、超市、餐饮、家居家具、汽车服务、美容健身、医疗健康、旅游酒店及教育服务等类型的商户

续表

	背景	主要产品	覆盖场景
裕福支付	—	福卡	商场超市、家电卖场、家居家具、餐饮、加油汽车、母婴儿童、生活服务、休闲娱乐、旅游酒店、医疗健康、服饰专卖、教育培训等行业商户
易生支付	—	如意卡	购物、餐饮、娱乐、家居、保健、美容、休闲等商户
海南新生	海航集团旗下	纵横卡	体检中心、电器商城、日用百货等商户
平安付科技	大股东为平安壹钱包	壹钱包	线上场景：生活缴费、电商购物、理财等商户

资料来源：公司官网，嘉银新金融研究院整理。

预付卡的收入和盈利来源主要是：（1）销售预付卡时购卡人支付的手续费收入或者合作伙伴支付的佣金。（2）预付卡消费时商户支付的刷卡手续费。（3）支付系统软硬件产品的系统集成服务收入。（4）沉淀资金利息和过期卡资金。对于一家运营平稳的预付卡公司而言，沉淀资金可以达到当年发卡金额的70%~80%，但备付金统一监管，限制了支付机构这部分收入；而对于过期卡资金，可以收取非活跃用户管理费或者延期管理费等以增加企业收入。

在第三方支付严监管背景下，预付卡细分行业的红利逐步消失，甚至有支付公司主动退出预付卡业务，预付卡牌照不具备炒作或升值的空间。但作为监管牌照，预付卡特别是全国范围经营的预付卡牌照仍有价值，甚至有些机构深耕业务，通过改革创新实现转型。比如，北京市政交通一卡通等城市交通卡公司深耕公共交通领域，开联通的园区一卡通集"支付功能+身份识别"于一体，这些都是预付卡公司转型的成功案例。

（二）银行卡收单

目前，具有收单资质的非银行金融机构约有几十家，如银联商务、拉卡拉、快钱等。银行卡收单模式主要有直联和间联两种。直联是POS终端直接与银联系统连接。间联是终端连接到提供机具的商业银行主机系统。直联模式大多存在于网上支付，间联模式大多是线下收单。

银行卡收单业务的盈利来源主要是手续费产生的收入。收单行业遵循银行卡收单业务"721"（刷卡手续费按照发卡银行、收单机构、银联以7：2：1的比例分成）利益分配的规则，第三方收单机构提取两成作为收入。"96费改"后，收单服务费改为市场定价，普遍为0.45%~0.55%，扣除0.35%的发卡行服务费和0.0325%的清算服务费，第三方支付机构收单利润直线下降。

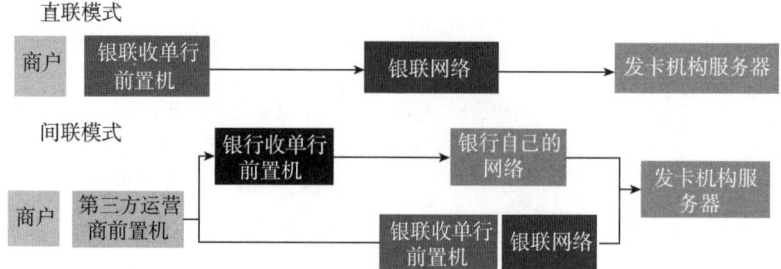

资料来源：公开资料，嘉银新金融研究院整理。

图 1-10 直联和间联模式

表 1-9 "96 费改"前后收单机构收费情况

	商户类别	收单机构
费改前	餐娱类	0.22%，房地产、汽车封顶 10 元
	一般类	0.15%，批发类封顶 3.5 元
	民生类	0.08%
	公益类	按照服务成本收取
费改后	取消分类，刷卡手续费统一费率	市场调节

资料来源：公开资料，嘉银新金融研究院整理。

中国支付清算协会数据显示，截至 2018 年第二季度，我国联网商户超过 2600 万户，POS 终端突破 3200 万台。而银行卡在人群中的渗透率连续五年基本稳定在 48%，增长乏力。

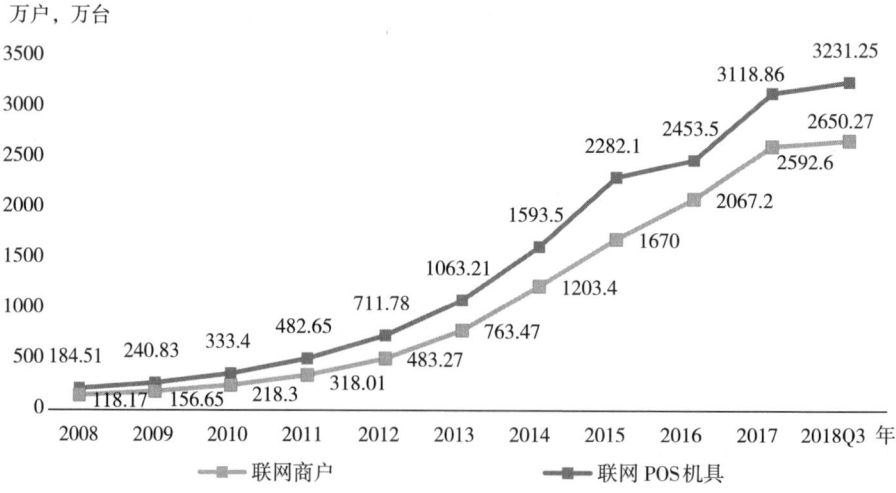

资料来源：中国支付清算协会，嘉银新金融研究院整理。

图 1-11 银行卡联网商户、POS 机具数量增长情况

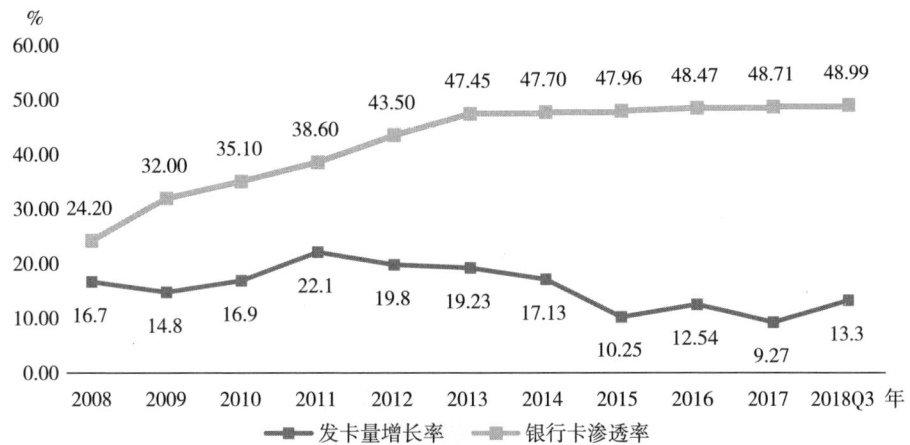

资料来源：中国支付清算协会，嘉银新金融研究院整理。

图1-12 银行卡在用卡发卡量及渗透率变动趋势

（三）网络支付

网络支付包括互联网支付、移动支付、固定电话支付和数字电视支付。近几年来，随着智能手机的普及和二维码支付市场的爆发，非银行支付机构网络交易额增长迅猛。中国互联网络信息中心（CNNIC）数据显示，截至2018年12月末，我国使用网上支付的用户达到6亿人，网民使用比例达到72.5%，手机支付用户5.83亿人，占手机网民的71.4%。

网络支付应用发展呈现出三个特点：第一，移动支付深入绑定个人生活。继打车、外卖、购物等个人消费服务场景之后，移动支付进一步向公共服务领域延伸，已由早期水、电等生活类缴费逐步扩展到公共交通、高速收费、医疗等领域。第二，线上支付加速向农村地区网民和老龄网民渗透。调查显示，农村地区网民使用线上支付的比例已由2016年底的31.7%提升至2017年的47.1%；50岁以上网民中使用率从2016年的14.8%提升至2017年的32.1%。第三，技术进一步提升移动支付的安全性和便捷性。生物识别技术日趋成熟，指纹识别已被大规模使用，面部识别也得到初步商用。

网络支付的盈利来源以前主要是依靠交易佣金和备付金的存款利息，随着备付金统一监管，限制了第三方支付机构这部分盈利来源，通过在线支付、网络支付的服务商收取交易佣金成为网络支付的主要盈利模式。

（四）移动支付+收单

随着移动支付的发展，银行卡的使用频率骤然下降，这对传统的银行卡收单业务产生了巨大冲击。传统POS机升级成为智能POS机为收单业务提供了新机会，可以同时满足卡基（基于银行卡）和账基（基于移动支付账户）支付。

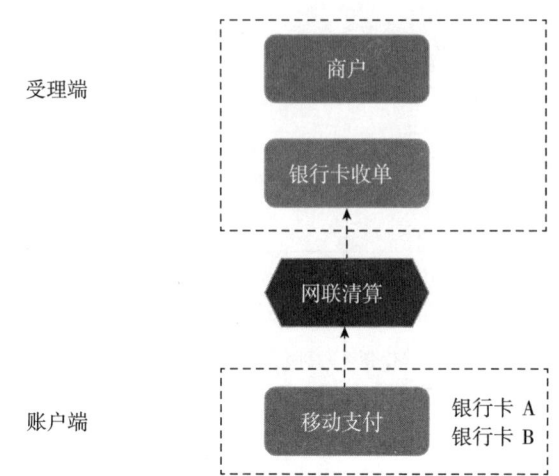

资料来源：公开资料，嘉银新金融研究院整理。

图1-13 移动支付与银行卡收单的合作方式

近年来，互联网金融巨头均不约而同地瞄准线下实体经济，支付宝扫码领现金活动开展得如火如荼。但实际上线下商业环境比较复杂，而擅长轻资产运营的互联网公司，在进军线下的过程中存在一些困难，如线下营销团队、监督、营销和服务等，和线上均有较大差别。互联网公司的不足正是收单机构的优势。智能POS机从支付环节出发，帮助商家收集消费数据从而了解消费者，并实现再营销。智能POS机对收单节点的升级，可以协助完成移动支付业务，实现双赢。

四、垂直行业应用

（一）互联网金融

此前，第三方支付机构在互联网金融领域的主营业务是存管业务。随着监管的收紧，目前第三方支付公司在互金领域主要提供技术及运营支持、支付服务及账户管理服务，并据此收费。

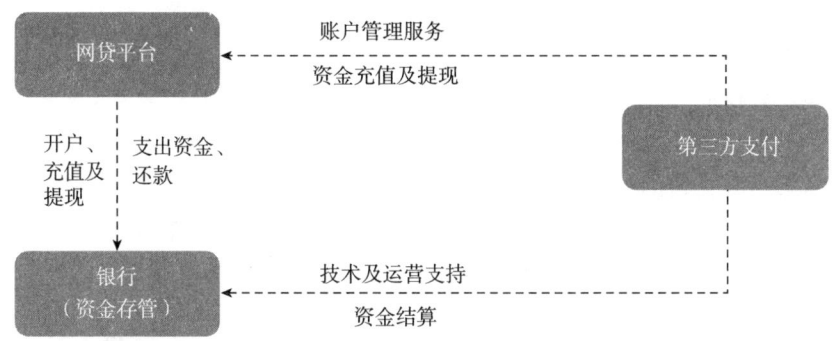

资料来源：公开资料，嘉银新金融研究院整理。

图1-14 第三方支付机构在互联网金融领域解决方案

目前，为互联网金融行业提供解决方案的具有代表性的第三方支付公司有汇付天下、连连支付等。汇付天下招股说明书显示，其与1500家互联网金融供应商有合作。

（二）跨境支付

随着国内民众生活水平的不断提高，出国旅游、海淘、代购等成为趋势，跨境支付也成为必备的配套服务。汇付天下招股说明书显示，第三方跨境支付交易量从2012年的3亿美元增至2017年的205亿美元，年复合增长率达到136%，预计到2021年，交易量达到533亿美元。2015年，国家外汇管理局正式发布了《国家外汇管理局关于开展支付机构跨境外汇支付业务试点的通知》和《支付机构跨境外汇支付业务试点指导意见》，允许部分拥有支付业务

					Alipay 网银in	银盈通 Easy Bonus Card	贝付	宝付 BAOFOO.COM Mo 东方付通
盛付通 UMP联动优势	首信易支付 PayEase	拉卡拉	易宝支付 YEEPAY.COM	LianLian Pay连连	汇付天下 快钱	财付通		钱宝
货物贸易	货物贸易	货物贸易	货物贸易	货物贸易	货物贸易	货物贸易	货物贸易	货物贸易
留学教育	留学教育	留学教育	留学教育	留学教育	留学教育	留学教育	留学教育	
航空机票	航空机票	航空机票	航空机票	航空机票	航空机票	航空机票		
酒店住宿	酒店住宿	酒店住宿	酒店住宿	酒店住宿	酒店住宿	酒店住宿		
旅游服务		旅游服务	旅游服务	旅游服务	旅游服务			
国际展览	国际展览	国际展览						
国际会议	国际会议							
国际运输				国际运输				
软件服务	软件服务							

资料来源：公开资料。

图1-15 主流第三方跨境支付机构及应用领域

许可证且支付业务为互联网支付的第三方支付公司开展跨境业务试点。目前，第三方支付机构的跨境支付业务主要集中在货物贸易、留学教育、航空机票、酒店住宿等行业。

第三方支付企业开展跨境支付都需要获得相关监管部门的许可。实际上大部分第三方支付的业务资源都在境内，在打通跨境支付的通道上依然会选择外部的合作伙伴，实现优势互补。比如，开联通通过和银行合作，通过银行实现外汇结算，完成境外支付。

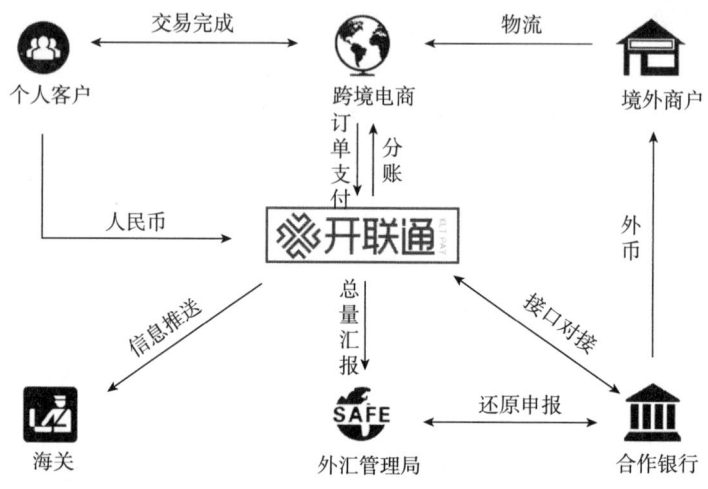

资料来源：开联通官网。

图1-16 开联通跨境支付业务流程

随着第三方跨境支付的发展，支付机构从单一的基础通道服务，逐渐接入跨境贸易中更多的需求，部分机构开始和跨境产业链中的服务机构合作，从出口退税，到报关的三单合一，再到跨境仓储物流解决方案，解决跨境贸易中存在的难题。如开联通除了提供跨境支付服务外，还提供海关推送和实名认证等增值服务。

第三方跨境支付主要收入来源包括：第一，通道手续费。这是支付机构最稳定的收入来源，有按照交易规模流水收费和按照支付笔数收费两种。第二，行业支付解决方案。支付机构针对不同行业的不同需求提供一体化产品支持。第三，非常规性收入。支付机构换汇时锁定费率和实时汇率的价差，以及人民币和在岸人民币外汇牌照的价差收入等。

与很多第三方支付企业持有支付牌照却没有实际开展业务不同，有多家企业进入了跨境支付市场，而且涉及的行业侧重点有所不同。这也从侧面显示出，跨境支付的整体竞争环境要优于国内的网络支付市场。

五、支付行业发展展望

（一）申牌通道关闭，行业进入存量洗牌期

在中央银行收紧牌照并采取严格续展工作后，截至2017年底，市场上有243张支付牌照。从2013年底开始，第三方支付牌照的收购和转让已经开始，一直延续至今。目前我们熟知的小米、恒大、唯品会等的支付牌照都是通过收购第三方支付公司获取。其主要目的是为自己产业内的业务提供便利，同时进行输出，掌握更多的大数据源。但由于价格不菲，并且有无法续展的风险，预计未来几年小型第三方支付公司或被大型互联网或互联网金融企业收购，收购潮将继续涌现。

（二）C端局势已定，B端争夺日渐激烈

对于中小支付机构来说，备付金统一管理对其"隐性收入"影响较大，C端市场已被支付宝、微信支付等拥有强大消费场景的公司垄断。因为缺乏场景支撑，B端突破是中小支付机构的一个方向，"支付+"模式已是行业趋势。具体运作上，支付公司可以扎根垂直细分行业，为产业链上的企业提供综合金融解决方案。通过打造产业链闭环，支付公司可以更好地识别交易真实性，从而控制金融风险。

（三）支付直接利润空间不大，盈利模式需要多元化

由于低费率、高度竞争和高市场营销成本，支付的直接利润被严重压缩。但支付是商业活动的最后闭环，掌握着信息流、资金流和物流，支付也成为互联网巨头打造生态系统的核心基础设施，可以对掌握的数据进行挖掘和应用，衍生出相关的增值服务。支付的盈利模式需要多元化，可能来自广告营销、消费金融、财富管理等。

（四）布局海外市场，金融科技出海继续成为热潮

根据公开报道，支付宝早在2007年就开始布局海外。作为第一个获得跨境在线支付牌照的支付平台，支付宝2017年底已在欧美、日韩、东南亚、港澳台等36个国家和地区接入了线下商户门店，范围涵盖餐饮、超市、百货等几乎所有消费场景，并和中国香港地区及六个国家的合作伙伴一起，为当地

人打造"本地版支付宝"。此外,腾讯的财付通于2012年也开始走出国门。可见,目前国内的互联网和移动支付普及率极高,大型第三方支付公司出海是必然,主要通过并购和参股方式实现。中小型公司可能也会在细分市场和领域布局,主要通过设立当地新公司并获取牌照实现。随着国内已有成熟的产品和模式,以及境外电商、国人出国旅游和留学等的推动,预计国内第三方支付公司未来将覆盖更多的海外市场。

第五节 中国征信行业

近年来,随着普惠金融的迅速发展,尤其是网贷、消费金融等行业的发展,个人征信行业蕴藏了无限的需求和潜力,也成为信用行业关注的焦点。本节从个人征信的行业现状出发,通过对现有模式的分析,厘清行业存在的问题,以了解行业的发展趋势。

一、中国征信行业发展现状

(一)个人征信还处于初级发展阶段,行业空间巨大

从1999年上海资信开展个人征信试点以来,我国个人征信发展不足20年。2004年,中国人民银行建成全国统一的个人信用信息基础数据库。2013年,《征信业管理条例》正式实施,我国征信业步入有法可依的轨道。同年,《征信机构管理办法》颁布。直到2014年,《征信机构信息安全规范》《金融信用信息基础数据库用户管理规范》等征信标准才发布。2018年1月,中国互联网金融协会携芝麻信用等8家批筹成立个人征信机构百行征信(信联)。同月,中国人民银行批准信联经营个人征信业务。

纵观美国的个人征信行业发展历史不难发现,我国目前与美国20世纪80年代左右发展情况较类似,处于法律完善时期。参考美国的发展路径,我国的个人征信行业离成熟的市场还有很大的发展空间。

表1–10　　　　　　　美国个人征信行业发展阶段及特点

时间	发展阶段	特点
1920年以前	探索阶段	非营利；1906年确定信息共享机制；信贷主体以零售商为主
1920—1960年	发展阶段	大众消费文化盛行催生信贷需求；大萧条使得违约率上升，社会更多地关注征信，征信体系逐步形成
1960—1980年	法律完善期	17部法律相继推出，奠定征信法律基础；金融机构提供身份甄选服务；银行卡联盟Visa、MasterCard建立，扩大信贷需求
1980—2000年	并购整合期	银行跨区经营，并购较为频繁，催生全国性征信需求；信息技术发展使征信机构全国性经营成为可能，三大巨头出现，约占行业50%的份额
2000年至今	稳定发展期	三大征信机构的"三足鼎立"格局形成；国内市场趋于饱和，开拓海外市场，应用范围不断扩大

资料来源：方正证券研究所，嘉银新金融研究院整理。

（二）个人征信体系以中央银行征信为主，个人征信机构为辅

个人征信产业链条主要包括数据来源、数据处理、产品及服务和场景应用。其中，数据处理、产品及服务是核心环节。在我国，数据处理环节主要由征信机构提供。

资料来源：嘉银新金融研究院整理。

图1–17　我国个人征信产业链

我国的征信机构分为政府主导的传统征信机构和个人征信机构。传统征信机构主要是中国人民银行征信中心和上海资信，个人征信机构主要有芝麻征信、考拉征信等8家试点的个人征信机构及新成立的"信联"。除了征信机构提供产品和服务外，一些大数据公司还利用技术优势，开发如反欺诈、黑名单等产品和服务。

从我国个人征信行业的发展历史不难看出，我国的个人征信体系是以政府为主导的。其中，中国人民银行征信中心拥有国内最大的信用基础数据库，其他的个人征信机构是完善、补充中国人民银行征信中心的重要组成部分。

（三）个人征信需求不断壮大，市场外延不断拓宽

目前，我国的个人征信主要服务于金融授信活动，信贷规模直接决定了征信市场的大小。自2015年以来，我国消费信贷余额保持高速增长，增速超过20%。截至2018年底，我国金融机构个人消费信贷余额为37.79万亿元，同比增长19.9%。消费信贷的快速增长，为个人征信带来市场基础，也对个人征信机构的信用评估业务提供市场空间。

征信是金融行业的基础设施，互联网金融的空前发展对征信业提出了更高要求。近年来，我国的互联网金融呈现爆发式增长，但征信并不能满足互联网金融行业发展的需要。以网贷为例，网贷平台不能直接接入中国人民银行征信中心查询客户信用信息，而是接入中国人民银行下属的网络金融征信系统（NFCS）。截至2018年1月底，NFCS累计签约机构1122家左右。而根据零壹智库的统计，2017年网贷平台达5500多家，借款人1350万人。

资料来源：中国人民银行，嘉银新金融研究院整理。

图1-18 2011—2018年中国消费信贷余额及增长率

（四）大数据技术的进步是个人征信行业发展的加速器

征信机构的所有业务都是围绕数据展开的，大数据技术的发展大大提升了数据的多元性和可获得性，而数据存储与处理技术的进步为行业的降本增效提供了基础。一方面，可以利用大数据技术不断搜集与消费者相关的新数据。另一方面，可以利用大数据技术释放消费者数据的价值。数据搜集、存储和分析技术的不断进步将有助于在决策分析、数据挖掘和风险管理应用方面发挥更大的价值。

二、中国征信行业监管

相较于其他国家，中国征信监管起步较晚。2003年，中华人民共和国国务院赋予中国人民银行管理信贷征信业，推动建立社会信用体系职责，批准设立征信管理局。2008年，国务院将中国人民银行的管理职责调整为管理征信业，推动建立社会信用体系，中国人民银行开始全面履行对征信的管理职责，征信管理步入正轨。

（一）监管政策

2014年，国务院印发《征信业管理条例》，明确了中国人民银行及其派出机构依法对征信业进行监督，从而确立中国人民银行监督管理的地位。《征信业管理条例》对整个中国征信行业做出了纲领性的规定，明确了监管部门、监管模式、参与者权利与义务等诸多内容。

2018年，中国人民银行发布《关于进一步加强征信信息安全管理的通知》（银发〔2018〕102号，以下简称第102号文）。该通知指出，运行机构和接入机构要健全征信信息查询管理，严格授权查询机制，未经授权严禁查询征信报告，规范内部人员和国家机关查询办理流程，严禁未经授权认可的App接入征信系统。第102号文要求，在征信业务操控流程上，采取加强征信系统用户管理、健全征信信息查询管理、优化自助查询机管理、完善征信异常查询监控机制、妥善办理异议与投诉等措施。

表1-11　　中国涉及征信行业的相关政策法规（部分）

2013年3月	《征信业管理条例》
2013年12月	《征信机构管理办法》
2014年6月	《社会信用体系建设规划纲要（2014—2020年）》

续表

2014年10月	《企业信息公示暂行条例》
2014年11月	《金融信用信息基础数据库用户管理规范》
2014年12月	《社会信用体系建设规划纲要（2014—2020年）任务分工》
2014年12月	《社会信用体系建设三年重点工作任务（2014—2016年）》
2015年11月	《关于"先照后证"改革后加强事中事后监管的意见》
2015年12月	《征信机构监管指引》
2017年12月	《关于开展金融信用信息基础数据库接入机构征信信息泄露风险自查的通知》
2018年5月	《关于进一步加强征信信息安全管理的通知》

资料来源：嘉银新金融研究院整理。

相对而言，中国征信业的法律条款目前还比较粗略。虽然《征信业管理条例》使得征信业摆脱了无法可依的境地，但还是不足以构成较为健全的法律法规体系，缺乏更高层次法律的支持，如"个人信用信息保护法"等，同时还需要出台更多实施细则，如互联网征信的信用信息标准、不同类型数据库的信息共享等。

（二）差异化监管

中国对于不同征信业务采用不同的监管方式，具体而言，对企业征信采用备案制，对个人征信采用审核制。在企业征信方面，中国人民银行于2014年放开企业征信备案登记，截至2017年10月，中国人民银行征信管理局公布全国共有132家企业征信机构。2016年9月，中国人民银行发布了《企业征信机构备案管理办法》，进一步加强对企业征信的监管，其中第二十三条进一步规定了注销条款。从2016年下半年开始，中国人民银行先后取消了多家机构企业征信备案登记资格。

在个人征信方面，中国人民银行的初步思路是，个人征信机构按业务范围分类监管，持牌金融机构的信息由中国人民银行征信中心采集，新成立的综合类个人征信机构采集持牌金融机构以外，特别是互联网领域的个人信用信息。2018年1月22日，百行征信有限公司获批个人征信机构设立许可。

三、中国征信模式分析

简单来说，征信就是获得主体的信用信息活动。当前我国获取主体信用信息的模式有数据中心模式、第三方征信模式、共享查询模式三类。除了获取主体信用模式外,行业内还有些数据公司在现有数据基础上进行深度挖掘,重构征信行业的商业模式。

(一) 数据中心模式

在数据中心模式下,业务机构产生的主体信用信息主动报送数据中心,中心对数据合并整理后,对外统一提供数据服务。数据中心模式主要有以下三个特点:(1)业务机构主动上报提交数据;(2)业务机构收集的是标准化、相对单一的主体信用数据;(3)数据中心一般是行政化运作,是市场监管的产物。采用数据中心模式的机构主要是中国人民银行征信中心、中国人民银行下属子公司上海资信、中国支付清算协会的支付清算共享系统以及中国互联网金融协会主导的"信联"。

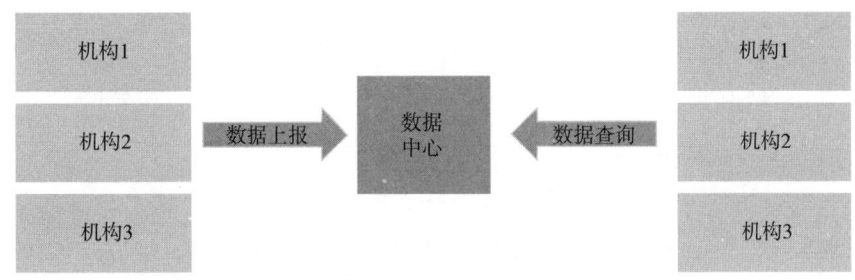

资料来源:嘉银新金融研究院整理。

图 1-19 数据中心模式

1. 中国人民银行个人征信系统

中国人民银行征信中心(以下简称央行征信中心)于 2006 年 3 月经中编办批准成立,作为央行直属事业单位专门负责企业和个人征信系统的建设、运行和维护。前海征信联合新华社瞭望智库发布的《中国社会信用体系发展报告 2017》显示,截至 2017 年,央行征信系统累计接入机构达到 2900 多个。截至 2017 年 11 月底,央行征信中心收录自然人 9.5 亿人,基本上实现了全覆盖,是全球规模最大的征信系统。

央行征信中心采集的信息覆盖个人贷款、信用卡、担保等信贷信息,以及个人住房公积金缴存信息、社会保险缴存和发放信息、车辆交易和抵押信息、法院判决和执行信息、税务信息、电信信息、个人低保救助信息、职业资格和奖惩信息共 8 类公共信息,涉及数据超过 80 项。央行征信中心提供以个人信用报告、个人信用提示和个人信用概要为核心的基础产品体系;以个人业务重要信息提示和个人信用报告数字解读为代表的增值产品体系。

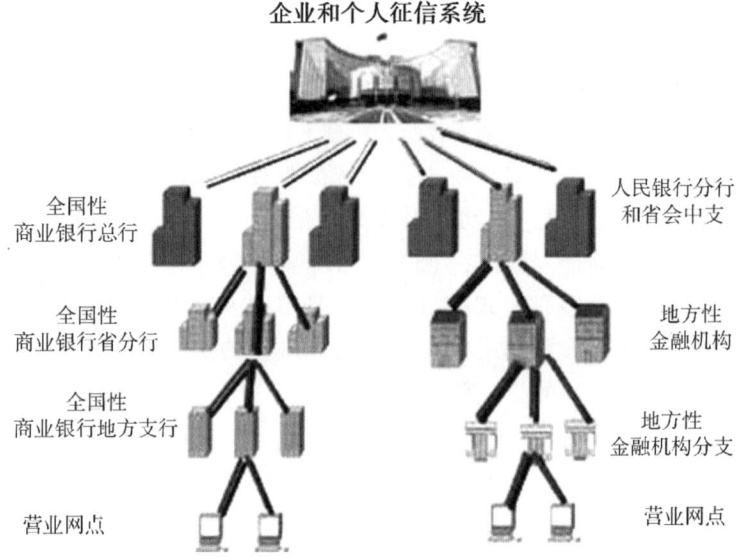

资料来源：《征信系统建设运行报告（2004—2014）》。

图 1-20　征信中心系统

表 1-12　　　个人征信产品及服务内容（央行个人征信系统）

产品体系	产品名称	主要内容
基础产品体系	个人信用报告	基本信息、信息概要、信贷交易信息、公共信息、声明信息、查询记录和报告说明等
	个人信息提示	是否存在最近 5 年的逾期记录
	个人信用信息概要	面向个人信息主体服务。信贷记录、公共记录和最近 2 年内查询记录的汇总统计信息
增值产品体系	个人业务重要信息提示	面向授信机构用户服务。用户的"新增逾期61~90天/90天以上"、贷款五级分类"新增不良"、信用卡状态"新增呆账"、贷款或信用"新增账户"以及"新增失信被执行人"等提示信息
	个人信用报告数字解读	0~1000 分，分值对应一定违约率，分值越高则信用风险越小

资料来源：《征信系统建设运行报告（2004—2014）》，嘉银新金融研究院整理。

2. 信联

2018 年 1 月 4 日，中国人民银行发布"关于百行征信有限公司（筹）相

第一篇　中国篇

关情况的公示"。2018年1月22日，中国人民银行发布"设立经营个人征信业务的机构许可信息公示表"，百行征信有限公司获批个人征信机构设立许可，有效期至2021年1月31日。公司注册资本10亿元，中国互联网金融协会持股36%，芝麻信用、腾讯征信、前海征信、鹏元征信、中诚信征信、考拉征信、中智诚征信、华道征信分别持股8%。

中国人民银行征信管理局局长万存知称，中国人民银行的初步思路是，个人征信机构按业务范围分类监管，持牌金融机构的信息由央行征信中心采集，新成立的综合类个人征信机构采集持牌金融机构以外，特别是互联网领域的个人信用信息。"信联"聚焦互联网信贷数据，与侧重传统银行的央行征信中心形成差异互补。

在"信联"股东中，中国互联网金融协会以36%的股份占据第一大股东的位置，其为中国人民银行、银保监会、证监会等部委建立的国家级互联网金融行业自律组织。除中国互联网金融协会外，百行征信的其余股东均为民营企业。

在信联成立之前，中国互联网金融协会就开通了信用信息共享平台（共享平台），接入从事网络借贷、网络小贷、消费金融、赊销等个人负债业务的从业机构。目前，报送的相关信用信息包括人员标识信息、业务标志信息和个人负债业务信息三部分。（1）人员标识信息：姓名、证件类型、证件号码；（2）业务标志信息：业务发生机构、业务号；（3）个人负债业务信息：业务类型、业务种类、开户日期、到账日期、授信额度、业务发生日期、余额、当期逾期总额、本月还款状态。信联的定位是信贷征信，采集的还是基于债务人的债务信息，并不会要求各个业务方实时同步用户生活场景数据。这与中国互联网金融协会信用信息共享平台的定位不谋而合。共享平台于2016年9月开通，截至2017年11月，正式接入蚂蚁金服、京东金融、陆金所、你我贷等100余家从业机构，收录自然人借款客户3000多万个，借款账户累计6000多万个，入库记录2亿多条。

"信联"批筹以来，被业内寄予厚望。百行征信的组建是顺应行业发展的重大举措，对完善国内征信市场具有重大意义。但是存在的一些现实问题也限制了"信联"的征信效果。

在"信联"和央行征信打通之前，"信联"的数据提供方在无法获得持牌金融机构数据的情况下提供自己客户的信用信息动力不足。申请使用"信联"数据的互联网信贷机构，需要承担向"信联"报送数据的义务，全面共享，按需查询。目前，中国互联网金融协会共享平台的数据查询是免费的，只需报送数据作为交换,据悉,报送1万条能查询10万条。这种交换数据的共享模式,对于头部企业的数据共享动力不足。

"信联"是由行业协会牵头发起的商业化运作组织,不具备强制会员机构报送数据的权力,共享平台都是由会员单位申请接入,且目前接入的大部分企业还只是配合上报数据,查询使用较少。同时,接入企业参差不齐,数据真实性也无法验证,数据质量不一。

目前,互联网金融机构征信手段主要集中在信用评分、黑名单、多头借贷及身份认证、运营商认证等。由于第三方数据采集来源多样,覆盖人群不同,为了提高征信效率,互金企业向多个独立的第三方征信机构购买信用信息,拉高行业征信成本。"信联"成立后,信用信息不对称的成本将有机会降低,多头借贷有望被遏制,实现行业的良性发展。但前期的数据收集、共享等还需多方配合,真正运作还是任重道远的。

3. 上海资信 NFCS

2013年6月,上海资信在央行征信中心的指导下上线了网络借贷行业信用信息共享平台——网络金融征信系统(NFCS)。截至2018年1月底,NFCS累计签约机构1122家,收录自然人4616万人,其中有借贷记录的自然人1984万人。累计借贷账户总数为10718万笔,累计借贷金额6715亿元,累计成功入库记录数13.8亿条;当月日均查询量18.2万次,最高单日查询量51.1万次,平均查得率68.2%。数据显示,上海、北京和广东的合作机构数量占比超过三分之二。NFCS采取"先报数后查询"的机制,只有连续3个月报送全量数据,并经检测合格后,才能获得查询权限。

NFCS采集个人基本信息、借款申请信息、借款开立信息、借款还款信息及特殊交易信息等五类数据。与央行征信系统采集范围不同,NFCS采集的主要是小微普惠金融领域的信用信息,并将借款申请信息纳入信用信息的采集范围,有利于从源头帮助金融机构防范借款人"多头借债""过度负债"等风险。除了数据采集外,NFCS还提供增值服务:贷后信息管理服务、CIS数据产品、反欺诈产品和外部数据源对接等。合作机构在获得监管部门相关业务经营许可或备案后,经央行征信中心批准,可通过NFCS将机构提供的信用信息纳入央行征信系统。

表 1-13　　　　　　　　上海资信采集数据类型

数据类型	主要数据
个人基本信息	证件号码、最高学历、配偶姓名、单位地址、居住地址等
借款申请信息	借款申请号、申请类型、申请金额、申请月数、申请时间、申请状态等
借款开立信息	借款业务号、借款类型、开户日期、到期日期、授信额度、还款频率等
借款还款信息	结算/应还款日期、最近一次实际还款日期、本月还款金额、本月实际还款金额、当前逾期总额、24 个月账户还款状态
特殊交易信息	业务号、特殊交易类型、发生日期、变更月数、发生金额、明细信息等

资料来源：公开资料，嘉银新金融研究院整理。

数据中心是一种行政化的征信模式，获取的数据具有纯粹、完整、及时、权威等特点，是我国当前主要的征信模式。但这种初级采集方式无法形成良性竞争和数据价值最大化，不利于扩大市场和应用场景。同时，参与机构是被动参与，积极性不高。

（二）第三方征信模式

第三方征信机构利用自身系统或技术优势，对主体的信息进行采集、加工和整理，使用特定的模型得出主体信用，然后向授信机构提供服务。

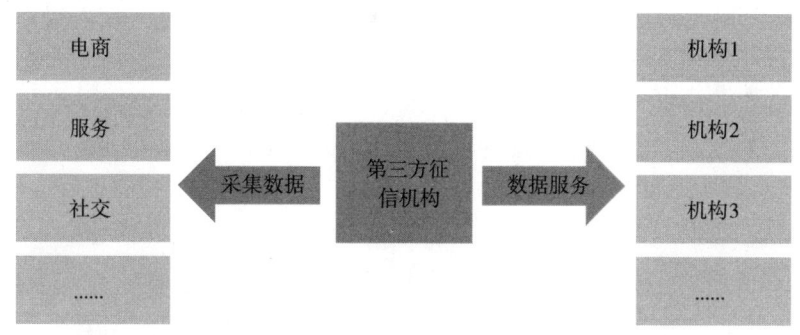

资料来源：嘉银新金融研究院整理。

图 1-21　第三方征信模式

该模式下，第三方征信机构运用技术手段，通过各种途径，采集多类数据，并对数据进行加工后对外提供服务。目前，国内采用第三方征信模式的机构主要是 2015 年批筹的 8 家个人征信公司。

2015 年 1 月，中国人民银行发布《关于做好个人征信业务准备工作的通知》，允许 8 家公司开展个人征信业务试点。这 8 家个人征信机构的背景有互联网公司、老牌征信公司，数据来源也各有不同。

表 1-14　　批准筹建的 8 家个人征信机构简介

征信机构	主要股东及背景	数据来源	产品及服务	用户	应用
芝麻信用	蚂蚁金服	阿里电商 蚂蚁金服 用户上传 合作互联网平台 金融机构 公共机构	芝麻分 信用报告 反欺诈 行业关注名单等	C端	信用生活服务和金融服务两大类，合计80类服务。 生活服务：信用借还、出行 金融服务：信用贷（借呗）、分期（花呗）、车贷（天猫开新车）
腾讯信用	腾讯	QQ和微信用户 财付通 用户上传 京东等第三方合作平台	腾讯信用分 金融反欺诈 信用报告 人脸识别	C端	处于小范围公测阶段，2018年1月31日放开公测，当天却下线。未实质开展业务
中诚信征信	中诚信，老牌征信机构	银行 保险公司 合作的中小金融机构和企业平台	万象分 信用体系建设 信用报告 信用信息验证等	B端	银行、电商、P2P平台、小贷公司等
鹏元征信	鹏元，老牌征信机构	合作的金融机构 各级政府 公共事业单位	身份认证 个人反欺诈分析 贷中风险监控 失联修复 用户画像 企业推送	B端、C端	银行、P2P、小贷公司、第三方支付、消费分期、电商等
中智诚征信	阿米巴资产管理、盛希泰	合作的P2P平台和其他第三方机构	个人征信评分 反欺诈 身份信息认证	B端	P2P、消费金融等，将会接入银行和汽车金融公司
考拉征信	拉卡拉、蓝色光标、51job等	拉卡拉集团支付、小贷、保理、网贷、社区电商、银行等合作机构和公共机构	考拉信用分 考拉商户分	B端、C端	在合作商户及金融机构办理租车、住宿、信贷理财等产品；商户向拉卡拉小贷公司或其合作伙伴申请信用贷款

第一篇　中国篇

续表

征信机构	主要股东及背景	数据来源	产品及服务	用户	应用
华道征信	银之杰、创恒鼎盛、清控三联、新奥资本	银之杰金融服务体系 亿美软通移动商务平台 燃气等公共机构	华道猪猪分 反欺诈 同业征信联盟 华道信用评估模型 个人征信报告	B端、C端	租房、未来向金融、租赁、婚恋、人力等领域
前海征信	平安集团	平安集团综合金融数据，银行、小贷、网贷、保险、投资、信用卡、财富网管理、众筹等2000家合作方	信用风险产品 反欺诈解决方案 人脸识别等高科技产品 咨询服务	B端	信贷、租车、车贷等

资料来源：公司官网，嘉银新金融研究院整理。

通过以上分析可以了解，第三方征信模式具有数据获取方式、数据维度多样的特点，但也存在一些问题：（1）受外部采集的局限性，信息的完整性和及时性不足。（2）信息维度虽多，却混杂了无效信息，信用模型有待市场检验。（3）同质化严重。公开数据易获取，非公开数据获取不足。

（三）同业征信模式

同业征信也称行业征信、会员制征信，是国际上重要的征信服务模式之一。同业征信以会员制为基础，按照统一的章程和共享规则，在会员机构范围内实现信贷交易信息的共享，为各类信贷机构提供征信服务。比如，日本的全国消费信贷征信联合会（JICC）、中国的小额信贷行业信用信息共享服务平台（MSP）、华道征信的消费信贷信息共享平台（CISP）就是典型的以会员制为基础的同业征信模式。

该征信方式以精准高效的征信数据和低成本的运作方式，提供包括征信不良信息分享（黑名单服务）、借款生命周期风险管理（白名单服务）以及从业人员信用管理信息在内的征信服务，为信贷行业，特别是个人小额信贷业务提供强有力的外部征信服务支持。同业征信有利于增强风险控制能力和盈利水平、提高信贷审核效率和降低授信成本、提升行业机构的信贷服务水平。从国外的成功实践看，以会员制服务模式为基础的同业征信是征信体系的重要组成部分。

以华道征信为例，2016年9月上线了自主开发建设的消费信贷信息共享平台（CISP）。该平台专门针对消费信贷企业，实时共享与消费信贷风控有直接线性关系的关键信息，帮助会员企业构建风控体系。主要服务对象包括消费金融公司、互联网金融公司、P2P网贷平台、小额贷款公司和其他从事消费信贷业务的零售金融机构。截至2018年3月底，CISP平台已签约会员机构131家，有信息记录的自然人数210万人，累计查询量420万件。

（四）基于大数据重构征信商业模式

大数据的出现深刻地改变着每一个领域，通过大数据进行业务决策分析的功能逐渐显现。如何在数据种类庞杂的情况下对数据进行探索，云计算和大数据分析技术将交易过程、产品使用和人类行为都数据化，然后进行深度数据挖掘，从而在某些情况下通过模型模拟来判断不同变量下何种方案投入回报最高。在实际应用中，可以帮助企业通过流程优化来提高盈利能力，或者通过预测市场环境变化来节省成本、提高效率等。具体包括：（1）大数据能对客户群体进行细分；（2）发掘新的需求和提高投入的回报率；（3）对原有数据进行整合分析引用，如欺诈检测、风险管理等；（4）帮助企业精准营销。采用该模式的企业主要有百融云创、同盾科技等。

根据官网介绍，成立于2014年3月的百融云创，已经积累了7亿实名用户，合作伙伴达3000余家。百融云创为信贷行业用户提供包括营销获客、贷前信审、贷中管控以及贷后管理在内的产品和服务；为保险行业用户提供精准营销、存量客户管理以及个性化产品定制等产品和服务。除此之外，百融云创还为银行业、小额贷款业、保险业提供行业解决方案，使用线上、线下融合的非金融与金融数据进行信用风险建模，通过风险模型识别欺诈风险和信用风险。百融云创已为工商银行、建设银行、中国银行、交通银行、邮储银行等1000多家金融机构提供多种服务和产品。

四、中国征信产品

央行个人征信报告对网贷平台的线上征信并未完全发挥作用。主要有三个方面的原因：一是央行个人征信系统未对网贷平台开放，对于个人向网贷平台提供的信用报告，核实成本较高。二是个人信用报告查询时间较长（一般24小时后），达不到网贷平台时效性要求。三是央行个人征信有记录的只有4亿人，而网贷平台的借款人覆盖人群更广，部分借款人信用并不能在征信报告中体现。

目前，网贷征信需要的信息主要包括必要信息和可选信息。必要信息：身份证、手机运营商、紧急联系人、银行卡、芝麻分、工作单位；可选信息：学历、央行征信报告、电商账号、回访电话、社交账号、信用卡、公积金、社保等。线上借贷常用的征信手段主要集中在信用评分、黑名单、多头借贷及身份证认证、运营商认证等方面。

(一) 信用评分

此前，大部分网贷平台会参考芝麻分建立自身的风控模型。2018年2月28日，芝麻信用全面停止与未具备银行、消费金融公司或全国网络小贷资质的公司合作。网贷平台通过两种方式来解决：一是寻找替代信用评分。二是借有资质的平台作为渠道获取芝麻分。

(二) 黑名单

黑名单可以最大限度地避免重复欺诈行为的发生。我们通常所了解的黑名单，是指个人征信中连续逾期超过90天的情况。但其实黑名单是平台或其他合作机构累计的用过欺诈行为的借款人信息列表，还包括以下几种情况。

(1) 禁止支付"黑名单"。禁止支付主要用于信用卡上，如果出现在银行禁止支付名单中，任何机构均不敢放款。

(2) 被银行冻结"黑名单"。法院要求保全、税务机构要求保全、工商等部门要求保全会导致被银行冻结"黑名单"。

(3) 公司"黑名单"。放款机构或银行根据以往数据，总结得出的逾期赖账特别多的公司名单。

(4) 行业"黑名单"。安保、销售、空中乘务员、军官、房地产、能源、运输、美容美发、钢贸、煤矿、危险化学品、担保公司等行业，凡涉及这些行业的贷款是很难审批的。

(5) 涉嫌欺诈禁入同业"黑名单"。

(6) 法院执行记录"黑名单"。

(7) 敏感地区"黑名单"。经常发生骗贷事件、收回欠款成本较高的地区，放款机构有理由将其划为不受理业务地区。

业内提供"黑名单"查询较为有名的是前海征信。前海征信作为8家试点个人征信公司之一，打造了不良信息共享库，签约机构超过2000家，包括网贷、小贷、中小银行及消费金融公司等。

(三) 多头借贷

多头借贷是同一借款人在多个贷款机构有过贷款行为。近年来，互联网金融从业机构在经营过程中积累了大量信用信息。但由于信息共享和风险联动预警存在不足，"过度多头借贷""诈骗借贷"等乱象屡见不鲜。

多头借贷行为识别包括两种：（1）获取多头借贷数据。部分网贷的目标人群是不被传统借贷机构覆盖的长尾人群，缺少完整的央行征信数据，因此，一些网贷平台会相互合作，实现贷款申请数据的共享。同时，在第三方征信机构针对每一笔贷款申请记录作查询时，势必会留下大量贷款申请人的身份信息，就会形成一个可靠的多头借贷数据库。（2）恶性多头借贷行为。贷款人借新还旧或者在同一时期有大笔多头借贷。

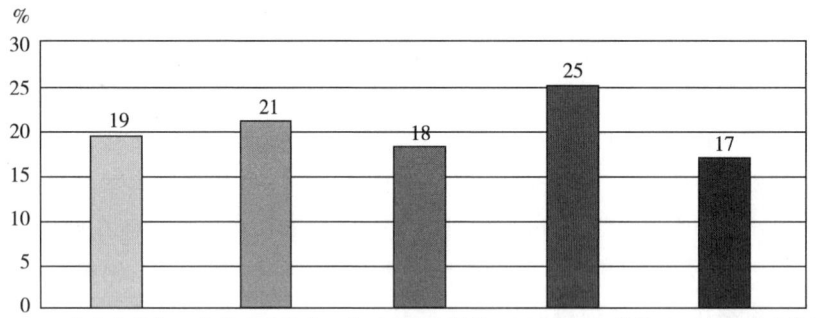

注：轻微多头：跨1家；中风险多头：跨2家；高风险多头：跨3家至跨4家；超高风险多头：跨5家及以上。

资料来源：中智诚征信。

图1-22 多头借贷人群风险敞口分布

以现金贷行业为例，中智诚数据显示，现金贷申请者共债比例超过80%，而且借贷频次较高，借贷次数平均在4~10次。据多头借贷人群风险敞口分布显示：轻微多头（跨1家平台）占比为21%；中风险多头（跨2家平台）占比为18%；高风险多头（跨3家至跨4家平台）占比为25%；超高风险多头（跨5家平台以上）占比为17%。

业内多头借贷查询的大数据公司有同盾科技等。2018年2月的调研显示，同盾科技基本覆盖了业内的网贷平台，银行等金融机构也会使用。同盾科技命中率达95%以上，收费较高，一条信息收取0.25元左右，查询无法去重，同一天查询同一个客户按多次收费。同时，同盾科技的系统会安装SDK，嵌

第一篇 中国篇

入在App里面,存在读取客户数据、留存客户信息的风险。

(四)运营商验证

在必要信息中,手机运营商是仅次于身份证的重要信息,超过90%的线上借贷需要验证借款人的手机运营商。手机运营商验证可以提供重要信息:

(1)是否实名制号码,非实名制拒贷概率大;

(2)紧急联系人是否通话次数最多或比较多;

(3)检测手机号是否命中了虚假号码库;

(4)手机关联身份证号是否命中法院失信名单;

(5)手机号码申请小贷的记录,即多头借贷记录,多头借贷次数越多,被拒的概率越大;

(6)风险通话检测,如果通话记录里,贷款电话、中介电话、法院电话、催收电话,以及110、120电话等此类记录较多,则被拒的概率大;

(7)手机联系人中是否有风险名单;

(8)夜间通话次数较多,23:00~5:30的通话记录,无疑影响贷款审核;

(9)月均话费消费情况;

(10)手机联系人号码总数过少,或相互联系人过少,同样有通信小号或新号的嫌疑,影响放款;

(11)通过手机号码查询出行信息,频繁的出行,以及本地电话占比过少,被认为工作或生活不稳定,影响放款。

据了解,专注运营商验证的大数据公司主要是集奥(中国移动下属子公司)、聚信立和魔蝎。其中,聚信立主要是通过爬虫技术实现运营商验证和通话详细清单,查询费用30万元包60万条,大约0.5元/条。

(五)身份认证

身份认证包括二要素认证、三要素认证、四要素认证、人脸识别验证等多种。由于身份认证业务开展时间较久,很多使用商缓存了校验结果,有许多鱼龙混杂的公司。

表1-15　　　　　身份认证业务方式及主要内容

认证方式	主要内容
二要素认证	姓名、身份证号码
三要素认证	银行卡、身份证、姓名验证

59

续表

认证方式	主要内容
付钱验卡验证	向账户打一定限额的钱—信息数据库—验证姓名、银行卡号、支付信息
银行卡四要素	姓名、身份证号、银行卡、预留手机号验证
手持身份证	手持身份证拍照
身份证返照	身份证号和姓名,通过第三方认证机构访问认证数据库,返回打码公民照片
人脸识别验证	照片、身份证号(或手机号),通过人脸识别认证服务器访问数据库,返回检验一致结果

资料来源:嘉银新金融研究院整理。

鹏元作为老牌征信机构,是为数不多的不使用爬虫技术而对接学信网数据库查学历的公司。同时,鹏元还与全国居民身份证号码查询服务中心(NCIIC)合作(即公安部接口),将 NCIIC 作为重要数据来源。

五、中国征信体系存在的问题及展望

(一)缺乏完整的法律体系,个人隐私和商业利益冲突

征信产品是基于主体信息的产品,但在国内并没有"个人信息保护法",主体信息权属不清晰,也未明确商业价值如何分配。征信行业存在非法倒卖个人隐私数据的现象,征信市场鱼龙混杂。据悉,市场上与"征信服务"相关的公司有 2000 家左右。前海征信发布的《中国社会信用体系发展报告 2017》显示,2015 年互联网数据黑市中专职网络诈骗的黑色产业人数达 160 万人,在黑市流通的用户资料多达 6 亿条。

从美国的发展路径不难看出,征信行业从野蛮生长到理智整合,法律法规的完善起到了关键性的推动作用。20 年间,美国推出了 17 部法律,对美国的征信行业、征信报告使用机构、征信数据提供商及消费者进行全方位立法,较好地平衡了商业利益和个人隐私。

(二)有效覆盖人群偏少,个人信用意识薄弱

截至 2017 年 11 月底,央行征信中心收录 9.5 亿自然人的信息,有贷款记录的约 4.8 亿人,央行个人征信的覆盖率达 50% 左右。而美国在 2014 年,这一比率就高达 92%。与发达国家相比,我国个人征信有效覆盖人群少,大量人群游离在征信体系外。

在国内，信用多用于金融信贷领域，而在美国，信用深入居民生活，成为一种资产。融360《维度》的一份调查报告就显示，在我国，超过10%的用户不关心自己的个人征信，近30%的用户不了解自己在央行的个人征信情况，40%的用户不知道央行的不良征信记录如何消除，我国居民个人信用意识薄弱现象突出。

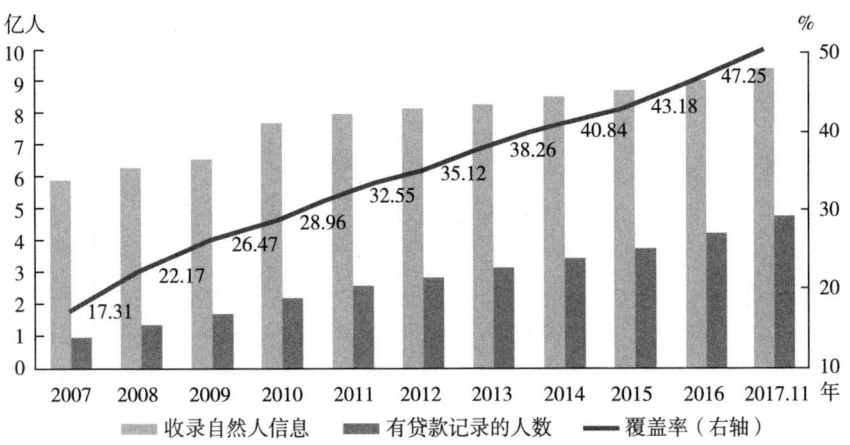

资料来源：《中国征信》杂志，嘉银新金融研究院整理。

图1-23 央行征信中心人群覆盖情况

（三）数据孤岛难破，缺乏统一的信用评分模型

数据是征信行业的基础，我国80%的数据都掌握在政府手里，政府的数据开放度很低。而批筹的八家征信机构虽然都有大量的平台数据，如淘宝有购物数据，微信有社交数据等，但这些征信机构都希望形成自己的闭环，客观上分割了市场的信息链。而且每家的信息覆盖范围受到限制，信息不广、不全带来产品的有效性不足，也不利于"信息共享"，个人征信并未走出数据孤岛的"囚徒困境"。

美国的FICO是传统的征信评分模型，数据显示，95%以上的美国人使用FICO评分。三大征信机构都采用FICO的模型计算信用评分，只是数据来源略有差异。在我国，除央行征信中心外，国内的个人征信机构，都有自己的信用评分模型，难以形成统一的标准。各自掌握极为有限的信息进行不同形式的信用评分并对外使用，存在信息误用的问题。

表1-16　　　　　　　部分国内个人信用评分

信用评分	征信机构	评分范围	评分维度
个人征信评分	中智诚	500~900分	个人信用活跃度、履约能力、信用历史、身份特质、信用消费能力等信息
芝麻分	芝麻信用	350~950分	用户信用历史、行为偏好、履约能力、身份特质、人脉关系
腾讯信用分	腾讯征信	300~850分	履约、安全、财富、消费、社交

资料来源：各公司官网，嘉银新金融研究院整理。

（四）征信机构独立性不足

一个完整的征信产业链包括数据源、数据处理、产品服务和场景应用。美国征信市场经历上百年的发展，产业链十分完整成熟。个人征信从上游数据源到数据标准化、数据处理、信用使用分工明确，各个细分领域经过充分竞争出现了寡头垄断的局面。数据处理主要由三大信用机构主导，FICO专注于信用评分。

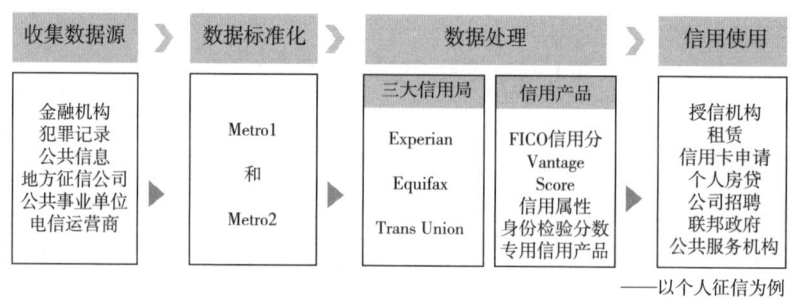

注：Metro1和Metro2是美国信用局协会制定的用于个人征信业务的统一标准数据报告格式和标准数据采集格式。

资料来源：易观咨询。

图1-24　美国个人征信产业链

在个人征信产业链中，除了央行征信中心拥有最大的数据系统外，我国个人征信在产品及服务输出、场景应用等环节十分薄弱。

此前，获得央行批准筹建的八家个人征信机构获牌事宜一再延迟，这与个人征信机构业务不独立不无关系。世界近百年发展历史证明，只有独立第三方开展个人征信才更有公信力。独立第三方征信机构应当具备三个条件，即公司治理独立、数据来源和分析模型独立、业务独立。而国内的商业征信机构并不是完全独立的第三方，例如，根据芝麻分，消费者可以获得蚂蚁金服的信用贷款等金融服务,其债权人的身份与独立性要求相左。2017年5月,央行征信局局长万存知撰文指出,试点从事个人征信业务的机构存在业务闭环影响信息共享、业务及公司治理独立性受限、信息误采三方面的问题。

征信业的本质是信息共享,如果没有有效的信息保护,就不会有充分的信息共享。中国人民银行副行长陈雨露指出,平衡征信业发展和保护个人信息的关系需要做到三点:首先,对信息提供方的监管协调,确保信息按照"最低、适用"的理念采集,确保信息准确性。其次,对信息采集加工的监管协调,确保征信机构行为遵循征信规则的要求,确保公正性和有效性。最后,对信息使用方的监管协调,确保个人征信信息的依法有限使用,维护好信息主体权益。在人民银行看来,个人信息保护构成个人征信监管的核心内容,对于个人征信机构要提高门槛,审慎从严批设市场化个人征信机构。

目前,各家征信机构的模型多是基于自身平台的金融交易、电商交易、社交或生活数据,是非结构化数据。信联按照《国家网络安全法》《征信业管理条例》《征信机构管理办法》等规定,建立个人信息保护制度,制定业务制度、工作流程、操作规范和数据标准,信联采集的个人信用信息主要应用于借贷等经济交易场景,禁止将个人信用信息用于与社交、婚恋与借贷活动无关的场景。

传统信贷数据牢牢掌握在传统征信机构手中,新晋参与主体着手非传统信贷数据的搜集和引用,通过与互联网化的生活数据直接对接,将电商网购移动支付、水电煤缴费、社交信息等数据引入行业。

央行征信中心作为全国最大、最权威的官方征信机构,提供的是社会化、标准化、全局化的产品。非持牌征信机构可以侧重数据分析、数据整合,利用自身的技术能力和对行业的深度理解,提供定制化、专业化的产品和服务。

第六节 中国互联网理财行业

一、互联网理财行业概况

国家金融与发展实验室联合腾讯金融科技智库发布的《互联网理财指数

报告》显示，中国互联网理财规模已由 2013 年的 2152.91 亿元增长至 2017 年的 3.15 万亿元，而 2017 年同比增幅达到 52.39%。

（一）市场前景可期

中国互联网络信息中心（CNNIC）发布的《中国互联网络发展状况统计报告》显示，截至 2018 年 12 月，中国购买互联网理财产品的网民规模达到 1.51 亿，同比增长 17.5%。2018 年中国移动支付用户规模持续扩大，用户习惯进一步巩固。截至 2018 年 12 月，中国使用网上支付的用户规模达到 6 亿，较 2017 年底增加 6930 万人，年增长率为 13%，使用比例由 2017 年的 68.8% 提升至 72.5%。其中，手机支付用户规模达到 5.83 亿，使用比例由 2017 年的 70% 提升至 71.4%。

2018 年 5 月，陆金所与波士顿咨询联合发布的《全球数字财富管理报告 2018》显示，当前中国财富管理市场规模达到 6 万亿美元，产品线上化渗透率为 34.6%，但就独立互联网第三方财富管理规模而言，中国渗透率仅为 10%，美国为 35%，差距明显。随着居民人均可支配收入的提高、互联网及移动设备进一步普及，互联网理财市场发展前景可期。

（二）参与机构众多

随着投资者对互联网理财产品和服务需求的增加，各金融相关机构不断深化金融科技布局，探索数字化财富管理之道。互联网理财参与机构众多，主要分为流量型互联网企业、综合型互联网金融平台、垂直型资讯平台及银行、券商等传统型金融机构。

资料来源：盈灿咨询。

图 1-25 互联网理财参与方图谱

（三）人工智能成为各类金融机构争相布局的重点

人工智能在金融领域的应用基本上分为三大类：智能投顾、智能客服、智能量化交易。尽管中国许多金融企业都贴上了人工智能或智能金融标签，实际上人工智能有较高的技术、数据、人才门槛，大型银行及互联网巨头在这些方面具有相对优势。

客观而言，对于人工智能的应用前景目前还存在一些争议。但不可否认的事实是，主流的金融机构和互联网巨头都已经开始布局人工智能，发挥各自的技术、数据、场景、用户规模等优势抢占人工智能市场。

二、互联网理财行业监管

中国监管层对互联网理财表现出"宽严相济"的监管态度，在对银行理财、货币基金、P2P网贷理财等多个领域监管政策进行收紧的同时，也积极鼓励推动其健康合规发展。

2018年6月，中国证监会与中国人民银行联合发布《关于进一步规范货币基金互联网销售、赎回相关服务的指导意见》提出，对"T+0赎回提现"实施限额管理，对于单个投资者持有的单只货币基金，设定在单一基金销售机构单日不高于1万元"T+0赎回提现"额度上限。货币基金T+0赎回额度进一步收紧，可有效降低行业风险，规范行业发展。"余额宝"等超大规模理财平台通过接入多只货币基金产品进行"分流"，互联网理财产品逐步回归"小额、普惠"的初衷。

2002年以来，我国商业银行陆续开展了理财业务。银行理财业务在丰富金融产品供给、满足投资者资金配置需求方面发挥了积极作用，但也存在业务运作不规范、投资者适当性管理不到位、信息披露不充分等问题。2018年9月，中国银保监会发布《商业银行理财业务监督管理办法》，对商业银行理财提出了监管要求：一是实行分类管理，区分公募和私募理财产品。将单只公募理财产品的销售起点从5万元降至1万元。二是规范产品运作，实行净值化管理。三是规范资金池运作，防范"影子银行"风险。四是去通道，强化穿透管理。五是设定限额，控制集中风险。六是控制杠杆，有效管控风险。七是加强流动性管控。八是加强理财投资合作机构管理。九是加强信息披露。

在P2P网贷理财方面，2018年备案登记工作加速推进，同时，各地监管部门规定网贷平台业务规模不得增长、不得新增不合规业务，各项政策倒逼行业加速转型。

三、业务类型

从互联网理财竞争格局来看，目前主要有四类机构逐鹿互联网理财市场，包括流量型互联网机构、垂直型互联网机构、传统金融机构和综合型互联网机构。这四类机构在目标客户群、产品提供、服务模式、技术对接模式的改变程度上均有针对性。

从现状看，流量型和综合型企业基于长期金融科技探索及逐步搭建成的资产类型丰富的综合理财平台，在数字化财富管理布局上有一定优势，而垂直型、传统型机构起步晚，价值定位、开放平台模式和技术应用能力等多个方面都需要提升。

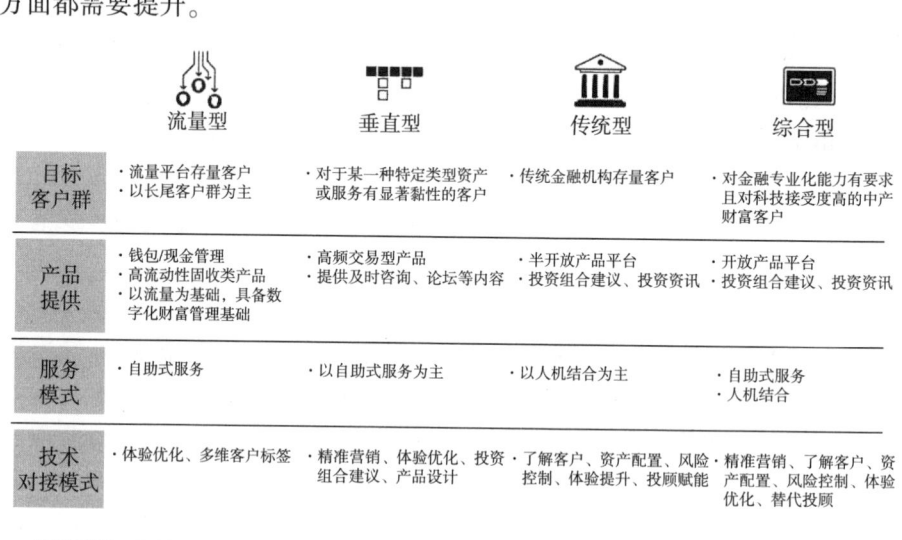

资料来源：BCG。

图1-26 四类理财机构及其特点

（一）流量型

流量型机构主要服务于相对长尾的客户，主要痛点是客户的现金管理需求和便捷性。这类机构多为互联网跨界机构，凭借电商平台、社交引用的背景获取海量客户基础的优势，通过提供支付、钱包管理、现金管理等业务培养客户的金融黏性和信心。数据和技术对此类机构的价值创造多在持续的体验优化和客户分析上。通过海量数据的多维大数据分析可以实现对客户的精准画像，理解客户的购买逻辑，实现精准营销，以BATJ为代表。

以京东金融为例，电商京东利用其巨大流量，为客户提供多元理财服务，包括保险、基金、黄金等。

表 1-17　　京东金融理财产品

	产品介绍
京东小金库	个人资产增值服务。主要用于购买货币基金，小金库分为零用钱账户和理财金账户，零用钱账户可以用于商城消费、还款、手机充值、生活缴费等，而理财金账户仅支持购买理财、基金、黄金等
基金理财	独立基金销售机构在平台销售基金产品
京东黄金	由京东联合合作公司开发的一种黄金购买、存管、增值、回收等黄金消费综合服务产品
代销基金	基金代销公司代销各类基金
基智账户	京东金融与嘉实基金合作推出的基金投资组合账户，主要用于投资公募基金
京东智投	基于大数据和 AI 技术，提供定制化的智能资产配置管理方案
养老保障	养老保险公司发行，主要投资流动性强、门槛较低的产品

资料来源：京东金融，嘉银新金融研究院整理。

这种模式在未来发展的规模和盈利性上会面临瓶颈。因此，流量型金融平台未来一方面应不断深挖客户需求，随着客户成长，提供更丰富的财富管理产品和服务，另一方面应通过投研投顾能力的建设，逐渐获取更高端的客户群，实现财富管理升级。

（二）垂直型

以财富管理中的某一垂直领域的纵深为独有优势，如 Wind、雪球、天天基金等以基金和股票资讯为讨论的内容核心，同时嵌入交易和账户管理的垂直型平台。通过对这一垂直领域的深刻理解，此类机构凭借数据和技术重塑需求产生、决策、交易、交易后整条价值链的模式和体验。从国际实践来看，根据中产阶层追求效率和低费率的诉求，此类平台将配置和交易环节的整合作为核心竞争力。针对客户的自主性强这一特点，中国大多数此类平台都凭借数据和技术提供更快、更精准的一手信息，整理后以信息、辅助决策信息等内容为核心竞争力。比如，Wind 可以通过券商接口，进行股票交易。

（三）综合型

综合型机构同时具备互联网基金和金融机构背景，以专业性、低成本、便捷体验的平衡为核心优势，针对的客户主要是传统金融机构无法服务好但具有理财需求的中产阶级，通过开放产品平台提供多样的产品，以实现资产配置。此类机构通过数据与技术的运用实现对客户的深刻理解及对资产配置模型化的优化，尝试不同的风控与反欺诈方法，甚至改变投资顾问的角色与专业性要求，投资顾问成为简单的客户关系维护人。

陆金所是典型的综合型机构，是平台集团旗下的一站式理财平台，投资产品包括基金、网贷、私募基金、资管计划理财及保险产品。

表1-18　　　　　　　　　陆金所产品分类

类别	具体产品
零钱理财	金色人生、陆金宝
期限理财	"理享+"、信托理财、富盈增长
网贷	彗盈系列
基金	基金销售公司代销各类基金
私募资管	私募基金、资产管理计划理财
保险	保险代理公司代销各类保险产品

资料来源：陆金所官网，嘉银新金融研究院整理。

（四）传统金融机构

在金融科技快速发展的背景下，诸多银行、券商等传统金融机构进行转型，建立了未完全脱离传统体系的互联网理财服务。此类机构拥有大量存量客户，以在金融专业方面的理解力和线下网点渠道为核心优势。国内大型金融机构利用AI技术，量化金融投资领域，为客户提供智能投顾，提高理财效率，降低理财门槛。

表1-19　　国内大型银行及互联网巨头人工智能应用于理财的概况

机构名称	人工智能代表性应用	人工智能理财产品上线时间	人工智能理财产品主要特点	突出的应用效果
工商银行	1. AI投顾； 2. 智能客服机器人	1. 2017年11月； 2. 2016年2月	1. 智能投顾； 根据客户风险测评结果推荐15种产品的投资组合，但货币基金占比重，客户感受不到运用了大数据分析； 2. 提供各类业务咨询、自助查询及支持申请信用卡等业务	试运行期间年化收益率为3.14%~14.59%； 智能客服机器人"工小智"累计服务量超过1.7亿笔

续表

机构名称	人工智能代表性应用	人工智能理财产品上线时间	人工智能理财产品主要特点	突出的应用效果
农业银行	1. 灵云智能客服系统； 2. 厅堂服务智能机器人	1. 2016年5月； 2. 2017年底在部分分行引入	1. 支持Web、微信等渠道的智能客服系统，当智能客服无法回答时转入人工服务； 2. 机器人引导客户分流、介绍农行业务和产品、回答客户询问	减轻了客服的压力，提供全天候智能客户服务； 用户获得新体验
中国银行	与腾讯合作成立金融科技联合实验室	2017年6月	将与腾讯在云计算、大数据、区块链、人工智能等方面深度合作	已将人工智能应用于一些业务和流程，如客户咨询、身份识别、投顾、数据提取和核查等
建设银行	1. 智能机器人及智慧柜员机； 2. 新一代核心系统	1. 2013年、2015年12月； 2. 2017年6月	1. 实现"客户自助办理为主，银行柜员服务为辅"的服务模式； 2. 具有一套业务模型、一套IT架构、一套实施工艺、一套管理流程特征的信息平台	智能机器人"小微"，已累计服务客户超过19亿人次，日均交互超过500万次，应答准确率达到93%
交通银行	智能机器人	2015年8月	国内银行业首个智能机器人经理； 可通过语言识别、触摸交互、肢体语言等方式，开展迎宾、业务引导、业务查询等多种服务	将开卡流程压缩至2分钟内，网点服务效率提升70%以上
招商银行	摩羯智投	2016年12月	银行业国内首家智能投顾； 依据客户的流动性和风险偏好来推荐投资组合，从数千只基金中筛选出几十只基金； 收费模式不透明	管理了超过百亿元的资产规模； 2017年摩羯组合整体平均收益为8.97%，但客户对其褒贬不一

资料来源：各机构官网及公开信息，嘉银新金融研究院整理。

这四类理财机构也不是各自为政,互联网理财领域在线上和线下整合各自在流量、技术和金融产品服务等方面的优势,步入从对抗竞争走向合作共赢的发展阶段。2017年上半年,互联网理财在渠道和技术领域的融合态势初步显现,如蚂蚁金服旗下理财平台引入基金公司、银行等传统金融机构,开放货币基金代销渠道和人工智能技术服务。拥有流量的互联网机构开放入口、丰富产品,用户购买传统机构金融理财产品更加便捷。同时,平台数据、技术开放提升金融机构产品、服务于用户需求之间的匹配效率,加速理财产品和模式创新,满足用户多样性的理财需求。

四、存在问题及展望

互联网理财平台将理财服务延伸至普通大众。从近几年余额宝的火热可见一斑,低净值客户的投资热情不断高涨。不同投资者在风险偏好、收益目标、生产规模、受教育程度等方面都有差异,人工智能借助数据、算法和模型对用户基本信息和理财认知进行测评,为用户提供个性化的投资组合建议和服务,一定程度上满足个性化需求。

随着人工智能等技术的应用,在筛选金融产品以及投后管理的时间、精力方面,人工智能理财能极大地降低用户的成本,边际成本趋近于零,比如,美国的多数智能投顾平台收取的管理费用大多在0.5%以内。不仅如此,人工智能理财还能简化用户的流程,实现"一键投资"、7×24小时理财,非常方便快捷,带给用户良好的体验。

互联网理财的便利性使得消费者得以轻易参与其中,金融交易门槛降低。但是,互联网理财在带来便利和快捷的同时,也蕴藏着风险。无论是互联网还是金融,都具有各自的专业性和复杂性,从而具有模糊性,部分互联网理财产品又加重了这种信息的模糊性,再加上互联网交易的分散性,使得信息不对称问题更加严重,消费者准确理解和掌握互联网理财产品和服务的难度加大。

第七节　中国众筹行业

一、众筹行业发展概况

（一）行业进入深度洗牌阶段

盈灿咨询数据显示，截至 2017 年 12 月底，中国正常运营的众筹平台共有 209 家，与 2016 年的 427 家相比，减少了一半，众筹行业进入深度洗牌阶段。2017 年，中国众筹行业中问题及转型平台数量高达 331 家，其中 270 家众筹平台倒闭，主动停业及转型平台居多，转型方向主要是众创空间、孵化器和互联网服务商等。

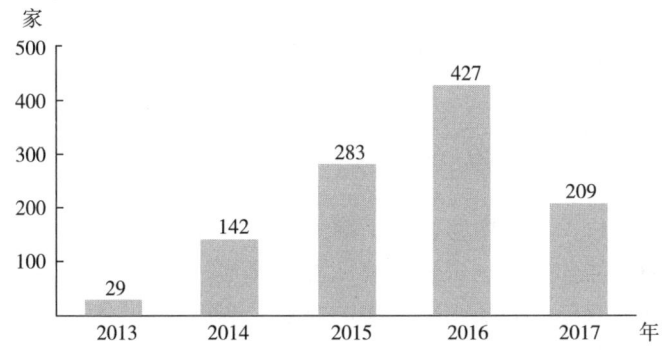

资料来源：盈灿咨询。

图 1-27　历年正常运营众筹平台数量

2017 年，众筹平台出现问题的主要原因有两个方面：一方面，平台规模小、资源上无法与巨头平台竞争，而又未及时调整细分方向，致使经营难以为继。另一方面，由于众筹行业投资环境缺乏规范，监管政策不明确，业务运作不规范，盲目追求速度和规模，陷入非理性发展的旋涡。在监管趋严、规范发展的金融监管大背景下，非良性发展的众筹平台逐步退出市场，行业进入规范期。

（二）股权众筹政策不明确，众筹平台以奖励众筹为主

数据显示，截至 2017 年 12 月底，在各类型正常运营的众筹平台中，奖

励众筹合计95家，在正常运营众筹平台中占比为45%。而非公开股权融资平

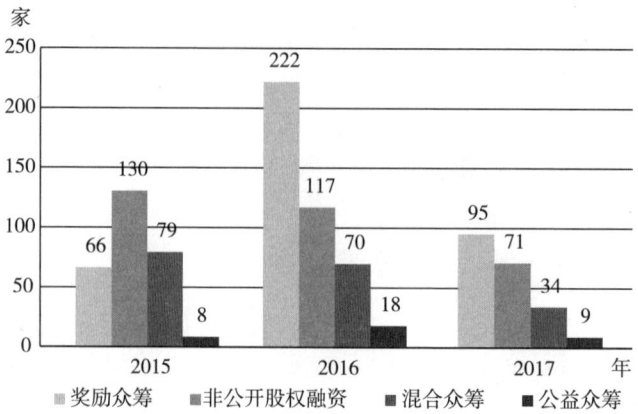

资料来源：盈灿咨询，嘉银新金融研究院整理。

图1-28 各类型股权众筹平台数量统计

台数量在2015年超过奖励众筹平台，占比达到46%。非公开股权融资平台数量下降的原因主要还是监管不明确，互联网巨头旗下的非公开股权融资平台均暂停业务。

（三）众筹平台趋向垂直细分

中国众筹平台正不断向垂直化、细分化领域渗透，专注于垂直细分领域的众筹平台大量涌现，积极探索合规化盈利模式。垂直众筹主要集中在汽车众筹、影视文化众筹、公益众筹、房产众筹、农业众筹、医疗众筹、民宿众筹、新能源众筹等方面。

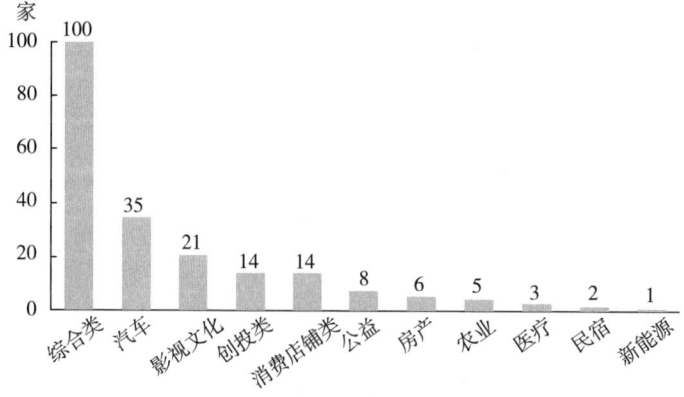

资料来源：盈灿咨询。

图1-29 众筹平台项目领域细分（2017年）

二、众筹行业监管

近年来,相比较于网贷行业的监管,中国的众筹行业迟迟未能得到监管的明确信号,这也导致了众多众筹平台的关闭,热度迅速流失。2015年7月18日,中国人民银行会同有关部委发布《关于促进互联网金融健康发展的指导意见》,在该文件中首次明确了股权众筹行业的监管由中国证监会负责。面对股权众筹行业存在的乱象,中国证监会迅速做出反应。2015年8月,中国证监会公布开启对通过互联网开展股权融资中介活动的机构平台(以下简称股权融资平台)进行专项检查,以整治股权众筹行业乱象。

与此同时,中国证监会也给出了官方对于股权众筹的定义,即通过互联网形式进行公开小额股权融资的活动,具体而言,是指创新创业者或小微企业通过股权众筹融资中介机构互联网平台(网站或其他类似的电子媒介)公开募集股本的活动。

2016年10月,中国证监会等15部门联合公布了《股权众筹风险专项整治工作实施方案》,又再次展开了对以"股权众筹"名义募集私募股权投资基金、平台上的融资者擅自公开或者变相公开发行股票等乱象的清理整治。

2018年,消失在公众视野已久的股权众筹又重新进入监管层的工作列表中,2018年伊始,在指导中国证监会全年工作的证券期货监管工作会议上,证监会时隔两年后再次提出要开展股权众筹试点工作。

三、业务模式及典型案例分析

(一)奖励众筹

奖励众筹是一种基于实物、以权益或服务作为回报的筹资方式。奖励众筹是中国最为流行的众筹类型,涉及智能硬件、农业、二手车、影视等各大领域,回报方式及种类繁多。项目发起人通过线上推出产品资料或服务信息,对此产生兴趣的投资者可以选择支付购买,从而完成项目融资。

中国奖励众筹子行业呈现了二八格局,代表平台有京东众筹、淘宝众筹、苏宁众筹和小米众筹;民宿类代表有开始吧;汽车众筹代表有维C物权。这6家奖励类众筹平台2017年全年累计筹资额超过奖励众筹总额的一半。综合类的4家众筹平台是在互联网巨头旗下,另外两家垂直领域的代表平台均为风投系。

1. 综合类众筹——淘宝众筹

淘宝众筹是阿里旗下的众筹平台,是由卖家发起、将一些新品或正在设计中的项目方案,通过众筹的方式面向消费者筹资,完成项目方案的最终落地,并以商品回报的方式回馈筹资者。平台项目包括影音、公益、书籍、娱乐类、科技、设计、动漫、游戏、食品等。淘宝众筹不收取项目发起者筹资额的佣金及提成,如果通过天猫店发布项目,则根据天猫类目相应标准扣点。

淘宝众筹平台提供详细的发布项目教程,包括发起人创建项目、项目获得支持、发起人发放回报、用户收到回报,并从"自我介绍""我想要做什么""为什么需要您的支持""我的承诺与回报"四个方面描述项目,网站也提供了各类别的项目案例,便于发起方顺利发布项目。

淘宝作为电商平台,开展众筹业务在品牌、知名度、流量和用户基础方面有突出优势。但是,这些先天优势也导致不是所有项目都能上线到这个平台,同时也成了企业宣传的集聚地。同时,淘宝众筹也沿袭了电商平台的不少行为,众筹项目需要精美的页面设计,这是网购平台的根基,但是却忽略了发起者的故事、情怀、创新、想法和文字的力量,而选择以识别效果强但制作难度较高的精美页面设计作为要求。上线的产品几乎都是经过企业生产出来的。抛开公益众筹板块不谈,除了农业板块外,其他板块的项目发起者大多数都是企业。而不少项目也通过刷单来制造一种火爆的假象,利用新闻营销做企业形象。

从众筹平台要求的回报时间来看,这无疑不符合众筹的本意。大多数众筹平台上的产品回报时间在 30 天内。以"十万个冷笑话""大鱼海棠""pebble 智能手表"这些域外成功的众筹项目为例,回报时间其实根本无法保证在一个确切的时间范围内。因为从项目的计划、执行、生产、阶段性目标完成到最后项目成功是一个长时间的过程。而电商众筹平台规定短时间内发放回报产品的行为,从另一个角度展现了这些项目不是因众筹而生,而只是将一些已经生产好的产品拿到平台上进行出售,用户不是参与者,而只是购买者。

众筹不仅会产生商业价值,更重要的是凸显社会价值。反观中国的淘宝众筹等众筹平台,不是营销就是卖货,更注重的是筹资金额和筹资成功率。

2. 民宿众筹——开始吧

开始吧于 2015 年 3 月上线,是中国早期的民宿众筹平台。在民宿众筹产业线建立后,开始吧逐渐上线非标住宿项目,后来又涉及精品酒店和设计师酒店,还有创意餐饮类、城市休闲空间项目,如 SPA 馆、健身房及网咖等。民宿、酒店、农业、休闲、餐饮是开始吧的五大产业线。民宿类占比为 30%、休闲类占比 28%、餐饮类占比约为 20%。

服务体系中,在投中环节,开始吧引入了资管机构做项目管理。在投前环节,开始吧对合规性审查列明了多条规定的清单,其后再对项目未来盈利预期做判断,比如做建议性估值,规定融资比例不能超过估值的 40%;项目"过会"后,开始吧会建预热群,让发起人和有意向认筹的人对话,进行线上路演;之后再上线众筹、推送协议。这一阶段结束后,"投后"入场,项目发起方需要进行披露财报、项目进展等一系列标准动作。此外,对于纠纷解决、项目回购等,开始吧都建立了一套体系。

对开始吧而言,社群运营已经成为其强项,在开始吧平台,用户建立了 5000 多个社群,有几十万用户,这些社群大部分由发起人管理,平台方只是作为协助。

开始吧于 2015 年 4 月获得盈动资本等天使投资,同年 11 月获得华映资本、引爆点资本等 A 轮投资。2016 年 2 月开始吧完成 A+轮融资,投资方为经纬创投和元璟资本。2016 年 6 月 15 日,开始吧完成 1 亿元 B 轮融资,由昆仑万维领投。2017 年 8 月 29 日,开始吧完成由云锋基金领投的 1.9 亿元 C 轮融资,估值达 2 亿美元。

2015 年到 2017 年是开始吧的第一次关键时点,其获得了跨越式增长。2015 年,开始吧全年的众筹规模才有 4000 多万元,2016 年即达到 5 亿多元,截至 2017 年底,开始吧认筹规模达 40 亿元。到 2018 年 7 月,开始吧已拥有 30 多个公众号,逾 2000 万粉丝。这个庞大的群体构成了开始吧包括内容生产、品牌营销、行业培训、社群运营在内的业务基础。

(二) 非公开股权融资

非公开股权融资主要是指公司向普通投资者出让一定比例的股份,投资者通过出资入股公司,获得未来收益。其中,项目发起人通常为初创企业,投资人与项目发起人共担风险,共享收益。2015 年 8 月,中国证券业协会发布通知,根据中国证监会《关于对通过互联网开展股权融资活动的机构进行专项检查的通知》精神,将《场外证券业务备案管理办法》第二条第(十)项"私募股权众筹"修改为"互联网非公开股权融资"。

2014 年 1 月,众投邦上线,确立新三板 VC 期项目股权众筹平台的定位,当年获得创东方 750 万元 A 轮投资,同年 12 月,完成了 1.2 亿元成交额。

2015年5月，其又获得同创伟业、创富志资本、同信证券、前海华捷近5000万元B轮融资，同年12月，获得广东省首批股权众筹试点单位。2016年，其发布设立50亿元并购母基金。众投邦独创的"领投+跟投"模式，在创投界成为业界风向标。平台汇集了50000名投资人，3700家投资机构，1000个新三板创业项目，同时组织项目进行视频路演、投融资对接会、为创业者、投资者提供投融资服务。

1. 模式：领投+跟投

一个众投项目只有一个领投方，领投方领投项目须经众投邦和项目方确认后方能生效；领投方可自带项目，经众投邦审核和项目方确认后，在众投邦平台进行众投，众投邦为此项目唯一众投平台；领投方对单个项目领投最低额度为项目融资额度的20%，最高额度为项目融资额度的50%。

跟投方只出资，不必参与公司运营管理，定期可以通过领投方披露的信息了解项目方的运营状况；投前、投后、退出的相关程序均由领投方牵头办理，跟投方只需配合即可。

领投+跟投的模式好处在于由经验丰富的专业投资者作为领投方参与项目尽调、风险把控和项目退出等环节，使投资风险更可控，收益回报更丰厚。

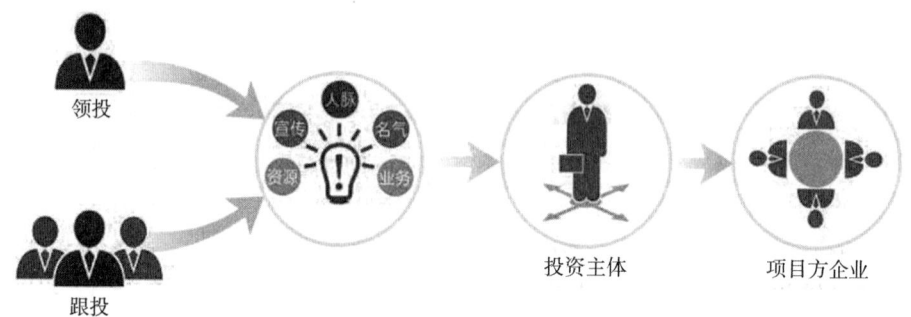

资料来源：众投邦官网。

图1-30 众投邦投资流程

领投方要对领投项目的投资判断、风险揭示、竞争利益冲突做充分的信息披露，对跟投方进行充分的投后管理的信息披露。要成为领投方必须要提交申请，满足多项审核标准。

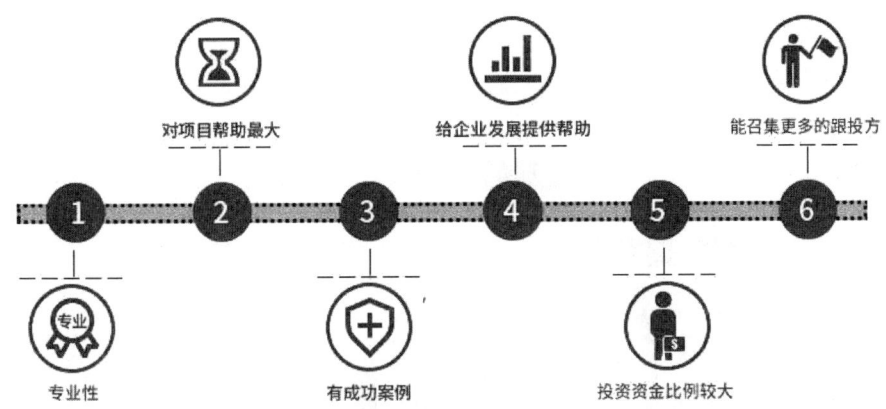

资料来源：众投邦官网。

图1-31 领投资格审核标准

从挂牌到认购共90天时间，投资方的资金自投资后即冻结，在众投期间内投资方可以申请退回资金，但真正退回资金必须等众投期结束。众投期结束后，如果认购额（去除申请退回的资金）不满50%，则本次众投失败；超过50%但不足80%，项目方如同意按估值调整募资出让股权比例，则按调整后的股权比例执行，如不同意则视为众投失败；如果认购额超过80%但不足100%，需要由领投方补足，具体比例可以由领投方和项目方协商而定，要在融资前将比例清晰地披露给所有投资人。

2. 项目审核标准

众投邦平台项目分类包括移动互联、节能环保、文化传媒、新材料、新能源、生物制药等行业。项目审核标准有基本要求和有限条件。

表1-20 众投项目审核标准

基本要求	优先条件
聚焦特定领域，如互联网、移动互联、文化传播、消费服务、节能环保等	已与券商签约的企业
公司成立2年以上	高成长、行业领军企业
上一年营收1000万元以上，且净利润不低于100万元（优质项目企业可以适当放开）	股权结构中有专业机构投资者的企业
本轮融资额不低于1000万元	—

资料来源：众投邦官网，嘉银新金融研究院整理。

3. 项目流程

投资人投资项目的流程主要包括以下几步。

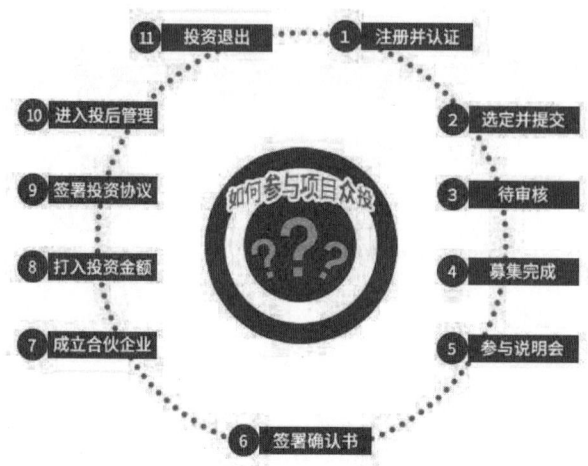

资料来源：众投邦官网。

图 1-32　众投邦投资流程

众投邦专注的是新三板及上市资产的股权融资，单个项目融资金额在 1000 万元以上，这一阶段企业处于 VC 期，相较于天使期的企业来讲商业模式更为成熟，成功率高于天使期的企业。同时，VC 期的企业巨大潜在成长空间也使得投资回报高过 PE 期。在中国非公开股权融资行业中，众投邦无疑是前三名，这与其独特的"领投+跟投"模式分不开，这种模式使得平台的融资成功率非常高。在 2016 年上线的果辉足球项目中，众投邦创造了在短短 38 分钟的时间内斩获 1767 万元意向投资款的行业新纪录，超出预融资总额 767 万元。

（三）公益众筹

公益众筹是指公益机构或个人在众筹平台发起的公益筹款项目，出资者对项目进行资金支持，但不获得任何实质性的补偿。公益众筹项目的发起需符合众筹平台的具体规则，它跟传统的公益筹资的区别就在于它的门槛特别低，而且非常强调大众的参与性。盈灿咨询数据显示，截至 2017 年底，我国共有 8 家平台专注于公益众筹。

2014 年 9 月，基于社交圈的"轻松筹"正式上线。其注册用户超过 5.5

亿，独立付费用户 4.5 亿，为 160 万个家庭筹集超过 200 亿元以上的费用。轻松筹有大病救助、轻松互助和轻松 e 保。

大病救助是轻松筹首创的模式，将社交的强关系运营到大病筹款中。"智爱"系统的上线，在大数据和人工智能的支持下加快了审核环节的速度，人机协作的方式让用户在更加高效、透明的模式下参加公益。寻求帮助的大病患者，可以通过轻松筹 App 发起大病求助项目。截至 2018 年初，共有超过 1600 万个家庭筹集善款总额 200 多亿元。

轻松互助是一种公益基金会监管的健康互助机制。用户健康时预存 10 元加入互助，成为互助会员。如有会员生病，则其他会员在互助金中均摊医疗费，帮助生病的用户。加入互助计划的人群覆盖了各个年龄段，出生 28 天至 17 周岁的用户可以加入"少儿健康互助行动"，18～50 周岁的用户可以加入"微爱大病互助行动"，51～65 周岁的用户可以加入"老年关爱互助行动"，此外，平台还上线了为轻疾人群服务的轻疾互助行动，轻疾互助行动规定患有乙肝、糖尿病、高血压等 60 种特定疾病的人群也可加入该互助计划，最高可获得 10 万元的互助金。除此之外，轻松互助还上线了企业版，即"企业互助"，企业互助是一种全新的员工福利形式，方便企业帮助其员工及家属批量管理员工健康情况。

轻松 e 保是轻松筹旗下的互联网保险销售平台，专注于为大部分民众精选符合个人和家庭需求的保险产品。轻松 e 保卡以保障卡的形式，将保障拟化为防护徽章形式，鼓励大家集齐徽章，实现持卡人保障全覆盖。其先后与中国人寿、中国人保、中国平安等中国 14 家专业保险公司达成合作，实现了高达 13% 的单款保险产品购买转化率，保费保障单日突破 1300 万元，单月突破 1 亿元。

四、存在问题及展望

中国众筹行业处于发展调整阶段，行业开始呈现二八格局，优质平台发展良好，但同时也存在同质化严重、创新不足、投后服务缺失等问题。许多平台缺少成长性与创新性，没有清晰发展路径，完全复制电商模式，但相较于大型电商，又缺乏流量、资金和产业链的优势。对于非公开股权众筹政策，国务院及各地区对股权类众筹有一些发声，但并未出台具体监管细则。监管仍是悬在股权众筹平台头上的一把"利刃"。公益众筹热度也有所减弱，这与公益众筹领域被爆出许多诈捐、骗捐等消息有关，这些行为让参与公益众筹的捐赠者望而生畏，对受捐助者的信息和身份产生怀疑。公益众筹未来可能会将金融科技纳入体系之中,如区块链、大数据征信、VR、人脸识别等技术的应用,可在一定程度上提高公益众筹的透明度,特别是像区块链这样无法更改的数字账簿,如有效地运用在整个公益众筹的流程中,包括监督后期的善款用途及去向,会慢慢让公众对公益众筹重拾信心。

本章小结

一、中国金融科技行业存在巨大发展机遇

中国金融科技得以快速发展主要原因在于:一方面,对中小企业及个人的融资服务供给不足,存在巨大的供给缺口,人工智能等新兴技术为扩大金融包容性创造条件。另一方面,随着改革发展带来的红利,中国"中产崛起",带来了巨大的投资理财需求。这种供需不匹配导致普惠金融业务长期缺位,使得大众客户和小微企业在支付、理财、融资、征信等方面存在巨大蓝海。

随着金融科技基础设施的完善,移动支付的普及、征信大数据的积累、反欺诈模型的迭代,线上信贷市场呈现爆发式发展。云计算、大数据、生物识别、区块链和人工智能等新兴技术已日渐成熟,并为金融业的发展提供了突破性的技术方案,深度影响传统金融业的发展,金融科技企业面临更大的发展空间。

二、中国金融科技子行业发展存在差异

从网络借贷行业来看,中国网贷行业市场规模雄踞全球首位,但在严监管的背景下,近年来行业进入深度洗牌阶段,加速"出清",地方监管备案、银行资金存管规范等合规工作是主旋律,大数据风控能力作为核心竞争力的作用进一步凸显,网贷企业布局海外市场,境外上市热潮将继续。

从支付行业来看,网络支付业务高速增长,移动支付占总体比率不断扩大,移动支付呈现双寡头竞争格局;收购价格水涨船高,存量牌照价值凸显。由于申牌通道关闭,行业进入存量洗牌期,预计未来几年小型第三方支付公司或被大型互联网或互联网金融企业收购,收购潮继续涌现。行业领先的支付机构加速布局海外市场,金融科技出海继续成为热潮。

在征信行业，中国的个人征信行业还处在初步发展阶段。目前主要互联网征信机构的模型多是基于自身平台的金融交易、电商交易、社交或生活数据，是非结构化数据，在个人信息保护、与传统征信系统对接以及监管合规等方面仍有很多工作需要完成。

在互联网理财行业，近几年余额宝的火热可见一斑，低净值客户的投资热情不断高涨。互联网理财的便利性使得消费者得以轻易参与其中，金融交易门槛降低。但互联网理财在带来便利和快捷的同时，也蕴藏着风险。

在网络众筹方面，中国众筹行业处于发展调整阶段，行业开始呈现二八格局，优质平台发展良好。但同时也存在同质化严重、创新不足的问题。

三、中国金融科技发展面临挑战

在金融科技行业，传统金融所具备的信用风险、流动性风险、利率风险等依旧存在，诸如网络借贷、互联网支付等具有网络信息技术专业性壁垒的科技金融场景下，使这些金融业务经过复杂结构化处理及技术编程后，增加了其中风险的隐蔽性，例如技术及数据的风险性、灰色套利等。

因此，也要加快金融科技在监管的应用，提升监管能力。强化监管科技应用，提高金融风险甄别、防范和化解能力。针对金融风险隐蔽性高、传染性强、传播快等问题，建立金融风险科技管理机制，研发基于机器学习、数据挖掘等技术的监管平台和工具，提升风险探视感知和计划能力，增强金融监管的专业性、统一性和穿透性。

第二章 香 港

第一节 香港宏观环境

一、宏观经济形势稳健向好

作为全球最具吸引力的经济体之一,中国香港软实力雄厚,主要体现为法制健全、产权保护有力、社会安全、政府透明度高。回归20多年来,中国香港经济在震荡中显示出特有的韧性。1997—2016年期间,中国香港经济年均增长率达到3.4%,明显高于同期全球发达经济体2.1%的年均增幅。中国香港的收入水平也不断上升,自2004年再次超越全球高收入经济体后,2016年中国香港人均GDP与高收入经济体水平之比达到1.25,列全球第14位。软环境建设是中国香港竞争力和吸引力的主要来源。作为全球重要的金融与商业中心、国际航运与贸易中心,中国香港法制健全、产权保护有力、社会安全、政府透明度高。根据美国Heritage基金会对法治水平、市场开放度、监管效率、政府规模四个维度的综合评价,中国香港经济自由度长期排名全球第一。在世界经济论坛的竞争力排名中,2017年中国香港也以89.8分高居榜首。

2018年以来,中国香港的物价走势稳定,前三个季度CPI月均同比增速为1.43%,大体延续了上年以来的下降态势。从中国香港综合类CPI的构成看,自2016年4月权重微调以来,住屋(34.3%)、食品(27.3%)、杂项服务(15.8%)、交通(8.0%)、耐用品(4.7%)的权重之和超过90%。受到房地产相关开支持续上涨的影响,住屋CPI同比增速有所反弹,但其余主要类别CPI同比增速相对稳定,特别是杂项服务价格增幅出现明显下降。

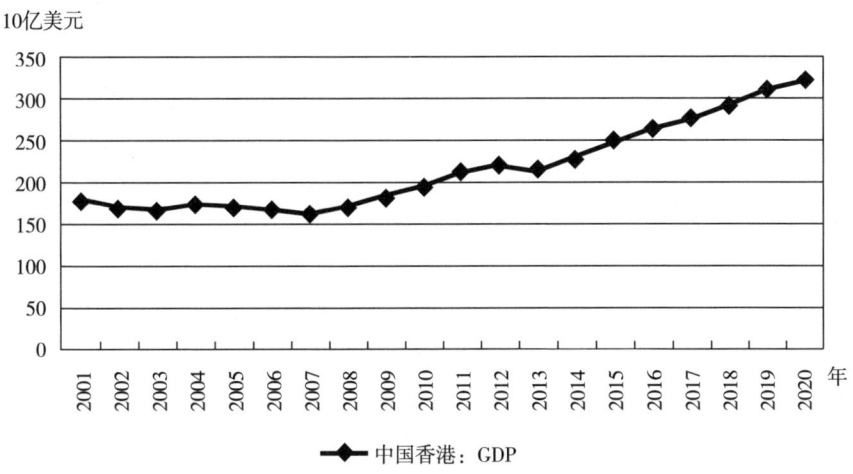

资料来源：Wind 数据库。

图 2－1　香港回归 20 多年来宏观经济增长情况及发展预测

四大服务业是中国香港的支柱产业，金融业近年来复苏明显。中国香港产业结构相对单一，农业占 GDP 比重不足 1%，而服务业占比不断上升，最高时突破 90%，其中四大支柱产业（金融服务、旅游、贸易及物流、专业服务及其他工商业支援服务）占比接近六成。2015 年，金融服务业占中国香港 GDP 的比重从 2012 年的 15.9% 提升至 17.6%，从事金融服务的就业人数占比也从 6.3% 上升至 6.5%。从吸纳就业的情况来看，2015 年从事金融服务的就业人数仅占全部就业人数的 6.5%，但人均增加值高达 171.7 万港元，远超其他服务业。2015 年和 2016 年，港股连续领跑全球 IPO 市场，其中中资企业募集金额超过 80%，中国经济对中国香港资本市场的直接影响力可见一斑。截至 2017 年 9 月，港交所上市公司总市值超过 4 万亿美元，位列亚洲第三、全球第七。搭乘工业革命和全球化发展的快车，中国香港凭借独特的地理区位优势，成为全球最重要的金融与贸易中心之一。在"一带一路"建设、人民币国际化加速推进的大背景下，伴随内地微观崛起渐成趋势、改革开放不断深化，中国香港作为中国与全球连接点的"地利"优势更为明显，并将成为支撑区域经济发展的核心动力。

二、金融基础设施不断完善

中国香港在金融服务和数码基础设施方面均达到世界级水平：中国香港具有稳健的金融基础设施，提供跨币种、多层次的平台，覆盖银行、股票及债券等多种不同的资金融通渠道，符合最高的国际标准，契合中国香港经济发展的需要；早在1999年，中国香港拥有全亚洲首屈一指的电讯基础设施、超过130个互联网服务供应商、接近100万个互联网用户及稳健增长的互联网使用率。在金融与科技的基础设施契合上，香港金融管理局（以下简称金管局）已着手为中国香港银行制订一套网络安全计划，包括制定银行应对网络风险能力的评估框架和模型、制订为网络安全从业员提供专业认可的培训及认证计划、与银行界建立新的情报共享平台三个部分。在金融科技的创新平台上，中国香港已依托数码港创建了中国香港"FinTech 大本营"，数码港早在2014年前就已经开始重点发展金融科技群组，至今已汇聚了超过200家金融科技公司，并提供超过4万平方英尺专为FinTech而设的共用工作间，成为各类金融科技公司的落脚点。数码港专注区块链、网络安全、人工智能、大数据、程式交易等应用研发，也汇聚了投资者和业界伙伴，促进多方交流合作，包括大型银行、监管机构、国际会计师事务所以及本地和海外大学等，涵盖FinTech发展的不同环节。

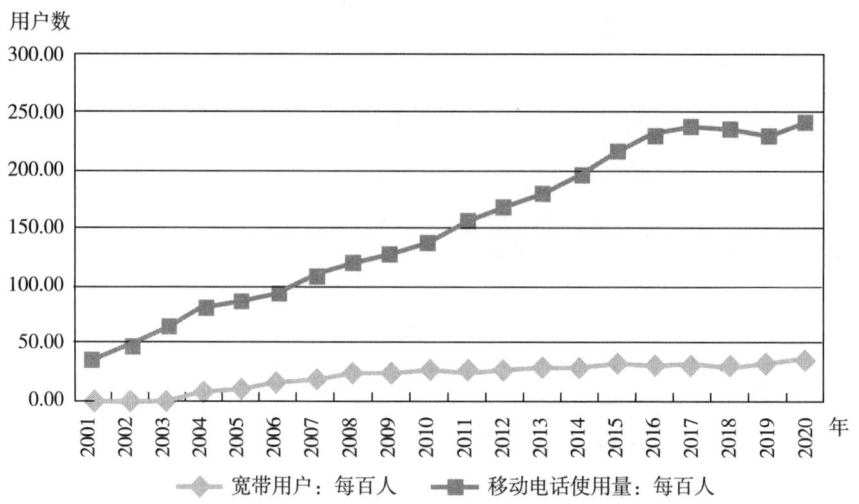

资料来源：Wind。

图2-2 中国香港宽带用户和移动电话用户数发展情况及预测

三、金融创新发展方兴未艾

近年来，金融科技（FinTech）投资热潮席卷全球。中国内地和中国香港金融科技发展速度十分迅猛。清华大学法学院和京东金融联合发布的《2017

金融科技报告》显示，2016年中国内地金融科技投资达到77亿美元，超越美国的62亿美元首次登顶，成为全球唯一金融科技融资额实现增长的地区。值得一提的是，中国香港金融科技领域投资也超过了新加坡。2016年中国香港金融科技融资总额1.7亿美元，从业人员约8000人；新加坡融资总额8600万美元，从业人员约7000人。在所有调查的市场中，中国香港金融科技使用比例最高，达到29.1%，其次为美国（16.5%）、新加坡（14.7%）及英国（14.3%）。中国香港作为老牌的亚洲金融中心，高度重视金融科技创新发展为中国香港发展带来的新机遇，并始终致力于通过培育金融科技创新，巩固和提升中国香港在全球金融市场的地位和影响力。近年来，中国香港特区政府积极采取一系列鼓励金融科技创新发展的政策措施，在取得一系列成绩的同时，存在的问题和面临的挑战也不容忽视。2016年，德勤从全球金融中心指数（考虑到营商环境、金融界发展、基础建设、人力资源以及名誉等其他因素）、营商指数（着重监管营商与保护知识产权）以及全球创新指数（不同城市的创意与想象力）三个方面系统评估了全球主要金融中心的金融科技创新潜力，中国香港排在伦敦、新加坡、纽约、硅谷之后，位列第五。德勤认为，中国香港作为老牌金融中心，全球金融中心指数虽高，却仍未及伦敦、新加坡和纽约；中国香港虽然在营商指数方面比伦敦和纽约优胜，但在全球创新指数方面却是五个城市中最低的。由此可见，中国香港金融科技创新发展仍面临一系列问题。本章旨在全面梳理中国香港金融科技的发展现状以及香港政府对金融科技创新的监管理念和扶持政策，展望香港金融科技的发展前景并提出推动香港金融科技发展的政策建议。

第二节　香港金融科技概况

一、香港金融科技发展现状与监管

金管局是中国香港金融科技监管的主要牵头方，其对金融科技采用的监管原则是"风险为本"和"科技中立"。在制定和执行监管框架和规范时只会根据金融活动或交易的本质和衍生的风险作为基础，并不会因为采用不同的科技而作出不合理的豁免或要求，务求使得市场参与者能在有利于创新和公平竞争的环境下营运。金管局支持银行和金融业更多、更好地开发和使用新科技，为消费者提供快捷和多元化但安全的金融服务，愿意在监管安排上做出适当配合，但同时不会因为金融科技的快速发展，而放弃对投资者或使用者的保障。金管局承诺以开放的态度，聆听各方意见，检视工作和监管框架，务求让市民既可以享受金融科技带来的好处和方便，又不至于承受不必要或过大的风险。在这一理念下，中国香港特区政府采取了一系列促进金融科技创新发展的政策措施。

（一）加强金融科技发展研究

2015年3月，中国香港特区政府宣布成立金融科技督导小组，就发展及推动中国香港成为金融科技中心向政府提供建议。2015年11月，中国香港特区政府成立创新及科技局，专门负责香港的创新科技及资讯科技发展政策，并在政府内部统筹相关事务。2016年3月，香港金管局成立金融科技促进办公室（FFO），以促进香港金融科技业的稳健发展，并推动中国香港成为亚洲地区的金融科技枢纽。2017年5月，香港金融发展局发表两份研究报告，以推动中国香港进一步发展和应用金融科技。题为《香港金融科技的未来》的报告，比较了数个致力于发展金融科技的地区以及香港的定位，建议在网络安全、支付和证券结算、数码身份认证、财富科技和保险科技、监管科技五大范畴加强金融科技应用；题为《香港——利用分布式分类账技术建立信任》的报告，阐析了有关技术为金融服务业带来的裨益和挑战，建议在香港发展分布式分类账技术，提出由政府设立牵头部门、建立相关技术枢纽、迎接电子货币发展、优先推行相关概念验证的前期发展工作四大发展方针。

（二）政策和资金支持力度不断增强

2017年，香港金管局推出快速支付系统——银行及储值支付工具营运商都可参与快速支付系统，只需要一个移动电话号码或电子邮箱地址，便可以随时随地进行港元或人民币支付。快速支付系统计划于2018年9月推出，鼓励更多商户使用二维码等当前主流的移动支付技术范式进行流动零售支付，为客户和商户提供更大便利。金管局在2016年9月推出两项措施，包括与香港应用科技研究院合作推出金融科技创新中心，让金融科技业界、银行及支付业界的营运者在一个系统完善和资源充足的环境下，试验新产品或服务。另外，推出了金融科技监管沙盒（FinTech Supervisory Sandbox），让银行试行一些新科技的产品和服务，而无须遵守全套合规要求，有助于产品及服务尽快面向市场①。2017年底,香港推出了金融科技监管沙盒升级版2.0。监管沙盒2.0新增三项功能:设立金融科技监管聊天室,在金融科技项目构思初期向沙盒使用者尽快反馈意见;科技公司无须经过银行,可直接通过聊天室与香港金管局沟通;金管局、证券及期货事务监察委员会及保险业监管局的沙盒会相互协调运作,为跨界别金融科技项目提供"一点通"切入,按实际需要接通三个监管机构。2017年11月,香港举办了首届金融科技周(FinTech Festival Week),为金融科技企业搭建交流和融资的平台;此外,香港还召开了金融科技大赛(FinTech Finals 2017),该活动持续两天,全球行业专家组成小组会议,评议全球金融科技初创企业的发展情况。在资金支持方面,2017年,时任中国香港特区行政长官梁振英在其施政报告中提出,中国香港的目标是将自己打造成"尖端金融科技应用和标准化的中心"。为此,香港政府已经投放180亿港元(33亿美元)推动创新科技发展。香港创新及科技局预留了20亿港元成立"创科创投基金",由科技园拨款5000万港元设立"科技企业投资基金"。香港财政司司长在2016—2017年度预算案中承诺进一步发展香港的金融科技。

(三) 强化跨境金融科技合作

中国香港证监会于2016年3月成立金融科技联络办事处,以便与在香港从事金融科技发展及应用的公司加强沟通,促进金融科技界对现行监管制度的理解,以及确保证监会能够掌握金融科技的最新发展。与此同时,还成立了金融科技咨询小组,以集中探讨与金融科技有关的发展所带来的机遇、风险及对监管法规的影响。2017年,中国香港证监会与马来西亚证券事务监察委员会(SC)签订协议,建立金融科技合作框架。中国香港证监会与马来西亚证券事务监察委员会同意在资讯共享及寻求进入对方市场的创新型企业的

---

① 香港金管局规定,只有与银行业相关的金融科技及创新科技才可以进行"监管沙盒"测试,并对测试业务提出以下要求:一是明确测试的对象、范围及业务类型。在申请时,金融机构应申报测试的人数和客户类型,说明将新技术手段运用于哪项银行业务,以及测试的起止时间。二是要制定保障消费者权益的措施。金融机构应有足够措施在测试期间保障消费者的知情权、自由选择权、财产安全权和依法求偿权。三是实施额外的风险管理措施。金融机构应实施合理的额外风险管理措施,以降低因不能完全符合监管规定而引起的风险,包括应对测试对本机构的其他业务和未参加测试的客户所构成的隐性风险。四是测试准备及持续监测。在测试项目的系统和程序准备就绪进入测试后,申请机构应密切监测测试情况,以便能迅速识别和处理任何可能发生的重大问题和事故,并及时向公众和客户发布测试情况及相关事项。香港金管局并未对进入"监管沙盒"测试设定具体流程,而是建议有意向的金融机构及早与其联系。香港金管局将根据具体情况,与金融机构共同探讨测试持续的时间以及测试期间哪些监管规定可以适当放宽,并对各个申请项目制定不同的测试方案。

转介方面开展合作。此前,中国香港证监会已经分别与英国金融行为监管局、澳大利亚证监会、迪拜金融服务局以及新加坡监管局等监管机构联合宣布达成合作协议,促进双方市场合作以推动金融科技创新。2018年,中国香港监管局与深圳市政府金融发展服务办公室达成合作意向。在保险科技跨境合作方面,中国香港保监会历来非常重视保险科技方面的跨境合作,2017年公布了两项重要鼓励措施,包括给予更宽松的新技术应用监管环境的"保险科技沙盒",以及为互联网保险销售公司(如众安保险等线上保险公司)申请牌照特设快速通道。

(四)推动金融科技人才培育

中国香港特区政府早在2010年便成立了应用科技研究院,这是香港最大的科研机构,旗下设有7个技术部,包括通信技术、软体与系统、安全与数据科学等,集中资源协助金融科技、智慧制造、新一代通信网络和医疗健康等产业发展。但香港金融科技创新发展始终面临人才与资源不足的困难,特别是人才需求与培训之间出现错配。事实上,香港的大学科研课程并不差,但部分科研成果与香港市场需求有差距,造成了比较严重的资源浪费。2016年12月,金管局与香港应用科技研究院携手推出"金融科技人才培育计划",协助业界培育新一代金融科技专才。该计划获得中国工商银行(亚洲)、中国银行(香港)、永隆银行、交通银行(香港)、东亚银行、法国巴黎银行、花旗银行(香港)、恒生银行、星展银行(香港)、香港上海汇丰银行、渣打银行(香港)11家银行以及香港中文大学、公开大学、城市大学、科技大学、香港大学、浸会大学、理工大学、树仁大学、岭南大学9所大学院校支持,为有志投身金融科技业的本科生和研究生提供相关的实习机会。

二、中国香港推动金融科技发展的政策

全球金融及科技创新对中国香港的竞争力已产生较大影响,寻找出路推动金融科技快速发展已刻不容缓。事实上,在政府大力推动下,近两年中国香港本地银行业界在金融创新方面的态度明显较以往更加积极。

(一)加强与内地金融科技市场互联互通

虽然香港市场发达自由,但在金融科技领域,内地具有后发优势,在很多方面已经走在了前面,取得较好的效果。面对市场规模小的硬性约束,香港不必事必躬亲,可以加强与内地科技金融市场的互联互通,吸引内地金融

科技企业来港投资,引进内地领先金融科学技术,甚至直接连通某些风险较小的新型创新金融市场。同时,内地也可向香港开放市场,引进中国香港先进技术和人才,为内地金融科技发展壮大贡献力量。

(二) 抓住"一带一路"机遇发展金融科技

随着中央政府持续落实"一带一路"倡议,中国香港可考虑在区域金融科技发展上发挥重要作用,改进"走出去"政策及监管模式,推动企业在创新服务方面投入更多资源,为本地金融企业建立内地及东南亚市场、形成更大的区域市场创造有利条件。缅甸、老挝等不少"一带一路"沿线发展中国家切实需要提高金融基础设施,中国香港可能利用金融科技为这类国家提供"跳升"机会,直接发展手机银行、第三方支付等由金融科技衍生出来的金融设施,为本地金融科技开拓更大市场空间,此外,还可以在金融科技的新基础设施上,为"一带一路"的融资活动提供更具竞争力和更有效率的服务,成为中国香港经济一个新的有力增长点。

(三) 循序渐进逐步放宽监管规则

中国香港严谨的监管规则限制了金融科技的创新空间,但快速放宽监管规则可能吸引海外具有成功经验及技术的企业引入大量创新方案,造成市场混乱,给香港同业带来过度竞争,打压本土新创企业的竞争力。因此,有序、渐进地放宽对金融科技的监管规则对香港是折中的最优选择。监管机构可考虑研究在可控的情况下,逐步开放或修改现有监管条例,降低参与企业门槛,放宽风险容忍标准,并支持及推动本地金融业加快创新。

(四) 鼓励业界合作,推动创新发展

埃森哲顾问公司(Accenture)的一份研究报告指出,近年来金融科技的发展逐渐从过去的"颠覆性"走向"合作性",创投企业与金融机构合作的趋势正慢慢形成。一方面,创投企业的创新意念若没有应用场景的配合,则只能停留在科研阶段;另一方面,创新科技的应用也不是金融机构的本业及强项。两者的结合可以把创新理念应用在金融市场的产品开发及服务上,体现金融科技共享共荣、共存共赢的重要理念。中国香港特区政府与在港金融机构需要保持开放的态度,共同努力推动金融科技和业界发展,鼓励业界除考虑本身的竞争力外,也要从本地整体金融业的竞争力出发,推动行业的健康发展。

（五）积极培育金融创新生态环境

中国香港连续22年被美国传统基金会评选为全球最自由经济体，由政府主导市场环境的发展经验未必能全面套用在香港市场上。中国香港政府可以从三个方面完善本地市场对金融创新的生态环境。第一，针对行业参与者持续提供合适的支持，如税务优惠、廉价办公室空间等。第二，政府与业界必须考虑人才的培育与生涯发展，鼓励更多有能力之士加入金融创新行业。第三，政府可更加主动地推动金融科技发展。参考内地及印度、新加坡等海外市场经验，政府及监管机构可积极推动相关领域的发展，如推动应用程序接口（API）开放，或按客户的意愿有限度地向相关金融机构提供客户资料以支持eKYC的实现，促进金融创新的完善发展。金融科技的发展有利于巩固及提升中国香港国际金融中心的地位，对香港的经济发展具有积极意义。因此，金融业界、科技初创公司、中国香港特区政府及监管机构等需要突破现有环境的制约，共同努力推动金融科技的发展，支持香港发展成为智能化金融城市。

三、香港金融科技创新前景展望

（一）发展优势

虽然香港金融科技在市场竞争中已落后于内地，但香港仍有自身的发展优势，如加以妥善利用，这些优势可以成为香港在金融科技行业后起直追的潜力和资本。

1. 营商环境优越，法律制度健全

中国香港是全球最自由的经济体之一，贸易自由，市场自由，资金自由流通，货币稳定，不设外汇管制，在很多国际评级中排名领先。香港税制简单明确，提供了吸引投资的营商环境。香港资讯自由流通，为发展内容、媒体、大数据、云端运算及物联网等网上业务提供了合适的环境。香港法律制度健全，致力于确保所有人在公平竞争的环境下经营业务，公民权及私有财产权均受法律保障，任何合约纠纷均可通过中国香港的独立司法机构以公平合法的方式解决。知识产权受到《版权条例》保障，《个人资料（私隐）条例》确保个人资料在收集、使用及转移时受到保障，《电子交易条例》订立明确的法律架构，确保电子商务能稳妥进行。这些都为金融科技创新提供了制度保障。

2. 通信科技基础设施完备

中国香港的创新基础建设在国际上走在前列，为金融服务更广泛地应用科技奠定了良好的基础。香港拥有全球领先数码经济体系，在数码化准备程度和互联网接达能力的排名榜上一直名列前茅。香港的宽带网络几近覆盖全港所有商业及住宅楼宇，家庭使用宽带上网普及程度为93.3%，宽带网速全球第二。中国香港移动电话用户数达1605万，移动电话普及率为236.2%，居全球首位（截至2017年4月的数据）。中国香港目前设有十个海底电缆系统和多个连接内地四家电信运营商的陆上电缆系统，并操作十枚卫星用于提供对外通信服务。Facebook与谷歌正联手搭建史上最快的跨太平洋海底电缆以连接中国香港和美国洛杉矶。

3. 金融市场高度发达

纵观环球发展趋势，传统的国际金融中心如纽约和伦敦，均擅长于利用本身的优势发展成领先的金融科技中心。香港是主要的国际金融中心，全球最大百家银行有71家在港执业，外汇市场发展成熟，成交额位列全球第五，股票市场位列世界第五、亚洲第三，香港期货交易所及联交所提供包括指数期货、股票期货、利率期货、债券期货、黄金期货、指数期权及股票期权等一系列期货及期权产品，也有相当活跃的场外交易市场，债务市场流通量为区内最高之一，是全球最开放的保险业中心之一，是亚洲区内最大的资产管理中心之一，也是投资组合管理活动的区域中心。香港金融业发展完善，金融机构和市场紧密联系，创新科技正好可以应用于多项金融领域，以提升金融机构的营运效率、风险管理、精准营销，甚至大大扩展潜在客户群。作为服务供应者的金融科技企业，可谓机遇颇多。

4. 人才储备充足

金融科技是指科学技术带来的金融创新，相关的从业人员需要同时具备金融领域以及科研的专业知识。金融业是香港的四大重要产业之一，就业人数高达22万人，占整体就业人数的5.8%。另外，香港的高等教育体系为学生提供科学、科技、工程和数学的学术训练。按2014—2015学年计算，大约有2.7万学生正在就读大学教育资助委员会资助的STEM相关课程，占本科生总数的34%，在培训技术人才方面具备有利的条件。

此外，香港具有"一国两制"的独特优势，在开拓内地巨大的市场、与内地进行科研交流及合作等方面较其他国家或地区拥有先发的优势，能够吸引世界各地的人才与金融科技机构落户香港。

（二）制约因素

1. 市场规模有限阻碍金融创新

香港常住人口700多万，明显少于亚洲区内其他市场，更远不及内地和欧美等动辄客户量以亿计的大型市场。同时，本地竞争者数量较多，造成资源投入后较难获得规模效应，无法保证相应的收益，致使部分业界缺乏推动发展金融创新业务的动力。例如，任何一个P2P网贷平台的企业必须达到一个经营成本的临界点时，才意味着其经营成本低于银行，才可以取得成本的规模效应，真正对传统金融行业产生影响。内地可以同时容纳上百个P2P平台竞争，而香港连一个平台生存都有困难。

2. 发达电子支付系统制约移动支付普及

八达通是中国香港通用的电子收费系统，是世界上发展最早的电子货币，普及程度也为世界最高。一张八达通卡，几乎可以解决生活中公共交通、就餐、购物、就医等各种小额支付问题，深受香港人民欢迎。已经习惯了八达通的用户并不会轻易迁流，这也为Apple Pay、支付宝、微信支付等移动支付工具在中国香港的推广、普及设置了一个障碍。然而，八达通局限于小额支付，未实现实体卡移动终端等支付功能，挂失、学生及老年卡申领程序较为烦琐、周期较长，无法拓展到转账、大额消费、取现等领域使用，诸多局限已经开始暴露。尤其在互联网时代，对用户体验和高效便捷的日益推崇使得八达通的局限与不便等缺陷就变得更加明显。尽管香港于2015年12月推出了电子支票，但现实中近两年香港电子支票的普及程度却稍显滞后。事实上，当全球都在发展网上"一键转账"或电子支付等应用之时，香港推广的电子支票，根本上没有跳出实物的框框思维，而只是将支票的交付模式进行了电子化而已。

3. 行业监管相对较严削弱创新基础

香港作为国际金融中心，监管水平高而严谨，是香港金融市场稳健、持续发展的基础。国际货币基金组织于2014年5月发表的金融体系评估报告确认香港为全球规模最大和最先进的金融体系之一,具有抵御冲击的能力,并赞扬其严谨的监管、全面的风险管理以及积极的宏观审慎措施。但是不少研究指出,许多海外金融监管机构的监管相对宽松,使得它们的金融创新方案相对于香港而言更具竞争力。面对金融科技这个追求创新的浪潮,香港无可避免地需要在"创新"与"监管"之间取得更佳的平衡。虽然金管局认为采取"风险为本,科技中立"的原则不会阻碍金融科技创新,但是创新本身"因新而险"的"原罪"实实在在限制了许多一贯"怕险"的香港企业的创新动力。例如,在电子支付行业,香港企业不会在未取得牌照之前先行先试,错失了大好良机,为内资第三方支付巨头占领中国香港市场提供了机会;"金融科技监管沙盒"这样的鼓励性试验机制也要求参与者为认可机构(指经中国香港金管局认可的可吸收存款金融机构,包括持牌银行、有限制牌照银行及接受存款公司),并规定应严格遵守条件,这些大大限制了香港金融科技的创新动能。

4. 金融科技创业企业与金融发展环境匹配度较低

中国香港的商业文化以短期交易的思维主导,投资焦点集中在金融资产而不在科技方面。而且投资者普遍习惯采取审慎原则,对科技投资认识不深,令不少科创企业因缺乏进一步的资金而难以扩展业务。加上本地经营成本(如租金、薪酬福利等)高昂,在整体经营环境未能全面配合的情况下,较难吸引小型金融科创公司在中国香港发展。

(三) 前景展望

从长远发展来看,中国香港拥有巨大的金融市场,但没有先进的科技实力,面对其他对手迅速发展的金融科技所带来的激烈竞争,中国香港需要充分发挥金融、制度等优势,避免市场、技术等短板,在特定领域出奇制胜。以中国香港目前的能力和技术分析,金融科技有以下五个方面存在较好发展前景,中国香港的策略目标应是投资于这些领域,吸引人才和活动,形成集群效应。

1. 网络安全

网络安全已经是香港金融科技领域的焦点,对香港庞大的金融业务、整体经济以及社会安全都至关重要。中国香港银行公会正研究推出网络安全危机分享平台,金管局表示该平台可由非银行金融机构共享。以此为基础,业界可以建立一个由公共部门注资的网络安全中心，分享网络攻击信息和制定应对措施，并以区域和本地为重点，进行研发、教育和培训。

2. 支付和证券结算

中国香港可以利用成熟的结算平台巩固并发展其作为中国国际支付和证券交易结算中心的地位。在支付方面，储值支付工具和香港金管局推出的快速支付系统（FPS）将可以提升零售支付的效率。在证券结算方面，沪港通、深港通和债券通将带来现代化平台和连接支付系统的潜力。

3. 数码身份认证

中国香港金融国际业务广泛，金融机构验证客户身份责任重大，业界非常欢迎在体系内实施数码身份认证，已达到"认识你的客户（eKYC）"的要求，进而支持其开发一系列的新服务。一旦建立数码身份认证，认证的应用程序将可扩展至更广泛类别的注册服务，涵盖更广泛的地域，甚至有可能支持新的物联网建设。

4. 财富科技

作为主要的投资及资产管理中心，中国香港已经在相关领域大量应用先进科学技术，尤其是电子化的交易和投资。但是在自动化咨询、大数据及人工智能（AI）等领域发展潜力仍然巨大。开发这些科技除了能提升香港的竞争力，也可以利用它们来影响中国香港金融中心角色中的其他领域，包括银行业和保险业等。

5. 监管科技

信誉良好的香港监管机构可以通过制定适当的金融科技监管制度以使金融机构科技应用合规，同时通过金融科技应用实现新的高效的金融监管模式——科技监管，监管可实时查看和分析负责的交易，应用大数据分析和人工智能支持，实现监管智能化、监管报告自动化，新的金融监管模式也需应对金融科技所带来的风险。香港金融管理局推出"监管沙盒"的主要目的是促进金融机构的金融科技创新，因此申请机构必须为香港本地银行，创业企业和科技公司不在申请范围之内。同时，金管局没有制定任何明确的申请条件，而是针对意向项目逐一讨论分析是否允许进入测试。

第三节　香港网络借贷行业

近年来，中国香港网络借贷行业取得了一定的发展，特别是个人无抵押融资业务已逐步走向网络化及智能化。借助本地信贷评级公司环联（Transunion，TU）的正面信贷资料库，银行、财务公司等部分本地金融机构可以做到全流程、全平台、全自动化的融资申请及房贷。虽然权限上私人贷款业务只占5%，但借助互联网技术发展线上到线下（Online to Offline，O2O）全平台服务的趋势已经渐渐形成。此外，不少本地银行同业正在尝试利用金融科技拓展多方面的个人线上融资业务。例如，中银香港成功推出以区块链（Block Chain）技术为基础的按揭业务估价服务，成为全球首家推出相关服务的金融机构。企业融资方面，香港的线上融资发展仍处于起步阶段，业务以供应链融资为主导。本地银行同业主要朝三个方面发展。一是流程电子化，一方面可减少企业客户的人工对账工作量，缩减应收账款天数，另一方面还可以令财务报表更精确、信息可见度更高，从而提高其融资能力。二是服务移动化，让中小企业随时随地通过电子平台管理资金、交易等业务，包括进行划款收付、资金转账及外币兑换等，有助于银行归纳客户信息。三是应用大数据，通过轨迹多样化数据协助银行全面掌握客户在供应链业务的上下游关系、客户使用其他银行的资料、业务种类、贸易规模、交易状况、业务涉及国家等。

第四节　香港支付行业

传统上，香港市场的电子支付以银行及信用卡运营商为主导。随着科技的不断创新，第三方支付的出现逐渐改变了行业的生态。近年来，小额电子支付服务供应商"八达通"（Octopus）持续发展，在小额电子支付市场形成了寡头垄断的格局，截至2015年6月，市面流通逾2800万张八达通卡，相当于每位中国香港人平均持有4张八达通卡，每日交易宗数超过1300万，金额超过1.5亿港元。2016年8月及11月，香港金管局分别批准了共13个储值支付（SVF）牌照［其中，2016年8月25日批准了Alipay Financial Services（HK）Limited、HKT Payment Limited、财富数据有限公司TNG（Asia）Limited、八达通卡有限公司 5 家；2016 年 11 月 4 日批准了三三金融服务有限公司、快易通有限公司、易票联支付技术有限公司、侨达国际有限公司、Optal Asia Limited、PayPal HongKong Limited、通汇（香港）投资咨询有限公司、UniCard Solution Limited 8 家］。支付宝、微信支付等内地第三方支付巨头因而获得在港的经营权并大力推广，市场份额有所增加；还有 Apple Pay、Android Pay 等也陆续加入香港本地电子支付市场竞争，为客户提供更多选择。但这些都暂未撼动八达通的领先优势，而且香港本地支付商发展动能不足，香港电子支付生态已明显落后发展迅速的内地市场。据香港金管局最新统计，香港移动支付工具账户总数为 4204 万，平均每人绑定了 5.4 个支付工具，整体呈现出"多元兼容、多样生态、多种支付方式共存"的特点。同内地微信社交和淘宝网购主导的支付生态不同，香港的支付工具虽然选择众多，但功能分散，有些只能付钱不能收钱，有些只重视转账功能，大部分仅支持某几家银行或某类银行卡，而且各自支持的商户数量都非常有限，几乎仅限于大商家、茶餐厅和路边摊等零散商铺并无覆盖。因此，中国香港移动支付市场的发展潜力十分巨大。

第五节　香港互联网理财行业

近年来，中国香港作为国际性投资及资产管理中心，已经在资管领域大量应用金融科技，尤其是基于互联网的自动化交易和投资，而在自动化咨询（机器人咨询）、大数据及人工智能方面仍蕴藏巨大潜力。中国香港有相当数量的算法交易对冲基金、量化基金和智能投顾基金为投资者提供智能资产组合建议。同时，相比内地，中国香港智能投顾的投资门槛最低可为 80 美元（约 624 港元）。中国香港智能化财富管理业务的内容大致可分为两类：

第一类是以银行为主导，基于传统财富管理业务进行电子化及智能化的发展方向。此类金融创新的重点是通过多样化的金融科技来满足高端理财客户的需要，当中涉及不少科技元素，如大数据应用、多渠道资信管理平台、客户分析模型、智能化资产配置分析系统、即时通信平台等。银行通过运用金融科技手段，一方面可优化交易流程，降低平均交易成本；另一方面则可做好客户分析、精准营销，并结合多样化渠道来提升服务及营销能力，借此提升盈利能力。

第二类是智能化理财业务创新涉及多样化参与者，包括银行、电商、金融创新机构等。此类金融创新更多地聚焦在资产规模较低的客户群，尝试利用智能自动化手段来降低平均交易及服务成本，并开拓一批银行以往难以服务的中低端客户层。中国香港已有券商 8 Security 推出机器人理财方案，门槛降低至 8000 港元。另外，据报道汇丰中国香港也正在测试机器人理财，预期将会成为新的发展方向。

金融科技创新浪潮不只催生了人工智能、虚拟现实、区块链等新技术的涌现，促进金融和科技行业的深度融合，还将重塑金融产业的版图。作为老牌亚洲金融中心，中国香港正力争重塑自我，在竞争激烈的环球经济圈中，升级成为亚洲领先的金融科技中心。然而，近年来香港科技发展普遍被指相对落后，特别是与新加坡等经济体相比，金融科技创新与监管科技发展相对迟缓。为此，中国香港政府不断推出新措施，希望可奋起直追。在中国香港政府一系列创新政策的推动下，近年来，中国香港金融科技产业链发展日益成熟。目前，已有数百家金融科技初创企业落户中国香港，多家"创业加速器"（Accelerator）及多个由本地和大型金融机构运营的"创新实验室"，正在加快中国香港金融科技业的发展。中国香港政府也投入大量资金，从多方面完善香港的金融科技生态系统，包括促进大学创科研发，推动"再工业化"，扶植创新科技型初创企业和资助中小企升级转型。

本章小结

中国香港充分具备成为亚洲主要金融科技枢纽的优越条件，尤其在网络融资领域，更可发挥融资平台的优势。特别是，中国香港拥有毗邻中国内地的区域优势，使其他城市很难取代中国香港。香港金管局出台的多项措施，包括加强跨境金融科技合作、培训人才、金融科技监管沙盒升级版 2.0 等，为香港金融科技行业的快速发展奠定了基础。然而，中国香港要成为亚洲区域金融科技中心，应开放更多机会给银行从业人员和资讯科技专才，并积极吸纳国际金融科技公司在中国香港设立据点。中国内地无疑在全球金融科技发展占据领先地位。香港作为通往中国内地的门户，占尽地利优势，让香港能有条件成为一个先导平台，协助海外大型机构及初创企业进入内地市场，成为推动亚太地区金融科技发展的重要一环。中国香港要巩固其国际金融中心的地位，推动金融科技这个新兴产业的发展是正确而关键的一步，假以时日，金融科技必定能够为中国香港带来远超传统金融板块的经济效益。

第二篇　印度篇

第三章 印　度

第一节　印度宏观环境

一、经济稳定增长及人口红利带来消费升级

根据世界银行统计数据显示，印度国内生产总值（GDP）从2000年的4766亿美元增长至2017年的26000亿美元。2017年，印度GDP位列全球第六。十几年间，印度经济保持高速增长，GDP增速稳定在7%左右。经济腾飞是各行业发展的基础，经济体量的不断增长一方面刺激了国民消费，使居民消费升级，另一方面也为印度新兴行业打下良好的经济基础。

在良好的经济背景下，印度消费支出也进入高速增长阶段。据波士顿咨询公司（BCG）估计，至2025年，印度的消费支出将增长至4万亿美元，年均增长率达到12%，比全球平均增长率高出2倍以上，届时，印度将成为全球第三大消费市场。

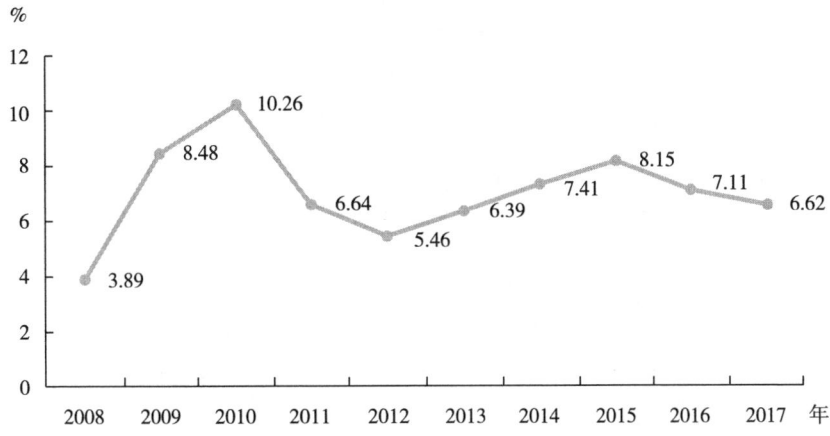

资料来源：世界银行国民经济核算数据，以及经济合作与发展组织国民经济核算数据文件，嘉银新金融研究院整理。

图3-1　印度GDP年增长率

印度是仅次于中国的世界第二人口大国。世界银行数据显示，2017年印

度人口总数为13.39亿，人口增长率为1.13%，远高于中国的0.58%。35岁以下适龄劳动人口占比约65%，印度未来20年劳动力市场供应充足，年轻一代的消费结构也在迎来迭代，消费升级开始显现，印度正充分享受人口红利。

二、互联网用户逐年增加，农村互联网渗透率进一步攀升

根据印度电信管理局（TRAAI）发布的报告，印度互联网用户数量从2017年3月的4.2亿增长至2018年9月的5.6亿。印度互联网连接数主要集中在城市地区，占到了总互联网连接数的65%，农村地区的互联网用户约为1.94亿，互联网连接占比为35%。根据印度政府计划，接下来两年的时间里，农村地区将会有3.15亿人接入互联网。根据BCG发布的一份研究报告，印度农村互联网渗透率会攀升至48%。

三、多项经济改革与政策利好互联网金融

2014年，莫迪政府执政，紧锣密鼓地推出诸多改革举措与发展规划，促进印度经济发展。2016年，莫迪政府提出"印度崛起"（Start UP India, Stand Up India）的口号，正式从国家政策的高度助力印度创业风潮，以期在印度全国范围内建立创业创新的生态系统。

印度政府推出的一系列政策，也显示了对互联网金融的友好态度，如废钞令、普惠金融政策，改善数字基础设施，推出支付系统等。2016年4月，印度国家支付公司推出统一支付系统（UPI），该系统连接多个会员银行，实现统一支付和账户管理，并支持会员银行之间的跨行交易。UPI在印度的推行大大提升了用户体验，加快了互联网金融的发展。

表3-1　　　　　　　　　　2017年印度政府预算

农业 农民收入5年内翻倍	金融业 自由化和制度强化
印度农村 促进就业和基础设施建设	数字经济 加强问责制和提高透明度为数字经济提速
青年 提供教育、技能和就业	公共服务 高效的服务交付
贫困人群 全面提高生活质量	审慎的财政管理 确保资源的优化配置
基础设施 提高效率和生产力	税务管理 以诚信为荣

资料来源：2017年的印度政府预算报告。

除此之外，印度政府还推出了一套身份证系统 Aadhaar，由印度统一身份认证部门颁发和管理。印度银行采用 Aadhaar，可不在银行网点开通银行账户，只需采集虹膜和指纹，就可以根据每个印度公民的 ID 序列号进行匹配开立银行账户。这套身份信息系统已覆盖印度 80% 的人口。

与此同时，莫迪政府提出了"数字印度"战略，启动了于 2017 年建成 100 个"智慧城市"的计划，并围绕土地、劳工和投资制度进行了改革。

2017 年 2 月 1 日，印度财政部长 Arun Jaitley 对外公布了印度 2017 年度财政预算。报告着重强调了数字经济对于印度经济增长的巨大推动作用，并提出了相关的工作要求：在新的一年中，充分推动经济数字化进程。通过该预算报告的内容提要可以看出，政府对于数字支付的态度是加快数字经济发展步伐，建立风险信用。印度将竭力推动经济数字化进程。

总体来看，本届印度政府表现出支持金融科技的坚决态度，随着 UPI、Ashhaar 等服务的推广普及，印度互联网企业正在解决金融和服务最后一公里问题，将更多的印度人口纳入金融科技市场中。

第二节　印度金融科技概况

近年来，互联网金融或金融科技在中国如火如荼地发展，既取得了显著的成就，也存在一些问题。不过我们注意到，不少国内互联网巨头正在布局印度这一市场，如早在 2015 年蚂蚁金服就对印度最大的电子支付平台 Paytm 母公司投入超过 6 亿美元巨资成为其股东，2015 年 8 月，阿里巴巴和富士康等共同向印度第二大电商 Snapdeal 投资 5 亿美元，据第三方机构竺道的统计，印度互联网创投界 2017 年第一季度融资总额比 2016 年第四季度增长了近 3.5 倍，金额接近 30 亿美元，可见印度金融科技市场发展很快。

一、金融科技领域存在众多亮点和潜力

印度储备银行（RBI）、KPMG、BCG 等机构的报告均认为，印度的金融科技还处于发育期。但行业正以互联网的速度前行，正在进入快速成长期。据不完全统计，截至 2017 年 5 月初，印度金融科技独角兽公司数量已超过 10 家，如 Paytm、Flipkart、Snapdeal 等，仅次于美国、中国，广泛分布在电子商务、社交、本地生活、大数据、移动广告等多个领域。有报道指出，印度金融科技企业数量从 2010 年的数十家，至 2016 年底增加了超过 500 家，并且数

量还在不断增加。KPMG 的报告指出，印度金融科技的交易额在 2016 年约为 330 亿美元，它们预计未来 5 年的年均复合增长率将达到 22%，到 2020 年交易额达到 730 亿美元。虽然与美国、英国、中国等国家相比，印度的金融科技不够成熟，但是在 P2P 网贷、支付、区块链、智能投顾、普惠金融、技术驱动的银行综合服务、金融科技安全与生物识别等方面，印度都表现出诸多亮点和潜力。

表 3–2　　　　　　　　印度金融科技发展态势

细分领域	亮点或潜力
P2P 网贷、网络贷款	出借者能获得高达年化 18%~22% 的净回报； 印度国内中小企业数量超过 5700 万家，贷款潜力巨大
区块链	RBI 已正式承认区块链技术并建立委员会来对其加以研究和适当监管； 印度国内的 IT 企业、金融机构、创业公司等合作推动区块链技术的应用和发展，如在孟买股票交易所举办名为"HackCoin Mumbai"的黑客马拉松项目
支付	移动支付行业交易额由 2011 年的 8600 万美元增至 2016 年的 11.5 亿美元，年均复合增长率为 68%； 2019 年移动电子钱包行业规模预计将达到 1.83 亿美元； 银行及新的初创公司都在不断进行技术和应用创新； 政府非常支持无现金支付的发展，如启动了 UPI 的数字支付系统
智能投顾	新进入者及传统经纪商已经在尝试应用智能投顾，如 BigDecision, ScripBox, Arthayantra, FundsIndia 和 5nance. 智能投顾覆盖了共同基金、投资组合分配、保险计划、养老金计划等领域
普惠金融	尚有约 1.45 亿家庭无法获得银行服务，普惠金融渗透率较低； RBI 已发放 10 个小额融资银行牌照，并制订了增强普惠金融的中期发展计划； 银行及互联网金融企业都在采取技术手段及其他措施发展普惠金融
技术驱动的银行综合服务	银行正逐步采用包含渠道整合、集成技术、基于模型的解决方案、联合应对措施、个性化方案、多样化配置等在内综合服务方案（Bank in a Box solution）
金融科技安全与生物识别	银行正升级技术水平来提升用户体验； 包括指纹识别、声音识别、虹膜识别、移动技术等在内的生物识别技术正在银行等机构得到应用、推广

资料来源：KPMG 的报告"FinTech in India"及公开信息。

二、诸多资本青睐金融科技

此外，世界上许多知名的投资机构都十分看好印度金融科技的发展，对其投入了大量的资金。KPMG 的报告指出，金融科技行业吸引的投资金额由 2014 年的 2.47 亿美元快速增加至 2015 年超过 15 亿美元。从表 3-3 可见，获得融资较多的平台主要集中在网贷和支付领域，因此后文就这两大行业进行一些更深入的研究。

表 3-3　　　　　　　　获得融资较多的印度金融科技企业

公司名称	成立时间	融资总额（美元）	主要投资方	主要业务领域
Paytm	2010 年	22 亿	蚂蚁金服、赛富基金、英特尔等	电商、在线支付等
Freecharge	2010 年	1.77 亿	红杉资本、Tybourne、Snapdeal 等	移动支付、在线充值
MobiKwik	2009 年	1.17 亿	GMO、联发科技、红杉资本等	移动支付
BankBazaar	2008 年	1.09 亿	亚马逊印度、富达成长基金	网贷及保险产品
Lendingkart	2014 年	4665 万	Saama Capital、Mayfield Fund、Darrin Capital Management、Anicut Capital 等	中小企业网贷
Policy Bazaar	2008 年	6960 万	老虎基金、PremjiInvest	保险比价平台
Vistaar Finance	2010 年	7532 万	WestBridge Capital、Sarva Capital、Omidyar Network	中小企业网贷
Capital Float	2013 年	4353 万	红杉资本、SAIF Partners、IFMR Capital 等	中小企业网贷
IFMR Holdings	2013 年	2690 万	Accion、LeapFrog、PROPARCO	普惠金融
Electronic Payments and Services	2014 年	4000 万	Apis 成长基金、Aavishkaar	支付、ATM 服务外包
Mswipe Technologies	2011 年	3000 万	Matrix Partners India、Falcon Capital、Axis Bank 等	企业并购、POS 金融解决方案
Citrus Pay	2011 年	3250 万	红杉资本、Ascent Capital	移动支付、支付网关
Billdesk	2000 年	1.57 亿	TA Associates、March Capital Partners	支付
Financial Software and Systems	1991 年	超过 5700 万	PremjiInvest	电子支付、金融交易服务解决方案

注：Paytm 的融资金额数据为其母公司 One97 Communications 获得的金额，以上数据截至 2017 年底。

资料来源：Crunchbase 数据库及公开信息。

第三节 印度网络借贷行业

根据对印度网络借贷行业的研究，本书并不仅仅将其定义为狭义的P2P行业，而是指广义的通过网络手段实现的借贷行业。

一、P2P网络借贷监管指引

2016年4月，印度中央储备银行（RBI）曾发布了《P2P网贷意见咨询书》的报告，指出印度的P2P网贷主要是依靠网络为借款人和出借人的交易进行撮合，对借贷双方来说都有优势，既能降低借款人的借款成本，也能使出借人获得更高的投资收益。P2P平台是信息中介，收入来源于借款人和出借人，平台不能有利差收入。一旦借款人或出借人在平台注册，平台就需要对其进行尽职调查，合格的用户允许进行资金借贷活动，平台的作用是对双方进行匹配，一般采用的是反向拍卖模式，即出借人向潜在的借款人报价，借款人可以自主决定是否接受报价。借贷双方的资金划转，是通过银行账户完成的，因此，银行"了解你的顾客政策"（KYC）实际上是被贯彻执行的。也有部分P2P平台提供一些附加服务，如信用评估、贷款催收。印度P2P网贷平台的基本模式，可以用图3-2表示。

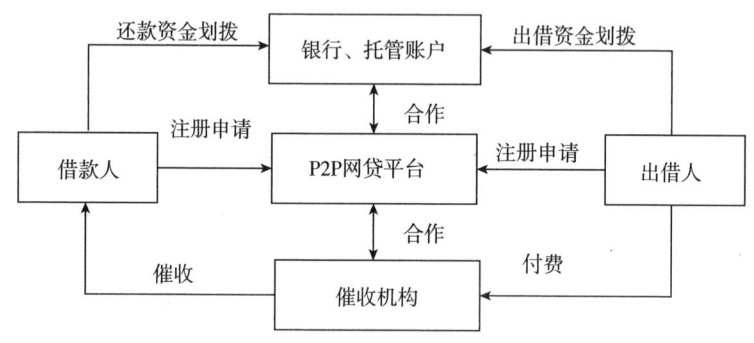

资料来源：嘉银新金融研究院整理。

图3-2 印度P2P网络借贷基本模式

2017年10月4日，印度储备银行（RBI）发布了正式的P2P监管指引。上述指引规定了印度P2P的监管机制、牌照申请的条件和流程、营业范围、运营规范、资金转移机制、信用信息报送机制、争议解决机制、信息科技机制、数据安全机制、商业可持续计划、信息披露和报告机制等方面的内容，具有相当的参考价值。

（一）关于牌照的申请与发放

（1）只有采用"公司"制的非银行类机构才能经营 P2P 借贷业务（这类机构英文全称为 Non-Banking Financial Company，简称为"NBFC-P2P"）。

（2）NBFC-P2P 必须获得"登记许可证"才能经营 P2P 借贷平台业务（该登记证英文全称为 Certificate of Registration，简称为 CoR）。

（3）希望获得 CoR 牌照的公司拥有的净自有资金不得低于 2000 万卢比（印度央行也可能指定更高的金额）。

（4）现有的 NBFC-P2P 必须在该指引发布之日起 3 个月内申请 CoR。

（5）如果一家申请 CoR 的 NBFC-P2P 满足指引提出的条件，RBI 会"原则性同意"该 P2P 的登记申请，该"原则性同意"的有效期为 2 个月，在这 2 个月之内，该 P2P 应上线相关技术平台、提交其他合规文件和 RBI 要求提交的合规证明。随后，RBI 会发放 CoR。

（6）已经提交过 CoR 申请的 NBFC-P2P 在被拒绝发放 CoR 牌照前被允许开展 P2P 借贷平台业务。

（7）如果已经获得 CoR 的 NBFC-P2P 违反 RBI 的相关规定，RBI 会取消其 CoR。

（二）关于 NBFC-P2P 的业务范围

1. NBFC-P2P 不得从事以下业务：

（1）吸收存款；

（2）使用自有资金放款；

（3）提供或安排任何增信或担保；

（4）允许或促成与平台自身相关的抵押借款；

（5）持有出借人的出借资金或借款人的还款；

（6）交叉销售与借款相关的保险产品之外的产品；

（7）允许资金的跨境流动。

2. NBFC-P2P 应该履行的义务和提供的服务：

（1）NBFC-P2P 应该在印度的硬件系统上保存和处理所有与营业活动和参与者相关的数据；

（2）对与其签订合同的各方承担尽职调查义务；

(3) 评估借款人的信用和风险状况并把相同的信息披露给潜在出借人；
(4) 向相关参与人获得评估其信用信息的明确同意；
(5) 承担借款相关文件的处理工作；
(6) 提供还款分发和偿还服务；
(7) 提供催收服务。

NBFC-P2P不得从事上述活动之外的活动，除非调拨RBI指定的相关资金（并非为了交易）。

（三）关于杠杆率

NBFC-P2P的杠杆率不得大于2，这里杠杆率的计算公式为：所有未偿负债/自有资金。

（四）对借款与出借金额和借款期限的限制

同一个出借人在任何时点的累计出借敞口不得超过100万印度卢比（所有P2P平台加总后）；同一个借款人在任何时点的累计借款金额不得超过100万印度卢比（所有P2P平台加总后）；单一出借人向同一个借款人出借的金额不得超过5万印度卢比（所有P2P平台加总后）；借款期限不得超过36个月；P2P平台需要从借款人或出借人处获得已经遵守上述限制的证明。

（五）关于资金托管

资金转移实行托管制。至少应有两个托管账户，一个用于接收出借人资金，一个用于接收借款人还款。托管账户由银行发起的信托的受托人运营。托管账户必须是银行账户，禁止使用现金交易。信托根据出借人和借款人的指令调拨资金。P2P平台"只能查看"托管账户，查看目的是监控和向有关部门报告相关情况。

（六）关于信息披露

NBFC-P2P应该披露以下事项：
(1) 向出借人披露：
借款人的个人身份、借款金额、意向借款利率、信用评分等细节。
借款的回报率、费用和税收等细节。
(2) 向借款人披露：
意向借款金额、可选借款利率（不得透露出借人的个人身份信息和联系方式)。

(3)在网站上向公众披露：

信用评估/信用评分技术和考虑因素的概况；数据的使用和保护情况；争议解决机制；每月、按年披露不良贷款（逾期90天及以上的借款）占所有贷款的比例等与贷款组合相关的情况；商业模式。

NBFC－P2P披露的利率必须采用年化费率（Annualized Percentage Rate，APR）格式。

(七) 关于催收

NBFC－P2P要保证相关人员接受了足够的培训、能采取适当的方式跟相关参与方交流，不要骚扰相关参与方，不要在不合适的时段持续打扰借款人，不要暴力催收等。

(八) 关于信用信息报送

NBFC－P2P应该成为所有信用信息公司（Credit Information Companies，CICs）的成员/会员，并向CICs提交数据（包括历史数据）。保存信用信息（与平台上借款人的交易相关的），每月更新（或者更短，这取决于NBFC－P2P和CIC的协议）；采取所有必要措施保证信用信息及时、准确和完整；取得相关参与方获取其信用信息的同意。

(九) 关于争议解决机制

NBFC－P2P应该在网站的明显位置披露争议解决负责人的姓名和联系方式；如果争议不能在1个月内解决，相关参与人可以向RBI消费者教育和保护部门申请调解。

(十) 其他

NBFC－P2P在进行满足特定条件的权益变动（如个人或组织取得了其实收资本26%及以上股份，收购或控制权转让等情形）需要获得RBI的预先核准。

NBFC－P2P需要保证董事成员满足适当标准，相关董事成员也要和NBFC－P2P签署相关书面协议。

P2P网络借贷公司典型的有Faircent、I2I Funding、Lendbox和Lenden－club等。它们做的都是信息中介平台，平台不碰资金，只进行借款人和投资人的撮合。这些P2P公司基本上已获得过风投资金。

二、侧重做资产端的网络贷款平台

印度还有一些网贷企业,比如在开头部分提到的获得融资的企业,Lendingkart、Vistaar Fiance、Capital Float 等,都是中小企业网贷平台。但资金端对接的不是个人,是银行或者有资质的可从事贷款业务的机构。风投资金对于中小企业借款平台很感兴趣,可能也跟印度 5700 万家的中小企业相关,市场巨大。

此类网络借贷机构与支付银行、电商交易平台都已经开始了合作,比如 Lendingkart,已经与 Paytm 达成了合作,Capital Float 与印度最大的电商 Flipkart 达成了合作等。

一是 Paytm 与 Lendingkart 合作。Paytm 与网络借贷平台 Lendingkart 达成合作,将为中小企业和商户提供商业抵押贷款。该公司希望通过这次合作,关注中小企业发展,扩大平台卖方客户基础。由 Lendingkart 进行的信用评估只需要三天时间,而且贷款利息公道合理。该借贷平台表示将采用大数据分析技术评估小企业主的信用水平,由于其中大部分分析在网络上完成,贷款可以迅速投放到低水平城市化地区和二线城市。

二是 Flikart(印度最大电商)与 Capital Float 合作。2014 年 9 月,Flipkart 与网上借贷平台 Capital Float 达成协议,为自身平台上的商户提供贷款。Flipkart 向商户们征询贷款额度的意见(从 50 万卢比到 500 万卢比),挑选出合意的贷款提供商,再向商户们提供申请贷款的详细流程。

三是 Snapdeal(印度最大的在线交易平台之一)与 Capital Float 合作,发起了资本援助计划,项目本质还是向商户提供更加便利的营运资本贷款。

三、有贷款资质的网络贷款公司

相关资料显示了印度较大的贷款网站,其中包含了 Bajaj Finserv、捷信印度等。这类企业有些本身具有贷款资质或者相关资源,也是重要的一类网贷相关企业。

1. Bajaj Finserv

Bajaj Finserv 是印度一个为用户提供简单申请个人贷款,住房贷款,担保贷款和无担保贷款服务的网站,也是一家上市公司。

2. 捷信印度

捷信（Home Credit）是一家领先的消费金融提供商，是国际捷信集团旗下子公司。它为用户提供方便、简单、快速的贷款服务，是印度领先的非银行金融公司（NBFCs）。捷信在全国15个州的77个城市开展业务，拥有超过9000个销售终端，为超过300万用户提供服务，拥有16000多名员工，被评为2017年最佳雇主。

3. Manappuram 非银行金融有限公司

Manappuram 非银行金融有限公司（Manappuram Finance Limited）是印度最大的上市和最高信用评级黄金贷款公司。用户可以使用金饰或金饰物作为抵押来贷款。公司成立已经69年，雇员19372人，业务遍及28个州，拥有3748个分支机构，管理资产达1301亿印度卢比。

4. DHFL

DHFL是印度第三大住房贷款和住房金融公司。公司提供简易住房贷款、NRI住房贷款、定期存款、物业服务、LAP、印度各地按揭贷款。

5. TVS 信贷服务有限公司

TVS信贷服务有限公司（TVS Credits，TVSCS）是印度一家提供两轮车、三轮车、二手车和拖拉机贷款服务的公司。公司为100万客户提供有吸引力的融资方案和方便的付款方式。TVS信贷服务有限公司在2008年11月5日成立，在印度16个州设立100多个办事处，开设3000多家分店并拥有7500多名员工。母公司成立于1911年，目前雇员4万多人，管理资产达50亿美元。

四、印度典型网络借贷公司比较研究

通过各种网上的公开信息，笔者觉得印度的网贷初步可以归纳为以下三类：第一类是P2P网络借贷平台；第二类是类似国内专门侧重做资产端的网络贷款平台，资金对接银行或者有放款资质的机构；第三类是本身具有贷款资质的网络贷款企业。接下来，我们以Faircent、Lendbox、I2i funding、Lenden-club作为第一类的样本，进行了研究（见表3-4），以Indialends、Lendingkart、Vistaar Finance、Capital Float作为第二类的样本，研究其产品、利率、期限、资金来源等，并进行比较分析（见表3-5）。之后，我们仔细察看了 Faircent 官网，将官网上的公司案例进行具体研究。最后，我们简单了解第三类的代表公司 Bajaj Finserv。

表 3-4 第一类 P2P 网贷平台的主要产品及特点

平台名称	Faircent	Lendbox	I2I funding	Lenden-club
贷款对象	个人+企业	个人借款	个人借款	个人+企业主借款
贷款期限	6~36 个月	6~36 个月	3个、6个、12个、18个、24个月	6~36 个月
贷款额度	3万~100万印度卢比	2.5万~50万印度卢比	2.5万~30万印度卢比，回头客高达50万印度卢比	2.5万~50万印度卢比
贷款利率	12%~28%	最低 12%	最低 12%	最低 12%
还款方式	等额本息	等额本息	等额本息	等额本息
资金来源	个人+机构	个人	个人	个人
出借收益率	12.9%~18.6% 根据风险等级不同而不等	最高 36%	最高 30%	12.5%~35%（平均 25%）
平台数据	平台已经撮合 2.81 亿印度卢比，累计有超过 11.68 万借款人，1.43 万出借人	超过 9.9 万借款人	—	平台有 12686 位注册借款人，3953 位活跃出借人，已成交 2.51 亿印度卢比，违约率小于 1%
借款费用	注册时一次性缴纳费用 500 印度卢比；主要费用是申请贷款后的处理费 3%~5.5%；特殊情况借款人需要平台协助处理账户更改，收取 500 印度卢比费用；如果索取详细账户资料费用，支付 100 印度卢比	1500 印度卢比登记费；2%~6% 处理费；未及时还款时候 250 印度卢比和利息的 2% 作为罚款给到投资人，并支付平台 500 印度卢比	借款人账户设立 100 印度卢比，根据不同风险等级，对于受薪人士，收取处理费 3%~6%，对于自雇人士，收取 4%~8%。贷款金额公布后要修改，收取 100 印度卢比费用；如果需要详细资料费用，支付 200 印度卢比	1500 印度卢比登记费；2%~4% 的处理费

续表

平台名称	Faircent	Lendbox	I2I funding	Lenden-club
投资人端费用	一次性注册费为1000印度卢比；1%的交易费用按贷款金额支付；500印度卢比详细资料费用	—	投资人账户500印度卢比，5万印度卢比投资后1%的交易费用；如果需要详细资料费用，支付200印度卢比	一次性注册费500印度卢比；机构出借人还有1%的借款金额费用
投资人要求	印度居民，25岁及以上；至少每年100万印度卢比的收入，有印度银行账户、有PAN卡等，利息收入没有超过总收入的30%；同意遵守Faircent的相关政策和条款；出借人需要提供两张照片，身份相关证明、收入证明等；如果是机构投资人，只有RBI许可的金融公司或其他符合印度公司法行为的主体有资格申请	印度人；超过21岁；有PAN卡；有效的印度银行账户；必须在网站上注册详细资料，同意和接受网站条款	—	印度居民，21岁（含）以上；有印度银行账户、有PAN卡等；如果是机构投资人，注册在印度的企业，不包含非营利组织和未注册实体。同时提供企业证明文件
借款人要求	（1）印度居民；（2）至少年收入30万印度卢比	（1）印度人；（2）超过25岁；（3）有效的印度ID证明；（4）有效的印度银行账户；（5）必须在网站上注册详细资料	印度人，超过21岁；有效的印度银行账户和PAN卡，年收入30万印度卢比以上	授薪人士借款：印度人，每月收入12000印度卢比以上；女企业家借款，企业运作至少一年以上

续表

平台名称	Faircent	Lendbox	I2I funding	Lenden-club
贷款所需资料	提供身份信息等很多相关资料	如个人贷款产品要求提供PAN卡、身份证明文件、合同证明、最近6个月的银行流水、去年的收入证明	提供身份信息、地址证明等很多相关资料	PAN卡、地址证明、过去两个月银行账户流水和工资单、照片；女企业家的借款还需要提供企业相关资料
产品及其他	其中30%为中小企业借款，70%为个人借款，主要目的是结婚、医疗等用途	借款用途：教育、信用卡还款、医疗、结婚等偶尔事件、度假旅游、买车等的首付款、房屋装修等	没有提前还款的费用，有投资人保护措施。根据风险等级保护不同，覆盖50%~100%	产品分授薪人士和女企业家两大类
风控手段	(1) 实际核查借款人的工作和居住地址 (2) 核实收入证明，还款能力，过去的表现，稳定性和还款意愿。Faircent评估每一个借款人，通过400个数据维度建立了120个标准	净收入和支出情况；教育和专业情况；工作及换工作情况；公共费用和手机账单；信用卡支出和额度；居住城市；网上消费行为和其他非传统数据信息	A~F六个风险等级；信用评分模型20多个核心维度	—

资料来源：各平台官网，嘉银新金融研究院整理。

表3-5　　第二类网贷平台的主要产品及特点

平台名称	India Lends	Lendingkart	Capital Float	Vistaar Finance
贷款对象	个人	中小企业（SMEs）	中小企业	中小企业
贷款期限	个人贷款产品为0.5~5年	1个月~1年	1~12个月	90天~10年
贷款额度	个人贷款产品为2.5万~500万印度卢比	5万~1000万印度卢比	1万~1亿印度卢比	9.5万~250万印度卢比

续表

平台名称	India Lends	Lendingkart	Capital Float	Vistaar Finance
贷款利率	个人贷款产品利率最低为年化收益率10.99%	月利率通常为2%，也可以低至1.25%，取决于平台对借款人的评估	年化贷款利率为18%~24%	平均年化贷款利率为9.3%~15.5%
还款方式	每月等额还款，可以提前还款	到期账户自动扣款，每双周或每月还款	灵活选择还款方式，提前还款不收罚金	每季度、每半年、到期还款等多种方式
资金来源	30多家合作机构	自有资金，来自自己的非银行金融公司，有RBI的放贷许可	银行、或有资质的非银行金融公司	投资方或银行、或有资质的非银行金融公司
平台数据	上线27个月，个人借款平台，借款利率10.99%起步，15万用户	业务覆盖印度超过950个城市、1.25万个小企业，发放贷款超过2万笔	在印度超过100个城市开展业务	投资额（即portfolio）达到123.1亿印度卢比，5.24万活跃用户，有223个分支机构
借款人要求	必须是年满21周岁、持有合法身份证及银行账户的印度居民才能成为借款人	注册在印度；运营三个月以上；营业额30万印度卢比以上	设定合格借款人标准，包括企业需要持续经营1年以上、年营业额至少25印度卢比、营业地位于印度	—
贷款所需资料	不同产品所需资料不完全相同；如个人贷款产品要求提供PAN卡、身份证明文件、最近3个月的银行流水、最近3个月的工资单	最近1年的财务报表（包含所有业务）；企业注册证明；其他相关证明；合伙企业还要求其他一些补充文件	公司基本情况及宣传资料；财务资料；银行报表；票据/订单（适用于应收账款贷款）；不同产品要求的资料有一定的差异	满足平台独特的信用审核方法所需的资料，如企业收入、能力、借款目的、可持续性营业、信用证明等

续表

平台名称	India Lends	Lendingkart	Capital Float	Vistaar Finance
产品及其他	免费提供信用报告；对于信用卡、住房贷款产品，平台对借款人不收取任何费用；目前有个人贷款、信用卡贷款、住房贷款、信用报告、个人贷款转让、住房贷款转让6种产品	完全线上业务，借款人遍及500个城市；平台收取1%的服务费之外没有其他隐藏费用；贷款无抵押；申请贷款15分钟，审核通过的贷款3天内发放	客户定制化产品；平台收取最高2%的服务费，没有其他隐藏费用；无抵押；目前有定期贷款、电商商家贷款、滚动额度贷款、商家刷卡信用贷四种产品	目前，有抵押贷款、不转移占有的抵押贷款、设备融资、票据贴现融资四种不同的产品。不同产品利率和期限不一；平台提供2种由主要保险公司发行的保险产品，作为可选项；平台拥有独特的信用审核方法；每年年报在平台公布

注：IndiaLends 由于有多种产品，因此每种产品的要素都有所不同。
资料来源：各平台官网，嘉银新金融研究院整理。

从表3-4和表3-5可以看出，印度的网贷平台的业务模式也是多样化的，对于资产端，有针对个人的，也有个人和企业都做的。

（一）印度网贷平台优点

1. 透明度较高，信息披露全

各平台官网对于与借款人利益密切相关的问题，都有明确的说明或解释，比如借款费率、额度、期限、手续等，甚至包括公司非银行金融数据在内的年报都在平台公布。

2. 对于出借人有资质要求

对出借人有收入和过往投资要求，较好地将不能承受风险的投资人排除在外。

3. 灵活性大

不同平台的产品之间有较大的差异，即使是同一个平台，产品的利率、额度、期限、还款方式等要素都十分灵活，能满足多数不同种类借款人的需求。第二类平台的贷款金额明显大于第一类 P2P 平台，可能主要是第二类平台面向企业居多。

4. 资金绝大多数来源于个人出借者

另外一类网贷平台资金对接银行或有资质的放款人，平台可以专注做资产端。

（二）不足之处

1. 放款速度不够快，效率有待提高

在贷款申请、审核、放款等多个环节，估计需要很多人工审核，需要 3 ~ 7 天才能放款，速度不够快，带来的用户体验不够好。

2. 尚未充分发挥大数据征信优势

个人或中小企业借贷平台为了规避或降低欺诈、违约等风险，往往需要借款人提交一些资料或数据，但这些肯定是不够的。在技术快速发展的时代，个人或企业的相关数据被收集变得更加容易，不过印度的网贷平台虽然也提到了自己在模型方面的投入等，但总体看做得还不够。

五、案例分析：Faircent

（一）平台概况

Faircent 是一家印度的 P2P 平台，2014 年 7 月成立，其宣传的优势是新型金融，对于独立的、有很好风险辨别能力的投资人，可以获得高额回报，也不用跟中介去分享利息费用。另外，网站的操作简单、快速。平台是中介机构，连接借款人和出借人，对借款人的违约不负责任，不承担出借人的损失，网站上有多处充分的风险提示。

网站界面与国内的平台有些类似，网页上提到投资人回报最高达 25%，借款人借款利率最低为 12%。对于借款人有风险定价，分为五等，分别是最少风险、低风险、中等风险、高风险及最高风险，投资人回报为 12.9% ~ 18.6% 不等。还有未评级借款人，因为信用相关信息太少，投资人回报会更高。截至目前，平台已经撮合 2.81 亿印度卢比，累计有超过 11.68 万借款人，1.43 万出借人。根据KPMG的报告显示，Faircent是印度最大的P2P借贷平台，其中30%为中小企业借款，70%为个人借款，主要目的是结婚、医疗等用途。

Faircent的核心是有很好的风险评级系统，运用技术手段来匹配出借人和借款人，有自动投资功能。Faircent联合创始人曾承认整个平台的流程并不完美，但问题不在于他们的技术不够，而主要是由于监管规定平台不允许持有资金，资金只能在出借人和借款人之间进行。因此出借人和投资人的资金有时候可能不完全匹配好。另外，可能也是对出借人有资质要求，平台需要审核，同一标的可能有很多出借人，那么平台因为一个借款项目要审核很多出借人的资格，导致流程较慢。

（二）出借人和借款人资质及承担费用

出借人的资质要求：印度居民，25岁及以上；至少每年100万印度卢比的收入；有印度银行账户、有PAN卡，定期存款、股票市场或者其他通过贸易或DEMAT账户的投资记录；利息收入没有超过总收入的30%；同意遵守Faircent的相关政策和条款，坚持出借人行为准则；出借人需要提供两张照片，身份相关证明、收入证明等；如果是机构投资人，只有RBI许可的金融公司或其他符合印度公司法行为的主体有资格申请。

出借人承担费用情况。平台透明度高，除下面的费用外，无其他隐性费用。(1) 注册费：一次性注册费为1000印度卢比，不可退还。(2) 交易费用：1%的交易费用按贷款金额支付，不可退还。交易费用分两个阶段收取，0.5%是在支付时收取，0.5%是每月与EMI交接时收取。(3) 其他费用：出借人有义务保留其贷款的详细资料，包括账户报表。如果他们没保留好，需要Faircent的协助，将收取500印度卢比的不可退还费用。

借款人的资质要求：印度居民；至少年收入30万印度卢比；提供身份信息等很多相关资料。

借款人承担费用情况：注册时候一次性费用500印度卢比；主要费用是申请贷款后的处理费，如表3-6所示。

表3-6　　　　　　　　　　借款人承担费用

借款利率	>10%~14%	>14%~18%	>18%~22%	>22%~26%	>26%~30%
处理费用	3%	3.50%	4%	4.50%	5.50%

资料来源：平台官网，嘉银新金融研究院整理。

其他费用为：

（1）提前还款时平台收取一次性费用500印度卢比。

（2）如果到期没有及时还款，需要支付50印度卢比给出借人，同时支付平台500印度卢比；如果一直未还款，Faircent代表出借人发出法律函，需要由借款人支付500印度卢比。

（3）特殊情况借款人写信由Faircent来处理账户更改等情况下，支付不可退回的500印度卢比。

（4）借款人应妥善保护自己的账户信息，如需Faircent协助，需要支付100印度卢比。

（三）平台作用

利率由借贷双方竞价决定，而不是平台定价。平台只是撮合，通过算法来匹配。借款人一般借款利率为12%~28%，期限为6个月到3年。个人借款最高为3万~75万印度卢比，企业最高100万印度卢比。

Faircent平台的作用是评估借款人是否适合在P2P平台借款：

（1）实际核查借款人的工作和居住地址。

（2）核实收入证明，还款能力，过去的表现，稳定性和还款意愿。

（3）Faircent评估每一个借款人，通过400个数据维度建立了120个标准，包括财务情况、专业、社会和教育背景、贷款记录等，只挑选最符合贷款条件的借款人。所有关于每个借款人的信息都是在借款页面上分享，以便出借人做出决定。

Faircent保护客户提供的信息安全并会做好客户保密。平台也核查出借人的资质，出借人注册后一般在24小时内平台会完成核查。出借人起投金额为1万卢比，选择期限为6~36个月。Faircent强烈建议出借人应该从多余收入中来进行投资，而不是借钱来投资。

为了分散出借人风险，进行分散投资，个人出借人一般最多可投资一个借款项目的20%，高净值个人可以高达50%，机构出借人则可以达到100%。然而，对于某些相对安全的产品，出借人也可以100%投资到一个借款项目。

为了让出借人更好地了解借款人，平台不会透露借款人的地址和电话，但是可以在平台里进行在线消息沟通。

如果有违约，Faircent有一个4步催收流程：（1）办公室催收团队与违约的借款人沟通，采用电催和短信催收；（2）让合法的催收机构跟进；（3）法律函发送；（4）合法的催收机构进行催收。所有流程出借人都可以登录自己账户后看到，Faircent只提供对未评级借款人的自动催收服务。违约客户将进入黑名单。发律师函和催收中介公司的费用由出借人自己承担。

为了确保在平台上的每笔资金转账交易安全、快速，Faircent 在 IDBI 银行托管下开设了一个借贷方托管账户。出借人将会得到托管账户下的虚拟账户号码，并有 IFSC 代码。他们把想要通过 Faircent 投资的金额转入这个虚拟账户。一旦他们与借款人的贷款交易完成，Faircent 将把托管账户的钱直接转移到借款人的银行账户。这个托管账户的显著特征是：

（1）Faircent 无权干涉或选择从这个账户中提取。

（2）出借人向 ITSL（IDBI 托管服务有限公司）提供指令，并将这些指示转发给 ICICI 执行。

（3）Faircent 不能做任何交易操作，只能查看通过该账户完成的情况。

（4）受托人定期对该账户的操作进行审计。

（5）出借人通过写信，可以随时从代管账户中取走钱，一般会在银行工作日的 24 小时内转到他的银行账户。

（四）Faircent 的特点

（1）平台定位为信息中介，平台需要审核出借人的资质及提供的资料信息，评估借款人风险等级，但不对借款人的违约负责，出借人自己承担风险。

（2）平台定价是通过竞价来决定的，系统进行匹配，同时平台有自动投资功能。

（3）Faircent 有合作的资金托管机构，通过托管银行实现双方的资金转移，平台无权碰资金。

（4）为保护出借人的利益，平台对出借人有相应门槛，同时要求出借人分散投资。

（5）平台的盈利模式是从借贷双方收费。

总之，印度网贷行业可以归纳为三类。第一类是 P2P 网络借贷平台；第二类是类似国内专门侧重做资产端的网络贷款平台，资金对接银行或者有放款资质的机构；第三类是本身具有资质的网络贷款企业。

以 Faircent、Lendbox、I2I funding、Leden-club 作为第一类 P2P 网络贷款的样本，以 Lendbox、Lendingkart、Vistaar Finance、Capital Float 作为第二类网络贷款的样本，研究发现其具有以下几个比较明显的优点：透明度较高，信息披露全；对出借人资质有要求；灵活性大。第一类资金对接个人或机构，第二类资金对接银行或有资质的放款人，平台可以专注做资产端。但是，其突出的缺点主要是：放款速度不够快，效率有待提高；尚未充分发挥大数据征信在贷款审核、放款等过程中的优势。

第四节 印度互联网支付行业

一、互联网支付行业概况

印度储备银行（RBI）统计数据显示，2016年10月至2017年2月，印度的手机钱包增长104%，而支票、信用卡、借记卡分别减少1%、5%、7%，从中可以窥见印度互联网支付行业的发展速度和趋势。支付被视为互联网的基础之一，将各行各业与金融紧密地连接在一起，企业普遍将支付看作是市场的入口，吸引新客户、留住老客户、挖掘现有客户的市场潜力都可以借助于支付实现事半功倍的效果。BCG的报告指出，互联网支付涵盖了电子钱包、集成的POS系统、P2P支付、跨境支付等多个方面，近年来，互联网支付占全球互联网金融吸引的融资额中的比例最大，达到了35%。历经最近三四年的发展，印度互联网支付的参与方可以分为五大系：电信系、电商系（技术系）、银行系、钱包公司系（预付系）、支付银行系，各自都有代表性的企业，尽管它们进入市场的时间不同。

表3-7　　　　　　印度互联网支付机构的五大类

大类	代表机构
电信系	Airtel Money；Idea MyCash；TATA mRUPEE；Vodafone m-Pesa；Aircel ICICI Bank Mobile Money
电商系	Freecharge；Mobiswipe；Prizm Payment Services；Ezetap；mSwipe；iKaaz；Ola Money；Momoe；Snapdeal；Flipkart Wallet；BookMyShow
银行系	HDFC银行的Movida；ICICI银行的Pockets；Kotak银行的Kaypay；Axis PingPay；Payzapp；SBI银行的SBIBuddy；Axis的Lime；IDFC Ziggit
钱包公司系	Money on Mobile；PayMate；ITZ cash；Oxigen；Oxicash；Paytm；MobiKwik；American Express® ezeClick；Simpel；YPayCash；Quikwallet；Payumoney；QwikCilver；Mowa；Chillr；Freecharge Wallet
支付银行系	Airtel；FINO；Paytm；Aditya Birla Idea；Reliance；Indian Post；Vodafone M-Pesa

资料来源：BCG2016年的报告《2020年数字支付》。

二、案例分析

为了深入地了解印度互联网支付行业，本书研究了目前占据印度市场份额最大的两家机构 Paytm、Freecharge。

（一）印度最大的移动支付与电商平台——Paytm 公司

Paytm 的母公司是 One97 Communication 公司，于 2010 年成立，最初专注于手机充值服务，总部位于印度诺伊达。公司业务逐渐从单一充值扩展到多种账单支付，包括电费、煤气费及电话费账单。Paytm 于 2014 年进入印度电子商务市场，提供的服务和产品类似于 Flipkart、Amazon.com 和 Snapdeal。2015 年，它们加入了旅游及票务业务。它的 Paytm Wallet 电子钱包业务每天需要处理两百万笔交易。Paytm 是"Pay Through Moblie"（通过手机支付）的缩写。时至今日它已经成为印度最受欢迎的应用软件。

Paytm 自成立以来，创造了 2.8 亿次的电子钱包注册用户数量，1 亿次的 App 应用下载量。2014 年公司向市场投入 Paytm Wallet。目前 Paytm 已成为印度最大的移动支付服务平台，并成为诸如 Uber、BookMyShow 及 MakeMyTrip 这样的引领在线消费行业的公司所偏爱的支付模式。

Paytm 与印度国内所有移动运营商有合作，合作内容为手机充值、卫星直播电视、数据卡支付、手机后付费支付、座机支付等。它与多家跨国银行在信用卡、借记卡及网银支付上是合作伙伴。目前，Paytm 所涉及的领域已经不再局限于移动支付，它们已经开始和金融机构合作，双方共同为小企业和小业主提供免担保贷款。企业提供贷款可以增加企业使用 Paytm 的频率，通过收集相关数据对企业和行业有更准确的了解。

2015 年，Paytm 获印度储备银行（RBI）发放的第一张支付银行牌照，可为 Paytm 现有的使用者提供更多新服务，包括转账卡、存款服务、线上账户管理、转账，此支付银行是个独立的公司，而创立者 Vijay Shekhar Sharma 持股 51%，One97 Communications 持股 39%，其余 10% 的股份由 One97 子公司和 Sharma 所持有。

2017 年 3 月 3 日，Paytm 正式宣布阿里巴巴将领投一轮 2 亿美元的融资，后者的控股率从早期投资的 40% 上升为 60%，成为 Paytm 的最大股东。Paytm 融资总额 2 亿美元，其中，阿里巴巴将向 Paytm 投资 1.77 亿美元，余下的 2300 万美元实际由 SAIF Partners 投资。此轮融资完成后，Paytm Ecommerce 的估值达到 10 亿美元。2017 年 5 月 18 日，印度支付公司 Paytm 完成了来自日本软银集团的14亿美元融资,这次投资将巩固Paytm在印度数字支付领域的领导地位,扩大用户基数并为消费者提供一系列新的金融服务产品。有消息称,软银集团已经以10亿美元的价格拿到了Paytm的母公司One97通信公司20%的股份。

Paytm的发展模式,即从电子钱包中产生电商业务,同时筹建网络银行,这与支付宝的发展模式不同。我们打开Paytm客户端会发现,除了网购入口之外,还提供了丰富的交易场景,如票务预订、生活缴费、理财等。虽然电商业务均上线了独立App,但流量入口仍以Paytm为主。在引入了蚂蚁金服的风控和云技术后,再加上线下拓展,带动了电商消费,Paytm努力的方向是构建一个电商、支付、物流的生态。

在印度宣布废除大额纸币约6个月后,Paytm用户数量增长至2.25亿人,目前在印度约有500万家商户接受Paytm支付,是接受信用卡支付的商户数量的五倍。MobiKwik和FreeCharge分别拥有超过6500万名用户,Paytm是其用户数量的四倍。

(二) 精准致力于在线支付行业的FreeCharge公司

FreeCharge公司成立于2010年8月,致力于提供在线支付服务。成立当年便获得Tandon集团和Sequoia资本的种子投资,并持续获得Sequoia资本2亿印度卢比的投资。2015年8月,FreeCharge公司被Snapdeal收购,被指是继Ibibo收购MakeMyTrip后电商行业至今第二大收购案。*The Economic Times*杂志预估其市值可达到4亿~4.5亿美元。2017年10月,印度第三大民营银行Axis Bank以6亿美元从Snapdeal收购FreeCharge。2016年,FreeCharge的用户规模约3000万人,月交易单数3000万单。自从其被Axis Bank收购后,各项业务指标显著上升,总交易量、月活跃用户数量、成交额、用户人均支出、平台参与率、App下载量分别增加42%、24%、17%、22%、32%、83%。

作为一个在线充话费网站,FreeCharge通过与通信运营商和商家建立合作关系,给客户提供充值即可兑换金额等值优惠券的服务。这些优惠券涵盖麦当劳、Costa咖啡馆、电影院等商户,甚至还有旅游景点的门票优惠券。通过进一步记录用户使用优惠券的消费行为,FreeCharge可以帮商家实现精准营销。印度是一个移动互联网崛起的大市场,据印度移动互联网协会(IAMAI)和KANTAR-IMRB发布的报告,截至2017年底,印度拥有约4.78亿名移动互联网用户。移动端充值占比从2014年7月的10%已经上升到了2015年2

月的80%,移动端充值市场不容小觑。

FreeCharge 公司的业务并不只拘泥于在线话费充值,当前开展的主要业务不仅包括网络电视、汽油卡和电话充值服务,逐渐地延伸到麦当劳、HomeStop、Crosswords 等的线下和线上商品支付平台。另外,网站外挂信用卡申请服务,并与 Snapdeal 公司合作推出线上休闲、运动商品销售服务。

表3-8　　　印度知名互联网支付机构的主要产品和服务

机构名称	主要产品和服务
Paytm	手机充值;电费、煤气等多种账单支付;旅游及票务订购;消费购物;担保贷款等金融服务;电子钱包;在线销售
FreeCharge	手机充值;多种账单支付或充值(包括电视有线、数据卡、电费、电话、网费、水费、油汽费、交通卡、Google 娱乐卡);电子钱包;社交支付
MobiKwik	手机充值;多种账单支付或充值(包括电视有线、数据卡、电费、电话、网费、水费、油汽费、保险、交通卡、Google 娱乐卡);购物消费(含美食、旅游、时尚、教育、娱乐、健康等);电子钱包

资料来源:各机构官网,嘉银新金融研究院整理。

三、印度互联网支付的优点

通过考察前三家支付公司的主要业务来进行对比分析,并发现目前互联网支付机构的优劣势。印度互联网支付相比传统支付体现了两个突出的优点。

(一)与消费紧密结合,市场入口的角色凸显

印度的互联网支付机构提供给消费者几乎绝大部分与支付有关的消费场景,都支持网上、App 等多种支付方式,包括商家在内的合作机构数量庞大,对于非支付类企业来说,互联网支付无疑是性价比极好的市场入口,有可能在短期内迅速抢占市场。对于这个优点,可能主要是由于三方面的原因:一是印度人口多,消费潜力巨大;二是网络普及率及智能手机渗透率的上升;三是印度经济发展带来消费者消费习惯的改变,电子商务和网络消费等新事物正在被更多的人所接受。

(二)依靠技术提升支付效率

降低用户使用成本,增强客户体验。互联网支付机构提供方便快捷、全天候的服务,并强调其安全性,以面对可能的支付风险,采取了包括 7×24

小时客服服务、保险、机构承诺等多种措施，这些都离不开强大的技术支持和保障。

四、印度互联网支付平台的不足

（一）同质化竞争激烈，平台的特色不够明显

各平台之间的产品、服务种类很多相同，Paytm 被看作印度版的支付宝，是"支付+电商"的模式，Freecharge、MobiKwik 等平台在电商这一块目前相对弱一些，但也在不断地追赶和弥补当中。出现这种特色不够明显的情况，或许主要原因是互联网支付行业模仿成本低，推出新事物的创新者很容易被后来者模仿，甚至超越。

（二）与其他行业合作的深度还不够

支付平台为商家导流，对双方是一种比较容易的合作方式，成本、风险较低，但是在大数据时代，这种初级的合作需要升级，双方应该发挥技术、产品、服务、品牌等优势，主动挖掘市场的需求，激发客户的消费、投资潜力。

第五节　印度征信行业

像大部分亚洲国家一样，印度采取政府主导模式建立征信体系并实施监管，中央银行采取培育和监管并重的模式。

印度储备银行（RBI）积极推动印度信用评级的发展，出于对本国评级机构的长期保护，外国评级机构只能以与本地机构合资或合作方式进入。个人和企业征信市场主要是 CIBIL、Equifax、Experian 和 CRIF HighMark 四家信用信息局（CICs），并均获得 RBI 的注册证书。

表 3-9　　　　　　　　印度四大信用信息局简介

名称	主要股东	股东简介
CIBIL	TransUnion（92.1%）	创建于 1968 年，是美国三大信用报告机构之一，已登陆纽交所

续表

名称	主要股东	股东简介
Equifax	Equifax 与印度七大金融机构	成立于 1899 年，是美国三大信用报告机构之一，已登陆纽交所
Experian	Experian	是美国三大信用报告机构之一，在伦敦证券交易所上市
CRIF High Mark	CRIF	于 1988 年在意大利成立，欧洲大陆是银行信息市场的领导集团，在企业与信贷及营销管理服务方面，是主要国际运营商之一

资料来源：公司官网，RBI，嘉银新金融研究院整理。

RBI 宣布自 2017 年 1 月 1 日起，印度居民可以从每个 CIC 中获得一个免费的个人信用报告。而此前，印度居民不得不支付 550 印度卢比才能获取 CIBIL 的报告，CIC 向会员机构提供付费查询有关借款人的信用报告，随着科技的发展，信用信息局逐步开发并提供了信用信息增值产品，如信贷决策支持和防欺诈工具、定制信用报告、违约概率预测工具和风险/盈利模型等。

在印度，RBI 依靠行政力量推动数据采集。2014 年，RBI 建立了大型信贷中央信息库（CRILC），以收集、存储和传递银行、非银行金融机构等大型信贷（5000 万印度卢比以上）信息。RBI 要求各类银行和金融机构在规定时间内上报贷款余额超过 1000 万印度卢比，不良贷款超过 250 万印度卢比的借款人信息。CRILC 完全是为了监管而设计，是异地监管最重要的数据库之一。其只能获取有关借款人的详细信息，如内部评级及外部评级，汇总信息与商业银行共享，不对信用信息局、大型贷款机构等开放。

在征信行业的产业链中，主要包括数据收集、数据处理、产品和服务、场景应用四个环节。印度征信数据缺失制约着印度征信行业的发展，替代数据的释放可以有效地促进征信行业的发展，近些年来，印度有些初创公司在大数据征信、信用管理方面初见成效，如 Perfios、CreditMantri 均已获得融资。

一、印度征信行业发展背景

（一）征信行业发展处于探索阶段

虽然 RBI 致力于推动数据采集，但印度征信行业的发展仍然受到数据缺乏的掣肘。截至 2016 年底，印度国内大约有 2000 万张信用卡，而能够使用这些信用卡的终端只有 120 万台，全国仅 60 万商户有 POS 机。截至 2017 年 9

月，RBI统计印度全国人均持有借记卡0.61张，人均持有信用卡0.02张，接近中国2004—2005年人均银行卡持有量水平。印度13亿人口中，超过60%没有银行账户或无法开户，拥有信贷记录群体只有2.5亿人，征信覆盖人群不足12%，而目前中国这一比率达到50%，美国超过90%，印度征信行业处于探索阶段，有巨大的发展空间。

（二）消费金融规模快速增长推动征信行业发展

受到欧美消费文化影响，印度年轻人的消费观念正经历着从储蓄型到消费型观念的转变。2017年印度全国个人消费贷款总额为17.9万亿卢比（约合2231亿美元），2015—2016年印度全国个人贷款总额年增长率达到17%，高于同期的人均GDP（6%）和储蓄（9.2%）增长率。有机构预测2016—2025年印度人均GDP在6%~8%，以个人贷款增速高于GDP增速预测，印度未来个人贷款年复合增长率为7%，预计2025年印度全国个人消费贷款总额将达到约28万亿卢比。

（三）拥有更大的借贷长尾市场

印度银行贷款的主要服务对象为固定收入人群，最低月收入要求从12000印度卢比到25000印度卢比不等。只有少数银行为自营业者提供个人贷款，审核更为严格，对贷款人职业、从业时间、营业额和年收入等有更高要求。而非银行金融机构（NBFC）所需材料更少，流程更简洁，决策时间短，但贷款利率和最低金额都高于对应银行贷款。

据统计，印度有近6亿人和3200万户企业拥有CIBIL征信账户，但考虑到印度信贷市场的整体规模，真正拥有征信记录的人远少于这个数据。印度大部分属于达不到金融机构贷款最低标准的低收入人群，银行覆盖率低，征信记录少，金融机构因成本问题不愿意提供小额贷款等。考虑到印度具备后发优势，有比中国更大的长尾市场等待被挖掘，征信行业将迎来高速发展。

二、印度征信业监管动态

2005年，印度储备银行出台了《信用信息公司管理条例（2005）》。强调RBI对信用信息局的设立、运行、退出的审批监管，可在中央政府授权下，指派专人对银行信贷信息共享机构及其账簿和其他资料进行检查。文件主要内容如下：

（1）各成员董事会应密切关注所提供信用数据的情况；

（2）同意信用信息局采集该机构信贷历史数据和新发生数据；

（3）向 RBI 上报数据采集的进展报告；

（4）未上报数据的机构将暂停或终止共享信息的权利；

（5）信用信息公司与 RBI 等政府部门一起，构建推动信贷支持中小企业的信息服务体系。

除此之外，《信用信息公司管理条例（2005）》对信用信息的使用做出了如下限制：

（1）不得将收集的信用信息向特定用户外的任何人透露；

（2）特定用户不得将收到的信用信息披露给任何人；

（3）信用信息公司或特定用户不得将收到的信用信息以任何其他目的为由公开，法律要求和允许的除外。

印度尚未制定明确的隐私保护法或信用信息保护条例，但在有关法规中对保护个人隐私问题提出了原则要求。根据金融部门立法改革委员会的报告，个人信息是指与个人有关的或允许推断个人身份的任何信息，这包括人口统计信息，如该人的姓名和联系方式、生物识别信息，以及金融产品和服务的持有和交易的交易信息。对个人信息的保护主要包括以下四个方面：

（1）禁止收集超出提供相关金融服务所需的个人信息；

（2）保持个人信息保密的保密性，除非消费者同意披露或法律另有规定；

（3）保持准确、最新和完整的个人信息，并允许消费者合理访问他们的个人信息；

（4）赋予监管机构处理特殊情况的权力。

2011 年 3 月，印度政府设立印度资产证券化重组及担保权中央登记处（CERSAI）。印度中央政府持股 51%，公共银行和全国住房银行也是公司的重要股东。CERSAI 要求证券化与重组的金融资产交易及与按揭契据有关的交易，均须根据《金融资产证券化与重组及担保物权执行法》所定义的相关数据，在中央登记处登记。这种记录的存在将防止涉及同一财产担保下的多个贷款的欺诈行为，以及在未披露对财产的担保权益的情况下出售该财产的欺诈行为。中央登记处需要与国家登记处制定信息共享机制，这将有利于中央登记处、国家政府和贷款人共享关于财产存在和所有权真实性的信息。四大信用局均可通过 CERSAI 查询相关数据。

表 3 – 10　　　　　　　　　　CERSAI 的收费情况

担保物权登记的费用			
序号	登记交易的性质	表格编号	应付费用金额
1	创建或变更担保债权人的担保权益	表格 1	贷款金额超过 50 万卢比，费用为 100 卢比；贷款金额 50 万卢比，费用为 50 卢比
2	清偿担保	表格 2	零
3	金融资产证券化或重组	表格 3	500 卢比
4	证券化或重建交易详情	表格 4	50 卢比
5	任何人在登记册上记录/维护任何信息	—	10 卢比
6	任何延迟 30 天的延迟申请	—	不超过基本费用的 10 倍，视情况而定
保理交易登记的费用			
序号	登记交易的性质	表格编号	应付费用金额
1	应收账款转让情况	表格 1	应收账款低于 500 万卢比，收费 10 卢比；应收账款高于 500 万卢比，收费 100 卢比
2	应收账款变更登记	表格 2	零
3	任何人申请在登记册内记录/保存信息	—	10 卢比
4	任何延迟 30 天的延迟申请	—	基本费用的 10 倍（如适用）

资料来源：CERSAI 官网。

三、印度征信行业典型分析

（一）信用信息局（TransUnion CIBIL）

1. 公司简介

TransUnion CIBIL 的前身是信用信息局（印度）有限公司［Credit Information Bureau（India）Limited，CIBIL］，该公司由印度财政部和储备银行（RBI）于 2000 年发起成立，是印度第一家信贷信息共享机构，已获 RBI 授予"注册证书"，批准其从事信用信息业务。该机构为公私合营性质，股东以信贷机构为主体，采取用多元化股权的公司运作模式，并由印度央行强制授信机构向该公司报送信息。2016 年，国际征信机构 TransUnion 收购其 82% 的股份，成为 TransUnion CIBIL（TU CIBIL）。2017 年 3 月，印度银行出售其在该公司 5% 的股份，价值 190.6 亿印度卢比，这意味着 TU CIBIL 估值达到 3800 亿印度卢比（约 60 亿美元）。2017 年，TransUnion 持有股份比例达到 92.1%。

TU CIBIL 于 2004 年和 2006 年内设消费者征信局及商业信用征信局两个独立系统数据库，分别采集和发布消费者信贷和商业信贷数据。目前，TU CIBIL 拥有包括银行、金融机构和 NBFC 在内的 2400 多个机构会员，超过 5.5 亿个人和企业的信用记录（包括所有类型的城市和农村地区的贷款和信用卡数据），拥有超过 2900 万条商业记录（包括公私有限公司和中小企业信息）。

2007 年推出印度首个针对银行和金融机构的通用风险评分模型——CIBIL Score，这是首个针对银行和金融机构通用风险评分模型。2010 年，推出 CIBIL 检测和 CIBIL 抵押支票，是印度首个有关高风险活动信息的存储库和首个抵押贷款集中数据库。2011 年推出 CIBIL TransUnion Score 供个人消费者使用。2017 年推出了 CIBIL MSEM 排名，推动小微企业信贷渗透，帮助贷款人更好地评估风险。

2. 产品和服务

TU CIBIL 提供的产品和服务主要是针对个人和企业两类。

（1）个人

个体消费者可通过 TU CIBIL 在线获得信用评分（CIBIL Score）和信用报告（Credit Information Report，CIR），根据评分和放贷人资格标准获得信用卡、个人贷款、房屋贷款、黄金贷款和抵押贷款的优惠。

信用评分基于 300~900 分之间，得分越高贷款人提供的条件越好。通常，CIBIL Score 评分大于 700 的人，被认定信用良好。从贷款评估过程看，信用评分是贷款机构首要参考的指标，对个人申请贷款至关重要。

CIR 的个人信用信息中，包括家庭贷款、信用卡、个人贷款、汽车贷款、透支款项等。CIR 由 6 个部分构成即 CIBIL Score、Personal Information、Contact Information、Employment Information、Account Information 及 Enquiry Information。

表 3-11　　　　　　　　　信用评估主要内容

项目	主要内容
CIBIL Score	评分在 300 分至 900 分
Personal Information	银行提供的个人信息，包括姓名、出生日期、身份证号等
Contact Information	包括住址、电话、电子邮箱等
Employment Information	包含账户类型、日期、还款方式、收入、频次（月/年）、收入指标（净收入/总收入）等
Account Information	出借人、贷款类型（家庭贷款、汽车贷款、个人贷款、透支情况等），以及账户金额、贷款总数、经常账户余额等账户信息
Enquiry Information	每次申请贷款或信用卡时，相应的银行或金融机构访问 CIR。系统会记录每次查询情况，包括查询借款目的、借款金额等。如果显示短期申请了多种贷款，或者近期新批准了贷款，信用机构会慎重考虑贷款人的借款申请

资料来源：TU CIBIL 官网，嘉银新金融研究院整理。

（2）企业

CIBIL 为企业提供六大块解决方案：Analytics and Consulting、Collections Management、Credit Reporting、Customer Acquisition、Fraud and ID Management、Portfolio Management。一共有 25 个产品，其中，特色产品主要有：Bureau Analyzer、CIBIL Commercial Report、CIBIL Consumer Report、CIBIL Microfinance Report、CIBIL Score、CreditVision、DecisionEdge、Portfolio Review Report。其中，CIBIL Microfinance Report 是全球首个小额信贷报告。

表 3-12　　　　　　　　　特色产品

特色产品	功能
Bureau Analyzer	智能分析工具，通过解读数据，对当前和历史信用状况进行详细分析
CIBIL Commerical Report	分析商业借款人的信用信息，帮助借贷决策
CIBIL Consumer Report	分析潜在借款人历史信用状况，帮助信贷决策
CIBIL Microfinance Report	为小额信贷机构、银行和非银行金融机构作出正确决策
CIBIL Score	信用评分
Credit Vision	提供消费者绩效的完整概览，做出更好的营销或收款决策，帮助客户管理投资风险
DecisionEdge	了解消费者行为和偏好
Portfolio Review Report	优化投资组合，提高整体投资回报率

资料来源：TU CIBIL 官网，嘉银新金融研究院整理。

TU CIBIL 的机构会员主要是信贷机构、保险公司、电信公司、信用评级机构、资产管理公司等。会员机构支付的基础费用主要是会员费和年费等。

表3-13 　　　　　　　TU CIBIL 收费标准（机构会员）

	费用标准
会员费	10000 印度卢比
年费	5000 印度卢比

资料来源：TU CIBIL 官网，嘉银新金融研究院整理。

TU CIBIL 作为印度老牌信用信息局，早年独家垄断了印度的银行信贷信息，公司大股东又是国际知名评级公司，专业化程度高。总体来说，TU CIBIL 在印度征信行业发展中起着至关重要的作用，具有深远的品牌效应。

（二）大数据公司（Perfios）

征信业务都是围绕着数据展开的，大数据和征信有着天然的联系。大数据为征信活动提供全新的视角，基于海量的、多样的、交叉互补的数据，征信机构可以获得信用主体及时、全方位的信息。除了四大信用信息局外，印度的征信市场还有一些大数据公司，Perfios 就是这类公司的典型代表。

1. 公司简介

Perfios 成立于 2009 年，2017 年获得 Bessemer Venture Partners 的 620 万美元投资，该企业以前已经获得 300 万美元左右的投资。目前来看，Perfios 主要有 B2C 和 B2B 两块服务。

B2C 服务主要是提供个人财务管理的解决方案。即尽量以自动化的方式（如在用户刷卡消费后，自动调取相应数据等）来统计、汇总和分析用户日常支出与收入，得到数据化的表单和图例，帮助用户做财务管理。超过 250 多家金融机构支持自动提取，支持 1000 多种电子表格格式。

而在 B2B 业务上，对象主要是针对各种银行和企业，Perfios 可以自动完成原来手动完成的 KYC 财务核准的全过程，进而加快 B 端机构对于客户理财需求（贷款、信用卡、保险等）的审核。Perfios 方面认为，技术可以降低上述操作过程中的部分人工成本，同时也提升了精度和用户体验，利于获客。据了解，Perfios 现支持超过 1000 种不同类型的数据源处理。服务客户包括银行、非银行金融机构、数字借贷平台、共同基金公司及保险公司等，约超过 100 位企业客户。

2. 产品和服务

Perfios 提供服务主要有四方面：Lending Solutions、Analytics、AMC Solutions 及 Money Manger。

表 3–14　　　　　　　　　Perfios 提供的服务

服务	服务内容
Lending Solution	银行对账分析器、财务报表分析器、税务文件分析器、公司分析、辅助解决方案、电子验证
Analytics	移动智能、借记记分卡、预测分析
AMC Solutions	帮助企业自动从其所有多个公司账户（某些情况下可运行数百个）中取出交易，并将其转换为自定义的 CSV 文件，以便人工或其他人使用应用
Money Manger	消费者资金经理、企业资金经理、财务顾问资金经理

资料来源：Perfios 官网，嘉银新金融研究院整理。

表 3–15　　　　　　　消费者资金经理服务类型

特征	免费	黄金	白金
所有账户类型的完整视图	√	√	√
账户数目	无限	无限	无限
自动更新账户的数量	15	无限	无限
声明上传和电子邮件转发	4 次/月（只上传）	10 次/月	无限
可以共享给其他 Perfios 用户的账户数量	5	20	无限
文档存储	2 次/月	10 次/月	无限
自动处理：股票红利，分割，分红等	×	×	√
报告–PDF / Excel / HTML	×	√	√
短信提醒	×	√	√
Perfios Mobile	×	√	√
导出数据	×	√	√
密码备份	√	√	√
电子邮件警报和提醒	√	√	√
报告，表格，图表	√	√	√
费用	免费	499 卢比/年	1499 卢比/年

资料来源：Perfios 官网。

四、印度征信业面临的问题和挑战

总体来说，印度的征信体系还是以四大信用信息局为主，它们掌握着印度征信行业的绝大多数"正统"数据。为弥补数据不足，一些搜集替代数据的创业公司兴起，但覆盖范围小，涉及人群少。

印度的信用信息局都是典型的消费者信息提供商，搜集到消费者的数据，用不断更新 IT 信息技术提取消费者的信息，加工成不同层次的数据产品，提供多元化的服务，帮助商业机构防范信用风险，降低交易成本，促进市场营销，提高决策效率。

印度的四大信用信息局均是由国际领先的征信机构参与的公私合营企业，印度信用信息市场的开放性，很好地平衡了市场竞争和保护国内企业的双重需要，形成了包含数据收集、数据处理、形成产品和产品应用等环节的完整征信产业链。但受制于数据源的限制，基本都是信贷机构的数据，印度的征信行业发展还处于初级发展阶段，面临的主要挑战如下。

（一）数据质量

任何信用局的效率和有效性取决于数据库中收集的数据质量。RBI 一再要求成员向信用信息局提交及时、准确、无误的资料。但据了解，成员提交的数据不规范或不准确，有很多垃圾值，不正确的数据和不完整的标识符字段信息被提交给信用信息局。

（二）消费者教育和意识

个人消费者必须了解维护财务纪律、定期偿付贷款和信用卡的重要性，提高个人、中小企业和小额信贷机构借款人对违约、拖欠贷款将导致贷款信用评级下降，甚至新增贷款可能遭受拒绝的意识，这样才会带来良好的信贷纪律，也可以有效防止银行资产质量恶化。

（三）争议解决机制

储备银行经常收到很多消费者关于信用信息报告的争议。一方面，RBI 督促信用信息局改进技术，加快解决客户纠纷。另一方面，与银行有关，银行数据不更新或数据提交不正确。在许多情况下，即使经常跟进，信用信息局也没能及时得到银行的回复，这导致纠正客户纠纷的重大延误。

（四）中小企业信用数据发展迟缓

尽管信用信息局在消费者细分市场（即零售借款人）方面拥有丰富的数据库，但在很大程度上却忽视了包括中小微企业借款人在内的企业。早在 2014 年 6 月，RBI 已经建议信用信息局收集和提供有关这个细分市场的信用数据，但是进程相当迟缓。

尽管如此，印度政府部门仍致力于改善国内征信环境，如考虑将零售商/公用事业公司的数据共享给信用信息局，需要对信用信息局、电信、电力行业的基本行为、规则和条例进行审查，就需要做出适当的立法和监管变更。

印度数据源的缺乏催生了大数据公司、信用信息管理公司，这些初创公司也获得了资本市场的认可，频获融资。相较于欧美发达的征信市场，随着数据源的进一步放开，印度征信行业将会迎来巨大的发展机遇。

第六节　印度个人理财行业

一、印度个人理财市场现状

印度储备银行（RBI）关于印度家庭理财的研究报告指出：印度家庭持有的财富中有很大一部分是实物资产，特别是黄金和房产，与其他国家相比这

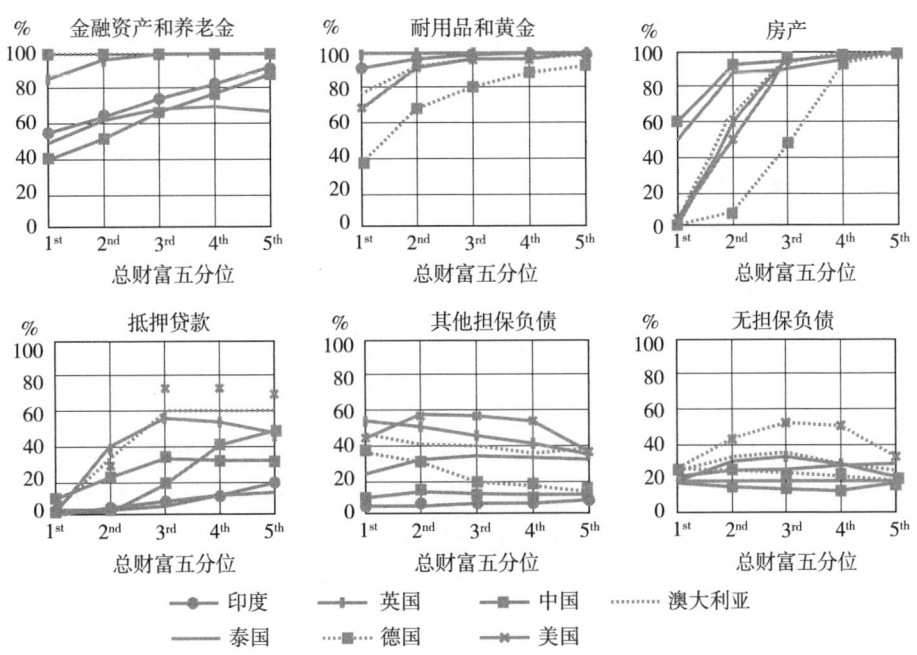

资料来源：印度储备银行（RBI）2017 年报告，嘉银新金融研究院整理。

图 3-3　印度家庭的资产负债分布

很不寻常，尤其是对于年轻的家庭和财富分布最底层的40%家庭。印度知名权益基金（IBEF）研究指出，其国内储蓄总额占GDP的比重自2004年以来就保持在30%以上，而95%的家庭储蓄投资在银行存款，只有5%投资在其他金融资产。因此，我们从个人投资理财视角，相继分析印度的银行储蓄、黄金、房地产、共同基金、理财服务市场。

（一）银行储蓄市场

受经济发展水平及农村人口数量庞大的制约，长期以来有相当比例的印度人没有银行账户。印度政府历来就比较支持普惠金融发展，尤其是2014年8月莫迪政府发起的PMJDY计划，以保证每一个印度人都有一个银行账户。据PMJDY网站截至2018年1月10日的统计，PMJDY账户数已达到3.09亿个，其中属于女性拥有者的账户数为1.63亿个，PMJDY账户存款余额高达约7326亿印度卢比。印度居民能通过银行账户更多地参与金融市场，比如投资理财、借款等。

表3-16　　　　　印度居民储蓄存款期限结构及收益率

存款	PSBs 2016年	PSBs 2017年	PVBs 2016年	PVBs 2017年	FBs 2016年	FBs 2017年	ALL SCBs 2016年	ALL SCBs 2017年
≤1年	46.5	41.6	42.6	41.5	66.3	63	46.5	42.5
1~3年（含）	25.6	27.9	25.0	26.0	26.2	28.9	25.5	27.5
3~5年（含）	7.7	8.6	10.9	10.5	7.3	8.0	8.3	9.0
>5年	20.3	21.9	21.6	21.9	0.1	0.1	19.6	21.0
储蓄收益	6.19%	5.70%	6.08%	5.59%	4.46%	4.24%	6.09%	5.61%

注：数据统计截至2017年3月底。
资料来源：印度储备银行（RBI）2017年报告，嘉银新金融研究院整理。

需要说明的是，表3-16中PSBs、PVBs、FBs、ALL SCBs分别为公共部门银行、私人部门银行、外资银行、所有商业银行，存款按照期限长短来区分的占比，比如2017年的41.6即调查样本居民所在公共部门银行的储蓄存款中41.6%为1年期（含）以下的。印度个人储蓄投资有三个特点：

一是偏好短期储蓄存款，无论是在公共部门银行还是外资银行，虽然1年期以内存款占比有小幅下降，但不明显；

二是更青睐国内的银行，在外资银行的长期储蓄存款可忽略不计；

三是储蓄投资收益率相对不高，并且公共部门银行、私人部门银行要高于外资银行，近两年呈现下降趋势。

(二) 黄金市场

印度央行指出,平均而言,印度家庭的财富中有11%为黄金,即包括珠宝、金银块、金饰和金币在内。此外,印度理财市场独有的特点之一是印度家庭的大多数债务是无担保债务(占比为56%),印度央行研究显示这种无担保债务占债务总额的39%,说明其对非正规金融市场的高度依赖。黄金贷款(gold loans)就属于无担保债务之一,意味着黄金具有双重功能:投资资产和抵押品价值存储物。因为印度市场的异质性非常大,不同地区的个人投资黄金的比例有很大的差异,像Tamil Nadu、Andhra Pradesh等印度南部省份更偏好投资黄金。印度居民偏好黄金投资,背后的原因可能是多方面的,主要包括对风险的回避、不太信任正规金融机构、对黄金与其他资产不公平的看法、金融素养不够、正规金融机构的建议、金融服务的传统和文化。

表3-17　　　　印度不同地区家庭的资产、债务分布

省/邦	不同类型资产组合的分布				不同类型产品的债务分布			
	房产	黄金	金融资产	退休账户	抵押债务	黄金贷款	无担保债务	非正规债务
Bihar	90.5%	2.7%	1.0%	0.5%	8.2%	0.3%	81.9%	82.2%
Rajasthan	79.4%	9.5%	1.4%	1.7%	21.3%	1.0%	70.2%	68.7%
Nagaland	82.6%	1.6%	1.5%	7.3%	8.0%	0.0%	30.8%	40.3%
Manipur	84.0%	5.1%	1.6%	2.8%	3.1%	14.2%	30.4%	77.7%
Uttar Pradesh	85.4%	5.6%	1.8%	1.5%	27.1%	1.3%	63.0%	59.2%
Madhya Pradesh	82.2%	7.4%	1.9%	1.7%	30.4%	1.0%	60.0%	53.6%
Telengana	70.5%	17.5%	2.0%	2.4%	11.3%	2.9%	73.0%	55.8%
Orissa	78.9%	10.0%	2.1%	2.0%	26.9%	2.3%	59.1%	47.1%
Gujarat	72.5%	13.7%	2.1%	3.5%	38.0%	2.2%	38.2%	39.9%
Uttaranchal	78.7%	10.0%	2.2%	2.2%	18.8%	0.0%	67.6%	45.4%
Lakshadweep	80.4%	11.2%	2.5%	3.1%	9.7%	9.3%	66.7%	24.2%
Jharkhand	85.6%	4.4%	2.5%	1.9%	12.9%	0.2%	79.7%	62.8%
Chhattisgarh	81.7%	6.8%	2.7%	1.1%	14.7%	0.2%	65.2%	54.3%
Kerala	78.9%	13.1%	2.8%	1.8%	38.3%	17.2%	31.6%	20.0%
Jammu & Kashmir	84.2%	4.7%	2.9%	3.1%	10.1%	0.0%	62.2%	56.3%
Tripura	76.5%	10.0%	3.0%	3.8%	3.8%	0.2%	72.7%	44.7%
Maharashtra	76.6%	10.4%	3.1%	3.6%	47.0%	1.4%	36.0%	27.9%

续表

省/邦	不同类型资产组合的分布				不同类型产品的债务分布			
	房产	黄金	金融资产	退休账户	抵押债务	黄金贷款	无担保债务	非正规债务
Tamil Nadu	59.4%	28.3%	3.1%	3.2%	11.3%	41.3%	37.9%	42.1%
Punjab	81.6%	4.9%	3.1%	4.5%	25.7%	2.1%	57.4%	57.7%
Haryana	81.1%	5.9%	3.4%	3.0%	27.8%	0.0%	53.2%	48.1%
Goa	60.0%	20.2%	3.7%	6.0%	18.1%	3.5%	19.0%	8.0%
Andhra Pradesh	62.8%	21.6%	3.8%	3.1%	9.5%	9.5%	55.3%	48.9%
West Bengal	81.2%	6.7%	4.0%	3.3%	16.7%	2.8%	69.5%	47.4%
Meghalaya	80.7%	3.0%	4.3%	3.5%	2.3%	0.2%	74.0%	24.7%
Mizoram	79.6%	1.2%	5.0%	5.7%	40.7%	0.0%	34.0%	17.2%
Kamataka	67.1%	16.1%	5.0%	4.4%	24.8%	3.4%	53.8%	49.2%
Assam	76.1%	6.6%	5.3%	2.6%	15.8%	1.2%	62.9%	48.0%
Andaman & Nicobar	42.5%	23.5%	6.3%	18.1%	6.4%	13.1%	66.4%	36.2%
Himachal Pradesh	71.8%	13.6%	6.8%	3.5%	35.6%	0.0%	42.4%	35.1%
Pondicherry	56.9%	25.7%	7.2%	4.5%	3.4%	50.1%	33.3%	40.2%
Arunachal Pradesh	63.3%	5.1%	8.3%	5.0%	18.1%	1.3%	33.3%	45.7%
Chandigarh	57.0%	10.2%	8.3%	14.1%	47.1%	0.0%	23.0%	9.5%
Delhi	54.9%	17.4%	9.8%	6.2%	15.6%	0.4%	63.9%	46.6%
Dadra & Nagar Haveli	62.8%	6.5%	10.5%	12.4%	52.7%	2.4%	34.6%	31.3%
Sikkim	55.6%	14.6%	11.6%	10.3%	27.0%	0.0%	48.2%	17.8%
Daman & Diu	48.0%	24.4%	11.8%	10.8%	5.0%	0.0%	69.1%	66.9%

资料来源：印度储备银行（RBI）2017年报告，嘉银新金融研究院整理。

黄金投资的收益率较低，如果能将黄金转换为其他金融资产则能获益巨大。由于黄金属于实物资产，在印度国内缺乏流动性，RBI的报告通过计量模型拟合，若黄金持有分布的中间三分之一家庭将其现有黄金持有量的25%转换为其他金融资产，平均他们每年能额外获得其年度收入的0.8%（基于持续经营假设），而对于黄金持有分布的前三分之一家庭实施同样的黄金转换为金融资产，则年度收入所得提升至3.4%。

（三）房地产市场个人投资情况

平均每个印度家庭持有的总资产中77%为房地产（包括住房、农业和非农业建筑、休闲设施建筑、城乡土地），该比例远高于中国的62%、美国的44%、德国的37%。目前印度个人投资房地产市场，主要表现为以下几个方面：

（1）所有居民都非常偏好房地产投资。

（2）从居民个人生命周期看，抵押贷款渗透率随年龄增长而上升，尤其是晚年倾向于负担更多的借款债务。

（3）当居民变得更富有时，房产对黄金的替代效应更加明显。

（4）房产投资缺乏流动性，居民倾向于将房产作为遗产留给下一代。维持居民退休后生活的资金来源中，房产资产占比相当少，调查数据表明不到5%的家庭期望用其积累的房产财富来支付其老年生活支出。

（5）银行零售贷款中超过一半属于住房贷款，近年来占比高的特点没有改变。

表3-18　　　　　　　印度居民银行各类零售贷款余额

贷款项目	贷款余额	
	2016年	2017年
住房贷款	7625	8530
耐用消费品	182	215
信用卡贷款	469	649
汽车贷款	1543	1866
教育贷款	681	728
对应定期存款的预付款	723	680
对应股票债券等的个人预付款	52	51
其他零售贷款	2689	3355
零售贷款合计	13964	16074

注：单位十亿印度卢比。

资料来源：RBI，嘉银新金融研究院整理。

（四）共同基金市场

自1963年印度第一只共同基金，即印度单位信托（UTI）成立以来，印度共同基金市场正经历快速发展。根据PWC的研究，过去7年该市场年化复合增长率（CAGR）高达38%，最近两年行业平均资产管理规模（AAUM）更是增长了32.49%，由2016年底的17.06万亿卢比上升至2017年底的22.6万亿卢比。

表 3–19　　印度共同基金市场的个人投资情况

年份	2010	2011	2012	2013	2014	2015	2016	2017
资管规模（万亿卢比）	6.78	6.88	7.93	8.82	11.12	13.46	17.1	21.27
其中：个人投资者基金资产占比	45.82%	47.37%	48.72%	48.48%	47.30%	45.90%	44.60%	50.60%
总账户数（万个）	4698	4717	4482	4131	4028	4585	5282	6205
其中：个人投资者持有账户数占比	97.71%	97.44%	97.18%	96.67%	95.88%	95.28%	94.63%	94.25%
HNI 持有账户数占比	1.50%	1.68%	2.00%	2.45%	3.28%	3.75%	4.35%	5.13%

注：HNI 表示高净值客户（High Networth Individuals），即投资金额大于或等于 50 万印度卢比的基金投资者；2010 年至 2013 年除资管规模外的指标为统计截至当年 9 月 30 日的数据。

资料来源：AMFI，嘉银新金融研究院计算整理。

印度共同基金市场包括个人投资者和机构投资者，后者涵盖印度国内外的机构、银行。基金产品大致有三类，依据结构分为开放基金、封闭基金、周期性基金；依据投资类别分为股票基金、债权基金、混合基金；依据投资目标分为成长基金、收益基金、平衡基金、指数基金。由于一个投资者可能有多个账户，因此表 3–19 中的总账户数并不代表投资者人数。我们将表 3–19 结合图 3–4，可见印度个人投资共同基金市场具有如下特点：

（1）越来越多的个人参与共同基金市场投资，近两年尤其明显，不过市场渗透率还比较低；

（2）共同基金投资账户中绝大多数为个人持有，比例始终维持在 99% 左右；

（3）高净值客户投资共同基金市场的热情在显著上升；

（4）整体上看，市场异质性很强，个人最偏好股票基金市场，对债权基金的偏好排在第二位，而前者属于高风险高收益，后者属于风险低、收益稳健；

（5）个人的金融知识相对缺乏，投资基金较为依赖中介，个人基金投资中约 86% 是通过分销商（在 SEBI 注册的机构或个人）渠道实现的；

（6）个人投资者来源集中，主要来自印度前 15 个大城市（即 T15），占比超过 70%。

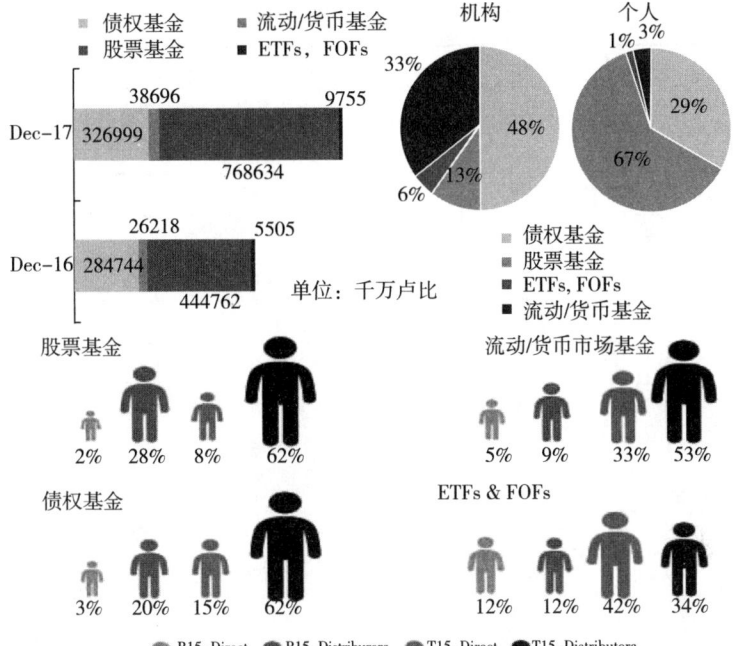

注：T15 代表印度最大的 15 个城市，B15 代表印度其他城市。
资料来源：印度共同基金业协会（AMFI），嘉银新金融研究院整理。

图 3-4　印度个人投资共同基金市场的偏好

（五）个人理财服务市场

如其他国家那样，印度金融市场包括正规（有组织）金融系统和非正规（散乱）金融系统，前者又具体包含金融机构、金融市场、金融工具、金融服务四部分。金融服务是由金融媒介提供缩小投资者知识缺乏与日益复杂的金融市场和工具之间缺口的服务，主要包括银行、非银行金融、保险、共同基金服务市场等，下面我们分析保险和非银行金融服务市场。

1. 保险理财服务市场

印度保险业近年来快速发展，目前有 24 家寿险公司和 33 家非寿险公司，2017 财年寿险保费收入增长 14.04% 至 4.18 万亿印度卢比（约合 649.2 亿美元），保险市场总规模由 2005 财年的 230 亿美元增加到 2017 财年的 847.2 亿美元，有机构预测 2020 年将达到 2800 亿美元。

表 3-20　　　　　　　印度保险渗透率和保险密度

年份	寿险		非寿险		保险行业	
	密度（美元）	渗透率（%）	密度（美元）	渗透率（%）	密度（美元）	渗透率（%）
2001	9.1	2.15	2.4	0.56	11.5	2.71
2002	11.7	2.59	3.0	0.67	14.7	3.26
2003	12.9	2.26	3.5	0.62	16.4	2.88
2004	15.7	2.53	4.0	0.64	19.7	3.17
2005	18.3	4.10	4.4	0.61	22.7	3.14
2006	33.2	4.00	5.2	0.60	38.4	4.80
2007	40.4	4.00	6.2	0.60	46.6	4.70
2008	41.2	4.00	6.2	0.60	47.4	4.60
2009	47.7	4.60	6.7	0.60	54.3	5.20
2010	55.7	4.40	8.7	0.71	64.4	5.10
2011	49.0	3.40	10.0	0.70	59.0	4.10
2012	42.7	3.17	10.5	0.78	53.2	3.96
2013	41.0	3.10	11.0	0.80	52.0	3.90
2014	44.0	2.60	11.0	0.70	55.0	3.30
2015	43.2	2.72	11.5	0.72	54.7	3.44
2016	46.5	2.72	13.2	0.77	59.7	3.49

注：保险渗透率＝保费（美元）/GDP（美元）；保险密度＝保费（美元）/总人口。

资料来源：IRDAI 的 2016—2017 年度报告，嘉银新金融研究院整理。

综合表 3-20 及印度储备银行（RBI）的报告能够发现，印度保险理财服务市场呈现出以下特点：

（1）保险密度和渗透率都较低，低于其他可比发展中国家（如中国），尽管保险密度（又称为人均保费）在逐年增加；

（2）无论寿险还是非寿险，个人的保险参与率都很低，且地区之间差异大，普惠金融深入调查（2015）显示寿险参与率最高、最低分别为 22.51%、2.15%，寿险参与率最高、最低分别为 22.17%、不到 1%；

（3）个人购买保险和获取非正规的贷款之间存在替代效应，这种事后应对风险的倾向可能与多种因素有关，如有限的预算难以承受前端的保费、各地区之间的保费差异、更容易获得非正规贷款等；

（4）个人不购买保险产品的原因是多方面的，最主要的原因是保费太高个人难以负担，依据 2015 年 FinScope 调查数据，选择该原因的受访者占比达到 51%。

2. 非银行金融理财服务市场

非银行金融（NBFCs）在印度占据重要的地位，有助于提升金融效率、普惠金融水平和丰富金融业的多样性。其与银行的根本区别有三点：一是 NBFCs 不能吸收活期存款；二是 NBFCs 不属于支付与结算系统的一部分且自身不能发行支票；三是 NBFCs 的存款人不能获得存款保险便利。

表 3–21 非银行金融综合资产负债表及重要财务指标

年份	2014	2015	2016	2017
股本	737	851	761	921
储备及盈余	2723	3117	3033	3538
公众存款	131	205	271	306
银行借款	2910	3106	3376	3141
信用债券	4596	5740	5394	6462
商业票据	462	630	852	1267
其他借款	2175	2761	2639	2878
其他负债	766	875	904	1158
总负债/资产	**14499**	**17284**	**17231**	**19671**
贷款及垫款	10782	11864	13169	14846
投资	2159	2603	2253	2673
其他资产	1558	2817	1810	2152
重要财务指标				
收入（十亿卢比）	1713	2009	2142	2310
支出（十亿卢比）	1279	1495	1628	1822
净利润（十亿卢比）	313	365	367	314
成本收入比	74.6	74.4	76.0	78.9
资产回报率（RoA）	2.2	1.9	2.1	1.6
权益回报率（RoE）	9.1	8.7	9.7	7.0
总不良资产率（GNAP ratio）	2.6	4.1	4.5	6.1
净不良资产率（NNAP ratio）	1.4	2.5	2.5	4.1

注：资产负债表项目的单位为十亿卢比，数据截至当年 3 月底。
资料来源：RBI 的 2017 年报告，嘉银新金融研究院整理。

因此，印度非银行金融理财服务市场的四个方面值得重视：

（1）业务种类多、机构数量庞大，能为个人用户提供存款、贷款等多种服务，发掘和满足市场的投资理财需求；

（2）市场潜力远远没有得到充分的发挥，权益回报率较高，不过如公众存款、贷款指标相比银行则有相当大的差距；

（3）投资风险在释放，资产质量趋于恶化，明显上升的不良资产率侵蚀了行业净利润；

（4）金融科技在该市场开始显现，如P2P网贷、账户整合机构已经被印度央行明确包括进来，未来将会有更多的科技金融机构纳入非银行金融市场。

二、个人理财市场存在的主要问题

像印度这样的大国，各方面的异质性都很强，个人理财市场也不例外。我们认为，目前印度个人理财市场突出的主要问题为几个方面：

一是市场结构不合理，银行尤其是少数公共部门银行占据大多数金融资源，既无法充分有效地提高资源使用效率，又有可能忽视广大中低收入群体的投资理财需求。

二是个人偏好实物资产的文化和传统根深蒂固，特别是房地产、黄金，在资产流动性越来越重要的环境下，流动性更好、产品种类更丰富的金融资产没有占据相应的市场份额。

三是非正规金融（如民间借贷）还比较盛行，这或许与正规金融烦琐的手续、不佳的用户体验、高昂的交易成本等有直接的关系。

四是金融机构对印度个人理财需求的高度复杂性认识不够，个人收入、住房拥有情况、重大事件、紧急资金需求、理财产品自身的特点、所处的经济环境等因素影响个人投资理财决策，绝大多数金融机构提供的都是标准化的产品，个性化的产品和服务相对缺乏。

五是短期内难以实现普惠金融的目标，金融科技赶超其他同比发展中国家面临诸多挑战，如个人金融素养不够、金融基础设施不完善、文盲率较高、金融机构信誉度的缺失、贫穷边远地区居民很难接触到金融服务等。

六是金融监管水平有待提高。印度的金融监管包括印度储备银行（RBI）、印度证券交易委员会（SEBI）、期货市场委员会（FMC）、印度保险监管发展局（IRDA）、退休基金监管发展局（PFRDA）、财政部（MoF）、高水平合作委员会（HLCC），对同一对象往往出现多头监管甚至监管冲突。比如，对投顾服务就有SEBI、PFRDA、IRDAI、RBI各自的监管规定。

三、金融科技企业在印度个人理财市场面临的机会

据瑞士信贷的报告,2000年以来印度每年的财富增速为9.2%,高于全球6%的增速,截至2017年,印度国内居民财富总量为5万亿美元,有24.5万名百万富翁,到2022年这两个指标预计将达到7.1万亿美元、37.2万人。如此巨大的财富,传统金融机构难以完全满足个人投资理财需求。以支付为代表的金融科技,在印度已经取得了不错的成就,未来金融科技企业利用最前沿的技术,不断创新,使个人理财在内的金融服务更安全、便捷。

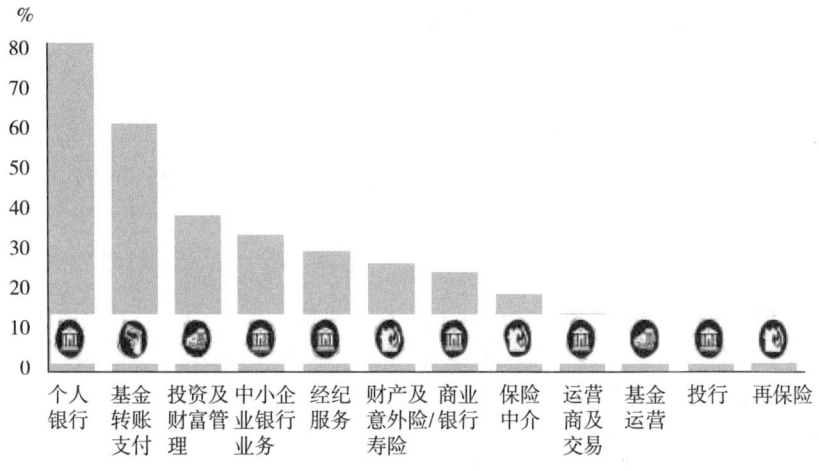

资料来源:PWC 2016年全球金融科技调查,嘉银新金融研究院整理。

图3-5 未来5年最有可能受到FinTech冲击的金融行业

当前金融科技企业在印度处于发展机遇期,具有如下机会:

一是人工智能、机器学习、区块链等热门技术有望在印度个人理财市场更深入地推广应用,如区块链应用于支付、智能合约、数字身份识别等。金融科技吸引更多的投资,出现大量的相关初创公司。

二是印度政府和监管机构将继续推动金融科技在个人理财服务市场的应用,出台更多有力的政策措施,如 Aadhar 计划、Bharat 支票支付系统等,并采取更灵活的监管来鼓励金融科技创新。

三是传统金融理财机构与金融科技企业将由竞争关系转变为合作关系。PWC2017年的报告研究发现,67%的受访者认为金融科技会给其现有业务带来实质性的风险,金融服务行业在位者中的95%将寻求与金融科技企业合作,金融科技相关项目的预期年化 ROI 将达到29%。

四是智能投顾市场将迎来爆发式增长，因为它能较好地解决规模扩张与个性化服务之间的冲突。

四、案例分析：ManageMyFortune 和 Expowealth

（一）ManageMyFortune、Expowealth 公司概况

印度经济近年来保持了快速增长，金融业自20世纪90年代实施金融深化和市场化改革以来，取得了重大进展。伴随着全球金融科技（FinTech）的浪潮，印度金融科技带来了较大的影响。PWC 在 2017 年 4 月发布的一份调研报告显示，67%的受访者认为金融科技会对其现有业务带来实质性影响，目前95%的金融服务业从业机构试图与金融科技企业合作，金融科技相关项目的预期年化投资回报率将达到29%。ManageMyFortune 和 Expowealth 作为印度的金融科技行业理财创业企业代表，我们对其进行深入的研究有利于加深对印度理财行业的理解。

ManageMyFortune 和 Expowealth 分别成立于 2011 年和 2016 年，官方网址分别为 www. managemyfortune. com、expowealth. in。前者的运营主体是 ManageMyFortune 财务顾问有限公司，关联公司 ManageMyFortune 经纪人私营有限公司通过 Geojit 财务服务有限公司注册获得印度国家证券交易所（NSE）和孟买证券交易所（BSE）授权法人，与平台运营主体一起向用户提供相应的投资理财服务。ManageMyFortune 的创始人为 Sameer Naringrekar，目前担任公司董事，管理团队还包括技术主管 Rahul Bhalerao，顾问委员会则由 Vijay Aggarwal、Nilanjan Das、Indrani Duttagupta 组成。平台的定位是为个人投资者提供负担得起、透明、研究驱动的理财顾问服务，愿景是借助于最好的投资顾问和技术向个人用户提供正确的投资建议，以帮助他们实现未来的目标和愿望，使命是基于每个人的条件实现其想要的生活从而确保其未来的安全。平台现已成为 2017 年孟买创业领袖项目（Startup Leadership）成员。

Expowealth 的运营主体是 Expowealth 技术私营有限公司，共同创始人为 Kushal Kothari、Arjun，前者有 5 年的金融行业经验，曾在第一期货、JP Morgan 等工作，目前担任平台 CEO，后者曾在美林美银香港工作 18 个月，现在担任平台 CTO。平台的使命是使投资公平、透明和便捷，帮助个人投资者获得公平的投资建议并且更好地掌控自己的财务状况。

孟买金融科技创业训练营（Startupbootcamp FinTech Mumbai），作为印度针对金融科技创业企业的第一个全球孵化器和唯一的这种吸引行业广泛支持

第二篇　印度篇

的项目，是全球最大的金融科技创业企业孵化器 Startupbootcamp FinTech 的项目，从全球近 300 家申请企业中挑选出 10 家入选 2017 年孟买金融科技创业训练营，ManageMyFortune 和 Expowealth 均成功入选。这意味着，这两家平台将至少获得以下好处：

一是收到 15000 欧元赞助和在印度 Lower Parel 地区可以免费租赁办公室 3 个月；

二是得到印度主要金融企业在客户获取、行业数据、应用程序接口、整合方面的支持，以及 Startupbootcamp 网络的世界一流的创业导师和投资者的帮助；

三是创始人能够参加企业家"微型 MBA"课程，有助于其构建业务关系、理解客户等；

四是经过 3 个月的密集孵化期后，平台将向超过 500 名投资者和行业专家介绍展示其公司，有可能获得融资和促进业务发展，后续还能得到 Startup-bootcamp 全球网络的支持。

（二）商业模式分析

我们从平台提供的主要产品和服务、平台的价值、运营模式、盈利模式方面来分析 ManageMyFortune 和 Expowealth 的商业模式。

表 3-22　　ManageMyFortune 和 Expowealth 的商业模式

	ManageMyFortune	Expowealth
主要产品和服务	选择印度证券交易委员会（SEBI）注册的投资顾问或智能投顾； 客户定制的投资理财建议； 执行投资理财交易； 时刻跟踪投资理财进展； 免费的理财计划	指导投资者制订投资计划以实现其目标； 指导投资者在平台上以直接、无经纪费的方案进行购买、出售、转换投资； 为投资者提供详尽的管理控制、持仓报告并帮助其跟踪投资进展
平台的价值	在线财富管理服务商，为个人投资者推荐最优的投资组合	在线理财顾问，帮助共同基金的个人投资者做出科学合理的决策
运营模式	线上的智能投顾 + 人工理财顾问混合模式，资金划转、证券交易通过第三方经纪商 Geojit 财务服务有限公司完成	免佣金的共同基金投资顾问在线平台，投资者资金划转通过第三方线上完成；KYC 审查通过第三方合作平台 ekyc.quantumamc.com 完成；目前与 27 家基金公司有合作

续表

	ManageMyFortune	Expowealth
盈利模式	投资顾问费：投资额的 1%（介于 0 至 2%）作为管理费和/或投资回报超过 12%（介于 5% 至 15%）的利润的 20%（介于 0 至 25%）作为超额业绩报酬，可与选定的理财顾问协商；智能投顾费：试用期内免费，之后收取超额业绩的 20%；经纪费用：0.30%；电子交易账户（demat）年费：500 印度卢比，对于部分用户（即 Lead Customers）第一年免费	不向投资者收取佣金；通过平台的赎回、转换交易免费；收取交易费/订阅费，分三种：免费计划（Free Plan）；基本计划（Basic Plan）每次交易费用为 149 印度卢比；优质计划（Premium Plan）每月费用为 149 印度卢比

资料来源：平台官网，嘉银新金融研究院分析整理。

从表 3-22 中可见，ManageMyFortune 与 Expowealth 有三个明显的共同点：第一都属于在线投资理财顾问平台；

第二都有智能投顾和专业理财顾问两种类型的服务，实质上是技术、人工双驱动；

第三都强调专业化的理财顾问优势，与外部的第三方进行业务合作，投资者在平台上认购的投资产品是第三方机构提供的。

但是，两个平台的不同点主要表现在以下两方面：

第一，ManageMyFortune 更强调智能投顾，投资者的投资组合标的更广泛；Expowealth 侧重于共同基金作为投资标的和 SEBI 注册的理财顾问的服务。

第二，ManageMyFortune 的收费项目更多且有一定的弹性，Expowealth 的收费较少且相对固定。

作为一个金融科技平台，用户应该在平台享受简单、便捷、安全、快捷的投资及理财服务，这也正是金融科技的价值体现。ManageMyFortune 与 Expowealth 的服务流程大致相似，主要区别在于平台的外部合作机构不同，但都是在风险控制和投资过程简化、便捷之间进行适当的权衡，如表 3-23 所示。

第二篇　印度篇

表3-23　ManageMyFortune 和 Expowealth 的服务流程

ManageMyFortune	1. 在平台注册并生成客户定制化的理财计划； 2. 填写在线表格，在合作经纪商开立 Demat & 交易账户； 3. 平台快递表格给用户，用户签名并提交给平台相应的材料； 4. 用户选择 SEBI 注册的理财顾问或智能投顾； 5. 理财顾问或智能投顾向用户推荐投资组合； 6. 用户执行投资组合交易； 7. 跟踪投资收益并支付与收益关联的费用给投资顾问。
Expowealth	1. 在 ekyc.quantumamc.com 完成 KYC 审查并生成 eKYC； 2. 在平台注册并激活账户，需要提供永久性账号（PAN Card）和银行详情； 3. 用户授权 PayEezz 并需要 1~3 周获得 PayEezz 号码； 4. 考虑资产规模、投资回报、风险、费率等因素后，平台向用户推荐最优的共同基金组合； 5. 投资者划款后投资组合生效； 6. 1~5 个工作日内用户的账户能显示投资组合的标的及收益情况。

资料来源：平台官网，嘉银新金融研究院分析整理。

五、印度个人理财市场面临的主要问题和挑战

印度经济近年来快速发展，考虑到其超过13亿人口规模，经济的快速增长必然带动个人投资理财需求的增加。我们从个人投资理财视角，相继分析印度的银行储蓄、黄金、房地产、共同基金、理财服务市场，指出各自的特点，并分析印度个人理财市场存在的主要问题，归纳起来突出的有6点：

一是市场结构不合理，银行尤其是少数公共部门银行占据大多数金融资源；

二是个人偏好实物资产的文化和传统根深蒂固，特别是房地产、黄金；

三是非正规金融（如民间借贷）还比较盛行；

四是金融机构对印度个人理财需求的高度复杂性认识不够；

五是短期内难以实现普惠金融的目标，金融科技赶超其他同比发展中国家面临诸多挑战；

六是金融监管比较混乱，监管水平有待提高。

第七节 印度众筹行业

一、印度众筹行业发展现状

自2014年印度证券交易委员会（SEBI）发布众筹的咨询文件（Consultation Paper on Crowdfunding in India）以来，印度国内对众筹的关注和讨论越来越多。印度不少研究者认为，2008年的金融危机导致银行信贷紧缩和企业融资困难，企业不得不寻找像在线众筹这样的新融资渠道。基本上，印度理论和实务界都认同SEBI对众筹下的定义：为了一个特定的项目、创业或社会事业通过网络平台或社交网站向各类投资者征集资金（小额）。将众筹分为捐赠众筹、奖励众筹、P2P网贷、股权众筹这四种，是印度官方、民众认同的主流分类。需要说明的一点是，本书所指的众筹是指互联网众筹。

（一）印度众筹行业处于发展初期，呈指数增长趋势

印度众筹行业的快速发展始于2014年，近年来呈指数增长。世界银行2013年的报告中指出，印度众筹平台数量当年只有10个，相比于美国的344家、英国的87家，表明行业处于初步发展阶段。随着移动应用和支付的发展，众筹行业日益活跃。据报道，截至2017年7月，印度有3.89亿移动互联网用户，以及数量位居世界第一的2.41亿Facebook活跃用户。根据剑桥大学等机构2017年发布的报告，印度的创新金融（Alternative Finance）市场规模快速增长，2013年至2016年筹资额分别为509万美元、1208万美元、3991万美元、1.2416亿美元，2016年同比增长221%，4年平均年增长率高达193%。

在南亚和中亚，印度的创新金融业务体量是最大的，2016年达到1.24亿美元。2016年最主要的是表外业务借款，金额达到4500万美元，其次是P2P消费信贷，筹资额约为4252万美元，占市场总额的34%，股权众筹、捐赠众筹各自占市场总额的比例都在15%左右，二者总筹资金额为3230万美元，P2P企业贷款、奖励众筹则分别只有240万美元、150万美元。纵向对比，2016年除了股权众筹、奖励众筹小幅下降外，其他筹资模式的筹资额均超过了各自在2013年至2015年的总和。

第二篇　印度篇

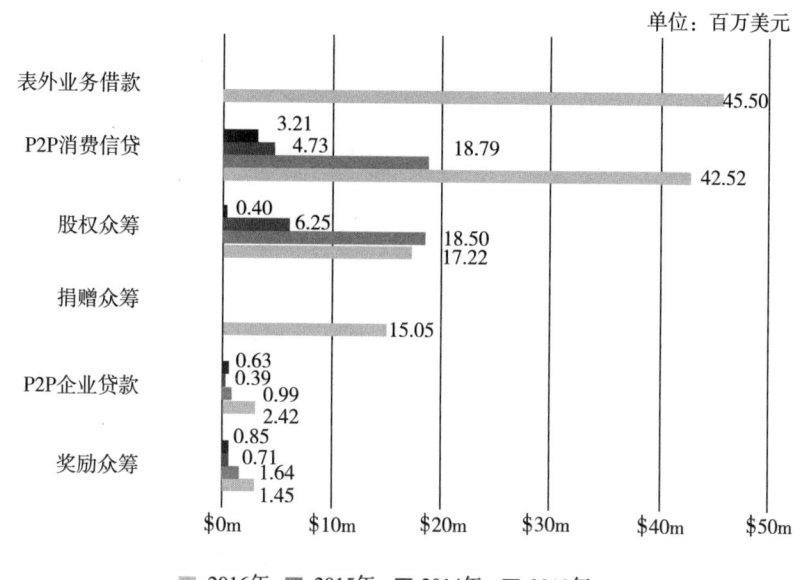

资料来源：剑桥大学等机构2017年的亚太地区创新金融行业报告，嘉银新金融研究院整理。

图3-6　印度2013—2016年创新金融市场规模

（二）相当多的众筹平台获得了数额巨大的融资

由于数据可得性，我们无法获得印度众筹行业获得融资额的公开官方数据，但从一些平台的融资情况来推测，近几年整个行业获得的融资额至少超过6.5亿美元。印度众筹行业融资有四个主要特点：

一是各类型众筹都有平台获得融资；

二是P2P和捐赠众筹发展相对更快，P2P平台融资金额远超过其他类型的众筹平台；

三是资本市场持续看好印度众筹行业，绝大多数平台都获得了2次及以上的融资；

四是投资方既有机构又有个人，以机构居多。

（三）众筹行业缺乏明确监管

对于P2P，印度储备银行（RBI）已将其归类为非银行金融公司（NBFC），并于2017年10月4日出台了比较详细的监管指引，包括P2P公司注册、业务范围、审慎性标准、操作指南、转账机制、数据上报、信息透明和披露要求、公平业务守则、用户投诉处理办法、信息技术框架、数据安全、

151

持续经营计划、适合和适中任命标准、发行/授予股份、汇报要求等多个方面。而对其他类型的众筹，SEBI 至今尚未出台正式的监管法规，比较重要的文件是在 2014 年、2016 年相继发布的一个咨询文件和一个公告。

表 3-24　　印度 SEBI 关于众筹监管思路的重要文件

文件名称	发布日期	要点
印度众筹行业咨询文件	2014-06-17	文件是对众筹行业的监管框架性建议而非正式的监管法规； 先后讨论了众筹的概念、分类、益处、风险、不同国家的监管规定、印度的众筹、众筹是否真的需要、建议，并列出了 27 个征求意见的问题； 以下建议值得重视： (1) 有经验的合格投资者在众筹平台上可以通过股权、债权、基金（间接方式）进行投资，只要众筹项目融资主体是不超过 4 年历史的非上市公众公司，且 12 个月内的筹资额不超过 1 亿印度卢比（约合 150 万美元）； (2) 合格投资者包括：①合格机构购买者；②最低资本净值 1 亿印度卢比的公司；③最低资本净值 2000 万印度卢比（即约 30 万美元）的高净值个人；④符合规定的合格标准的个人投资者。单个合格投资者应满足：最低年总收入 100 万印度卢比且最近 3 年连续缴税，对单个众筹项目投资额不超过 6 万印度卢比和其资产净值的 10%，从投资顾问获得投资建议或获得投资组合经理的服务； (3) 众筹筹资人在 SEBI 注册的众筹平台通过私募配售方式筹资，符合 2013 年公司法的规定； (4) 配售可以向任意数量的合格机构投资者，对高净值个人及个人投资者的数量最高为 200 人，最低募资金额应为 2 万印度卢比； (5) 私募配售报价书应包括详细的信息，如预计商业计划、筹资规模、预期用途、融资记录、估值、财务状况、投诉补救措施、争议解决机制等； (6) 通过筹资募集资金的公司必须定期披露其整体财务状况
SEBI 对投资者的警示公告	2016-08-30	投资者应注意以下事项： 以社交媒体、网站或其他互联网平台形式筹资的电子平台，与股票交易平台类似； 上述电子平台既没有经过授权，也没有经过证券市场监管法律的认可； 以私募形式在上述电子平台的投资面向的是所有注册用户，与 1956 年证券合同管理法（SCRA）和 2013 年公司法相违背； 只有经认可的股票交易所是作为由公司发行的股权、其他证券进行上市和交易的合法平台，这些交易所可以在 SEBI 官网上查询

资料来源：SEBI 官网，嘉银新金融研究院整理。

2014 年的文件是鼓励和支持众筹行业的发展，而 2016 年的文件则对众筹平台尤其是股权众筹平台的合法性产生了疑问。所以，我们认为目前印度监管当局对众筹的监管思路尚不完全清晰。

（四）众筹成为初创和中小微企业新的融资渠道

印度中小微企业（包括 MSE、MSME）对就业、产出、出口、税收等方面发挥了重要作用，据印度经济调查数据显示，其雇用了约40%的劳动力，贡献了制造业产出的约45%。不过，缺少资金是中小微企业普遍面临的问题。印度官方已经采取了多种措施，促进中小微企业和初创企业多渠道融资，包括资本市场的中小板、机构交易平台（ITP）、中小微企业银行信贷、私募基金、天使投资、第一类创新投资基金（Category Ⅰ Alternate Investment Funds, AIFs）等，但是近年来这些渠道融资额增长缓慢，不能有效地满足中小微企业的资金需求。

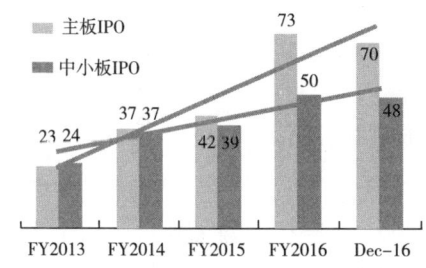

主板和中小板IPO数量

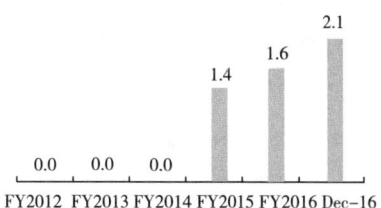

SME AIFs承诺
第一类AIFs（为中小企业）
累计承诺筹资额（十亿印度卢比）

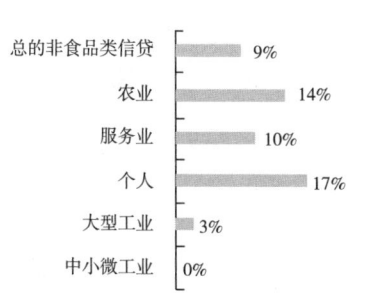

2014—2017年印度储备银行信贷复合年增长率

PE在1亿美元规模交易复合年增长率
2012—2017年PE交易复合年增长率-
累计金额（百万美元）

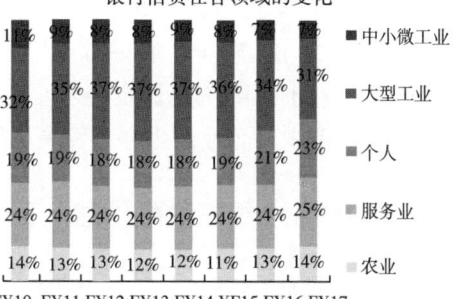

银行信贷在各领域的变化

PE在1千万美元规模交易复合年增长率
2012—2017年PE交易复合年增长率-
累计金额（百万美元）

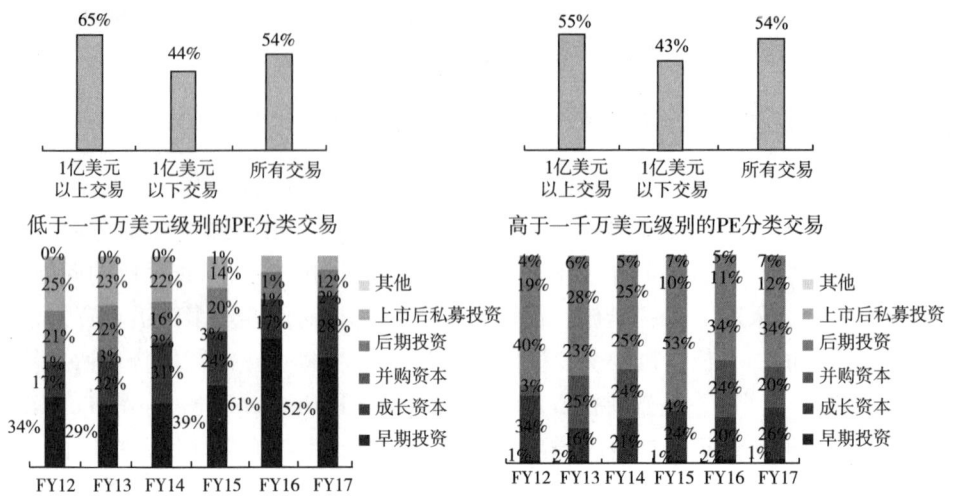

资料来源：RBI、BSE、NSE、KPMG、Sourajit Aiyer（2017），嘉银新金融研究院整理。

图 3-7 印度中小企业传统融资情况

从图 3-7 可见，中小板 IPO 的数量和金额低于主板，这可能是基于中小板低成交量和只为增发额 1 亿卢比至 2.5 亿卢比的公司 IPO 有关，限制了更小的公司在中小板融资；最近 3 年银行对中小企业的信贷增长几乎为 0，中小企业信贷占比也是趋于下降；第一类创新投资基金承诺筹资额近 3 年虽然在增加，但是相比其他筹资渠道显得微不足道；私募基金近年来更倾向于为规模更大、发展更成熟的公司融资。并且，数据显示对中小企业的天使投资数量和金额由 2016 年的 791 起、3.27 亿美元下降至 2017 年（截至 5 月）的 152 起、0.58 亿美元。中小企业尽管可以在机构交易平台（ITP）挂牌，但不能进行融资，即不能解决其资金需求难题。因此，众筹是一种急需的创新筹资方式，对印度中小企业的生存和发展可能是必不可少的。

二、印度代表性众筹平台

由于缺乏关于印度众筹行业的统计数据，众筹平台的类型、数量都比较多，且考虑到监管的不确定性，一些众筹平台也在调整和转型，如 PolicyBazaar 现已成为主营互联网保险产品销售的平台，我们选择 LendingKart、Milaap、Catapooolt、LetsVenture 作为印度众筹平台的代表，从成功筹资额、已完成筹资项目数、支持的筹资项目领域数量、筹资机制、筹资成本、Facebook 粉丝数量、Alexa（印度）排名方面进行深入的分析。

表 3-25　　印度有代表性的众筹平台

	LendingKart	Milaap	Catapooolt	LetsVenture
类型	P2P	捐赠众筹和 P2P	奖励众筹	股权众筹
成功筹资额	50 亿卢比（约合 7798 万美元）	4480 万美元	超过 3000 万美元	5100 万美元
已完成筹资项目数	超过 20000 个	49310 个	超过 150 个	138 个
用户数量	超过 12500 个小企业	用户来自全球 120 个国家	至少为 150 个创业企业、75 个行业协会服务	天使投资人超过 3000 人
支持的筹资项目领域数量	中小企业，包括电商和非电商	17 类（医疗、教育、紧急需要、动物、儿童、纪录、社区、老年人、传媒艺术、女性、技术、环境、创业、人权、农村发展、其他等）	8 类（创业企业、创意、体育、社会公益、音乐、书籍、电影、其他）	创业企业，对业务领域没有限制
筹资机制	通过平台获取集团 NBFC 的贷款	有多少算多少，是否实现筹资目标不影响提取众筹资金	必须筹集目标筹资额的 80%	如果未实现筹资目标，平台灵活选择关闭筹资项目
筹资成本	1 年期为 18%；平台收取成交额 2% 的手续费	5%~12% 及附加 18% 的商品服务税；第三方的网关支付费用 1.8%~2.9% 不等	平台收费视项目而定，0 至 15% 不等；投资回报由筹资人决定	投资者获取创业企业相应的股份
Facebook 粉丝数量	19.86 万人	41.62 万人	2.48 万人	0.79 万人
Alexa（印度）排名	10868	1425	38905	12015

注：数据统计截至 2018 年 2 月 4 日。

资料来源：各平台官网、Facebook、Alexa，嘉银新金融研究院整理。

三、印度众筹行业主要的争论点及发展趋势

对 SEBI 的咨询文件及印度众筹的研究文献的梳理，我们发现印度国内关于众筹的主要争论点是：如何权衡众筹的好处和风险。SEBI 强调要在投资者保护和权益市场在经济发展中的核心作用之间适当平衡，监管当局应密切关注和警惕众筹的发展，Aditi Bhargava 等（2017）、Akshay Verma 等（2016）、Insigtsias 等都分析了众筹的优劣势及在印度面临的机遇、挑战。表3-26是对现有主要研究观点的总结。

表 3-26 众筹在印度的好处和风险

好处	风险
1. 为创业企业和中小企业提供新的融资模式，增加了对中小企业和实体经济其他机构信贷的流动性； 2. 中小企业能以更低成本且不需要烦琐程序来筹资； 3. 众筹成为投资者新的投资渠道和投资组合新产品之一； 4. 增强了创业和中小企业融资市场的竞争； 5. 平台对众筹项目的尽调或审查以维持其声誉，从而降低风险； 6. 促使社交网络而非种姓或性别偏见成为印度商业发展的基础； 7. 其他好处，如回馈社会、增加年轻人就业、生产基于客户需求等	1. 个人代替 PE、VC 等机构承担投资风险； 2. 平台、筹资者违约风险； 3. 欺诈风险（网站欺诈、身份盗用等）； 4. 互联网影响更广泛的风险； 5. 信息不对称风险； 6. 对现有监管框架带来的挑战； 7. 其他系统性风险（个人投资者不能分散化投资、众筹投资缺乏二级市场带来的流动性风险、洗钱、给其他金融机构带来违约风险、跨境众筹风险）

资料来源：SEBI（2014）咨询文件、Aditi Bhargava 等（2017）、Akshay Verma 等（2016）、Insigtsias 等，嘉银新金融研究院整理。

自2014年以来，印度国内对众筹的关注和讨论越来越多。为了更加全面透彻地了解印度众筹行业，首先，我们分析了其现状，表现为：印度众筹行业发展处于早期，2014年以来呈指数增长趋势；相当多的众筹平台获得了数额巨大的融资；众筹行业缺乏明确的监管，主要监管机构 SEBI 尚未出台监管法规。其次，我们选择 LendingKart、Milaap、Catapooolt、LetsVenture 作为印度众筹平台的代表，从多个方面进行深入的分析，总结出印度众筹行业具有的一些特征。再次，我们运用数据对比分析后，认为众筹成为初创和中小企业新的融资渠道。最后，指出印度国内对众筹主要的争论点：如何权衡众筹的好处和风险，并简要地展望了其发展趋势。

四、案例分析

随着近十来年在线众筹日益成为一种新的融资方式，印度紧跟世界经济发展潮流，已经涌现出不少众筹平台，如 Ketto、Milaap、Impact Guru、Wishberry、Bitgiving、Start 51、Dream Wallets、Catapooolt、TheHotStart、Igniteintent、Faircent、Fuel A Dream、Crowdera、Grex、Equity Crest 等，我们主要从平台成交额、知名度、平台点击量、业务全面性这几个维度，挑选出 Milaap 和 Impact Guru 作为印度众筹平台的代表进行深入的研究。

（一）Milaap 平台

Milaap 成立于 2010 年 6 月，总部位于印度班加罗尔，成立之初是一家服务于农村贫困人群的小微贷款平台，贷款主要用于他们的教育、基础设施、小微企业发展，后来逐渐演变为服务个人和社会事业的众筹平台。2011 年，Milaap 成为印度第一家经印度储备银行（RBI）批准的可以进行全球小微贷款的平台，其筹资人和支持者来自全球 120 多个国家。Milaap 线上平台（www.milaap.org）于 2014 年 10 月开始运营，已经为上千个项目成功筹集资金，目的是为个人、其朋友、家人或社会事业等。Milaap 平台的创始人为 Mayukh Choudhury、Anoj Viswanathan，目前分别担任 CEO 和董事，团队成员现有 43 人，另外还有由外部知名企业高管、企业家担任公司董事和顾问。一些报道称 Milaap 为印度最大的众筹平台，相继获得经济时报颁发的 2014 年、2015 年"年度前五社会企业"称号，创始人荣获 2014 年福布斯 30 岁以下 30 位商业领袖奖。

（二）Impact Guru 平台

Impact Guru 于 2014 年成立，总部位于印度孟买，是印度国内较为知名的社交众筹平台（官网为 www.impactguru.com）、金融科技企业，为个人、非政府组织、社会企业众筹资金提供方案和服务，资金的用途包括医疗、个人需求、创意项目、任何社会事业，无论资金需求量大小。Guru 来自梵语，梵文中是导师、老师的意思。平台的目标是汇聚全社会的慷慨来满足人们的需要，以最大化激发其潜能去做好事。Impact Guru 创始人为 Piyush Jain 和 Khushboo Jain，前者目前担任平台的 CEO，毕业于沃顿商学院和哈佛大学商学院，曾经在 JP 摩根、安永、波士顿咨询、SoFi 等工作过，后者目前担任平台的 COO。此外，平台高管团队还包括 Dheeraj Bansal（CMO）、Sachin Singh（VP）、Vikas Kaul（产品经理），由其他企业的高管组成平台的咨询委员会，现在有 7 人，包括波士顿咨询集团的合伙人和总经理 Anthony Oundjian、JP 摩根香港投行总经理 Calvin Zhang 等。平台目前在孟买、新德里、新加坡、吉隆坡、雅加达、旧金山设有办事处，已吸引了大量的非营利机构及知名企业参与平台的项目，如 World Vision India、乐施会（Oxfam）、SOS 儿童村、塔塔集团、Godrej 集团、制药公司 Wockhardt 等。

注：由新加坡联合国妇女委员会和万事达卡共同发起的项目。
资料来源：平台官网，嘉银新金融研究院整理。

图 3-8 Impact Guru 主要发展历程

（三）Milaap 和 Impact Guru 平台比较

Milaap 和 Impact Guru 属于印度金融科技行业发展较好、较快的典型之一，是盈利性的企业，已经获得了资本市场的青睐，表 3-27 为截至 2018 年 1 月初平台获得的融资情况。

表 3-27　　　　Milaap 和 Impact Guru 的融资情况

	融资轮次	融资金额	融资详情
Milaap	5 次	140 万美元	2010 年 9 月 1 日，种子轮 7.5 万美元，2 个投资者 Rajiv Madhok 和 Vijay Shekhar Sharma 2011 年 9 月 1 日，种子轮 7.5 万美元，1 个投资者 First Light Ventures 2012 年 2 月 7 日，种子轮 10 万美元，1 个投资者 Unitus Seed Fund 2013 年 7 月 2 日，风险投资 110 万美元，4 个投资者中 Jungle Ventures 领投，Unitus Seed Fund、Toivo Annus、LionRock Capital 跟投 2015 年 5 月 31 日，风险投资金额不详，2 个投资者 Khosla Impact 和 Saurabh Nanavati

第二篇　印度篇

续表

	融资轮次	融资金额	融资详情
Impact Guru	2次	50万美元	2016年4月28日，种子轮50万美元，2个投资者为新加坡的Fundnel、RB Investment Pte. Ltd.。 2017年11月14日，种子轮金额不详，1个投资者VentureCatalysts

资料来源：Crunchbase，嘉银新金融研究院整理。

1. 运营现状

Milaap 和 Impact Guru 线上平台成立时间虽然较短，但是已经完成了金额巨大的筹资，运营较为成功。截至 2018 年 1 月下旬，两个平台官网显示的成功筹资额分别超过 4360 万美元、32.9 亿印度卢比（约 5170 万美元）。

表 3-28　　　　Milaap 和 Impact Guru 主要运营数据

	Milaap	Impact Guru
项目数	49310（个）*	超过13000个
成功筹资额	超过4360万美元	超过5170万美元
支持的项目类别	17类 教育，紧急需要，医疗，动物，儿童，体育，纪录，社区，老年人，传媒&艺术，女性，技术，环境，大众创业，人权，农村发展，其他	23类 医疗，非营利性组织，个人事业，创意，动物，儿童，社区发展，残疾人，赈灾，教育，老年人，就业，环境，营养，社会事业，体育，技术，女性，年轻人，癌症，旅游，电影，其他
项目筹资期限设置	平台没有时间限制，除非发起人自己终止众筹项目	7天至365天，通常为1个月至3个月
众筹发起人的类型	个人，组织，非营利机构	个人，社会企业，创业公司，非营利机构，任何其他组织
平台用户所属国家	全球120多个国家	超过60个国家
现有单个项目目标筹资金额的区间	平台没有明确的限制，1印度卢比至7000万印度卢比不等	几十美元至二三十万美元不等

续表

	Milaap	Impact Guru
支持者可以出资的币种	美元，卢比	美元，卢比
单个项目最低支持金额	无最低金额规定，发起者可以自主设定	200 卢比
平台粉丝数量（截至2018年1月26日）	Facebook：35.91 万人 Twitter：1.39 万人 YouTube：218.66 万人次	Facebook：5.6 万人 Twitter：0.44 万人 YouTube：4.01 万人次
众筹项目分享的主要渠道	Facebook，YouTube，Twitter，Linkedin，Whatsapp 等	Facebook，Twitter，Whatsapp，YouTube，Pinterest，LinkedIn，Quora 等
平台2017年12月访问量及平均访问持续时间	107 万人次 8 分 24 秒	22 万人次 2 分 05 秒
众筹资金支付方式	在线支付（如 PayPal、Paytm），银行支付，支票	银行卡支付，网上银行，在线支付

注：*为平台简介中的已完成项目数。

资料来源：平台官网、Socialbakers、YouTube、Socialblade、Similarweb，嘉银新金融研究院整理。

Milaap 和 Impact Guru 目前在运营方面具有如下主要特点：

（1）灵活性比较大，尽管存在各自的一些众筹规则。对众筹项目发起人设置的门槛较低，众筹项目范围十分广泛，单个项目筹资金额上下限设置并不明确，众筹资金支付方式有多种。其原因可能主要是两方面：一是众筹在印度属于新兴事物，是金融科技前沿领域之一，各平台大多处于发展早期；二是缺乏对众筹明确的监管。

（2）服务对象众多，包括个人和各种组织、机构。

（3）侧重于公益性，但平台本身不是非营利性组织。印度是非营利组织最多的国家之一，这背后有着复杂的经济、政治、文化、制度等原因，Milaap 和 Impact Guru 看到了公益市场的需求，平台上运营的项目中有很多医疗类项目，这些筹资者多是贫困人口，对支持者的物质回报十分有限。

（4）社交属性明显，但潜力没有发挥出来。众筹项目发起者、平台自身都在利用西方主流的社交媒体做宣传，包括 Facebook、Twitter、YouTube、Pinterest、LinkedIn、Whatsapp 等，不过相比印度十几亿人口，平台粉丝数量、访问量等指标都偏低。

（5）链接印度国内和国外资源，着眼于全球市场的众筹平台。平台允许支持者对众筹项目支付卢比、美元，众筹发起者、支持者可以是来自包括印度在内的多个国家，并重点吸引美国、英国的印度裔居民支持平台上的众筹项目。

（6）利用税收优惠吸引公众支持公益性的众筹项目。Milaap 平台上可以筛选出有免税利益的众筹项目，Impact Guru 与 GlobalGiving 合作对来自英美国家的支持者支持规定的公益性项目，可以享受税收优惠。

（7）传统金额和金融科技并重。众筹的资金支付方式既能通过传统的银行支付，也可以进行在线支付，项目尽调、宣传、投资者保护（如匿名支持）等方面也将传统金融与金融科技相结合。

2. 商业模式

印度证券交易委员会 SEBI 在其咨询意见书中将众筹界定为：通过在线平台或社交网站为特定的项目、企业或社会事业从各种投资者征集资金（小额）。国际证监会组织（IOSCO）将众筹分为 4 种：捐赠众筹、回报众筹、P2P 借贷、权益众筹，前两种属于社会众筹（Community Crowdfunding），后两种属于财务回报众筹（Financial Return Crowdfunding）。我们认为，众筹的本质是解决资金需求，即为资金供需双方提供接触、匹配的平台。我们将从平台类型、核心价值、主要产品和服务、服务模式、风控模式、筹资模型、盈利模式深入分析 Milaap 和 Impact Guru，如表 3 - 29 所示。

表 3 - 29　　　　　　　Milaap 和 Impact Guru 商业模式

	Milaap	Impact Guru
平台类型	捐赠众筹和借贷众筹混合型	捐赠众筹和回报众筹混合型
核心价值	帮助解决资金需求的科技向善（tech - for - good）平台	众筹解决资金需求的科技向善（tech - for - good）平台
主要产品和服务	众筹；捐赠；借贷	众筹
众筹项目在平台上展示的信息	标题，目标筹资额，项目事实，项目发起者，项目受益者，图片，账户信息，联系方式，项目更新	标题，目标筹资额，项目事实，图片，视频（非必需），项目发起者，项目受益者，项目更新

续表

	Milaap	Impact Guru
服务模式	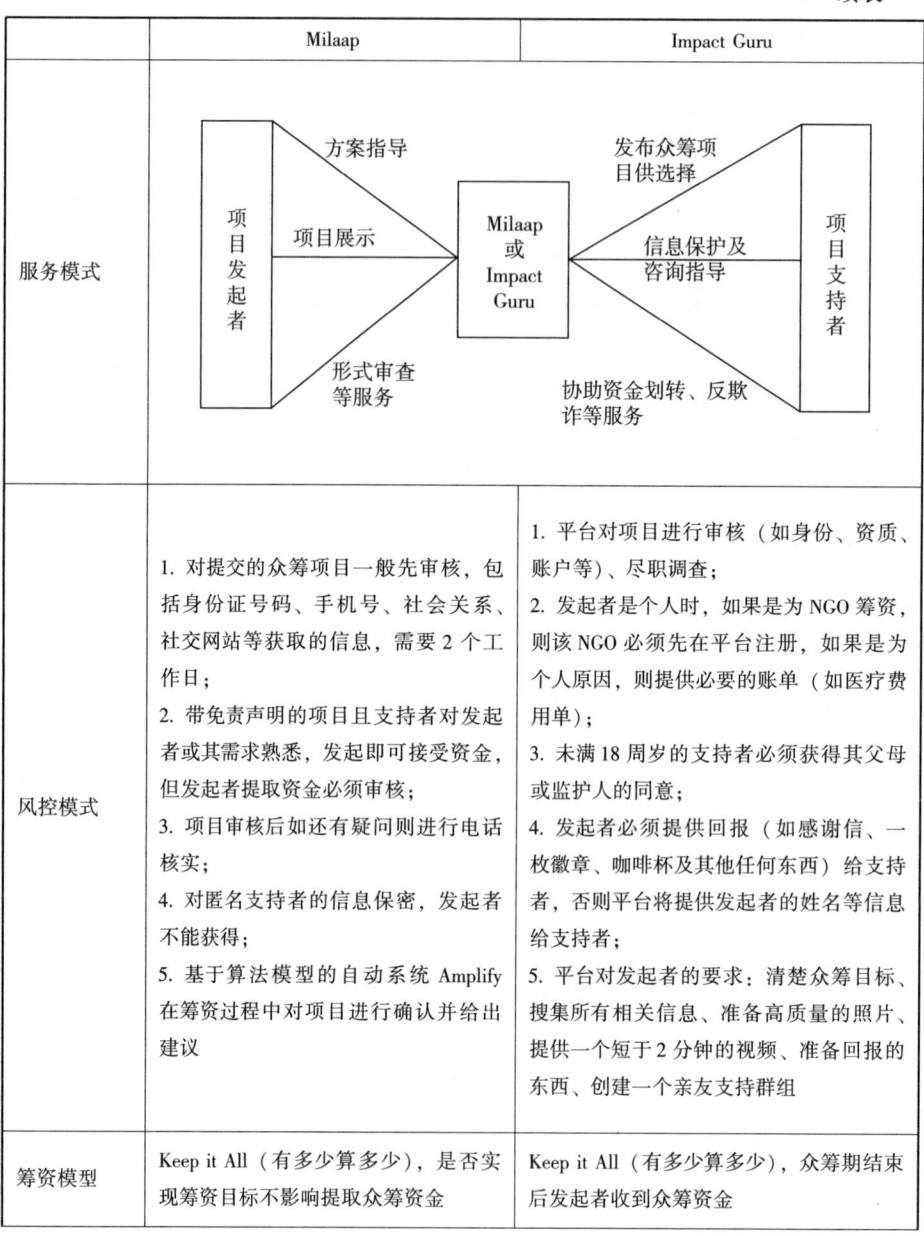	
风控模式	1. 对提交的众筹项目一般先审核，包括身份证号码、手机号、社会关系、社交网站等获取的信息，需要2个工作日； 2. 带免责声明的项目且支持者对发起者或其需求熟悉，发起即可接受资金，但发起者提取资金必须审核； 3. 项目审核后如还有疑问则进行电话核实； 4. 对匿名支持者的信息保密，发起者不能获得； 5. 基于算法模型的自动系统Amplify在筹资过程中对项目进行确认并给出建议	1. 平台对项目进行审核（如身份、资质、账户等）、尽职调查； 2. 发起者是个人时，如果是为NGO筹资，则该NGO必须先在平台注册，如果是为个人原因，则提供必要的账单（如医疗费用单）； 3. 未满18周岁的支持者必须获得其父母或监护人的同意； 4. 发起者必须提供回报（如感谢信、一枚徽章、咖啡杯及其他任何东西）给支持者，否则平台将提供发起者的姓名等信息给支持者； 5. 平台对发起者的要求：清楚众筹目标、搜集所有相关信息、准备高质量的照片、提供一个短于2分钟的视频、准备回报的东西、创建一个亲友支持群组
筹资模型	Keep it All（有多少算多少），是否实现筹资目标不影响提取众筹资金	Keep it All（有多少算多少），众筹期结束后发起者收到众筹资金

续表

	Milaap	Impact Guru
盈利模式	三种可供选择服务模式费用为： 1. 自己动手（Do it yourself）模式（适合个人、团体和小的非政府组织）：5%及其附加18%的商品服务税（GST）； 2. 协助（Assist）模式（适合企业社会责任项目和免税的非政府组织）：8%及其附加18%的商品服务税； 3. 增强（Amplify）模式（适合平台和发起者共同决定的精选项目）：12%及其附加18%的商品服务税，12%当中的7%属于平台之外的第三方收入； 支付网关费用：银行转账免费，其他支付方式收取1.8%～2.9%，美元支付收费为2.9%+30美分，归属于第三方； 没有固定或前端收费、罚金、额外费用等	个人：5%+3%网关支付费，最低收费为2000印度卢比+附加18%的商品服务税（GST）； 组织：6%+3%网关支付费，最低收费为2000印度卢比+附加18%的商品服务税（GST）； 客户定制化：视具体项目而定，最低收费为2000印度卢比+附加18%的商品服务税（GST）； 对经过平台批准的众筹资金返还，向国内支持者收取3%网关支付费+附加18%的商品服务税（GST）； 对于国外支持者不收取GST； 印度境外发行的国际借记卡/贷记卡每起交易额外收费0.3美元； 以外币筹资的项目，每个项目每次汇款收取国际汇费40美元； 给予英美支持者税收优惠的组织，合作平台GlobalGiving收费15%

资料来源：平台官网，嘉银新金融研究院分析整理。

归纳起来，Milaap和Impact Guru的商业模式具有以下特点：

（1）平台定位于混合型而非专业化；

（2）都期待借助于金融科技来服务和改变社会，支持需要帮助的人；

（3）虽然侧重于满足筹资者的资金需求，但试图平衡众筹发起者和支持者之间的利益，谋求的是可持续发展；

（4）平台担当的是信息服务中介，不对众筹项目成败负责，承担的风险较小；

（5）风控措施比较常见，比较前沿的如大数据风控似乎还没有引入或得到重视；

（6）收费模式多样化，费率相比印度国内一些平台更低，如Wishberry、Catapooolt、TheHotStart费率为10%。

3. 代表性项目

Milaap 和 Impact Guru 平台上的项目种类繁多，已经实现筹资目标和未实现的项目都有，我们从平台自认为成功的项目中及筹资金额较大的项目中挑选 2 个作为代表，从名称、类别、发起时间、发起者、受益人、目标筹资金额、实际筹资金额、支持者人数、项目回报、Facebook 分享次数等方面来了解项目的实际情况。

表 3–30　　　　Milaap 和 Impact Guru 有代表性的项目

	Milaap		Impact Guru	
项目名称	帮助拯救 Avishi	印度创新教育	帮助 Kubendran	制造卫生巾以帮助红灯区的女性
类别	医疗	教育	医疗	NGO，女性
目标筹资金额	30.48 万美元	110 万美元	47245 美元	7560 美元
实际筹资金额	22 万美元	76 万美元	20631 美元	12763 美元
完成率	76%（支持者还可以捐赠）	69%（支持者还可以捐赠）	44%	178%
支持者人数	1827	863	351	423
项目概况	4 岁半的 Avishi 被检查出患上了一种罕见的遗传病黏多糖代谢病，必须到荷兰进行治疗，众筹在荷兰一年的医疗费及生活支出	印度的教育多年没有什么变化，拉达克地区更严重，HI-AL 为在该地区建立一所有别于传统教育、更实用的山区大学而众筹资金	Kubendran 是一名大学退休教授，发起者为其紧急肝移植和治疗肝硬化众筹医疗费用约 300 万印度卢比	生活在红灯区的女孩们，她们在月经来临时面临辍学、被逼结婚等问题，卫生巾制造公司 Mukti 众筹资金以雇佣 15 名女性销售可降解的卫生巾
发起时间	2016 年 9 月 19 日	2016 年 11 月 16 日	2017 年 12 月	2016 年 10 月（筹资时间为 99 天）

续表

	Milaap		Impact Guru	
发起者	Abhisek Jain（患者的父亲）	拉达克的喜马拉雅替代机构（HIAL）	SENTHILKUMAR T K（患者的子女）	非营利性组织印度乡村志愿者
受益人	Avishi	拉达克的学生	Kubendran	非营利性组织印度乡村志愿者
Facebook分享次数	127*	8400	222	94
项目回报	感谢信	感谢信	感谢信	资金偿还

注：*此数据为 Facebook 上对该项目的获赞数，数据截至 2018 年 1 月。

资料来源：平台官网，嘉银新金融研究院整理。

从表 3-30 中的信息，可以印证我们第二、第三部分总结的那些特征。就目前两个平台发布的项目来看，它们最大的共同点是：医疗类的捐赠型众筹占有很高的比例。尽管 Milaap 平台上有借贷项目，但项目数量较少，单个项目借款金额在六七十美元至六七百美元之间不等，筹资进展不乐观，几乎没有 100% 完成筹资的项目，实际筹资额为 0 的项目倒是不少。我们判断，主要原因可能有两方面：一是平台本身侧重于捐赠众筹，二是 P2P 网络借贷还处于发展初期，一些民众可能还不熟悉。

4. 相对优劣势

对于个人和企业而言，众筹提供了一种新的融资渠道，印度官方机构如 SEBI、国内的一些学者都对众筹持肯定的态度，应该在印度国内获得支持和发展。Milaap 和 Impact Guru 作为印度众筹行业的代表性平台，与国内外的平台对比，我们认为其优劣势如表 3-31 所示。

表 3-31　　Milaap 和 Impact Guru 的相对优劣势

	Milaap	Impact Guru
优势	成立时间早，知名度高，经验较为丰富；灵活性强，最大化满足不同用户的需求；牌照优势，较早获得了监管机构的准许	管理团队的背景及经历对平台与国际接轨有帮助作用；善于与国内外的非营利性组织合作；差异化策略，利用税收优惠来吸引英美国家的支持者

续表

	Milaap	Impact Guru
劣势	定位较模糊，一旦对众筹实行专业化监管，有可能不得不收缩调整部分业务；风控相对较弱，业务体量的上升会暴露更多风险、增加平台运营成本；金融科技应用的层次较浅	平台知名度和人气不够高；风控相对较弱；金融科技应用的层次较浅

资料来源：嘉银新金融研究院整理。

近年来，印度国内涌现出大量的众筹平台，我们挑选Milaap和Impact Guru作为代表，运用翔实的数据资料，先后深入分析了它们的概况、运营现状、商业模式、代表性项目、相对优劣势。通过分析可以发现，Milaap和Impact Guru的商业模式具有以下特征：

（1）平台定位于混合型而非专业化；

（2）都期待借助于金融科技来服务和改变社会，支持需要帮助的人；

（3）虽然侧重于满足筹资者的资金需求，但试图平衡众筹发起者和支持者之间的利益，谋求的是可持续发展；

（4）平台担当的是信息服务中介，不对众筹项目成败负责，承担的风险较小；

（5）风控措施比较常见，比较前沿的如大数据风控似乎还没有引入或得到重视；

（6）收费模式多样化，费率相比印度国内一些平台更低。

五、印度众筹业主要特点

印度众筹行业发展处于早期，2014年以来呈指数增长趋势，相当多的众筹平台获得了数额巨大的融资，整个行业累计融资额至少超过6.5亿美元，众筹行业缺乏明确的监管，主要监管机构SEBI尚未出台监管法规。印度国内的众筹平台数量很多，通过对LendingKart、Milaap、Catapooolt、LetsVenture进行对比，并结合典型案例Milaap和Impact Guru做了深入的研究，可以总结出印度众筹行业以下主要特点：

一是短期内众筹行业发展速度快；

二是服务对象广泛，众筹项目的发起标准较低，不局限于特定的行业、领域、项目；

三是筹资机制灵活，能及时解决众筹项目的资金需求；

四是筹资成本具有优势，特别是与国内民间借贷、银行无抵押贷款相比；

五是多数众筹平台是面向世界的，配置全球的资源，有助于行业的长远发展；

六是众筹成为初创和中小企业新的融资渠道；

七是公益性和社交属性较为明显。

本章小结

总体来看，印度的金融科技整体处于快速发展阶段，巨大的潜力正逐步释放，受到资本市场的狂热追捧，尤其是网贷、互联网支付、征信、个人理财、众筹等子行业发展迅速且各具特点。

通过对印度的三类网络借贷行业研究，第一类是 P2P 网络借贷平台；第二类是类似于国内专门侧重做资产端的网络贷款平台，资金对接银行或者有放款资质的机构；第三类是本身具有贷款资质的网络贷款企业。我们发现以 Faircent、Lendbox、I2I Funding、Leden-club 这些 P2P 网络贷款平台，以及以 Lendbox、Lendingkart、Vistaar Finance、Capital Float 作为第二类网络贷款的样本企业，具有四个比较明显的优点：（1）透明度较高，信息披露全；（2）对出借人资质有要求；（3）灵活性大；（4）第一类资金对接个人或机构，第二类资金对接银行或有资质的放款人，平台可以专注做资产端。但是，突出的缺点主要是：（1）放款速度不够快，效率有待提高；（2）尚未充分发挥大数据征信在贷款审核、放款等过程中的优势。

互联网支付行业相对发展较快，目前，三大企业为 Paytm、FreeCharge、MobiKwik，都是从电子钱包系发展来的互联网支付公司，其中 Paytm 的市场占有率优势明显。

印度的征信行业处于初始发展阶段，其四大信用信息局均是由国际领先的征信机构参与的公私合营企业。印度信用信息市场的开放性，很好地平衡了市场竞争和保护国内企业的双重需要，形成了包含数据收集、数据处理、形成产品和产品应用等环节的完整征信产业链。但受制于数据源的限制，基本都是信贷机构的数据，面临的主要挑战如下：数据质量、消费者教育和意识、争议解决机制、中小企业信用数据发展迟缓。

印度的线上理财行业伴随着印度经济的高速增长而快速成长，金融业态比较齐全且多样化，与个人投资密切相关的是银行储蓄、黄金、房地产、共同基金、理财服务市场，不过市场之间的异质性强。我们对上述市场逐一进行了分析，并以 ManageMyFortune 和 Expowealth 为典型案例研究发现，印度个人理财行业目前存在以下几个突出的问题：（1）市场结构不合理，银行尤其是少数公共部门银行占据大多数金融资源；（2）个人偏好实物资产的文化和传统根深蒂固，特别是房地产、黄金；（3）非正规金融（如民间借贷）还比较盛行；（4）金融机构对印度个人理财需求的高度复杂性认识不够；（5）短期内难以实现普惠金融的目标，金融科技赶超其他同比发展中国家面临诸多挑战；（6）金融监管比较混乱，监管水平有待提高。这些其实对于金融科技企业意味着十分难得的发展机会。

印度的众筹行业发展处于早期，2014 年以来呈指数增长趋势，相当多的众筹平台获得了数额巨大的融资，但众筹行业缺乏明确的监管，主要监管机构印度证券交易所（SEBI）尚未出台监管法规。通过深入分析代表性平台 LendingKart、Milaap、Catapooolt、LetsVenture 和典型案例 Milaap、Impact Guru，我们归纳出行业的八大特点：（1）短期内众筹行业发展速度快；（2）服务对象广泛，众筹项目的发起标准较低，不局限于特定的行业、领域、项目；（3）筹资机制灵活，能及时解决众筹项目的资金需求；（4）筹资成本具有优势，特别是与国内民间借贷、银行无抵押贷款相比；（5）多数众筹平台是面向世界的，配置全球的资源，有助于行业的长远发展；（6）众筹成为初创和中小企业新的融资渠道；（7）公益性和社交属性较为明显；（8）争论的焦点是如何权衡众筹的好处和风险，但未来还有很大的发展潜力。

印度人口数量庞大，近年来经济发展显著，金融科技开始迅速发展，市场有很大的潜在空间，但是也面临不少的挑战。监管上相对滞后甚至缺位，金融市场结构不尽合理，城乡之间经济发展差距较大，IT 和互联网技术优势在金融行业的应用有待深化，金融科技的基础设施相对落后，中小企业融资难的问题依然突出，印度居民偏好实物资产的投资理念短期内难有大的改变，金融科技人才上并没有多少优势。

总之，印度金融科技的发展非常值得期待，对印度国内外的企业都是难得的机遇，是否能后来居上，还有待时间来证明。

第三篇 东南亚篇

第四章 印度尼西亚

第一节 印度尼西亚宏观环境

印度尼西亚是由17500个岛屿组成的全世界最大的群岛国家，截至2017年，世界银行的统计数据显示，总人口达2.64亿，是全球第四大人口大国，仅次于中国、印度和美国。除此之外，印度尼西亚还是宗教国家，虽然无国教，但规定一定要信仰宗教。印度尼西亚是全球穆斯林人口最多的国家，其中88%国民信奉伊斯兰教，6.1%国民信奉基督新教，3.6%信奉天主教，其余信奉印度教、佛教和原始拜物教等。印度尼西亚有300多个民族，民族语言达200多种，印度尼西亚语为官方语言，属马来语系。其他通行的语言有英语、荷兰语、华语，其中英语普及率很高。因此，印度尼西亚无论是在经济，还是政治方面都在亚洲和全球具有一定影响力。

一、经济稳定增长，人口基数庞大

印度尼西亚是东南亚最大经济体，2017年经济增速超过5%，全球排名第三。随着全球贸易呈总体复苏态势，国际市场对印度尼西亚经济预期向好，麦肯锡研究所研究成果显示，至2030年，印度尼西亚有望成为第七大经济体；经济学人（EIU）预估，印度尼西亚国内生产总值（GDP）增长将保持在5%直到2020年。印度尼西亚人均国内总收入（GNI）稳步增长，从2007年的人均1600美元增长至2017年的人均3540美元，相当于中国2009年水平，居民具有一定的消费和支付能力。

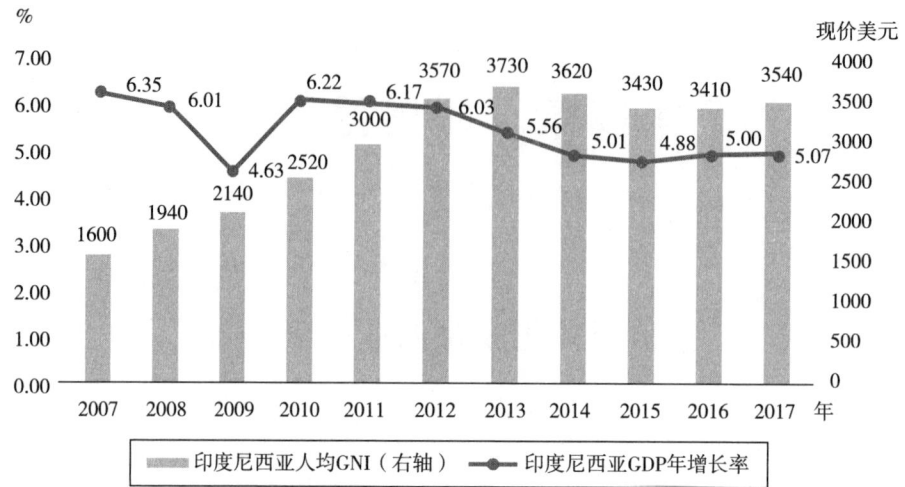

注：人均国民总收入是用世界银行图表集法换算为美元除以年中人口数。为熨平价格和汇率波动，世界银行采用了一种特殊的换算方法——图表集法。这种方法采用一种转换系数求出给定年及此前两年汇率的平均值。根据该国 G–5 国家（法国、德国、日本、英国和美国）之间的在 2000 年期间的通胀率差异进行调整。自 2001 年起，涉及面扩展到欧元区、日本、英国和美国。

资料来源：世界银行国民经济核算数据，以及经济合作与发展组织国民经济核算数据文件。

图 4–1　印度尼西亚 GDP 增长率及人均 GNI

印度尼西亚是全球第四人口大国，也是继印度之后最大的新兴人口市场，拥有巨大的人口红利。2017 年印度尼西亚总人口达 2.64 亿，其中 35 岁以下占全国人口的 70% 左右，这使得印度尼西亚对新兴的移动互联网有更高的接受度。

二、互联网基础设施建设纳入国家中期发展计划

印度尼西亚是世界上最大的群岛国家，分散的地理分布带来了巨大的互联网基础设施成本，这也延缓了互联网用户的增长。

在印度尼西亚的中期发展计划中，基础设施支出在 2015 年至 2019 年总计达到 2216 万亿印度尼西亚卢比（1870 亿美元）或是每年名义 GDP 的 2.9%。认识到总基础设施需求有可能更高，政府设定同期投资目标为 5519 万亿印度尼西亚卢比（4657 亿美元）或是年度 GDP 的 7.2%。国家自助计划占总投资额 50%。

在国家中期发展计划中，互联网基础设施建设也是其中的重要指标。印度尼西亚对既可靠又便宜且高质量的网络接口的需求量很高，但实际宽带连

接却相当有限，全国情况也各不相同：相比偏远地区，雅加达和日惹宽带渗透率达到70%，而马鲁古群岛和巴布亚岛则只有11%。加速发展偏远地区固网和无线宽带铺设已经纳入国家规划，光纤覆盖率从2014年的72%，到2019年实现100%覆盖。

表4-1　　　　　印度尼西亚国家中期规划的主要指标

某些主要指标	2014年	2019年目标
电气化率	81.50%	96.50%
天然气管道网络	11.960km	17.690km
良好的国家公路	94%	100%
公共交通份额	23%	32%
安全饮用水	68.50%	100%
卫生设备	60.50%	100%
城市贫民窟地区	37.407公顷	0公顷
物流成本占GDP比例	23.50%	19.20%
光纤覆盖率	72%	100%
原水供应能力	51.4m³/s	118.6m³/s

资料来源：普华永道：《"千岛之国"印度尼西亚投资机遇展望》。

根据世界银行的估算，印度尼西亚自2005年以来互联网渗透率逐渐提高，2005年互联网普及率不足5%，2015年达到22%左右，相当于中国2008年的水平。根据WeAreSocial最新发布的互联网调研报告显示，印度尼西亚互联网用户高速增长，2016年初互联网用户仅为8810万，2019年1月已经高达1.5亿人，增长了70%，居民的互联网渗透率达到56%。大多数发展中国家的宽带都是通过互联网阶段逐渐走向移动互联网时代，而印度尼西亚没有经历成熟的互联网而直接迈向移动互联网。报告称，2019年1月，印度尼西亚手机用户3.56亿，移动手机普及率133%。移动互联网活跃用户高达1.42亿人。

三、传统金融无法满足日益增加的消费金融需求

印度尼西亚金融业以银行业为主体，银行在信贷市场中占主导位置，印度尼西亚国有大型银行仍然是印度尼西亚信贷市场增长的主要推动力。在银行信贷业务中，抵押贷款业务仍是主要业务。

根据印度尼西亚信用卡协会（AKKI）数据显示，截至2017年底，其中

信用卡数为1724万张。信用卡数量占总人口的比例为6.53%。信用卡持有率之所以较低,是因为印度尼西亚央行对信用卡申请者实施了较严的经济资格审查,只有年龄大于18岁、月均收入超过300万印度尼西亚卢比(约合人民币1500元)的用户,才有资格申请信用卡。

基于BCG的预测,2020年印度尼西亚"中产阶级和富裕消费者"(MAC)数量较2013年将翻倍,从7400万人上涨至1.41亿人,这期间每年有800万到900万人进入中产阶级。伴随人数的增长,这一群体在家居用品、车辆、耐用消费品等领域的需求也将快速增长,传统金融机构无法满足印度尼西亚居民日益增长的金融需求。

第二节 印度尼西亚金融科技概况

一、金融科技的市场潜力较大

印度尼西亚目前至少已有几百家金融科技企业。由于大量金融科技企业的涌现,印度尼西亚金融科技协会(简称IFA)于2015年9月正式成立,其愿景是打造印度尼西亚金融科技生态圈,使金融科技在印度尼西亚快速成长,服务印度尼西亚民众。到2016年底已有55家企业加入,2017年底有109家企业加入。2018年下半年,IFA统计市场上已注册的金融科技企业有167家,其中多数已经成为协会的正式成员。公司业务涉及P2P借贷、支付、众筹及财富管理等。其中,有73家P2P借贷,60家支付公司,这两大子行业在印度尼西亚发展较为迅速。

根据2016年DailySocial的公开市场调查,71.66%的人对金融科技表示陌生,仅18.46%称使用过金融科技相关服务,其中81.08%由银行提供,仅10.27%来自非银行机构。而到了2018年,仅仅29.37%的人对金融科技表示陌生,消费者使用金融科技服务的主要理由是方便、简单和高效,说明这些年印度尼西亚金融科技逐渐得到更多消费者的认识。

印度尼西亚仅36%的人在正式的金融机构拥有账户。每10万人口的银行覆盖率仅为欧洲的六分之一。4900万中小企业无银行融资业务。大概有988万亿印度尼西亚卢比的融资贷款缺口,市场对P2P借贷需求很大。这反映了金融科技发展的巨大市场,即使不侵蚀银行的市场份额。

二、网络借贷和第三方支付是金融科技发展的主流,且不断获得融资

根据印度尼西亚金融科技协会统计,注册的金融科技企业有 167 家,其中有 73 家是 P2P 网络借贷,60 家支付公司,占比分别为 43.7% 和 35.9%。

DailySocial 公布的 2018 年印度尼西亚金融科技报告显示,2017 年 12 月至 2018 年 11 月期间,印度尼西亚见证了金融科技创业企业不低于 14 笔披露投资交易。根据报告,披露投资交易总金额高达 1.823 亿美元。其中金额较大的有网络借贷行业的 Akulaku、Modalku、Koinworks,支付领域的 Kredivo,以及财富管理平台 CekAja 等。可见,这几大子行业是金融科技发展的主流。

表 4-2　　　　　　　　　　部分企业融资统计

企业名称	阶段	融资金额（美元）	主要业务领域
Akulaku	C 轮	7000 万	网络借贷
Modalku（Funding Societies）	B 轮	2500 万	网络借贷
Koinworks	A 轮	1500 万	网络借贷
Investree	B 轮	未披露	网络借贷
Kredivo（FinAccel）	B 轮	3000 万	支付
CekAja（C88 FinTech）	C 轮	2800 万	金融超市
Cermati	B 轮	未披露	金融超市

资料来源：DailySocial *FinTech Report* 2018 *Idonesia*,嘉银新金融研究院整理。

三、监管为金融科技的发展提供规范和指引

印度尼西亚监管部门也在出台相关政策以规范金融科技行业发展,如在借贷领域,印度尼西亚金融服务管理局（Otoritas Jasa Keuangan, OJK）在 2016 年底签发的 No. 77/POJK.01/2016 的监管文件对 P2P 提出明确资金要求,按照规定 P2P 网贷平台注册资金至少 10 亿印度尼西亚卢比,申请牌照需要注册资金不得少于 25 亿印度尼西亚卢比。这较之前监管草案中要求的 20 亿印度尼西亚卢比和 50 亿印度尼西亚卢比大幅降低。在支付领域,印度尼西亚央行 2016 年下发文件将移动支付工具在线转账额度上限由 500 万印度尼西亚卢比提升至 1000 万印度尼西亚卢比,这都为金融科技领域的发展提供了弹性和空间。

2016年底，印度尼西亚金融服务管理局（OJK）发布P2P监管规定（No.77/POJK.01/2016），主要内容如下：
- P2P网贷平台运营方/提供商必须是有限责任公司或服务类公司。
- 平台运营主体需是有能力提供、管理和操作基于IT技术提供贷款服务的印度尼西亚公司。
- 贷款必须用印度尼西亚卢比并通过网络经电子系统进行撮合。运营方不可参与借贷活动。
- 外国公民或合法企业直接或间接占有P2P平台所有权占比不得超过85%。
- 运营主体必须通过金融服务局（OJK）申请注册证书和经营许可证。
- 申请注册资格，运营方必须拥有10亿印度尼西亚卢比注册资本；申请经营许可证，运营方需有25亿印度尼西亚卢比的注册资金。
- 在本规定生效之日前开展P2P贷款服务的运营方，必须在6个月内在OJK注册登记。
- 运营方必须至少有一位董事和一名委员。每个董事会或委员会成员必须有一年以上金融行业的从业经验，成员可以为外国公民。
- 借款人必须来自印度尼西亚境内；出款人可以是本地人或外方。
- 每一借款人的每笔贷款不得超过20亿印度尼西亚卢比。本条例未规定最高利率。
- 运营方的其他义务包括：向OJK上交季度报告、月度报告；在贷款协议中添加强制性规定以保护用户；制定员工考核要求并管理规定；使用代管账户和虚拟账户；向出借人提供借款人有关的信息、让借款人知悉贷款情况；等等。

第三节　印度尼西亚理财市场

一、印度尼西亚理财市场概况

印度尼西亚宏观经济近年来保持了快速增长的态势，印度尼西亚中央银行（BankIndonesia）发布的统计数据显示，印度尼西亚经济持续增长已经超过15年，2010年GDP增长率为6.1%，2017年GDP增长率5.07%，金融行业作出了很大的贡献。不过，面临印度尼西亚国内外经济发展的各种不确定性，金融市场虽然已经发生了较多变化，但依然要应对大量的挑战，如大宗商品价格波动、增加人均收入、改变不均衡增长、政府巨额的基建支出计划等。

印度尼西亚金融市场发展仍相对不成熟且以银行为主。截至2015年底，印度尼西亚金融业资产总额占其GDP的比重达到72%，其中3/4为银行资产。对于非银行金融业的保险公司、多类型金融公司（Multi-finance Companies，如金融租赁公司、消费金融公司等），它们属于印度尼西亚金融业第二大、第三大的子行业，其资产分别占金融业总资产的10%、5%。保险公司资产增长最快，共同基金、养老基金、小额信贷机构仍然规模较小。印度尼西亚国内存在若干金融集团，世行报告称，截至2015年底，已确认的44家金融集团资产合计占金融业总资产比例达到66%，银行业资产占这些金融集团资产合计的84%。这些金融集团多数属于综合性企业集团。

表4-3　　　　　　　　　印度尼西亚金融市场结构

	规模						机构数量（家）		
	占GDP的比例（%）			占金融业总资产比例（%）					
年份	2005	2010	2015	2005	2010	2015	2005	2010	2015
金融机构：总资产	63.4	59.5	71.7	100	100	100	3258	3103	3671
存款机构	52	45.6	55.4	82.1	76.1	77.3	2143	1828	1755
其中：商业银行	51.3	44.9	54.5	81	75	76.1	134	122	118[①]
其中：国有银行	18.7	16.3	20	29.5	27.1	28	5	4	4
其他非银金融机构	11.3	14.3	16.3	17.9	23.9	22.7	1115	1275	1916
保险公司	4.4	5.9	7.2	6.9	9.9	10	157	142	137
养老基金	2.2	1.9	1.8	3.5	3.2	2.5	312	272	260
共同基金	1	2.2	2.4	1.5	3.7	3.3	293	559	1091
金融中介	3.2	3.4	4.1	5	5.7	5.7	236	194	266
金融市场：市值									
未偿债务凭证	15.5	14.1	15.7	—	—	—	—	—	—

续表

	规模						机构数量（家）		
	占 GDP 的比例（%）			占金融业总资产比例（%）					
股市市值	26	47.2	40.8	—	—	—	—	—	—
备注项									
伊斯兰金融机构融资	0.7	1.4	2.6	1.1	2.4	3.6	21	34	34
伊斯兰银行	0.6	1.2	1.8	0.9	1.9	2.6	3	11	12
伊斯兰金融机构背景的传统银行	0.1	0.3	0.7	0.2	0.4	1	18	23	22

①注：2017 年 2 月底，一家外资银行的分支机构关闭，因此商业银行的数量现在应为 117 家。
资料来源：IMF – World Bank 评估报告、OJK 等公开信息，嘉银新金融研究院整理。

  印度尼西亚的金融业跟经济发展水平相当的国家相比整体上并不落后多少，但是落后于金砖四国、印度、马来西亚、泰国等发展中国家。IMF 与世界银行 2017 年的报告中指出，印度尼西亚的银行信贷占 GDP 比例约为 40%，信贷中介化水平较低，净息差高于其他发展中国家，其股票市场市值占 GDP 比重为 41%，比其他发展中国家该指标低约 30%。印度尼西亚的固定收益市场无论对公对私都不够发达，未偿还个人债券占 GDP 比重大约 2.5%，银行和金融公司占比为 63.5%，可交换政府债券占比仅为 13%。印度尼西亚机构投资者持有资产规模少，养老基金、保险公司管理资产仅占 GDP 比重为 2%、4%。相比较而言，非居民的外国投资者在印度尼西亚金融市场发挥了较大的作用，大概 40% 的政府债券、54% 的权益证券由外国投资者持有，以外币计价的公司债务占公司借款总额的比例为 45%，这其中 60% 是属于外国债权人的债务。印度尼西亚的普惠金融水平同样较低，成年人持有银行账户的比例为 36%，远低于东南亚平均值 69%，有授信额度的公司占比只有 27.4%。

  考虑到印度尼西亚的经济发展程度和教育水平，我们认为，其居民理财能力较弱和风险容忍度低。这样的结论从理论上看是合理的，现有实证研究的抽样调查结论也支持我们的判断。在 Fahd A. Ahmad 等的 2017 年研究论文中，采用截面、匿名和基于网络的问卷调查，2010 名受访者中有 422 人回答了问卷，设计的问卷中有关于个人理财的 20 道试题和关于受访者的个人理财规划、态度、债务的 28 个问题。研究结论是：印度尼西亚居民理财能力弱、风险容忍度低、高负债、理财准备过程中存在赤字。Sulaeman Rahman Nidar 等 2012 年的研究以 400 名印度尼西亚大学生作为对象，目的是获知印度尼西亚大学生的理财能力及对其产生影响的因素。研究表明：印度尼西亚大学生理财能力较低，需要提升，特别是在投资、信贷和保险领域，教育水平、雇员、个人收入、父母传授的知识、父母的收入、贷款、保险标的物所有权对个人理财能力有重大影响。T Hidajat 在其 2015 年的研究中，从印度尼西亚多个地区采集 25 岁至 50 岁的 258 名渔民作为样本，数据及模型证实 85% 的渔民没有理财能力，大多数渔民没有存款账户，渔民理财能力正相关地影响其家庭的存款，普惠金融对渔民存款发挥了至关重要的作用。

二、印度尼西亚线上理财平台情况

针对印度尼西亚金融市场及银行业的上述情况，印度尼西亚当局将深化金融业改革、加强监管和危机管理提上了议程，金融服务管理局正在实施金融服务业总体规划，2016 年启动国家普惠金融战略，大力支持和鼓励金融科技、普惠金融发展。在此背景下，印度尼西亚国内涌现出许多有代表性的个人理财金融科技平台，我们选择部分平台，其简要情况见表 4-4。

表 4-4　　印度尼西亚有代表性的个人理财金融科技平台

平台名称	成立时间	主要产品和服务	融资情况
Jojonomic	2015 年	为企业和个人管理报销费用凭证；产品包括：Jojonomic Pro（移动记账及费用管理，包括网页版及 App）；JojoAttendance（在线实时进行个人考勤或请假申请、审批）JojoFinance（个人理财移动 App）	2016 年 9 月 A 轮融资 150 万美元
Veryfund	2015 年	Veryfund（记录用户多银行账户所有交易的移动 App）	暂无
Cermati	2015 年	对诸如信用卡、汽车贷款、存款、储蓄政策等多种产品及相关信息，用户也可以在线比较各种不同的产品	2018 年 9 月获得 B 轮融资
CekAja	2013 年	用户可以在平台上比较和申请购买各种理财和普通险产品，包括个人贷款、信用卡、传统存款、伊斯兰教性质的存款等	其母公司 C88 Financial Technologies 于 2016 年 9 月获得 B 轮融资，2018 年 7 月获得 C 轮 2800 美元融资

续表

平台名称	成立时间	主要产品和服务	融资情况
Aturduit	2015年	用户可以在平台上比较借款、无担保贷款、保险产品等各种理财产品，也可以通过平台申请信用卡等	暂无
Bareksa	2015年	在线提供投资和市场的金融数据、在线工具、新闻资讯、分析报告，网上销售共同基金	2017年4月获得Doku的融资
Stockbit	2012年	在线投资社区平台，印度尼西亚股票交易所的交易商、投资者可以分享想法、观点、数据、新闻、投资信息等	2015年9月、2017年4月获得种子轮的两次融资
Jurnal	2014年	在线会计核算平台，为中小企业提供会计服务、记录各种交易、生成和寄送凭证、生成财务报表等	2016年2月获得A轮融资
Akunting Mudah	2015年	基于云的会计服务平台，帮助用户准备和分析财务报表	暂无
DuitPintar	2012年	提供各种投资理财金融产品的相关信息，包括贷款、保险、信用卡、储蓄，平台不直接提供或销售上述产品	暂无

资料来源：各平台官网、Crunchbase网站及公开信息，嘉银新金融研究院整理。

印度尼西亚线上个人理财平台具有以下几个特点：

（一）平台成立时间普遍较短

截至2017年底，印度尼西亚线上理财平台大多只有3年左右时间，主要原因可能有两点：一是金融科技行业在全球真正发展起来也不过数年；二是印度尼西亚本身作为东南亚发展中国家，相对缺乏首次出现个人理财金融科技平台这类创新事物的环境和条件。

（二）平台类型多样化

前面列出的10家平台并不能代表印度尼西亚个人理财市场的所有类型，不过根据各自的侧重点大致可以归纳为这么几种：记账平台（如Veryfund），报销费用凭证平台（如Jojonomic），理财产品比较平台（如Cermati），理财产品销售平台（如Bareksa），会计核算平台（如Jurnal），理财社交平台（如

Stockbit)、理财信息提供平台（如 DuitPintar）。

（三）多数平台有移动端 App

印度尼西亚互联网普及率快速增长，网民偏好移动手机上网，区别于传统的银行理财，个人理财金融科技平台借助技术充分挖掘用户的理财需求，使数据和信息的价值更大，从而凸显出平台的价值和优势。

（四）产品或服务种类都相对较少，应用场景有待拓展

这种情况应该是在预料中的，初创企业拥有的资金、人员、渠道、技术等都比较少，而且金融科技不是简单的 IT 技术加金融，上述平台在今后的发展中提供更多的产品和服务值得期待。

（五）大多数平台获得了融资，但几乎都是初创阶段的融资

从投资人角度看，对一个金融科技平台是否投资及投资多少，需要考虑很多方面，如投资风险、创业团队、市场空间等。结合我们前面对印度尼西亚金融市场的介绍，印度尼西亚国内的机构投资者本来就较少，国外的风投机构投资印度尼西亚国内初创企业，不得不考虑政治风险和经营风险等。所以，能获得融资的平台说明其至少是被资本市场所认可的。

三、理财平台案例研究

综合考虑平台的特征，并且鉴于语言的问题，我们选择 Jojonomic 和 DuitPintar 进行更深入的研究，以便对印度尼西亚个人理财金融科技平台了解得更全面、更透彻。

（一）Jojonomic 平台

Jojonomic 提供网页版和 App 的产品，整体上平台强调用户在移动端使用其产品。注册用户在向平台发出请求时，只需要填写邮箱、姓名、电话、单位、地址、备注这几项信息，即可免去管理用户的费用。

平台的产品使用起来步骤简单，其实是利用平台来帮助用户记录、管理相关的账务支出、费用、活动等，如 Jojonomic Pro 只需要填写草稿、点击提交、批准、偿还这四个步骤，能够对各类信息进行分类统计并生成相应的报告，较为方便。

Jojonomic Pro、JojoAttendance、JojoFinance 这三种产品的服务内容、盈利模式如表 4-5 所示。

表4–5　　　　　Jojonomic 平台的服务内容、盈利模式

具体产品	服务内容	盈利模式
Jojonomic Pro	无纸化的费用报销方案； 14天免费使用期； 系统自动保存用户上传的费用收据，实时提供偿还方案，并直接传递给用户账户所在银行； 指纹识别用户，识别欺诈行为； 允许预付现金为用户垫付需偿还的费用； 帮助用户控制支出； 能提供费用分析服务和增强版的支出报告	个人完全免费使用； 团队使用每人每月收费4美元； 企业使用每人每月6美元； 企业定制服务10美元起
JojoAttendance	在智能手机上利用人脸识别技术参加一些活动； 依靠指纹确认、GPS定位、同步反欺诈来随时随地记录考勤； 实时监控和了解团队员工的动态； 无纸化的请假在线申请与审批	个人完全免费使用； 团队使用每人每月收费2美元； 企业使用每人每月4美元； 企业定制服务10美元起
JojoFinance	利用移动手机进行理财规划； 用户随时随地理财； 平台给用户提供特别奖金； 苹果应用商店和 Google Play 上均可以下载 App	—

资料来源：Jojonomic 平台官网及公开信息，嘉银新金融研究院整理。

Jojonomic 平台的竞争优势主要有四点：

一是互联网属性强，用户体验较好；

二是技术较为先进，大大节省了用户的时间和成本；

三贴近用户的理财需求，善于利用移动端的入口；

四是用户容易接受差异化的收费，有助于实现平台与用户共赢。

（二）DuitPintar 平台

DuitPintar 属于 Catapult Ventures Pte Ltd.，是印度尼西亚一家领先的个人理财平台，其兄弟公司 MoneySmart.sg 则为新加坡的一家个人理财平台。平台不仅为银行和其他金融机构推荐优质合格的用户，而且借助于其透明和清晰为用户寻找个人理财产品，如个人贷款、信用卡。DuitPintar 自认为其是一家数据驱动平台，依据在线消费交易来产生新兴市场个人理财行为有用的数据。表4–6为平台的服务内容、盈利模式。

表 4-6　　DuitPintar 平台的服务内容、盈利模式

服务内容		盈利模式
贷款	信用贷款	通常银行会收取服务费、转账费、印花税、管理费等多种费用;
	多用途贷款	
	住房贷款	比较渣打银行在内的几十家银行的贷款产品,包括贷款利率、期限、月还款额等;
	汽车贷款	用户可以在平台申请不同银行的贷款
		平台的收费情况不详
保险	汽车保险	依据保险产品名称、全损险、第三者责任险、人生意外伤害险、授权车险的可获得性、年保费来比较各种保险产品;能通过平台向各保险公司在线购买	保险公司会向用户收取各种费用;平台的盈利模式不详
	摩托车保险		
	旅行保险		
信用卡		包括伊斯兰教信徒使用、带奖赏、旅游、无年费、Hypermart 超市、加油用、低费率、分期付款、有赠品、返现的信用卡	
储蓄		用户可以在平台上比较花旗银行、大华银行、星展银行等 17 家银行的储蓄产品,包括存款利率、最低存款额、账户最低余额等,并且可以通过平台在选定的银行申请存款账户;支持用户的美元、欧元、人民币、英镑等 9 种货币的存款,目的可以是为自己、家人、子女、企业等	平台收费项目及费率不详
博客和论坛		注册用户可以对平台的理财产品发表意见、分享各种资讯、发起讨论话题等	

资料来源:DuitPintar 平台官网及公开信息,嘉银新金融研究院整理。

虽然 DuitPintar 盈利模式不太清晰,但是其竞争优势主要有四点:

一是平台属性明显,将多种理财产品放在平台上,用户比较之后再进行选择,平台为各金融机构进行导流。

二是在平台上用于比较的理财产品数量多,金融机构涵盖了印度尼西亚国内和国外知名的金融机构,用户选择余地大。

三是平台承担的风险小,理财产品不属于平台,在宣传、提供各类产品信息过程中,以风险提示、免责条款等预防用户个人在平台上的理财风险。

四是从用户的迫切需求角度来提供、比较等各种信息。无论是比较产品的要素,还是设立论坛、QA 页面等,都体现了用户至上的理念。

印度尼西亚金融市场发展仍相对不成熟且以银行为主,落后于金砖四国、马来西亚、泰国等发展中国家,虽然存在各有侧重的多个金融监管机构及行业协会,印度尼西亚个人理财市场潜力大,但是居民理财能力较弱和风险容忍度低。印度

尼西亚银行业属于寡头市场，服务效率较低，2016年，印度尼西亚启动国家普惠金融战略，大力支持和鼓励金融科技、普惠金融发展。此后，印度尼西亚国内涌现出许多有代表性的个人理财金融科技平台，如Cermati、CekAja等。

第四节 印度尼西亚信贷市场

一、印度尼西亚银行业总体情况

印度尼西亚银行在信贷市场中占主导位置，其中国有大型银行仍然是印度尼西亚信贷市场增长的主要推动力。跟中国类似，银行偏好大企业，偏好房屋、厂房等抵押贷款业务。因此，大量的中小企业和个人无法得到银行的融资服务，印度尼西亚仅36%的人有银行卡，信用卡数量占总人口比仅6.53%。信用贷款金额在15万人民币以下，期限最高可达5年。1年期银行存款利率为5.5%~6.25%，中小企业贷款利率9%，个人有抵押贷款利率10%左右，个人信用贷款利率11%左右。除此以外，印度尼西亚也有很多小银行及合作社（类似国内信用社的机构）、非银行贷款机构等，也可以提供小额贷款服务，合作社主要是面向农户等的扶贫贷款等。

自2013年1月起，印度尼西亚成立金融服务局（OJK）开始接管资本市场、保险和养老金以及其他非银行机构的监管职能，并自2014年1月起代替印度尼西亚央行接管印度尼西亚银行业监管职能。

印度尼西亚的前四大银行为BRI、Mandari、BCA和BNI，这四家银行覆盖了印度尼西亚约90%的银行账户。此外，印度尼西亚还有100多家小银行，同时还有一些外资银行，如大华银行（UOB）、星展银行（DBS）、汇丰银行（HSBC）、工商银行（ICBC）等。

2018年印度尼西亚四大银行资产规模分别是：

排名	银行名称	资产（万亿印度尼西亚卢比）
1	Bank Rakyat Indonesia（BRI）	1296.90
2	Bank Mandiri	1202.25
3	Bank Central Asia（BCA）	824.79
4	Bank Negara Indonesia（BNI）	808.57

资料来源：各银行2018年年度报告，嘉银新金融研究院整理。

二、银行案例

（一）印度尼西亚人民银行（BRI）

印度尼西亚人民银行（BRI）成立于1896年，于2003年上市，是目前印度尼西亚历史最悠久、规模最大的国有商业银行（国有股份56.75%，公众持股43.25%）。20世纪80年代BRI设立专营农村小额信贷的独立业务部。在1997年亚洲金融危机期间，凭借小额信贷业务部优良的贷款质量和盈利能力，BRI成为印度尼西亚唯一盈利的银行机构。目前，小微贷款（SMEs、MSME）业务占BRI贷款总规模的72.53%。2016年7月27日，BRI被亚洲银行评为"最佳小微金融产品"及"最佳贷款银行"；2016年7月29日，被福布斯全球2000评为"2016年度世界最大的国有企业"；2016年被《亚洲金融》杂志评为"印度尼西亚最佳本土银行"。

1. 运营情况

根据BRI公布的2018年年度报告，BRI总资产规模为12968980亿印度尼西亚卢比，贷款总额为8435980亿印度尼西亚卢比，净利润为324180亿印度尼西亚卢比，长期保持印度尼西亚银行业第一位。

2. 主要业务及产品

表4-7　　　　　　　　　　BRI主要业务及产品

	贷款业务	存款业务	银行服务
企业贷款	Kupedes（生产设备用途的小微企业贷款，最高2亿印度尼西亚卢比）	1. Britama Savings 2. BRI Junio & Junio Rencana Savings（孩子存款产品） 3. Simpedes（农户存款产品）	现金服务、机构服务、商业及金融服务、电子银行服务、国际业务服务、财富管理服务、汇款服务等
	KUR Mikro（小微企业贷款，最高2500万印度尼西亚卢比）		
个人消费贷款	Retail Commercial Loans		
	BRIGuna		
	Program Loans（消费项目贷款）		

资料来源：BRI年报，嘉银新金融研究院整理。

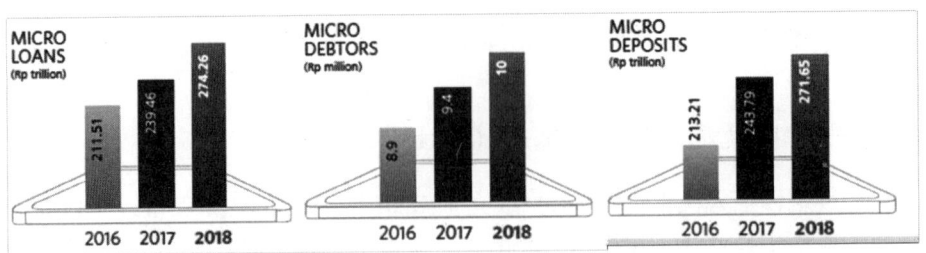

资料来源：BRI 年报。

图 4-2　BRI 小额贷款、存款金额及贷款人数

BRI 在 2018 年向印度尼西亚小微企业主发放了 274.26 万亿印度尼西亚卢比的贷款，同比增长 14.53%。截至 2018 年底，BRI 银行吸收小微存款 271.65 万亿印度尼西亚卢比，同比增长 11.42%。

3. 服务分支及网点

BRI 在印度尼西亚划分为 19 个区域总部，全球合计 10646 个服务网点（包括纽约、新加坡、开曼群岛、中国香港、东帝汶这些海外的分支机构）。

表 4-8　　　　BRI 分支机构在印度尼西亚的分布

Operating Units Outlets	2014 年	2015 年	2016 年	2017 年	2018 年
Head Office	1	1	1	1	1
Regional Offices	19	19	19	19	19
Special Branches	461	467	467	468	468
Sub Branches	584	603	609	610	609
BRI Units	5293	5360	5380	5382	5381
Cash Offices	971	983	984	992	964
Teras BRI	2457	2543	2545	2536	2069
Teras BRI Keliling	610	636	638	638	133
Total	10396	10612	10643	10646	9647
Total of Work Units including 5 Overseas Work Units					

资料来源：BRI 年报。

截至 2018 年末，BRI 拥有电子服务网点 309776 个，其中 ATM 有 22684 个。

表4-9　　　　　　　　　　BRI 电子服务网点

E - Channel	2014 年	2015 年	2016 年	2017 年	2018 年
ATM	20792	22792	24292	24684	22684
EDC	131204	187758	257712	302921	284426
CRM	392	892	1392	1992	2609
E - Buzz	55	57	57	57	57
Total	152443	211499	283453	329654	309776
Agen Brllink	—	50259	84550	279750	401550

资料来源：BRI 年报。

4. 发展特色

（1）专注于小微信贷业务

BRI 成立之初就确定了小微信贷业务的发展布局，在印度尼西亚 17000 多个岛屿设立服务网点。由于岛屿地理限制，BRI 创新开展了移动汽车银行和移动快艇银行业务。

（2）提升信息化手段

2016 年 6 月 19 日，BRI 发射 BRIsat 通信卫星，为移动汽车银行与移动快艇银行配置通信服务，同时，以通信卫星为信息手段搭建数字银行体系。目前，BRI 已开展了电话银行、短信银行、网络银行、手机银行等服务。

（3）依靠高利差获利

韩军在 2016 年 6 月《当代金融家》中提到，2010—2015 年 BRI 的年均合同贷款利率为 5% ~24%，2015 年平均合同贷款利率为 12.47%。从实际有效贷款利率来看，2010—2015 年，BRI 的平均实际有效贷款利率最高可达 31%。

（二）Danamon

Danamon 创建于 1956 年 7 月 16 日，前身为印度尼西亚 Kopra 银行，1976 年更名为 PT Bank Danamon Indonesia，是第一家从事外汇交易的私营商业银行。1989 年，Danamon 银行上市，主要股东有 Asia Financial（67.37%）、JPMCB - Franklin TempletonInvestment Funds（6.58%）、Public（26.05%）。

1. 运营情况

2018 年年度报告显示，Danamon 总资产规模为 1867620 亿印度尼西亚卢比，贷款总额 1345190 亿印度尼西亚卢比，税后净利润为 41070 亿印度尼西亚卢比。

表 4-10　　　　　　　　　　Danamon 运营数据　　　　　　单位：印度尼西亚卢比

	总资产规模	贷款总额	净利润
2016 年	1744370 亿	1223850 亿	27930 亿
2017 年	1782570 亿	1247660 亿	38280 亿
2018 年	1867620 亿	1345190 亿	41070 亿

资料来源：Danamon 年报，嘉银新金融研究院整理。

2. 主要业务及产品

表 4-11　　　　　　　　　Danamon 主要业务及产品

业务	主要产品
批发银行及金融机构业务	包括 cash management，working capital requirement，investment loan，Trade Finance，Financial Supply Chain，FX and Treasury
财富管理及资本市场业务	包括 Investment Gallery，Retail Treasury Services，Plain Vanilla FX Tod/Tom/Spot，FX Forward，FX Swap，Interest Rate Swap，Cross Currency Swap，conventional Government bonds and Government Sukuk
交易银行业务	包括现金管理、贸易融资及供应链金融
中小企业银行业务	包括设备贷款、短期周转贷款、KAB – Business Premises Loan（"KAB – KTU"）、the BPR Loan，Employee Cooperative Loan，Community Financing，the Dana Oto（Auto Financing）等
消费者银行业务	包括抵押贷款、信用服务及担保个人信用贷款等
伊斯兰银行业务	包括 Leasing IB、Working Capital IB、financing and Investment IB fnancing
小微银行业务	提供 500 万印度尼西亚卢比到 15 亿印度尼西亚卢比、12 个月到 60 个月的贷款产品

资料来源：Danamon 年报。

表 4-12　　　　　2018 年 Danamon 银行贷款业务按类别占比统计

贷款业务类别	2018 年	2017 年	同比增长
Consumption	59800	49152	21.7%
Working Capital	52092	52385	-0.6%
Investment	21033	21670	-2.94%
Expor	1594	1559	2.24%
Total	134519	124766	7.82%

资料来源：Danamon 年报。

2018年，Danamon银行贷款中消费贷款占比较大，达44.45%，同比增长了21.67%，商业贷款较2017年略有下降，降幅为0.6%，传统小微消费贷款仍是Danamon银行主要业务。

表4-13　　　　2018年Danamon银行贷款业务按行业占比统计

贷款行业分类	2018年	2017年	同比增长
Household and Consumer Financing	55460	49147	12.8%
Grocery and Retail	36228	36224	0.0%
Manufacturing	19233	18190	5.7%
Transportation, Warehousing, Communications	4400	4643	-5.2%
Real Estate, Leasing, Services and Servicing Companies	3048	2544	19.8%
Others	16150	14019	15.2%
Total	134519	124766	7.8%

资料来源：Danamon年报。

同样，2018年家庭及消费者贷款在Danamon银行总贷款量比例较大，达41.2%，同比上升12.8%。

3. 服务分支及网点

2018年年报显示，Danamon目前拥有703个分支机构，ATM1433个。Danamon分支机构及服务网点不多，且整体呈现减少趋势，小微金融服务能力有限。

表4-14　　　　　　Danamon服务分支及网点

Key Flnanclal Ratlos（%）	2018年	2017年	2016年
1. Total Employees	32299	36410	44019
2. Total Branches	703	992	1235
3. Total ATMs	1433	1396	1431

资料来源：Danamon年报。

4. 网络银行介绍

有数据显示，Danamon银行开始发力网络业务，网上银行注册用户有56万，移动端用户22万，Sms用户9.7万。信用贷款面向的群体是已有信用卡的客户，风险相对小。

三、印度尼西亚其他信贷机构

印度尼西亚提供信贷的机构主要就是银行，尤其是四大银行。除了大银行外，主要信贷机构就是小银行和合作社（类似国内信用社的机构），目前印度尼西亚有100多家银行。此外，还有其他融资机构也可以提供小额贷款服务，如保理、融资租赁公司、消费融资及信用卡业务公司。还有一类叫特别金融公司，如出口融资公司、典当、担保、中小企业融资公司等。但它们的信贷服务也很有限，随着金融科技在全球的兴起，网络借贷等新型行业也开始在印度尼西亚快速成长。

第五节　印度尼西亚网络借贷行业

一、网络借贷行业简介

根据印度尼西亚金融科技协会（IFA）统计，注册的金融科技企业有167家，其中有73家P2P网贷平台，占比为43.7%。根据Daily Social2018年金融科技报告显示，根据印度尼西亚OJK的数据，截至2018年12月，印度尼西亚已有78家P2P借贷和发薪日借贷金融科技借贷玩家获得注册。截至2018年9月已有13.8万亿印度尼西亚卢比贷款通过借贷平台发放，所发放的贷款中有84%集中在爪哇岛，借贷平台借款人数高达230万，贷款发生次数多达720万次。也就是说平均每个借款人每月进行3次交易。

DailySocial的调查数据显示，印度尼西亚知名的P2P网贷平台有Modalku、Pinjam、KlickACC、Koinworks、Investree等，发薪日借贷平台有TunaiKita、Rupiah Plus、Tunaiku、Uangteman等。

据悉，印度尼西亚金融科技协会的会员单位一般已经正式成立或开展业务，并在相关监管方已经注册。据了解，还有部分金融科技公司已注册登记，但验证过程尚未完成，且有部分在准备递交登记注册资料。总体来看，行业正处于快速成长期。截至目前，还只有金光集团旗下的Danamas平台已于2017年7月6日获得OJK的正式运营许可证，编号为KEP-49/D.05/2017。印度尼西亚金融科技协会总经理Kuseransyah称，到2019年底，预计完成注册的网贷平台将达 200 家。

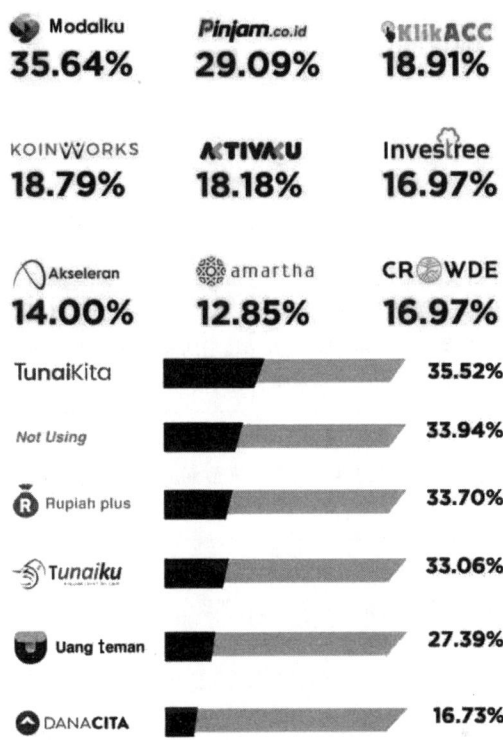

资料来源：DailySocial *FinTech Report* 2018 *Idonesia*。

图 4-3 消费者使用 P2P 网贷平台/发薪日借贷平台情况

二、网贷平台案例分析

目前，已在 OJK 注册的网贷平台有 78 家，模式各有差异，有从事发薪日贷款的 Uangteman，也有从事 P2P 的 Koinworks，还有侧重中小企业的 Modalku 及 Investree 等以及一些特色贷款平台。

(一) Modalku

1. 平台简介

表4-15　　　　　　　　网贷平台 Modalku 简介

	内容
平台定位	专注于小微企业（SME）融资，连接小微企业主及个人投资者的P2P网贷平台
平台背景	创业型公司
融资公司	已获A轮融资（红杉资本及Alpha JWC投资），曾获得全球FinTech 250强（全球最佳技术创新突破奖）、CB Insights奖及印度尼西亚Warta Ekonomi数字创新奖等荣誉。目前在印度尼西亚、新加坡、马来西亚均开展业务
发展历程	公司成立于2015年，母公司为新加坡的Funding Societies。2016年1月13日Modalku在印度尼西亚上线，2017年2月在马来西亚上线Funding Societies平台，随后在新加坡上线Funding Societie平台
创始团队	联合创始人：REYNOLD WIJAYA 　　REYNOLD拥有哈佛商学院工商管理硕士和密歇根大学的科学硕士学位，在创建Modalku之前，在印度尼西亚一家知名的公司担任执行官，负责运营和团队管理，同时"Let's Go to School"组织的联合创始人，其为向雅加达贫困儿童提供奖学金的非营利组织 联合创始人：KELVIN TEO 　　出生于马来西亚，KELVIN通过奖学金计划，15岁时移居新加坡，毕业于新加坡国立大学及哈佛商学院，曾在埃森哲和麦肯锡公司担任管理顾问，曾为东南亚银行、电信和其他大型公司制定管理策略 联合创始人：IWAN KURNIAWAN 　　IWAN毕业于康奈尔大学应用经济与管理科学专业，曾担任新加坡Oliver Wyman的管理顾问，为亚洲的银行和金融机构制定了增长战略和运营风险管理模式，之后在一家知名的咨询公司担任印度尼西亚企业和政府机构的战略顾问
运营数据	平台累计交易总额8257亿印度尼西亚卢比 累计已还款金额5508亿印度尼西亚卢比 累计贷款笔数1406笔 （数据截止到2017年11月17日）
合规建设	Modalku已取得OJK（印度尼西亚金融服务管理局）登记注册，注册号为OJK Nomor S-2493/NB.111/2017

资料来源：Modalku官网，嘉银新金融研究院整理。

2. 平台借贷产品及费用

印度尼西亚市场：

- 小微企业（SMEs）贷款

表 4 – 16　　　　小微企业贷款相关内容（印度尼西亚）

SMEs 贷款	内容
金额	5000 万 ~ 20 亿印度尼西亚卢比
期限	3 个、6 个、12 个、18 个、21 个、24 个月
贷款对象	印度尼西亚法定公民及企业，支持城市：雅加达、Depok、Tangerang 和 Bekasi 四个城市
申请条件	1. 印度尼西亚法定公民，年龄 21 ~ 60 岁 2. 企业最低营业额 2000 万印度尼西亚卢比/月 3. 住在 Jakarta, Bogor, Depok, Tangerang, Bekasi 和 Bandung 等地区 4. 可以是个人的生意或者 PT（有限责任公司） 5. 企业正常经营至少 1 年
提交资料	1. 最近 6 个月银行账户记录 2. 最近 1 ~ 2 年经审计的财务报表 3. 个人身份证明及相关文件 4. 担保人名片
手续费	贷款总额的 3%
贷款利率	12% ~ 26%
贷款周期	一般贷款评估审批为 4 个工作日，平台筹集时间一般为 6 个工作日

资料来源：Modalku 官网，嘉银新金融研究院整理。

小微企业（SMEs）借款步骤：在线填写申请表（一般 5 分钟）；贷款专员联系（4 日内审核批复），告知贷款状态及审批结果；贷款获批后，6 天后贷款将会被筹集并发送。

- 票据融资

Modalku 支持应收账款发票融资，目前只支持货款票据融资，期限为 1 ~ 2 月，最高融资金额为票据价值的 80%。

马来西亚市场：

2017 年 2 月 Modalku 按照印度尼西亚业务模式在马来西亚上线 Funding Societies 平台，平台定位为服务于小微企业融资的 P2P 网贷平台，提供的贷款服务有小微企业贷款及企业票据融资。

- 小微企业（SMEs）贷款

表4-17　　　　　　　小微企业贷款相关内容（马来西亚）

SMEs 贷款	内容
金额	3 万 ~ 50 万马来西亚林吉特
期限	3 ~ 24 个月
贷款对象	马来西亚小微企业
申请条件	1. 公司在马来西亚注册成立，马来西亚公民至少拥有 30% 的股权 2. 独资、合伙、有限合伙，私人有限公司或非上市公司，经营至少 1 年 3. 每年总营业额至少为 30 万马来西亚林吉特以上
提交资料	1. 企业工商登记信息 2. 企业银行账户记录（至少 6 个月） 3. 企业财务报告（有效经营期内至少一年以上） 4. 其他材料：MyKad / NRIC 复印件、至少 2 年的 BE 表格（纳税证明），其他财产及收入证明材料
手续费	申请费 100 林吉特及少量管理费
贷款利率	可分期还款，最低利率 0.7%/月
贷款周期	一般贷款审批在 2 周以内

资料来源：Modalku 官网，嘉银新金融研究院整理。

- 票据融资

Funding Societies 在马来西亚市场开展应收账款发票融资，目前只支持货款发票融资。

表4-18　　　　　　　票据融资相关内容（马来西亚）

票据融资	内容
金额	最高融资金额为票据价值的 80%
期限	30 ~ 120 天
贷款对象	马来西亚小微企业
申请条件	1. 公司在马来西亚注册成立，马来西亚公民至少拥有 30% 的股权 2. 独资、合伙、有限合伙，私人有限公司或非上市公司，经营至少 1 年
提交资料	1. 企业工商登记信息 2. 企业银行账户记录（至少 6 个月） 3. 企业财务报告（有效经营期内至少一年以上） 4. 其他材料：MyKad / NRIC 复印件、至少 2 年的 BE 表格（纳税证明），其他财产及收入证明材料

续表

票据融资	内容
手续费	申请费 100 林吉特及少量管理费
贷款利率	可分期还款，最低利率 0.7%/月
贷款周期	一般贷款审批在 2 周以内

资料来源：Modalku 官网，嘉银新金融研究院整理。

新加坡市场：

Funding Societies 在新加坡贷款业务包括小微企业贷款、企业票据融资及手机端借贷。目前，Funding Societies 已取得新加坡金融市场服务许可证，许可证号号码为：CMS100572 – 1 issued by Monetary Authority of Singapore (2016)。

- 小微企业（SMEs）贷款

表 4 – 19　　　　　　小微企业贷款相关内容（新加坡）

SMEs 贷款	内容
金额	2 万 ~ 50 万新加坡元
期限	3 ~ 24 个月
贷款对象	新加坡小微企业
申请条件	1. 公司在新加坡注册成立，新加坡公民至少拥有 30% 的股权 2. 私人有限公司或有限责任公司，经营至少 1 年 3. 年度总营业额至少 30 万美元
提交资料	1. 企业财务证明：新加坡或常住人口至少有 30% 股权、过去 2 年的财务报表（经审计）、财务证明 2. 担保证明材料：NRIC、过去两年的评估认定（NOA）、信用局报告、住宅地址证明等
手续费	无申请费、少量管理费
贷款利率	年化利率 9% ~ 14%
贷款周期	15 ~ 20 个工作日

资料来源：Modalku 官网，嘉银新金融研究院整理。

- 票据融资

表 4 – 20　　　　　　票据融资相关内容（新加坡）

票据融资	内容
金额	最高 80% 票据价值
期限	30 ~ 90 天

续表

票据融资	内容
贷款对象	新加坡小微企业
申请条件	1. 公司在新加坡注册成立，新加坡公民至少拥有 30% 的股权 2. 私人有限公司或有限责任公司，经营至少 1 年 3. 年度总营业额至少 30 万美元
手续费	无申请费、少量管理费
贷款利率	0.67%~1.25%/月
贷款周期	3~7 个工作日

资料来源：Modalku 官网，嘉银新金融研究院整理。

- App 贷款 – FS Bolt

表 4–21　　　　App 贷款 – FS Bolt 相关内容（新加坡）

FS Bolt 贷款	内容
金额	5000~20000 新加坡元
期限	6 个月，可提前还款（免费）
贷款对象	新加坡小微企业
申请条件	1. 公司在新加坡注册成立，新加坡公民至少拥有 30% 的股权 2. 私人有限公司或有限责任公司，经营至少 1 年
手续费	无申请费、5% 服务费
贷款利率	2%~6%/月
贷款周期	2 分钟申请、2 小时内批复、24 小时内放款，最晚 7 日内获得贷款

资料来源：Modalku 官网，嘉银新金融研究院整理。

3. 平台投资产品

Modalku 在三个市场投资产品类似，以印度尼西亚市场为例，Modalku 类似众筹融资方式开展企业贷款，个人投资者可以在官网注册并开立虚拟账户，并在虚拟账户中存入最低 1000 万印度尼西亚卢比，最低余额 100 万印度尼西亚卢比。

表 4–22　　　　　　　平台投资产品相关内容

条目	内容
申请条件	年满 18 周岁，印度尼西亚法定公民或外国人（验证身份证或护照）
服务费	3%

第三篇 东南亚篇

续表

条目	内容
投资流程	1. 注册（检验电子邮件，然后点击发送的验证链接） 2. 完成协议注册表格，并提供银行卡资料和身份证信息 3. 贷方虚拟账户激活，至少存入 1000 万印度尼西亚卢比（在 3~5 个小时内确认）可开展投资 4. 点击"贷款"，筛选投资标的进行投资
预期利率	名义利率 16%~45%
鼓励投资策略	多元化投资

资料来源：Modalku 官网，嘉银新金融研究院整理。

4. 安全及风控建设

- Modalku、Funding Societies 在印度尼西亚、马来西亚、新加坡开展业务，都已取得当地的金融管理部门的业务许可，网站通过 SSL 认证。

- 由于 Modalku 主要提供小微企业贷款，目标客户为印度尼西亚银行体系外的小微企业，较个人贷款金额较大，风控建设主要侧重于线下方式（电话沟通、现场查看及财产担保等），同时结合部分第三方数据，进行交叉验证。

- 借款人在 Modalku 申请借款时通过 Modalku 的信审系统来分析借款人（一般为中小微企业）其业务的合法性，客户总人数以及潜在客户。

- 有信用卡的企业主更容易申请贷款。借款人的信用其实已经获得银行认可的也说明借款人有比较好的信用，还款能力以及还款习惯。

- 通过 intelligence and behavior testing（智力和行为测试），通过这个心理测试可以知道借款人未来的还款行为以及习惯性。

（二）Investree

1. 平台简介

表 4-23　　　　　　　　　Investree 平台简介

	内容
平台定位	中小企业及个人消费借贷的 P2P 网贷平台
平台背景	创业型公司
融资阶段	2016 年 5 月，获 Kejora 的 A 轮融资

续表

	内容
创始团队	联合创始人兼主席 Aida Sutanto 在多家国际银行任职，曾担任 CIMB Niaga 银行执行副总裁 联合创始人兼 CEO Adrian Gunadi 在印度尼西亚和国际银行担任重要职务，曾担任 Muamalat 零售银行行政总裁
发展历程	公司成立于2015年10月
运营数据	平台已发放贷款总额3260亿印度尼西亚卢比 总借款笔数1114笔 平均回报利率16.7% （数据截至2017年11月22日）
合规建设	已取得 OJK（印度尼西亚金融服务局）P2P 网贷登记备案，S – 2492/NB.111/2017

资料来源：Investree 官网，嘉银新金融研究院整理。

2. 平台借贷产品及费用

Investree 提供的贷款产品包括商业贷款、消费贷款（装修、教育、度假、婚庆、健康医疗、汽车等）。

（1）商业贷款

商业贷款产品信息如表4–24所示。

表4–24　　　　　　　　Investree 商业贷款产品信息

	电商商户贷	票据融资	伊斯兰商业贷款
金额	2500万~10亿印度尼西亚卢比	最高80%面值金额	5000万~10亿印度尼西亚卢比
期限	目前仅支持3个、6个月	1个、2个、3个、4个、5个、6个月	1个、2个、3个、4个、5个、6个月
申请条件	1. 以 CV 或 PT 形式的法人实体 2. 居住在 Jakarta、Bogor、Depok、Tangerang 和 Bekasi 3. 商家已运营至少1年 4. 在与 Investree 合作电商平台至少有效经营3个月的商家 合作渠道：LaZaDa	应收账款票据作为抵押品	根据伊斯兰教商业法规进行借贷
贷款时间	贷款审核及批复一般3个工作日内，发标筹资时间一般为14天		

资料来源：Investree 官网，嘉银新金融研究院整理。

(2) 个人消费贷款

借款产品信息如表 4-25 所示。

表 4-25　　　　　Investree 个人消费贷款产品信息

	装修	教育	度假	婚庆	健康医疗	汽车
金额	500 万 ~ 5000 万印度尼西亚卢比					
期限	3 个、6 个、9 个、12 个月					
还款方式	分期还款					
利率	根据贷款评估等级 A1 ~ C3，利率为 0.9% ~ 2.2%/月					

资料来源：Investree 官网，嘉银新金融研究院整理。

依据借款风险评级不同而定，评估级别越低，利率越高。

表 4-26　　　　　企业贷款的借款利率

企业借款风险等级	年化借款利率	风险程度
A1	14%	低风险
A2	16%	低风险
A3	18%	中低风险
B1	16%	中低风险
B2	18%	中风险
B3	19%	中高风险
C1	18%	中高风险
C2	19%	高风险
C3	20%	高风险

资料来源：Investree 官网。

表 4-27　　　　　个人借款的利率

个人借款风险等级	月化借款利率	风险程度
A1	0.90%	低风险
A2	0.95%	低风险
A3	1.00%	中低风险
B1	1.10%	中低风险
B2	1.20%	中风险
B3	1.45%	中高风险
C1	1.70%	中高风险
C2	1.95%	高风险
C3	2.20%	高风险

资料来源：Investree 官网。

平台收取的贷款端费用一般为贷款审批金额的3%~5%，由系统自动扣除，无账户注册费及申请费。

3. 平台投资产品及费用

（1）产品信息

平台上有投资产品列表，跟国内类似，一般包含标的名称，借款金额，风险评级，期限，已募集资金进度等。

（2）投资费用及利息

Investree目前对投资者不收取任何费用，利息范围一般为14%~20%。

4. 安全及风控建设

Investree建立了风控评估等级系统，共分为A、B、C三级，每级下面分3个层次，分为A1~C3共9类评估级别，风险依次增加，贷款利率也相应升高。

（三）Koinworks

1. 平台简介

表4-28　　　　　　　　　Koinworks平台简介

	内容
平台定位	中小企业及个人消费借贷的P2P网贷平台
公司背景	创业型公司
融资阶段	天使轮
发展历程	2015年成立，平台于2016年3月上线
创始团队	CEO兼联合创始人：Benedicto Haryono 在创建KoinWorks之前，Ben在棕榈油公司担任商业部门主管，同时在Indoseaweed和Bedec两家公司担任非执行董事。拥有IESE商学院MBA学位和密歇根大学工业工程学士学位。 COO：Bernard Bernard之前担任印度尼西亚大华银行信贷分析师。在此之前，负责管理联邦银行和Permata银行的信用风险政策和投资组合。持有北京工商大学MBA学位。 CTO：Willy Wirawan Willy毕业于新加坡国立大学计算机科学学士学位。之前在小额贷款机构负责信息系统搭建，目前负责平台运营工作

第三篇 东南亚篇

续表

	内容
运营数据	平台累计交易总额 400 亿印度尼西亚卢比 投资人数约 19580 人、借款人数约 450 人 月均新增借款人数：2000~3000 人 （数据截至 2017 年 9 月 22 日） 风险准备金（Protection Fund）12 亿印度尼西亚卢比（约 9 万美元）（数据截至 2017 年 7 月）
合规建设	已取得 OJK（印度尼西亚金融服务局）P2P 网贷登记备案，S-1862/NB.111/2017

资料来源：Koinworks 官网及公开资料，嘉银新金融研究院整理。

2. 平台借贷产品及费用

Koinworks 主要提供的贷款产品有商业贷款、教育贷款及健康贷款。

（1）商业贷款

商业贷款产品信息如表 4-29 所示。

表 4-29　　　　　　　　商业贷款产品信息

	商业贷款
金额	最低 1 千万印度尼西亚卢比
期限	6 个、9 个、12 个、15 个、18 个、21 个、24 个月
贷款对象	印度尼西亚法定公民及企业
申请资料	1. 公司至少经营 2 年 2. 公司业务位于雅加达附近 3. 公司业务详细信息：过去一年的基本财务信息。所提供的信息越完整，评估过程就越容易和更快捷 4. 贷款目的：贷款人需解释贷款目的，若有证明材料，可上传 5. 企业主的详细信息：企业主的财务信息，并上传身份信息 6. 如果申请贷款公司与 Koinworks 的合作伙伴存在业务合作，能申请贷款利率较低，渠道合作伙伴名单可在 Koinworks 官网查看

资料来源：Koinworks 官网及公开资料，嘉银新金融研究院整理。

（2）健康贷款

健康贷款产品信息如表 4-30 所示。

表4-30　　　　　　　　　健康贷款产品信息

	美容 （眼袋手术）	眼部 （白内障、近视）	牙齿	生育	体检	其他
金额 （印度尼西亚卢比）	一次手术 15765000 二次手术 31530000	白内障 16565000 激光近视（两眼） 28065000 等	洗牙 10499000 固牙 25000000 等	顺产： 14840000 剖宫产： 32810000 等	一般体检： 18100000 尊享体检： 7650000	阑尾： 31800000 痔疮： 50245000 等
期限	6个、9个、12个、15个、18个、21个、24个月					
贷款对象	年轻女士	白内障、近视患者	牙齿手术	生育家庭	体检	阑尾、疝气、痔疮等
合作医院	KMN-lebak Bulus KNM-kemayoran 等	KMN-pantai indah KMN-lebak 等	Smilexpress – plazz indonesia	Bintaro Premier 医院		

资料来源：Koinworks官网及公开资料，嘉银新金融研究院整理。

（3）教育贷款

教育贷款产品信息如表4-31所示。

表4-31　　　　　　　　　教育贷款产品信息

	编程课程	美容课程	创意产业课程	数据化营销课程	烘焙课程
金额	依据课程而定				
期限	6个、12个、18个、24个月				
贷款对象	1. 对于21岁以上取得在校证明； 2. 对于21岁以下的学生，必须具有固定收入的共同担保人； 3. 通过Facebook认证				

资料来源：Koinworks官网及公开资料，嘉银新金融研究院整理。

Koinworks依据借款产品的评级不同，收取不同的利息及费用，评级越高，利率越低，如表4-32所示。

表4-32　　　　　　　　　Koinworks 借款产品的评级

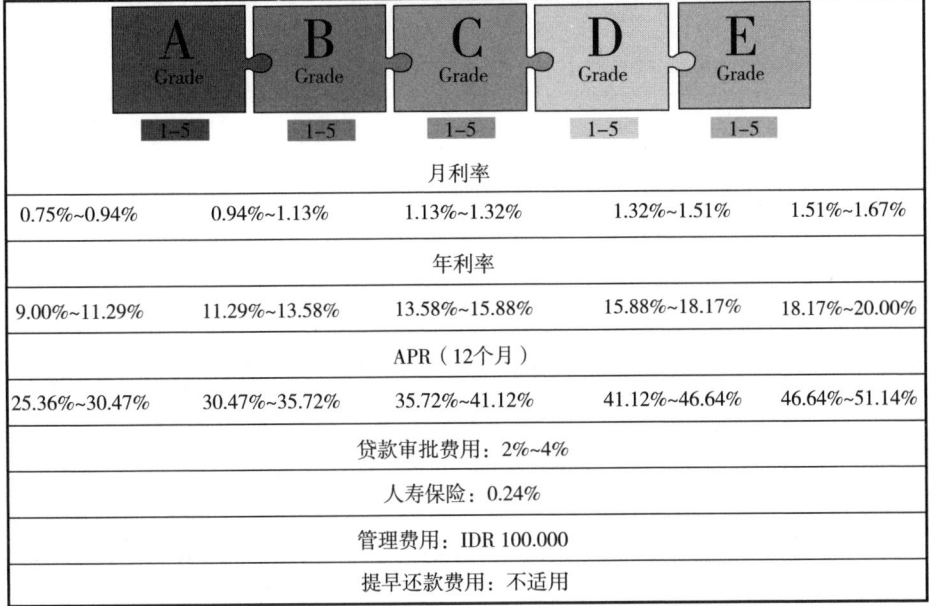

月利率				
0.75%~0.94%	0.94%~1.13%	1.13%~1.32%	1.32%~1.51%	1.51%~1.67%
年利率				
9.00%~11.29%	11.29%~13.58%	13.58%~15.88%	15.88%~18.17%	18.17%~20.00%
APR（12个月）				
25.36%~30.47%	30.47%~35.72%	35.72%~41.12%	41.12%~46.64%	46.64%~51.14%
贷款审批费用：2%~4%				
人寿保险：0.24%				
管理费用：IDR 100.000				
提早还款费用：不适用				

资料来源：Koinworks 官网。

3. Koinworks 投资产品介绍

Koinworks 采用投资组合模式，类似于自动投资模式，一笔投资可以投资多个投资标的；同时建立风险备付金制度，依据投资标的的风险评级赔付不同的比例，以弱化客户的投资风险，平台起投金额为 10 万印度尼西亚卢比，Koinworks 的投资产品包括商业贷款标、教育贷款标及健康贷款标。

（1）商业贷款标的

商业贷款标的投资列表（示例）如下，客户来自 Lazada、Tokopedia、Bhinneka 等东南亚电商平台渠道。

表4-33　　　　　　　　　　商业贷款标的投资列表

状态	评级	期数	金额	借贷目的	已募资（%）	剩余时间/金额
已募资	A 4 17.92%	12	250000000	商业借贷：企业扩张	100.00%	- Fundied

资料来源：Koinworks 官网。

（2）教育贷款标的

教育贷款标的投资列表（示例）如下，贷款客户主要来自教育培训机构，如 HackTivb、G'LORIA、IDS、DIGITALMAKETER 等。

表 4-34　　　　　　　　教育贷款标的投资列表

状态	◆评级	◆期数	◆金额	◆借贷目的	已募资（%）	剩余时间/金额
已募资	A 5 12.85%	G6+6	20000000	教育贷款	100.00%	- Fundied

资料来源：Koinworks 官网。

（3）健康贷款标的

健康贷款标的投资列表（示例）如下，客户主要来自医院、牙科所等机构，如 KMN、SmileXpress、RS PREMIE 等。

表 4-35　　　　　　　　健康贷款标的投资列表

状态	◆评级	◆期数	◆金额	◆借贷目的	已募资（%）	剩余时间/金额
已募资	B 3 23.05%	12	21000000	健康贷款：视力治疗费用	100.00%	- Fundied

资料来源：Koinworks 官网。

平台每次自动扣除借款人成功还款的 1%。平台根据标的等级设置不同的投资利率。

	A	B	C	D	E
年化实际利率*	15%～19%	19%～24%	24%～29%	29%～34%	34%～38%

资料来源：Koinworks 官网。

4. 安全及风控建设

（1）建立平台风控等级系统

Koinworks 对每笔贷款采用风控评级，共分为 A、B、C、D、E 五级，每级下面分 5 个层次，分为 A1～E5 共 25 类评估级别，风险依次增加。一方面不同的级别对应不同的利率，实现对风险定价；另一方面，依据贷款级别设立准备基金，贷款级别越低，风险越高，赔付比例越低。

（2）初步建立贷款评估体系

主要采用三大手段：①多维度数据交叉验证，包括企业财务信息、助贷材料、申请人的财务记录、在线行为信息、贷款公司的品牌声誉及消费者关系、企业主的社交活动、平台合作商、第三方厂商及逻辑检验；②人工审核及检验，包括电话访问、业务合作方核验、实地拜访等；③其他评估手段，包括行业趋势、Koinworks 的贷款组合评估体系等。

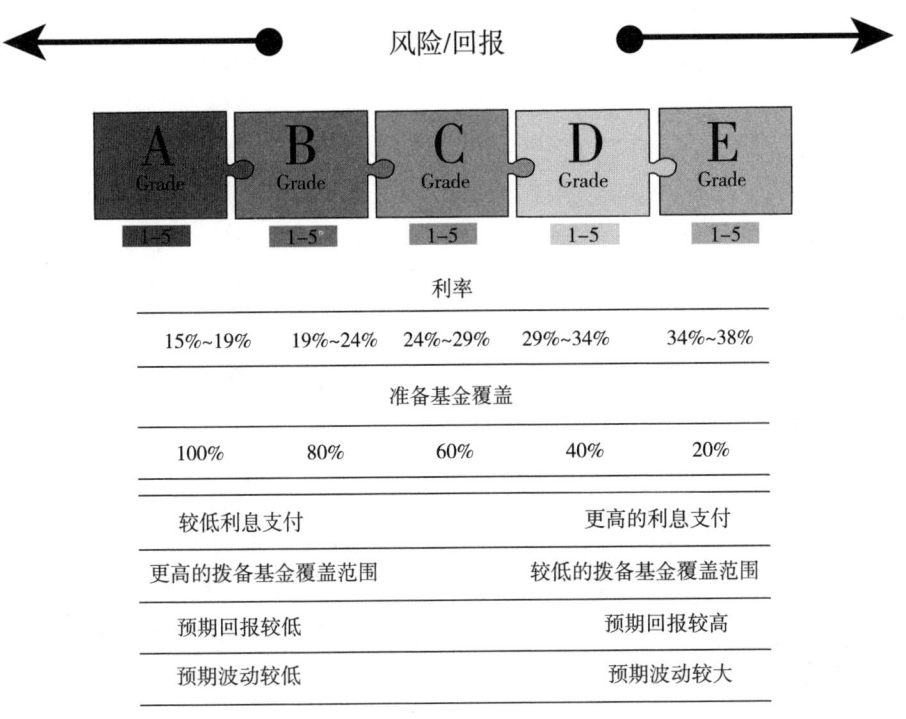

资料来源：Koinworks 官网。

图 4-4　平台风控等级

（3）建立风险准备金制度

依据贷款风险评估体系，对应不同的风险等级进行不同比例的赔付标准，确保投资人的风险。

5. 外部合作

目前 Koinworks 仍处在平台发展初期，贷款业务来源一方面为客户自主上线借贷；另一方面通过外部渠道平台合作获取，如通过 Lazada、Tokopedia、Bhinneka 等电商平台获取商业贷款，与 Binus 在线学习等机构合作的教育贷款，与 KNM 医疗等机构合作的健康贷款。

三、国内企业进入印度尼西亚网贷市场情况

由于国内网贷市场已经日趋成熟，不少网贷巨头以及一些创业团队将目光瞄向了东南亚地区。据了解，目前在印度尼西亚已经开展业务的有闪银（Tunaikita）、明特量化、掌众金融，已注册企业或在筹备中的有你我贷、凡

普金科、拍拍贷等。中国创业团队有 Rupiah Plus、印飞科技（Go Rupiah）等，都是现金贷公司，做手机线下分期和消费分期的有唐牛科技（Tangbull, Oppo 参股）和 Akualaku。

其中，闪银 Tunaikita 和 Rupiah Plus 是仅有的两家在 OJK 注册的公司，其他已注册的公司都是印度尼西亚当地的平台。但申请排队的有不少也是中国企业做的印度尼西亚 App。据悉，闪银在印度尼西亚是采用了与当地资本 JAS Kapital 及 Kresna Usaha Kreatif 合资的方式。

总体来看，印度尼西亚作为东南亚最大人口以及全球第四大人口的国家，经济发展也较好。印度尼西亚的互联网渗透率高达 46%，智能手机占比 20%，具备了一定的金融科技发展的基础。此外，互联网支付的发展也为网络借贷业务的发展奠定了基础。目前来看，网贷监管政策已经明确，政府也在鼓励这个领域的发展，但必须是正规注册获得牌照的机构。网贷行业处于快速发展阶段，市场依然需要培育，尤其是在线支付和投资人教育等方面，还处于较为早期的状态。需要提示的是，网贷行业相关的政策风险较大，还没有在 OJK 正式注册的企业应该特别重视牌照和法律合规性，对于政府后续的态度和出台的政策要密切关注。

第六节　印度尼西亚支付行业

一、支付监管情况

（一）印度尼西亚央行对支付采取牌照准入管理

只有本国人或持工作签证的外国人才可以在印度尼西亚的银行开立账户，每个银行都会在开立账户时给客户提供一张 ATM 卡，ATM 卡与银行账户绑定，可在本行的 ATM 提现。但在之前，A 银行的 ATM 卡是不可以去 B 银行的 ATM 上取现的。因为银行是属于不同财团的，很多都是私人银行，银行间相互垄断，拒绝互通支付结算。为了打破僵局，出现了银行间组织，在同一个组织下的银行账号可以相互转账，并且一家银行的 ATM 卡可在同一银行组织下的其他银行的 ATM 上跨行取现。目前，印度尼西亚四个较大的银行间组织，覆盖了印度尼西亚绝大多数银行。印度尼西亚的 ATM 卡是不能够在 POS 机刷卡支付的，印度尼西亚的 POS 机目前主要支持 VISA 和 MasterCard 两个卡组织的卡,支持银联卡的较少。因此,只有部分银行给客户发行 VISA 或者 MasterCard 的借记卡或贷记卡,其中,借记卡和贷记卡的使用方式与国内的一致,同时,借记卡和贷记卡均可以作为 ATM 卡使用(但跨行 ATM 提现操作还是需要看发卡行和 ATM 银行是否在同一银行组织)。借记卡在 ATM 提现则直接扣除银行账户中的存款,贷记卡提现则等同于国内的信用卡取现,扣除贷记卡的授信额度。

印度尼西亚支付行业的监管机构为印度尼西亚央行(Bank of Indonesia,BI)。BI 对支付系统主要颁发五类许可牌照:

- 信用卡许可证(共发放 34 张,被禁 2 张);
- ATM/借记卡许可证(共发放 120 张,被禁 3 张);
- 汇款许可证(共发布 141 张,被禁 0 张);
- PTP 许可证(共发布 11 张,被禁 0 张);
- 电子货币交易许可证(共发布 35 张,被禁 0 张)。

以上数据截至 2018 年底,信用卡和 ATM/借记卡主要由银行取得,电子货币许可证由银行/非银机构拥有,PTP 许可证主要针对网络运营商,汇款许可主要针对非银机构发放。截至 2018 年底,印度尼西亚央行共发放 35 张电子货币许可证牌照(见表 4 - 36)。其中,银行和电信运营商占大部分。

表 4 - 36 取得电子货币许可的机构

	电子货币机构	许可证生效时间	应用产品名称
1	PT Artajasa Pembayaran Elektronis	November 21st 2012	MYNT E - Money
2	PT Bank Central Asia Tbk	July 3rd 2009	Sakuku
3	PT Bank CIMB Niaga	March 27th 2013	Rekening Ponsel
4	PT Bank DKI	July 3rd 2009	Jakarta One (JakOne)
5	PT Bank Mandiri (Persero) Tbk	July 3rd 2009	Mandiri e - Cash
6	PT Bank Mega Tbk	July 3rd 2009	Mega Virtua
7	PT Bank Negara Indonesia (Persero) Tbk	July 3rd 2009	UnikQu
8	PT Bank Nationalnobu	April 29th 2013	Nobu e - Money
9	PT Bank Permata	January 23th 2013	BBM Money
10	PT Bank Rakyat Indonesia (Persero) Tbk	December 29th 2010	T bank
11	PT Finnet Indonesia	June 1st 2012	FinnChannel
12	PT Indosat, Tbk	July 3rd 2009	PayPro (d/h Dompetku)
13	PT Nusa Satu Inti Artha	March 25th 2013	DokuPay
14	PT Skye Sab Indonesia	July 3rd 2009	Skye Mobile Money

续表

	电子货币机构	许可证生效时间	应用产品名称
15	PT Telekomunikasi Indonesia, Tbk	July 3rd 2009	Flexy Cash
16	PT Telekomunikasi Seluler	July 3rd 2009	T-Cash
17	PT XL Axiata, Tbk	March 29th 2011	XL Tunai
18	PT Smartfren Telecom Tbk	June 16th 2014	Uangku
19	PT Dompet Anak Bangsa (d/h) PT MVCommerce Indonesia	September 29th 2014	Gopay
20	PT Witami Tunai Mandiri	January 5th 2015	Truemoney
21	PT Espay Debit Indonesia Koe	July 20th 2016	Dana (d/h Unik)
22	PT Bank QNB Indonesia Tbk	March 1st 2017	Dooet
23	PT BPD Sumsel Babel	April 4th 2017	—
24	PT Buana Media Teknologi	May 29th 2017	Gudang Voucher
25	PT Bimasakti Multi Sinergi	June 14th 2017	Speed Cash
26	PT Visionet Internasional	August 22nd 2017	OVO Cash
27	PT Inti Dunia Sukses	October 10th 2017	iSaku
28	PT Veritra Sentosa Internasional	June 1st 2018	Paytren
29	PT Solusi Pasti Indonesia	July 20th 2018	KasPro (formerly PayU)
30	PT Bluepay Digital Internasional	August, 8th 2018	Bluepay Cash
31	PT Ezeelink Indonesia	August 8th 2018	Ezeelink
32	PT E2Pay Global Utam	September 4th 2018	M-Bayar
33	PT Cakra Ultima Sejahtera	November 5th 2018	DUWIT
34	PT Airpay International Indonesia	November 28th, 2018	SHOPEEPAY
35	PT Bank Sinarmas Tbk	December 6th, 2018	Simas E-Money

资料来源：印度尼西亚央行官网。

（二）政府鼓励民众使用移动支付

一方面，由于线下纯现金交易，政府监管不到，容易滋生漏税、洗黑钱和腐败等问题，另一方面，民众对于互联网认知不足，担心资金及个人信息安全，大多数民众更愿意采用现金交易。

目前，印度尼西亚移动支付工具包括银行卡、信用卡、手机银行、电子钱包及第三方支付App等。为鼓励人们使用移动支付工具，在2014年8月，印度尼西亚央行推行了一项名为"国家非现金运动倡议"（GNNT）的活动，旨在提高人们对使用移动支付工具好处的认识。为响应印度尼西亚央行的

"非现金使用"活动,包括中亚银行(BCA)、曼迪利银行(Mandiri)和印度尼西亚国家银行(BNI)等多家金融机构,都推出了各自的卡式电子支付工具,用户在公共交通、加油站或商场均可消费。另外,印度尼西亚央行还在2016年10月下发文件,将移动支付工具在线转账额度上限,由之前的500万印度尼西亚卢比提升至1000万印度尼西亚卢比。

二、印度尼西亚主要的直接支付方式

(一)运营商支付

运营商支付是指用户通过手机预充值费用进行消费支付。用户选择商品后,一般会收到运营商短信,短信中含有一个验证码,用户在App或游戏界面中填入验证码(或回复短信),即可完成支付,多用于游戏、音乐和视频等小额购物中,不能用于实物网购。由于印度尼西亚手机入网卡大多为预付费账户,因而该种方式的坏账风险较低,同时是全国最贵的支付方式。

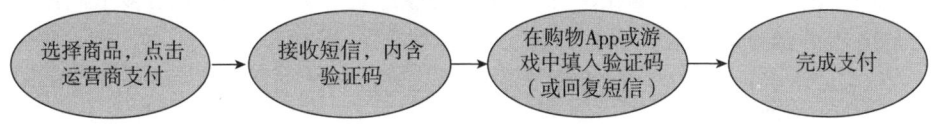

资料来源:公开资料。

图4-5 印度尼西亚运营商支付流程

目前,印度尼西亚运营商均支持该种支付,其中主要有Telkomsel、Indosat、XL Axiata三家。据2015年CIMIA公布的数据,在印度尼西亚通信市场上三者合计超过80%,其中Telkomsel为44.5%,Indosat为20.8%,XL Axiata为16.29%。

(二)银行转账支付

目前,在印度尼西亚银行转账一般有三种方式:ATM转账、移动银行App转账、银行网银转账。

1. ATM转账

用户网购中选择ATM方式支付,然后到线下ATM转账,即可支付。印度尼西亚自动取款设备超过100000多台,除各大银行ATM外,有三大ATM设备商,即Bersama、Primo和Alto。

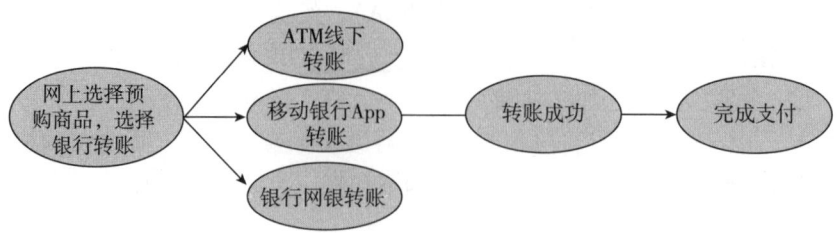

资料来源：公开资料。

图 4-6 印度尼西亚银行转账流程

2. 移动银行 App 转账

如 BCA、Mandiri、CIMB、BNI、SMS 等均推出了银行 App 应用。

3. 网银转账

如 BCA 的 KlikBCA、Mandiri 的 ClickPay、CIMB 的 CIMB Clicks 等。主要通过访问第三方网站、网银登录、输入物理适配器发出的一个或多个问题码（必须）进行验证交易。

（三）信用卡支付

印度尼西亚信用卡持有率较低，另外，为防止信用卡债务泡沫破裂，印度尼西亚央行从 2015 年开始对信用卡申请者实施了较严的经济资格审查。规定只有年龄大于 18 岁、月均收入超过 300 万印度尼西亚卢比的用户，才有资格申请信用卡，其中，收入在 1000 万印度尼西亚卢比以下的民众只能拥有两张卡，收入在 1000 万印度尼西亚卢比以上的民众最多只能持有三张卡，而且信用卡合并额度不得超过其月薪的三倍。

（四）电子钱包支付

印度尼西亚电子钱包发行机构有运营商、银行及第三方机构，机构需在印度尼西亚央行取得电子货币许可证，电子钱包可用于直接购买实物商品及给虚拟卡充值。目前，印度尼西亚电子钱包支付市场尚未有一家领先者。印度尼西亚调查机构 JAKPAT 的调研显示，超过 60% 的用户选择通过 ATM 与线下便利店向电子钱包充值。

表 4-37 印度尼西亚电子钱包支付参与主体

机构类别	部分发行机构	电子钱包
银行	Mandiri 银行	Mandiri 银行推出三种电子钱包：Indomaret Card（用于购物）、GazCard（用于加油）、E-Toll（用于高速公路收费）
	BNI 银行	Tap Cash：推出于 2014 年，截至 2016 年 2 月已发出 35 万张 Tap-Cash 卡
	BCA 银行	BCA Flazz 是 BCA（中亚银行）银行推出的，目前支持包括公共交通、书店、商场、娱乐场所等多个场景进行支付消费
运营商	Telkomse	T-Cash 是 Telkomse 推出的通过 NFC 技术进行支付的电子货币服务
	XL	Tunaiku 是 XL 公司于 2012 年推出的电子钱包，到 2015 年底，Tunaiku 的用户达到 170 万人
	Doku	Doku 于 2013 年 4 月推出，截至 2016 年 10 月，Doku 注册用户达 136 万人，注册商户 2 万多家。用户通过 Doku Wallet 可支付水电费、保险费、电视订阅费、话费，甚至还可以在印度尼西亚连锁商店 Alfamart 提取现金
第三方机构（网约车、支付公司）	Go-Jek	Go-Pay 为印度尼西亚的网约车机构 Go-Jek 推出了一款电子钱包，可以让用户在应用程序上存储一定额度以供乘车或是购买其他产品
	DOKU	DOKU 推出的电子钱包，目前在印度尼西亚的发达城市应用广泛，支持银行卡、信用卡、便利店、手机银行等方式进行充值
	PayPal	PayPal 是目前全球最大的在线支付提供商，PayPal 作为电子钱包只有基本的付款与收款功能，收款、提现都要收费

资料来源：相关新闻网站及机构官网。

三、印度尼西亚第三方支付发展状况

（一）消费场景下印度尼西亚第三方支付服务

根据我国《非金融机构支付服务管理办法》中对于第三方支付定义及分类规定，我国第三方支付包括网络支付（包括货币汇兑、互联网支付、移动电话支付、固定电话支付、数字电视支付等）、预付卡发行与受理、银行卡收单（包括销售点 POS 终端、转账 POS、电话 POS、多用途金融 IC 卡支付终端、非接触式接受银行卡信息终端、有线电视刷卡终端、自助终端等类型）等。

由于印度尼西亚民众拥有银行卡数量较少，受限于网络环境、技术手段等原因，第三方支付业务起步较晚，发展较慢，已有支付服务主要存在于网络实物购物、网上数字产品购买等消费场景。

表4-38　　　　　　　　　第三方支付机构服务场景

消费场景	第三方支付机构的服务
游戏、音乐等数字产品	预充值卡/虚拟货币
网络实物购买	第三方支付服务（与银行合作的网关支付）/电子钱包

资料来源：公开资料。

1. 第三方支付产品

在购买数字虚拟产品中，代表性的支付机构有 Indomog、Unipin、MOL、CodaPay、Game-On 等，如表4-39所示。

表4-39　　　　　　　　　代表性支付机构及主要服务

平台	成立时间	主要服务
Indomog	2008年	（1）Mogplay 点卡。Mogplay 点卡在印度尼西亚可以购买所有游戏等数字内容并且还有充值折扣 （2）平台合作联名充值卡。目前，Indomog 与 Facebook、Steam 等大型平台合作发行联名卡，如 Facebook Game Card 卡，可在实体零售店充值 （3）Indomog 券。可在各种实体店购买（便利店 7-11、Alfamart 零售店、家乐福、网吧等）。Indomog 券用途广泛，可用于游戏充值、网购支付、音乐和其他数字产品购买、电费和电话费充值等日常消费
Unipin	2010年	（1）UniPin Credits。UniPin Credits 为 UniPin 的网络虚拟货币，简称 UC，1 UC = 1 IDR，用户可通过线下购买、网上银行、信用卡、ATM 转账、SMS 等进行充值 （2）UniPin Wallet（UniPin 电子钱包）。用户需先注册 Unipin 账号，通过现金充值 UC 账户，再利用 UC 余额转入钱包，充值成功，便可使用电子钱包 （3）Ipayment。IPayment 主要是针对大额支付的，支付金额在 10 万~500 万 IDR 之间。用户可在印度尼西亚的 Indomaret 便利店购买充值 （4）其他充值方式，如运营商代付。用户可通过预付手机号话费的形式对 UniPin 账户进行充值

续表

平台	成立时间	主要服务
MOL	2000年	（1）0MOLPoints。属于MOL点卡支付，是MOL自己发行的点卡可购买在线游戏内容，包括Facebook游戏卡 （2）MOLPay是MOL的在线支付服务，主要支持银行卡、信用卡、网银支付 （3）MOL-Wallet。用户可以通过MOLWallet进行移动支付处理和在线转账。MMOG.asia是在线游戏门户；MOLWallet是在线移动支付系统；MOLReloads是POS机终端充值
CodaPay	2011年	提供各类充值方式，包括运营商代扣（Telkomsel、Indosat）、银行/ATM转账（所有银行以及移动银行应用）、便利店现金支付（Alfamart、Lawson、7-11等）
Game-On	2003年	Game-On是LYTO（PT. Lyto Datarindo Fortuna）公司旗下支付平台，是印度尼西亚最有名的游戏支付渠道品牌之一，Game-On预付费卡目前覆盖印度尼西亚超过20000家网吧和10000家便利店使用
Gudang Voucher（GV）	2004年	GudangVoucher（GV）是一种小额支付渠道，可通过线上转账、线下零售店充值，进行游戏点卡购买。服务包括：电子优惠券、电子发票、电子销售码、产品秘钥等

资料来源：相关机构官网。

2. 网络实物购物中，第三方支付机构多采用网关支付模式

近年来，印度尼西亚电商市场增长潜力巨大，物流和支付仍是制约因素。据麦肯锡最新数据预测，到2020年，印度尼西亚实物商品的线上销售额预计将增长逾8倍，达到650亿美元。目前，印度尼西亚的主要电商平台有Lazada、Okopedia、Shopee、Indonesia、Zalora、WOOK、Blibli等。然而，由于印度尼西亚城市建设和基础设施较为薄弱，加之由众多分散岛屿组成，物流成本较高，快递周期长；网速较慢，同时60%以上的民众无银行账户，民众对网络支付有顾虑，当前印度尼西亚电商环境与中国10年前类似，尚处于电商发展的初级阶段，物流和支付是印度尼西亚电商发展的两大难题。

目前，印度尼西亚第三方支付机构多采用支付网关模式，即通过和银行的支付接口进行连通传输交易数据，支持居民在线交易。印度尼西亚常见的网关支付的第三方支付公司主要包括：DOKU、MOPAY、IPaymu、Midtrans、

TrueMoney、FinPay、KasPay、FirstPay 等。

表 4-40　　印度尼西亚部分第三方支付机构主要服务

机构	主要服务
DOKU	DOKU 成立于 2007 年，是印度尼西亚首个在线支付服务商，2012 年 DOKU 便获得电子货币许可证，目前与印度尼西亚主流银行连通，支持绑定信用卡、银行，同时作为电子钱包，支持多种线上线下方式充值，并支持多种货币结算。经过近年来快速发展，DOKU 已经成为印度尼西亚领先的在线支付解决方案提供商之一
MOPAY	MOPAY 隶属于德国 MindMatics AG 公司旗下，目前在 10 个国家设有各级分支机构为全球客户提供服务。2013 年进驻印度尼西亚，通过与印度尼西亚运营商的合作，用户可直接通过其手机话费、座机话费或宽带账户轻松完成在线支付
FinPay	专注印度尼西亚医疗支付服务，包括分期贷款支付、第三方支付服务（信用卡、借记卡、支票等）等
IPaymu	服务主要由借记卡、信用卡等支付，支持 137 家银行，特色服务为货到付款（COD）支付服务
Midtrans	服务包括信用卡支付（VISA/万事达卡/JCB/美国运通卡等）、银行转账（ATM 转账，包括 Bersama/Prima/Alto）、网银支付（mandiri clickpay、CIMB clicks、BRI e-Pay、BCA ClickPay）、电子钱包（GO-Pay、T-cash 等）、便利店支付（Indomaret 网点）
TrueMoney	东南亚知名的支付公司，总部在泰国，服务包括电子钱包、网银转账支付、跨境汇款、货到付款支付服务等
KasPay	KasPay 是印度尼西亚最大的网络社区论坛 KasKus 推出的支付服务，功能类似于电子钱包，用户需向 KasPay 虚拟账户充值进行支付，支持 BCA、Mandiri 等银行转账充值，可用于 KasKus 论坛消费及网站合作商家消费
FirstPay	服务包括 E-AVS、信用卡支付、电子钱包支付、虚拟账户充值支付等

资料来源：相关机构官网及公开资料。

（二）融资情况

近期，印度尼西亚支付领域融资情况如表 4-41 所示。

表 4-41　　　　　　　印度尼西亚支付领域融资情况

机构	时间	融资阶段	投资人	金额	企业概况
Cashlez	2017-07-18	种子轮	印度尼西亚曼迪利银行旗下风投机构 Mandiri CapitalIndonesia（MCI）领投，其他投资人包括 Gan Kapital 等	200万美元	致力于提供支付解决方案，包括全认证银行卡支付网关、商家报告工具等；自2016年成立以来，Cashlez 的合作商家已经超过了1000家，大多属于零售业和旅游业
Ayopop	2017-04-04	种子轮	GREE Ventures 领投，参投方包括 Sandeep Tandon、印度移动支付平台 Founder of FreeCharge 及一批天使投资人	100万美元	该公司成立于2016年，旨在通过移动应用 App 简化公共事业缴费流程，用户可以通过 Ayopop 应用支付电费、水费、互联网和电视费用、移动订阅费用等

资料来源：公开资料，嘉银新金融研究院整理。

四、第三方支付公司案例——DOKU

DOKU 成立于2007年，以电子支付技术服务为业务起点，是印度尼西亚第一家电子支付服务商，并于2012年12月取得电子货币许可证，是为数不多的获取到该牌照的非银行机构。2013年4月，发布 DOKU（电子钱包）。DOKU 代表了当前印度尼西亚第三方支付主流发展模式即"支付网关＋电子钱包"模式。经过多年发展，DOKU 已经成为知名在线支付解决方案的服务商之一。

（一）向消费者提供第三方支付及电子钱包服务

DOKU 用户可以通过 DOKU 支持的银行，通过 DOKU 第三方网关支付功能，以银行账户资金进行账单支付、网络购物、跨行转账、手机账单支付等交易。另外，消费者还可以使用 DOKU（电子钱包）进行消费，用户通过网页注册 DOKU 账号，获取 DOKU ID；向 DOKU 账户充值（ATM、银行/网银转账、便利店等）登录 DOKU，在 DOKU 合作商家中进行交易消费。目前，DOKU（电子钱包）支持的充值方式见表 4-42。

表4-42　　　　　　　　　　DOKU 支持的银行

类别	机构	ATM	网银	手机银行
银行	Bank Mandiri	√	√	√
	Bank Permata	√	√	√
	BCA	√		√
	BRI	√	√	√
	CIMB Niaga	√	√	√
	Bank Danamon	√		
	Bank Panin	√		
	Maybank	√		
	BTN	√		
	Bank Lainnya	√		
线下便利店	Alfamart、Alfamidi、Alfa Express、DAN + DAN、Lawson outlet、7-11 等			

资料来源：DOKU 官网，嘉银新金融研究院整理。

DOKU（电子钱包）收费标准如表4-43 所示。

表4-43　　　　　　　　　　DOKU 收费标准

机构	费用（每笔）
银行充值	免费（银行根据转账收费细则进行收费）
柜台充值	2500 印度尼西亚卢比
柜台取现	3500 印度尼西亚卢比
转到银行账户	6500 印度尼西亚卢比
转到 DOKU 账户	免费
购买和卖出	无，按售出或购买方规则
合作商场消费	免费
网络购物	免费
存储理财	免费

资料来源：DOKU 官网，嘉银新金融研究院整理。

DOKU 成立较早，与印度尼西亚主流银行进行网关直连。目前 DOKU 的用户群体主要集中在雅加达周边的发达城市，以年轻群体居多，凭借着广泛的合作网络，嵌入消费场景，具有支付便利、费用低廉的特点，用户规模不断增长。DOKU 在印度尼西亚的注册用户达到约 200 万，大部分集中在雅加达、泗水和棉兰等印度尼西亚经济比较发达的城市，使用群体以 18~34 岁的年轻人为主。印度尼西亚政府规定支付机构不参与基金营运,于是 2016 年 DOKU 通过与印度尼西亚有资质的金融机构——Bareksa 合作,推出了类似"余额宝"的功能,起投金额则定在 10 万印度尼西亚卢比,年化收益率高达 8.5%,这一数字要远高于印度尼西亚各大银行 4.5%~6.5% 的一年期存款利率。

(二)向商家提供灵活、综合化支付解决方案

DOKU 向商家提供 4 种服务方式即付款链接、电子发票、WEB 及手机应用。

表 4-44　　　　　　　　　　DOKU 提供的四种服务

	付款链接 通过社交媒体,论坛或社交软件付款	电子发票 提交您的发票,并通过电子邮件收到付款	WEB 为您的网站的支付解决方案	手机应用 手机 App 的支付解决方案
应用环境示例	社交媒介、社交软件	电子邮件:通过电子邮件发送发票,发票中包含付款链接	台式电脑和智能手机浏览器	IOS 和 SDK Android
是否集成服务	否	否	是	是
付款页面	DOKU	DOKU	DOKU 或合作商	合作商
资金管理	通过 DOKU 托管账户或商家自主管理			
后台管理	全面的后台管理,具有分析功能、设置和报告功能			
价格	没有设置月租费,按每笔成功交易计费			

资料来源:DOKU 官网,嘉银新金融研究院整理。

依据商家选择的付款组合,DOKU 收费服务为:

表 4-45　　　　　　　　　　DOKU 收费标准

付款组合	费用(每笔)
信用卡支付 + DOKU(电子钱包)	3% + 2500 印度尼西亚卢比(DOKU 收取)
虚拟账户	4500 印度尼西亚卢比
网银 + DOKU	Bank Fee + 2500 印度尼西亚卢比(DOKU 收取)
便利店	5000 印度尼西亚卢比
电子货币	2%
Mandiri 银行账单支付	5000 印度尼西亚卢比

资料来源:DOKU 官网,嘉银新金融研究院整理。

DOKU 支持信用卡、电子钱包等多种付款方式。

表 4-46　　　　　　　　DOKU 支持的付款方式

类别	内容
信用卡	VISA　MasterCard　JCB
电子钱包	DOKU
便利店支付	Alfamart　Alfamidi　AMC
网银	mandiri　PermataNet　BCA KlikPay
银行转账	PRIMA　ALTO　ATM BERSAMA　mandiri　BCA　PermataBank　Bank Sinarmas

资料来源：DOKU 官网，嘉银新金融研究院整理。

DOKU 合作机构覆盖了多数的线上 + 线下商家及银行，由于收费合理、服务便捷，目前已与肯德基、Line、速卖通、Spotify 和 Lazada 等 22000 多家商家实现合作。

五、国内企业进驻印度尼西亚支付市场情况

随着印度尼西亚互联网、金融环境的改善，国内支付机构主要以 BAT 为代表，率先加快对印度尼西亚支付市场布局。

表 4-47　　　　　国内企业进驻印度尼西亚支付市场情况

机构	进驻情况
阿里巴巴	(1) 2015 年，阿里巴巴与 DOKU 签署协议，快速跟踪和简化印度尼西亚客户的付款。 (2) 2016 年，阿里巴巴收购东南亚最大电商 Lazada 的控股股份，并为其增资 10 亿美元，而该公司的主要市场正是印度尼西亚。 (3) 2017 年 7 月，相关报道，阿里巴巴再次向东南亚电商平台 Lazada 投资了 10 亿美元，将其所持 Lazada 股份从 51% 提高到 83%。同时，阿里巴巴控制东南亚 Lazada 下属支付平台 HelloPay。2017 年，HelloPay 与蚂蚁金服旗下支付宝合并，成立 ALipay，试图将支付宝扩展到东南亚地区。 (4) 蚂蚁金融服务集团宣布将与印度尼西亚 Emtek 集团（Elang Mahkota Teknologi）成立一家合资公司，共同开发移动支付产品，为当地用户提供数字金融服务

续表

机构	进驻情况
腾讯	（1）2013年，腾讯与印度尼西亚最大的媒体集团PT Global Mediacom组建了一家合资公司，目的是在印度尼西亚市场上推广微信，进一步拓展当地社交媒体市场，未来有望在印度尼西亚拓展微信支付。 （2）2017年7月，据印度尼西亚媒体报道，腾讯投资1亿至1.5亿美元入股印度尼西亚网约车巨头Go–jek，旨在进入东南亚手机终端服务市场。而Go–Pay为GO–jek旗下支付平台

资料来源：公开资料，嘉银新金融研究院整理。

当前，由于印度尼西亚居民持卡率不高、线下支付的便捷性，使得印度尼西亚支付市场仍以线下支付为主，网购支付更多采用"线上选购＋线下支付"的方式进行，即线上创建的订单，线下通过便利店现金充值支付、ATM转账或货到付款。其中，小额支付主要是靠手机运营商代扣；稍大金额的购物，就会线上创建订单，然后线下去便利店现金充值、ATM付款或选择货到付款。

第三方支付/移动支付在印度尼西亚尚处于发展初期，牌照门槛较高，多采用与银行网关支付联通方式开展支付服务，同时业务模式较综合，多提供符合印度尼西亚网购消费习惯的综合支付解决方案。近年来，不断有新的支付机构出现，据不完全统计，目前印度尼西亚支付服务机构有80~100家，不同于中国，行业内尚未形成"独角兽"式竞争态势。随着近年来，印度尼西亚经济发展，网络基础设施改善，政府鼓励移动支付以及民众理念提升，印度尼西亚有望在移动支付上取得突破，未来印度尼西亚支付市场前景巨大。

第七节　印度尼西亚征信行业

一、征信行业介绍

印度尼西亚信用信息局有债务人信息系统（SID），可以显示过去24个月内个人债务的历史信息，包含了身份信息、融资的抵押物、担保人和还款情况。数据来源于信用信息局的所有成员单位，它们每月需要上报数据。信用信息局成员包含了两大类：第一类是必须上报数据的机构，如商业银行、满足一定条件的农村银行、信用卡提供商等，有120家机构数据。第二类是自愿的会员单位，如非银行金融机构、储蓄和贷款合作社等，有1000多家机构数据。此外，还有潜在成员单位，需要满足以下条件：获得BI的批准；有足够的基础设施，能满足SID接入要求；与债务人信息系统签署协议；等等。

印度尼西亚的银行和非银行贷款公司及合作社等基本上都接入了央行的征信系统，但是，由于印度尼西亚本身拥有银行账户的人就不多，而信用卡账户人群更是只有3%，因此征信数据的覆盖人群极少。

Pefindo信用局是多方组建的一家征信公司，其拥有银行和贷款公司相关数据，也有其他如电信、法院、信息安全、税务部门、人口注册部门等相关数据，但比较分散也不一定齐全，可以提供查询数据、身份认证及信用报告的服务。同时，印度尼西亚的证件造假成本低，使得欺诈也较为容易。因此，印度尼西亚的征信业还远远不够成熟。

二、征信案例分析——Pefindo信用局

（一）公司简介

Pefindo信用局是一家做征信业务的私营企业，最初由PT PEFINDO（Pemeringkat Efek Indonesia）于2014年开始筹备，2015年获得由监管机构印度尼西亚金融服务管理局（Financial Services Authority，OJK）、印度尼西亚中央银行（Indonesian Central Bank，BI）先后颁发的资本牌照、运营牌照，2015年11月开始运营，并于2017年3月27日开始全面运营，为各类机构、个人、中小企业提供广泛的征信服务。公司是印度尼西亚金融科技协会的会员。据报道，Pefindo信用局的注册资本为2000亿印度尼西亚卢比，实缴注册资本达到1000亿印度尼西亚卢比，远高于印度尼西亚中央银行对征信公司要求的最低注册资本500亿印度尼西亚卢比。

征信公司在印度尼西亚通常被称为Credit Bureau或LPIP（Lembaga Pengelola Informasi Perkreditan），印度尼西亚央行将其定义为搜集和处理信用数据、其他数据以提供征信信息的机构或实体。依据印度尼西亚中央银行2013年发布的第15号监管规定（Regulation number 15/1/PBI/2013），征信公司必须满足以下条件：

- LPIP必须是有限责任公司；
- 最低注册资本是500亿印度尼西亚卢比；
- 任何一位股东最大持股比例不能超过51%；
- 必须是印度尼西亚的法人实体才能成为LPIP的股东。

基于上述规定，Pefindo信用局有多个股东，包括PEFINDO、Pegadaian、

APPI、Telkomsigma、CIC、PT TASPEN（PERSERO），具体如图 4-7 所示。

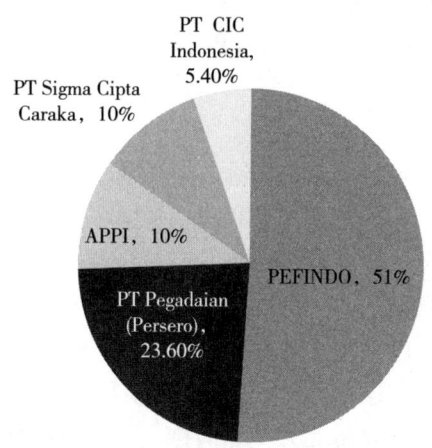

资料来源：公司官网，嘉银新金融研究院整理。

图 4-7 PEFINDO 股权分布

大股东 PEFINDO 是印度尼西亚历史最悠久的独立信用评级机构，成立于 1993 年，在日本产业经济省的帮助下，PEFINDO 与印度尼西亚中央银行合作共同制定了印度尼西亚私人征信公司的监管规定，目前为超过 500 家公司、印度尼西亚地方政府、在印度尼西亚股票交易所挂牌上市的债务工具进行信用评级。PEFINDO 自身拥有强大的股东背景，截至 2017 年 6 月，其拥有代表印度尼西亚资本市场的 86 位股东，其中证券公司 54 家、养老基金 22 家、保险公司 7 家、商业银行 2 家、股票交易所 1 家。PT Pegadaian 是一家国有的当铺，APPI 即印度尼西亚金融企业协会（the Indonesian Financing Firms Association），PT Sigma Cipta Caraka 是国有电信公司 PT Telkom 的子公司，PT CIC Indonesia 是日本最大的私营征信公司 CIC 在印度尼西亚的子公司。可见，Pefindo 信用局的股东来源于多种行业和多类机构，拥有丰富的资源和较为强大的实力。

Pefindo 信用局的战略合作伙伴是 CREDITINFO，这是一家较为有名的信用信息、风险管理服务商，在印度尼西亚拥有超过 25 家分支机构，CREDITINFO 所属的集团公司成立于 1997 年，已经成为其业务领域内增长最快的公司之一。通过公开信息，除了公司股东、CREDITINFO 为 Pefindo 信用局提供数据、服务外，还从其他企业、政府机构等获得用于征信的数据，如国有电力公司 PT PLN、PDAM（一家地方水务公司）、印度尼西亚信贷联盟（credit union）、内务部、司法部、税务总局、财政部。其实，这也符合印度尼西亚中央银行 2013 年的监管规定，即征信公司的数据来源应包括信贷数据、来自金融机构和非金融机构的其他数据。

综上所述，Pefindo 信用局不是一家纯粹的私营企业，而是公共私营合作制企业（public – private partnership，PPP）。

（二）主要产品

据统计，印度尼西亚目前总人口达 2.64 亿人，是继中国、印度、美国之后的世界第四人口大国，2017 年人均 GDP 达到 3847 美元。随着印度尼西亚经济的快速发展，信用在市场经济的作用日益凸显，存在巨大的征信需求。印度尼西亚中央银行统计数据显示，印度尼西亚的银行本外币消费贷款余额从 2011 年的 685 万亿印度尼西亚卢比增长至 2017 年 7 月的 1307 万亿印度尼西亚卢比，呈现一路快速上涨态势。在这种背景下，以前由银行垄断的征信业务在逐步放开，征信市场化趋势显现，Pefindo 信用局适时推出了相应的征信产品和服务以满足市场需求。官网显示，公司目前主要有四种产品：信用评分和信用报告（PEFINDO Score & Report）、信用预警（PEFINDO Alert）、信用分析（PEFINDO Profiling）、电子身份检测（Electronic PEFINDO Identity Check）。

表 4 – 48　　　　　　　　　　　Pefindo 主要产品及用处

	产品特点	主要用处
信用评分和信用报告	适用对象：个人或企业； 对多种渠道获得的被评估对象的金融和非金融数据输入数学模型，计算得出信用分，区间为 0 ~ 1000 分，分数越高，信用越好； 综合性的征信报告包括以下信息：1. 被评估者的基本信息；2. 借贷及其他债务；3. 银行贷款及其他金融债务偿还情况；4. 信用分	1. 有助于信用分析和借贷流程自动化和简单化； 2. 获得能够反映债务人风险水平的综合性信用信息和信用分； 3. 风险定价
信用预警	自动通知信用预警订阅者关于其信用数据或客户组合相关重要事件的关键变化； 对不属于订阅者的客户组合中的客户监控将被严格禁止； 信用预警作为债务人信用风险状况的早期预警或监控工具，有助于债务人管理现有债务和提高信用水平	1. 对债务人或客户的信贷质量的任何变化提供预警和通知； 2. 使预警信息接收者放心并保护其财务状况

续表

	产品特点	主要用处
信用分析	对基于诸如细分市场、人口状况、信贷安排等投资组合风险参数的及时综合分析	1. 用于商业规划，在决定开发或引进任何新产品时作为考虑信誉度、平均预期信用分等因素的组成部分； 2. 投资组合管理，在既定风险偏好的情况下权衡各种投资的优势、劣势、机会、威胁以获得最大收益，信用分析能提供信誉度和可信性
电子身份检测	在独立App或网页上使用各种来源的数据快速及时地鉴定申请者的身份	1. 无缝身份验证； 2. 简化申请流程； 3. 预防诈骗

资料来源：公司官网，嘉银新金融研究院整理。

依据监管规定，金融机构要想使用征信公司的产品和服务，必须首先成为印度尼西亚金融企业协会（APPI）的会员，然后再成为征信公司的会员。Pefindo信用局对其会员金融机构收取两种费用，一种是每年固定的1.2亿印度尼西亚卢比（折合一年5万元人民币）费用，另一种是每次查询征信信息的调查费1.2万印度尼西亚卢比（折合一次查询6元人民币）。Pefindo信用局所使用的数据中的借贷数据来自印度尼西亚中央银行，需要向印度尼西亚中央银行支付费用。Pefindo信用局的信用评分机制使用的是美国FICO信用分的原理，基于债务人的贷款行为而非财富数量来揭示其信用特征，比如说即使是一名富人，如果其不及时偿还其债务，则Pefindo信用局给出的信用评分也会比较低。

根据考察了解，其数据源主要来自：相关协会、国家机关、法院、电信、信息安全部门、居民注册部门、税务部门等，有所有银行贷款相关数据，可以进行数据查询或者输出信用报告，也有信用分，还可以及时提醒客户的信用更新情况。此外，还有身份认证（只针对有信用卡人群）、反欺诈等服务。因为金融科技在印度尼西亚发展很快，OJK等相关部门也希望它们快速开展业务。目前，合作的网贷类平台有Koinworks、Investree、Doctorrupia等。

(三) 优劣势分析

印度尼西亚中央银行将征信公司的业务活动界定为：搜集信贷数据和/或其他数据，以及处理信贷数据和/或其他数据从而产生征信信息，其债务人或征信对象包括零售客户（消费者）、商业机构客户、中小微企业（MSMEs）。据报道，Pefindo 信用局是印度尼西亚第一家提供个人征信信息给贷款人或其他机构的征信公司。目前，难以描述印度尼西亚征信市场的情况，主要是缺乏数据，这是基于以下两个方面的原因：一是像 Pefindo 信用局这种类型的征信公司成立时间短，数据少；二是印度尼西亚的征信系统整体较为落后，无论是印度尼西亚中央银行、印度尼西亚金融服务管理局、印度尼西亚统计局等官方机构，还是金融科技协会都没有公开关于征信或征信公司的宏观统计数据。

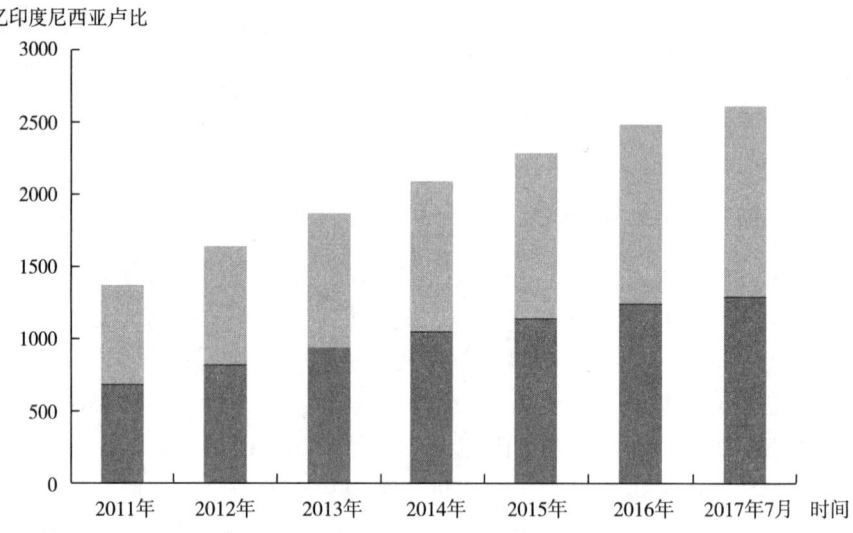

资料来源：印度尼西亚中央银行，嘉银新金融研究院整理。

图 4 - 8　印度尼西亚银行消费贷款余额统计

不过，可以确定的是，印度尼西亚的征信市场非常大，且在逐年增长。这从印度尼西亚近年来各种贷款余额，尤其是银行发放的消费贷款的数据能够印证。

发放消费贷款的银行包括国有银行、地方国有银行、私人银行、外资和合资银行、农村银行。如图 4 - 8 所示，消费贷款余额逐年增长且以本币消费贷款为主，外币消费贷款占比很小。这对于想进入印度尼西亚消费贷款市场的外资机构而言，是一个很有前景的机会。中小企业作为借款人，从银行获得的信贷余额也是逐步增加的，但不如图 4 - 8 中的消费信贷那样显著。

表 4-49　2016 年 6 月至 2017 年 7 月中小微企业（MSMEs）银行信贷余额

单位：万亿印度尼西亚卢比

	2016 年 6 月	2016 年 9 月	2016 年 12 月	2017 年 3 月	2017 年 7 月
中小微企业信贷余额	827	835	857	854	886
其中：微型企业	194	192	196	193	208
小型企业	247	251	255	258	268
中型企业	386	392	406	403	411

注：对原始数据进行了四舍五入处理。

资料来源：印度尼西亚中央银行。

既然个人和中小企业银行信贷需求客观存在且增长迅速，我们认为 Pefindo 信用局未来的发展空间相当大，也具备了优势。

1. 先发优势

作为印度尼西亚个人征信行业的第一家公司，其产品、服务模式、管理、制度等都将成为行业后来者学习、借鉴的标杆，并且在市场中树立影响深远的品牌效应，在印度尼西亚政府鼓励支持金融科技发展的情况下，更有可能获得政府更多的支持。

2. 股东数量多且拥有的资源丰富

大股东 PEFINDO 在印度尼西亚是比较有名的信用评级机构，在客户数量、运营历史、政府关系、管理经验、品牌等方面具有明显的优势，正如我们在前面介绍的那样，其他股东也有各自独特的资源，Pefindo 信用局如能充分整合、利用股东的资源，公司快速发展指日可待。

3. 现有的产品适应目前印度尼西亚主要征信场景的需求

一般认为，个人征信业务包括数据采集整理、数据分析处理、征信产品和服务输出、商业场景应用。印度尼西亚作为发展中国家，征信业起步较晚，数据厚度、个人征信业务技术等尚有不足，Pefindo 信用局已经推出的 4 种产品，较好地利用公司的现有能力，满足借贷、投资、预防诈骗等主要场景的需求。

但是，公司正式全面运营从 2017 年 3 月开始，品牌推广还有待提高。征信公司尤其强调公信力，良好的品牌和口碑无疑是公信力最直接的表现。印度尼西亚总人口中35岁以下占比70%，互联网渗透率高达56%，其中移动互联网使用占比90%以上，Pefindo信用局应该努力通过互联网进行推广，为公司发展打造一流的品牌。

根据易观国际的研究，现阶段国际上主流的个人征信模式有三种：政府主导型；市场主导型；同业征信。其中，市场主导型应用范围较其他两种更广泛，除了金融领域还可以应用于生活领域。但无论是哪种类型，必须有多种产品以充分利用征信数据的价值，以国内的芝麻信用为例，芝麻分已经用于多种场合，平台推出了芝麻认证、芝麻信用评分、行业关注名单、申请欺诈评分、欺诈信息验证、欺诈关注清单、企业信用评分、企业工商信息查询、企业涉诉记录、个人涉诉记录等十几种产品。因此，Pefindo信用局今后也需要推出更多的增值产品。

三、国内企业进驻印度尼西亚大数据征信市场情况

据考察了解，目前印度尼西亚的大数据公司正在成长过程中，比如Advance AI，目前在印度尼西亚有运营团队，研发团队在北京，数据中心在新加坡。主要产品有信息交叉验证、黑名单、多头负债查询、评分卡等。但其同样受限于印度尼西亚本身数据的缺乏，成长的速度比国内企业慢。2017年，国内的同盾科技也已经进入印度尼西亚大数据征信市场。上述企业也在积极布局东南亚其他国家，如越南和菲律宾等。

总体来看，印度尼西亚征信行业目前主要是靠传统银行及非银行金融机构等金融机构累积下来的贷款客户数据，覆盖人数少，很多印度尼西亚人并没有征信记录。另外，第三方征信和大数据公司也处于初始阶段。

第八节 印度尼西亚众筹行业

一、印度尼西亚众筹市场概况

现代意义上的众筹起源于美国，ArtistShare于2001年开始运营，被认为是世界上最早建立的众筹网站，主要服务对象是音乐领域的艺术家及其粉丝。自2005年之后，大量的互联网众筹平台出现，如2006年的Sellaband、2007年的SliceThePie、2008年的IndieGoGo和Spot.Us、2009年的Pledge Music和

Kickstarter。印度尼西亚作为一个发展中国家,紧跟金融科技发展的潮流,近年来涌现出了一些众筹平台。Niko Ibrahimetc(2012)指出,2005年成立的平台 Kiva 可以看成是印度尼西亚第一家众筹平台。不过我们认为,真正意义上的众筹平台是2012年成立的捐赠型众筹平台 Wujudkan,此后各种类型的众筹平台相继出现。据报道,2017年3月,印度尼西亚第一家权益性众筹平台 Akseleran 正式上线运营。表4-50为印度尼西亚部分众筹平台的概况。

表4-50　　　　　　印度尼西亚主要的众筹平台概况

平台名称	成立时间	平台项目类型	运营业绩	平台收费
Wujudkan	2012年	捐赠型 众筹项目包括电影、书籍出版、创意活动、游戏、时尚、软件等	截至2014年4月平台项目数超过410个,其中16个成功筹资,筹资额超过7.6亿印度尼西亚卢比; 由于入不敷出,平台于2017年3月关闭	不详
KitaBisa	2013年	捐赠型为主	截至2017年11月初,成功筹资项目7341个,筹资总额超过1723亿印度尼西亚卢比,活跃用户数47.03万人	5%,但对于经过确认的组织或NGO的慈善和赈灾项目免费
AyoPeduli	2014年	捐赠型 平台接受健康、教育、环境类的项目	较成功的一个项目是为一个照顾致命疾病小孩的组织募集了1500美元	不详
Crowdtivate	2015年	回报型	新加坡 StarHub 和印度尼西亚 Indosat 的合资众筹平台; 为创业企业和顾客提供众筹、众投票、众包三种服务	4%
GandengTangan	2015年	回报型	目标客户是如小农场主这样的社会企业和微型企业	5%
Akseleran	2017年	权益型兼债权型	截至2017年11月初,平台共有15个贷款项目,其中12个已完成,金额约38.8亿印度尼西亚卢比;权益型众筹共2个项目,其中1个已经完成	权益型众筹为3%加上1000万印度尼西亚卢比的管理费; 贷款项目为1%~3%

续表

平台名称	成立时间	平台项目类型	运营业绩	平台收费
DanaDidik	2015年	债权型为主	已成功为至少231名学生顺利完成学业筹集所需资金	5%
Kiva	2005年	债权型	贷款偿还率96.9%；累计170万人从平台获得过贷款，客户覆盖83个国家；提供个人、家庭等多种用途的贷款，如教育、创业等	平台不收取任何费用或利息，收入来源于贷款人的捐赠，或者基金与支持者的捐赠与奖助
Zidisha	2009年	债权型	总筹资额达到1240万美元；成功筹资项目数高达101459个；会员数共计17.77万人，来自169个国家，其中借款人15.2万人，出借人2.53万人	5%；通过平台的贷款不收取利息
Crowdo	2013年	债权型、权益型	网贷成交项目数超过3000个，会员数超过3.1万人；为五大洲的公司融资，资金来自超过50个国家的支持者；在印度尼西亚暂无权益型项目	项目成功全额筹资，平台收费6.5%；未成功全额筹资，平台收费9.5%
Uangteman	2014年	债权型	平台累计已发放贷款超过190万美元；2017年8月获得1200万美元A轮融资	服务费1%，用户提前还款不收取费用；借款人未及时还款，平台将收取高额利息和滞纳金

注：AyoPeduli、GandengTangan的官网无法打开；5%是指平台收取每单贷款额或筹资额的5%作为平台收入。

资料来源：各平台官网及公开信息，嘉银新金融研究院整理。

印度尼西亚众筹行业具有以下四个特点：

1. 成立时间普遍很短

P2P属于广义上的众筹平台，而其他类型的众筹平台只有3年至5年的时间，更短的只有不到 1 年的时间。

2. 平台类型多样化

各种类型的都已经出现，部分平台业务多样化，如 Akseleran、Crowdo。

3. 多数平台的运营业绩亮点不多

这从侧面印证了印度尼西亚国内普惠金融发展水平不高，我们认为这与印度尼西亚国内民众的金融知识匮乏有很大关系，对比印度尼西亚潜在的众筹市场规模，未来发展空间相当大。

4. 平台非营利性明显

上述各平台的收费机制较单一，这与平台自身的定位有很大关系，不少平台本身就不是以追求盈利为宗旨，而是为创业者、贫困群体、弱势群体提供帮助，追求的是社会效益。

对比世界知名的众筹平台，就能发现印度尼西亚的众筹行业发展滞后。表 4-51 为美国的 Kickstarter 和英国的 Crowdfunder.co.uk 的部分运营业绩数据。

表 4-51　众筹平台 Kickstarter 和 Crowdfunder.co.uk 的主要运营数据

	成立时间	项目筹资期限	最低筹资额	平台费用	主要业绩
Kickstarter	2009 年	1~60 天（建议 30 天最佳）	1 美元	5%	项目筹资总额：33.9 亿美元 项目成功筹资额：29.8 亿美元 发起项目总数：37.9 万个 成功筹资项目数：13.4 万个 出资总人数：1385 万人 成功率：35.88%
Crowdfunder.co.uk	2012 年	2~8 周（建议 4 周）	1 英镑	5% + VAT（增值税一般为 1%）	累计筹资额：4577 万英镑 发起项目总数：8.4 万个

注：业绩统计数据截至 2017 年 11 月 12 日。
资料来源：平台官网及公开信息，嘉银新金融研究院整理。

二、印度尼西亚众筹平台案例分析

(一) KitaBisa

1. KitaBisa 简介

KitaBisa 于 2013 年 6 月试运营上线,持有由印度尼西亚社会事务部颁发的 PUB 牌照(金钱和商品),成立之初定位为一个开放式的社会企业,为社会项目筹资,任何个人、团体、组织和公司可以为了社会、个人、创意目的在平台上发起筹资,或者随时通过平台在线进行捐赠,现已成为印度尼西亚较为有名的捐赠型平台。平台的合作伙伴数量超过 280 家,涵盖了印度尼西亚国内外的企业、公益慈善组织等多种机构。

2. 项目类型及发起项目流程

平台众筹的项目类型包括:动物、生日筹款、创意产业、残疾、赈灾、教育、环境、活动、家庭、礼品、帮助中小企业、人道主义、基础设施、医疗、医疗支持、孤儿、产品与创意、宗教事业、慈善。在平台上发起一个众筹项目需要三个步骤:

- 点击平台"募捐"菜单选项。
- 填写表格和项目完整信息,包括项目描述、筹集资金用途、照片、视频、发起人的社交账号等重要信息。
- 点击"发起"按钮。

用户在平台上对选定的项目进行捐赠,也只需要三个步骤:

- 对支持的项目点击"捐赠"按钮。填写捐赠金额、联系信息、支付方式,可以通过银行卡或信用卡支付。
- 支付捐赠资金,每个用户每次支持的项目都有一个唯一的识别码,系统自动验证。
- 平台在一个工作日内自动核实捐赠完成情况。

3. 主要风控措施

KitaBisa 作为平台将资金需求者与资金支持者联系起来,具有较大的灵活性,与 Kickstarter 的 "all or nothing"(即所筹集的资金达到融资目标,则发起人获得筹款)及 Indiegogo 的 "keep it all"(有多少算多少)不完全相同,其主要风控措施包括：

- 每一个项目都需要经过核实发起人，包括其身份证号码、近照、社交账号、电话核实（如有必要），发起人必须及时更新项目的最新进展，平台对项目合法性和结果不做任何担保。
- 项目描述中禁止出现任何银行账号信息，资金划转必须经过平台系统核实。
- 平台本身不负责众筹项目的营销。
- 发起人可以通过编辑按钮对项目描述、主要照片或视频进行修改。
- 如果没有实现既定的众筹目标，平台允许用户延长众筹截止日期或将筹集来的资金返还给支持者。
- 用户匿名捐赠仍然需要提供个人联系信息。
- 平台设有支持充值的 Kitabisa wallet，以便简化众筹流程。

（二）Crowdo

1. Crowdo 简介

Crowdo 是 2013 年新加坡成立的众筹平台，于 2016 年 4 月进入印度尼西亚市场，现已在新加坡、印度尼西亚、菲律宾市场开展网贷及权益众筹业务，成为东南亚运营历史较长、规模较大的众筹平台之一。权益众筹是为有发展前景的创业企业和中小企业融资。Crowdo 不向用户提供融资建议，对于平台上的项目自身仅确认和批准相关信息，不发表自己的判断。平台创始人为 Leo Shimada、Nicola Castelnuovo，前者为 CEO，后者为 CCO（首席商务官），二者都具有全球知名咨询公司较为丰富的工作经验。

2. 项目类型及发起项目流程

平台众筹的项目类型包括：需要融资的公司、风险投资基金。成为平台的项目发起人，应经过以下步骤：

- 注册并填写个人信息，包括姓名、邮箱、登录密码、一句话的自我简介、教育和工作经历。
- 填写众筹融资创业企业或微型 VC 的档案信息，包括公司名称、注册地、成立日期、经营地点、行业类别、社交信息、公司网站、简介、视频。
- 填写更多公司信息并点击"保存"按钮。
- 点击"发起众筹"按钮，待平台进行审批。

想成为 Crowdo 平台的投资者，只需三个步骤：
- 注册并填写个人信息。
- 填写投资者档案信息，包括推荐码、姓名、护照或身份证号码、出生年月、手机号、国籍、证件扫描件、居住信用、银行信息。
- 点击"提交"，等待平台审批。

平台将投资者分为成熟投资者、天使投资者、小额投资者、合格投资者、机构投资者，遵循各国关于投资者的监管规定。

3. 主要风控措施

所有项目发起人必须遵守平台的会员协议。平台对每一个发起的项目平台都会进行审查，由平台自己的团队及合作伙伴做商业和技术的尽职调查，但这不意味着平台向投资者推荐项目或者担保投资回报，平台不提供理财建议，每一位投资者自己独立地做出投资决策；平台对个人投资人有相应的资质要求，个人需为合格投资人，对机构投资人则同样有资质要求。

（三）Akseleran

1. Akseleran 简介

Akseleran 是由 Ivan Tambunan、Mikhail Tambunan 等 4 位分别拥有法律、财务、咨询、IT 技术等专长的创始人于 2017 年共同成立的众筹平台，创始人大多有海外留学或世界知名公司工作的经验。目前，提供网贷和权益众筹两类产品，服务对象包括个人、中小微企业，但必须注册成为平台的会员，网贷期限为 1 个月至 4 年，借款人还款方式灵活，网贷投资者获得的年化收益率为 11.75%～30%，众筹的出资者能获得所投资众筹项目的股权，不过是授权 Akseleran 或其分支机构作为托管人。

2. 项目类型及发起项目流程

平台众筹的项目类型包括：广告、大数据/AI、设计、电子商务、娱乐、时尚、金融/支付、烹饪、汽车、云计算、运输、旅游/休闲等。

申请网贷的步骤：
- 注册会员。Akseleran 规定平台的注册用户必须年满 17 周岁的印度尼西亚公民，拥有居民身份证。只需要填写电子邮箱或社交媒体账户、密码，即可注册成功。注册之后需要填写身份信息并上传身份证复印件，并填写账

- 提交贷款申请。贷款可以是抵押贷款或信用贷款，申请人需在平台官网填写相关信息并提交资料。个人或企业需要提交身份证、营业执照、财务报表、商业住所证明、最近3个月的支票账户等。
- 平台对贷款的审核。这包括贷款评级、贷款利率、用户业务的可行性、贷款合同等。
- 筹集资金。筹资期限为30天，实际筹资额必须达到贷款申请额的80%及以上，否则筹资失败，所筹集资金将退还给出资者。
- 筹资完成并发放贷款资金。贷款申请人签署相应的法律文件，平台扣除管理费后将资金发放到用户的银行账户。贷款期限在1～4个月、5～8个月、9～12个月、12个月以上，平台分别收取贷款额的1%、1.5%、2.5%、3%的管理费。

发起众筹项目的流程：
- 注册会员。要求与前面的网贷注册会员相同。
- 申请股权众筹。进入官网相应页面，提交股权众筹的信息和资料，在点击提交之前可以补充和完善相关材料。
- 平台审核。对众筹申请人的资料进行验证，并对项目的财务可行性做出判断，防止虚假或误导性或遗漏信息，并将审核意见反馈给申请人。
- 开始筹资。首先是10天的筹资封闭期，只有申请人邀请的人（如其亲戚、朋友等）可以在此期间进行投资，之后是60天的公开筹款期，平台的任何用户都可以进行投资。实际筹集资金必须达到申请人的目标筹资额，权益众筹项目才算成功，否则资金将退还给投资者。如果超额募资，投资者将获得更多的股权。
- 众筹完成。平台会对申请人业务合法性进行考察和判断，要求申请人签署股东协议等文件，扣除管理费后将资金发放至申请人的银行账户。

3. 主要风控措施

（1）项目的可行性和风险分析

侧重于定量地分析申请人的收入、现金流、负债、教育水平等，而且分析项目所对应业务的合法性，签署相关法律文件，60天公开筹款期之后平台通常有30天的项目验证期，通过验证的项目才能获得资金。

（2）平台或其分支机构担任托管人

投资者不直接持有众筹项目的股权，平台或其分支机构根据托管协议等合同维护投资者的权益，包括收益分配、股权转让等。

（3）众筹项目动态进展

通过平台，投资者可以与众筹项目的企业家进行沟通，获得项目的最新动态及财务报表等资料。

（4）项目风险评级

平台上现有的网贷项目评级至少有 A＋级、A 级、A－级、B＋＋级、B＋级、B 级、B－级、C＋＋级、C＋级、C 级，具体评级标准从公开信息尚无法得知。

（5）信息披露

申请人在 Akseleran 平台上公布项目的基本信息、图片、视频等，平台注册用户进入官网还能了解到更多项目详情，如是否有担保等。

（6）风险提示

平台设有专门的页面提示投资者注意风险，股权众筹项目包括项目失败风险、短期内不能分享项目利润的风险、流动性风险、股权稀释风险、托管人风险等，贷款项目则包括违约风险、流动性风险、法律风险等。

印度尼西亚融资市场以银行为主导且中小微企业融资难，目前主要还是从银行获得贷款融资，对比其他东南亚国家，印度尼西亚融资市场潜力巨大。虽然印度尼西亚的 P2P、众筹、代理、电子钱包、在线网关支付、O2O 承兑都已经出现了一些平台，满足各种不同的市场需求，但是从整体上看，印度尼西亚金融科技行业处于起步阶段。具体到印度尼西亚众筹市场，也是涌现出一些平台但仍然发展滞后。

本章小结

一、金融科技整体发展步伐较快

总体来看，印度尼西亚基于较好的互联网基础设施和快速的经济增长，金融科技市场在蓬勃发展中，截至 2018 年下半年，印度尼西亚金融科技协会统计到市场已注册的金融科技企业有 167 家，主要分布在支付和网络借贷这两大子行业。

就网络借贷行业而言，监管政策已经出台，平台只能作为运营方，做借款人和投资人的撮合。截至 2018 年末，获得 OJK 注册登记的有 87 家，获得正式经营许可的还只有金光集团旗下的 Danamas 平台。平台模式也较为多样化，有面向个人和中小企业的贷款，也有特定用途和场景的贷款。中国一些知名网贷企业也已经开始布局，有几家已经在 OJK 注册。

就互联网支付而言，由于印度尼西亚居民持卡率不高以及线下支付的便捷性，尽管有了第三方支付公司，但是发展比较缓慢。印度尼西亚支付市场仍以线下支付为主，网购支付更多采用"线上选购+线下支付"的方式进行，即线上创建的订单，线下通过便利店现金充值支付、ATM 转账或货到付款。其中，小额支付主要是靠手机运营商代扣；稍大额购物，就会线上创建订单，然后线下去便利店现金充值、ATM 付款或选择货到付款。目前印度尼西亚支付服务机构虽然有 80~100 家，行业内尚未形成"独角兽"式竞争态势。

印度尼西亚有信息信用局，有查询信用的系统，主要是传统银行和非银行金融机构提供的数据。征信行业目前覆盖人群少，很多印度尼西亚人并没有征信记录。目前，三方征信和大数据公司也处于刚开始发展阶段，国内 Advance AI 和同盾科技等已经在运营。

二、监管在适应过程中不断完善

印度尼西亚的金融科技处于初始的快速成长阶段，在监管政策上借鉴了其他国家的经验。为了鼓励金融科技的发展，印度尼西亚监管部门的监管政策更多倾向于鼓励和支持的政策。比如，印度尼西亚金融服务管理局在 2017 年初将 P2P 网贷平台注册资金和申请牌照需要的注册资金分别由 20 亿印度尼西亚卢比和 50 亿印度尼西亚卢比分别降低到 10 亿印度尼西亚卢比和 25 亿印度尼西亚卢比；印度尼西亚央行在 2016 年将移动支付工具在线转账额度上限由 500 万印度尼西亚卢比提升至 1000 万印度尼西亚卢比。这些鼓励的政策都有利于推动印度尼西亚金融科技的发展。

根据德勤与印度尼西亚金融科技协会的调查结果，印度尼西亚金融科技中最需要明确规则与监管的是网络支付，其次是电子货币和电子钱包、KYC 原则、P2P 借贷等。49% 的金融科技企业认为印度尼西亚当前的金融监管是迟钝的；61% 的金融科技企业认为目前印度尼西亚监管或规则依旧处在不清晰或者灰色地带。对于缺乏清晰的监管，印度尼西亚政府预计后续将会推出明确的监管体系。

三、市场潜力与挑战并存

随着智能手机的推广，印度尼西亚金融科技处于移动端阶段。由于金融服务和科技能力的不足，互联网支付推广、网贷及大数据征信等发展还不成熟。印度尼西亚政府希望在2020年实现1300亿美元的数字经济规模，而金融科技无疑是这一目标的主要驱动力。随着印度尼西亚的年轻人数量开始逐渐增多，消费者也变得更加自信，而且中产阶级数量和智能手机普及率不断提高，很多新创公司正在颠覆印度尼西亚消费者和小企业金融服务。在认识到行业变化之后，一些印度尼西亚的传统银行业开始转型，有的开始设立自己的风险投资公司并直接投资金融科技初创公司，有的则计划直接收购一些初创公司。另外，风投公司还投资了不少提供金融产品的初创公司，帮助金融机构获得更多客户。印度尼西亚金融科技市场潜力将随着进一步发展而逐步释放出来。

印度尼西亚金融科技仍然面临着很多挑战。这些挑战包括：需要更明确的规则；更多的合作；人才缺乏；金融素养有待提高。目前印度尼西亚有三大金融监管机构，分别是印度尼西亚央行、金融服务局与通信信息技术部，这三大监管机构的职能需要进一步明确。另外，随着公司的成长，对人才的需求将发生转移，印度尼西亚金融科技中，年轻的公司需要更多数据分析型人才，而已运营几年以上的公司则对风险管理人才更渴求。这些都需要在金融科技的进一步发展过程中逐步得到解决。

第五章 菲律宾

第一节 菲律宾金融科技和普惠金融概况

菲律宾经济近年来维持了高速稳定的增长。据菲律宾央行（BSP）的统计，以2000年不变价格为基数，2010年至2017年，除了2011年，其他年份实际GDP增长都在6%以上，过去6年平均增长率高达6.6%，2017年达到6.7%，在亚洲仅次于中国（6.9%）和越南（6.8%）。2017年7月，菲律宾人口总数为1.009亿人，排名全球第12位，联合国估计2018年其人口将达到1.06亿人，其互联网用户已达到6700万人。此外，菲律宾拥有丰富的岛屿资源，有超过7000多个岛屿。BBVA的报告指出，菲律宾引领东盟（ASEAN）金融科技（FinTech）发展，菲律宾金融科技市场潜力很大。

一、菲律宾金融科技概况

相比金融稳定委员会（FSB）对金融科技给出的比较宽泛的定义，菲律宾中央银行（BSP）认为金融科技是金融与技术的一体化，在金融服务过程中以一种对传统流程进行转变或破坏的方式表现出来。其技术基础包括AI、大数据、分布式计算、密码技术、移动互联网，技术创新涵盖机器学习、预测分析、物联网、区块链、智能合约、生物识别、应用程序界面、数字钱包等；金融服务则包括支付、储蓄、借贷、风险管理等。

总体而言，菲律宾金融科技相对弱小，处于初创期，以移动支付和新型融资（Alternative Finance）为主，而且行业融资金额暴增。据统计，截至2017年底，菲律宾有60家金融科技初创企业，2017年市场交易额估计为550万美元，预计将以每年19%的速度增长，2021年市场规模或达到1100百万美元。目前，已经成立了非政府组织菲律宾金融科技协会（FinTech PH），会员数量较少，只有TAGCASH、AMAGI等十来家。安永的报告指出，资本市场对菲律宾金融科技的投资额2017年达到7800万美元，同比增长13倍。

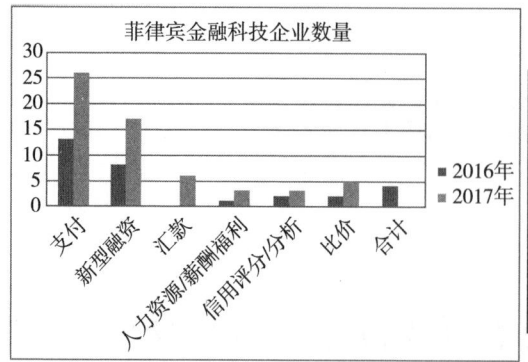

2017年金融科技子行业	企业数量	占比（%）
支付	26	43
新型融资	17	28
汇款	6	10
人力资源/薪酬福利	3	5
信用评分/分析	3	5
比价	5	8
合计	60	100

资料来源：菲律宾央行（BSP），嘉银新金融研究院整理。

图 5-1　菲律宾金融科技企业数量及占比

在网贷、支付、在线财富管理、数据管理、个人理财、众筹、比价、区块链等金融科技子行业，菲律宾都已经涌现出一些初创企业。

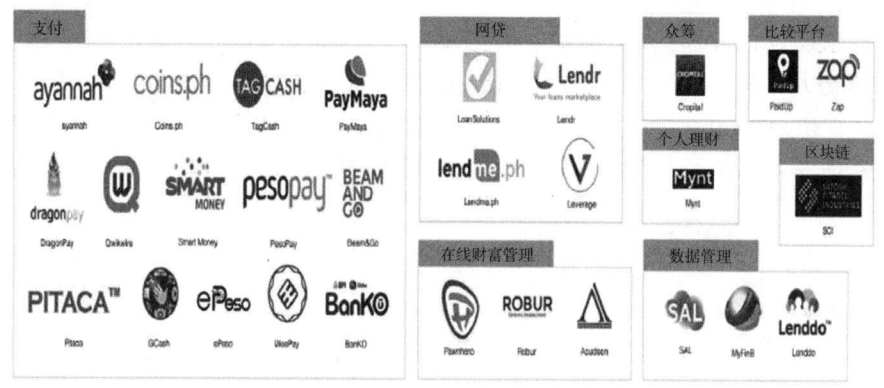

资料来源：BBVA，嘉银新金融研究院整理。

图 5-2　菲律宾金融科技初创企业代表

二、菲律宾普惠金融概况

参考联合国和世界银行对普惠金融的定义，菲律宾央行（BSP）认为：普惠金融是一种所有人都可以有效地获取一系列金融产品和服务的状态，有效获取即金融产品是可获得的、易使用的、经适当设计、高质量和相关的，从而人们愿意使用和获取，并从那些产品和服务中受益。菲律宾的普惠金融国家战略（NFSI）指出普惠金融由获取、质量、用法、福利四个部分构成，一系列金融产品和服务包括储蓄、信贷、支付、汇款、保险、投资等。普惠金融应该服务于所有的菲律宾人，特别是没有享受到金融服务或者金融服务匮乏的群体，包括中小微企业（MSMEs）、低收入家庭、农民、渔民、环境恶劣地区居民、由于宗教阻碍金融服务的民族等。

经过多年的发展，菲律宾普惠金融取得了不错的成就。菲律宾政府及普惠金融的监管机构 BSP 采取了很多努力，2000 年宣布小额贷款作为消除贫困的核心项目，2007 年菲律宾央行建立了专门致力于普惠金融的机构（IFAS），2012 年建立了普惠金融指导委员会（the BSP Inclusive Fince Steering Committee），2015 年启动了普惠金融国家战略（NFSI），并在 2011—2016 年菲律宾发展计划、2017—2022 年菲律宾发展计划中都强调了发展普惠金融。根据 BSP 的报告，已有 163 家银行（多数是位于农村的村镇银行）为 171 万人提供小微金融产品和服务，注册的电子货币账户数截至 2017 年底为 1140 万个。截至 2017 年底，菲律宾 90.1% 的自治市拥有至少一个普惠金融服务网点，65.1% 拥有银行分支机构，平均 10000 人有 9.8 人可以获取普惠金融服务网点，普惠金融的发展还表现在存款账户数量和金额的大幅增加，2017 年这两个指标同比分别增长 5.6% 和 14.2%。世界银行全球金融指数（Findex 2014）指出，31.3% 的菲律宾成年人拥有至少一个合法的存款账户，2015 年菲律宾普惠金融调查报告显示，14% 的菲律宾成年人拥有储蓄账户。然而，正规金融产品和服务的使用率还比较低，43% 的菲律宾成年人会存款，其中 68% 是将资金存放于家里，47% 的菲律宾成年人会借钱，其中 72% 是从非正规渠道借钱。

第二节 菲律宾网络借贷行业

一、菲律宾网贷行业发展现状

菲律宾网贷行业目前处于初创期，具有网贷平台数量少、市场成交额低、相对缺乏监管、未来预期成长空间巨大等特点。大华银行的报告显示，P2P 网贷在欧美、中国日益成熟，下一波的增长将是东盟（ASEAN）。在菲律宾央行 2017 年最新的关于其金融系统现状的报告中，我们发现没有提及网贷或 P2P，这说明菲律宾网贷相对缺乏监管，尽管有报道及其他报告表示菲律宾央行或证券交易委员会（SEC）密切关注网贷行业。联系本章第一节关于菲律宾金融科技的市场交易额数据，以及菲律宾央行官网中官员的讲话稿获得的数据，即另类金融（新型融资）市场规模由2016年的20万美元增至2017年的70万美元，能推断出菲律宾网贷目前市场成交额低的结论。

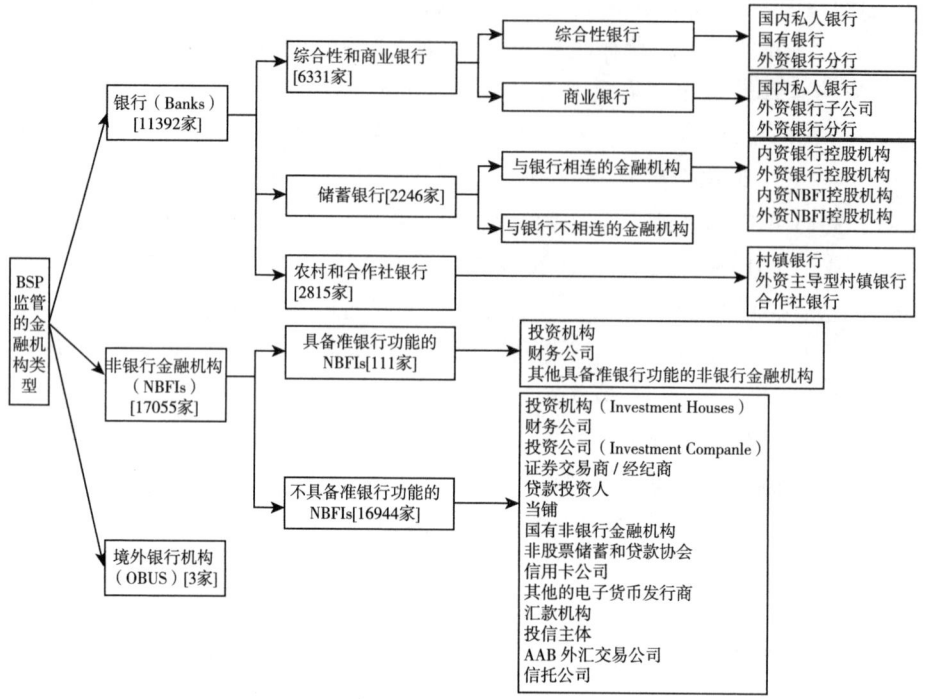

注：方括号内为该类金融机构截至2017年6月的总数量。
资料来源：BSP，嘉银新金融研究院整理。

图5-3 菲律宾央行监管的金融机构类型

受菲律宾央行监管的金融机构类型主要包含三大类：银行、非银行金融机构（NBFIs）、境外银行机构（Offshore Banking Units，OBUs）。截至2017年6月底，这三大类机构的数量分别为11392家、17055家、3家，银行又分为综合性商业银行、储蓄银行、农村合作社银行三小类，NBFIs分为具有准银行功能的非银行金融机构、不具有准银行功能的非银行金融机构两小类，每一个小类都可以做进一步的细分。

二、菲律宾代表性网贷平台

菲律宾信贷增长势头强劲，连续多年保持两位数增长，2017年增速为17%，消费贷款作为各银行信贷业务的重点。因此，综合国内经济高速增长、信贷需求强劲、有相当比例人口无银行账户、网贷现有参与机构较少，从这四个方面判断：菲律宾网贷行业市场成长空间巨大。

表 5-1 菲律宾具有代表性的网贷平台

平台名称	成立时间	融资情况	运营情况	主要产品
Lendr	2011 年	2018 年 3 月 21 日获得债务融资约 2500 万美元	与菲律宾国内的多家银行（如 PBCOM）、储蓄银行协会（CTB）等进行合作	企业融资 创业融资 小企业融资 营运资本融资 设备融资
Loansolutions	2014 年 1 月	2015 年 7 月 1 日获得种子轮第一次融资 KK Fund 领投，Kickstart Ventures、John Dang 跟投； 2016 年 6 月 27 日获得种子轮第二次融资，投资方为 Future Now Ventures	服务的借款人累计超过 15 万	个人贷款 菲律宾海外劳工贷款 汽车贷款 企业贷款 家庭贷款 现金贷款 工薪贷 学生贷款 海员贷款 汽车保险
LendMe	2016 年	2017 年 8 月 7 日获得风险轮融资，金额及投资方不详	与 JK Capital、Hovono、Pawnhero.ph、Asialink Finance Corporation 等有合作关系	个人贷款 家庭贷款 汽车贷款 企业贷款 服务（含房产销售、租赁、抵押、评估、过户及二手汽车挂牌等）
Leverage	2016 年	不详	属于 MicroGroup Lending Corporation 的子公司	企业贷款 个人贷款

资料来源：各平台官网、Crunchbase、公开信息，嘉银新金融研究院整理。

三、网贷行业面临的挑战

菲律宾网贷平台在性质上属于为金融机构服务的咨询服务中介,属于第三产业中的服务业。从供给侧的产业结构来看,工业和服务业是驱动菲律宾经济增长的主要动力。菲律宾央行的报告显示,服务业的GDP增速2014年至2017年每年都在6%以上,服务业吸纳了57%的雇佣人口。虽然宏观经济和产业结构比较有利,但是菲律宾网贷行业面临如下突出的挑战。

(一) 持有银行账户的用户比例偏少

Finastra的报告指出,菲律宾没有银行账户的家庭主要是自雇人士、私人家庭雇员、其他非正规行业从业人员,原因包括没有足够的钱来开户、对银行账户没有需要、银行网点太远、不会管理银行账户、银行账户费用和最低余额要求都太高。网贷发展离不开银行账户,菲律宾短期内要提高其国内民众持有和使用银行账户的比例,改变用户偏好使用现金的习惯,挑战比较大。

(二) 如何定位网贷的角色和进行合理监管

菲律宾互联网用户数量超过6000万,占全国人口比例超过58%,用户的手机数达到1.29亿部,活跃手机社交用户数超过5400万人,这些意味着菲律宾发展网贷行业已经具备较好的用户基础、网贷越来越流行带来的是更多的监管。每个国家对于网贷的监管都不完全一样,菲律宾的网贷平台需要思考如何定位,监管机构需要考虑如何合理监管。

(三) 基础设施较落后

菲律宾的互联网等基础设施与其他发展中国家相比还有较大差距,Akamai的2017年第一季度报告显示,菲律宾的平均网速只有5.5Mbps,在亚太国家排最后一位,另外,据政府预算部门的估计,2017年至2022年菲律宾基建缺口为9万亿比索(约合1800亿美元),SWIFT的报告也指出菲律宾的金融市场基础设施急需现代化。没有优质、可靠、性价比高的互联网基础设施,网贷的高效率、技术优势等很难有效发挥。

(四) 人才及技术储备相对不足

网贷比传统的银行等金融机构有更高的技术要求,菲律宾本身作为发展中国家,且金融科技整体发展起步较晚,教育水平并不突出,与美国、欧洲、中国等相比，人才、技术没有什么优势，这势必成为网贷快速发展的制约因素之一。安永的调研显示，73%的菲律宾受访公司认为菲律宾金融科技人才短缺。

第三节 菲律宾支付行业

一、支付行业现状

（一）支付是体量最大、发展最快的金融科技子行业

菲律宾支付行业（在线支付、移动钱包即电子支付）是金融科技发展最快的子行业，正在促进菲律宾由一个"重现金"（cash-heavy）社会逐渐向"轻现金"（cash-lite）社会转变。

表5-2　　2017年菲律宾支付行业的亮点

指标	亮点
支付金融科技初创企业数量	26家
数字支付规模	50亿美元
移动支付规模	1300万美元
海外劳工现金汇款金额（2017年前11个月）	282亿美元
平均每月支付交易笔数及金额	25亿笔；740亿美元
其中：电子支付占比	1%
支付清算系统PhilpaSS成交笔数及同比增长	190万笔；16.8%
支付清算系统PhilpaSS成交金额及同比增长	267.5万亿比索（约合5.17万亿美元）；-43%
智能手机渗透率	15%
2021年市场上的智能手机预计数量	9000万部
相比现金更喜欢使用卡的用户占比	46%
借记卡渗透率	20.5%
商户POS机渗透率（即占总人口的百分比）	0.17%
POS机数量	18万台

资料来源：菲律宾央行（BSP）、大华银行（UOB），嘉银新金融研究院整理。

（二）监管机构积极推动支付数字化

近几年，菲律宾央行等监管机构不断自上而下推动支付行业的现代化，

采取了多项措施,构建并不断完善菲律宾的支付系统。一个支付系统通常包括成员之间支付信息转移的标准方法、一致同意的清算手段、共同的运营程序和规则(许可加入、费用、运营时间等)。菲律宾支付系统主要的工具有:支票、信用卡、借记卡、储值卡、电子货币(Electronic Money 或 e-money),主要的支付、清算和结算系统包含:电子支票清算系统(ECCS)、支票图像清算系统(CICS)、电子比索清算结算系统(EPCS)、菲律宾国内美元转移系统(PDDTS)、无纸化证券登记系统(RoSS)、菲律宾交易清算系统(PDS Clear)、菲律宾交易结算系统(PDS Settle)、自动取款机(ATM)、菲律宾支付与结算系统[即实时全额清算系统(RTGS)]、国内零售支付系统、批量电子基金信用自动清算所(PesoNet)、实时低值推动清算所(InstaPay),其中 PhilPaSS 又由中央账户系统(LCSS/CAS)、SWIFT 网络、参与方浏览器设施(PPB)、第三方支付系统供应商(Third Party Option)、央行内部系统(BSP Internal System)等构成,NRPS 是 2015 年 12 月实施的一个项目,目的是使电子支付占总支付的比例由目前的 1% 增加至 2020 年的 20%。

自 2017 年以来,菲律宾央行、财政部等发起了多种举措以提高现有支付系统的效率,与国际标准接轨,趋势是数字化、电子化。

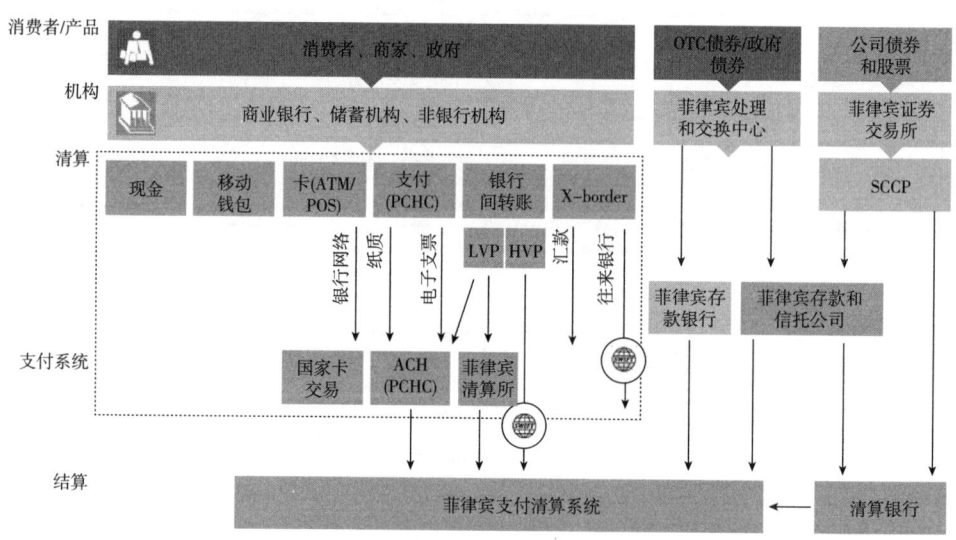

资料来源:SWIFT。

图 5-4 菲律宾主要支付结算系统

表 5-3　　　　　　　　菲律宾提升支付系统效率的主要举措

时间	举措
2015 年 12 月	实施国内零售支付系统（NRPS）项目
2017 年 6 月	央行与 SWIFT、银行业合作创建菲律宾第一届支付市场实践小组（PMPG）
2017 年	央行与世界银行合作发起世界银行美元 2.0 项目
2017 年	央行在部分地区实施 PhilPaSS 一站式服务活动，鼓励更多的村镇银行加入 PhilPaSS
2017 年 6 月、10 月	央行组织关于 PhilPaSS 支付结算运营、趋势的两场论坛，鼓励参与者建言献策
2018 年 4 月	财政部宣布创建在线支付网关 PHPay System，意在构建随时随地享受到政府服务在线转移支付的安全、可靠的系统

资料来源：菲律宾央行 BSP、公开信息，嘉银新金融研究院整理。

（三）菲律宾央行正式承认比特币的合法性

像比特币（Bitcoin）这样的加密数字货币尚不完全具备货币的经济职能：价值储藏、交换媒介、价值尺度。相比目前各国流通的法定货币或主权货币，加密数字货币的价格波动性高、规模较小、接受群体有限。各国政府对比特币等虚拟货币采取不同的政策，比如中国禁止，意大利、法国等国发出了消费者警示，日本计划出台新的监管规定，美国实行州牌照监管。

2014 年菲律宾央行对公众发布了参与比特币交易的风险警示，2017 年 2 月 6 日发布了第 944 号令，建立了针对快速增长的虚拟货币支付和汇款交易的监管框架，将虚拟货币交易所（包含促进任何虚拟货币与法定货币转换或交易的机构）归类为汇划公司（RTCs），遵守 RTCs 的基本监管要求，比如注册、最低资本、内部控制、监管报告、遵守反洗钱法案、修订的其他规定等。虽然比特币等能提高汇划的速度和效率、增加普惠金融水平，但是市场仍然担心其未来发展的不确定性。菲律宾国内已经出现了一些比特币交易相关的平台，如 Rebit、Bitmarket.ph、BuyBitcoin.ph，不过比特币等虚拟货币的使用是受到限制的。菲律宾央行认为，审慎监管应该包括像经纪商、交易所、钱包供应商等虚拟货币服务供应商，在审慎监管和鼓励创新之间平衡，了解你的客户与保护用户隐私间平衡。目前，菲律宾央行已经提高了对货币服务业务的监管，将所有的加密货币交易纳入监管，是考虑了有益于社会创新、风险管理、消费者保护、监管一致性等多种因素后的进一步探索。

二、菲律宾代表性支付金融科技企业

由于电商、互联网技术的迅速发展，支付的方式和手段很多，菲律宾国内外的支付企业数量快速增加，比如国际知名的 PayPal，有报道称其已占据菲律宾支付市场的第一位，还有其他的支付金融科技企业，如 DragonPay、AsiaPay、Ayannah、Pitaca、Paymaya、Mynt、Paynamics、Novatti、PaySwitch、PesoPay 等。

表 5-4　　　　　　　菲律宾有代表性的支付金融科技企业

企业名称	成立日期	融资情况	主要产品和服务
Ayannah	2008 年	2008 年至 2017 年期间种子轮、A 轮、B 轮等 7 次融资获得超过 760 万美元	Sendah Direct（一款与实体零售商合作提供国内汇款等的 B2B 支付服务）；Sendah（一款为移民汇款服务的 B2C 产品）；Sendah Remit（一款提供跨国跨网络汇款交易的数字支付产品）
Pitaca	2010 年	2016 年 3 月获得 Carillion Partners 领投的融资	移动钱包；为小额融资机构、村镇银行等提供支付服务方案
Dragonpay	2010 年	2014 年 11 月获得 GMO Venture Partners 领投的 A 轮融资	在线支付托收；循环支付；规模支出服务；个人第三方支付服务
Paymaya	2015 年	暂无	电子钱包；各种支付（网购、购买机票、账单支付等）
Mynt	2015 年	2017 年 2 月获得蚂蚁金服的投资	支付；汇款；贷款；商业方案
Paynamics	2010 年	暂无	网页支付；数据支撑；邮箱账单；直接服务；定金结算；虚拟终端；支付网关；移动软件开发应用；电商支付整合
Novatti	1996 年	2016 年 1 月在澳大利亚证券交易所上市	包括支票支付、加密数字货币、电子钱包、国际汇款、小额融资、移动银行、移动钱包、移动理财服务、数字钱包、P2P 支付等 24 种产品和服务
PaySwitch	2009 年	暂无	小额支付、移动商业、数字钱包、代理银行
PesoPay	2006 年	暂无	信用卡支付；创新支付（包含 ATM 卡支付、电子钱包支付、现金支付、中国支付、PayPal）；支付解决方案（含循环支付、支付标记技术等）；行业解决方案

资料来源：平台官网、Crunchbase、公开信息，嘉银新金融研究院整理。

很容易就能发现，菲律宾支付金融科技企业之间的竞争比较激烈，具有三个明显的特点：一是成立运营时间普遍较早；二是产品、服务种类丰富；三是部分企业已经获得了比较大额的融资。

三、菲律宾支付行业快速发展的主要原因分析

菲律宾支付行业快速发展的主要原因归纳为以下四个方面：

（一）海外大量劳工的巨额汇款支付需求

据悉在海外的菲律宾劳工数量超过240万人，每年汇回国内的资金占菲律宾GDP的比例超过10%，传统的支付汇款方式不仅价格贵而且不方便、速度慢，互联网支付能有效解决这一行业痛点。

（二）互联网及智能手机渗透率的提升

菲律宾有大量的年轻人，2015年15岁至64岁的人口为6400万人，2020年预计将达到7100万，这一数据预期将持续增加，智能手机在菲律宾民众中越来越普及，这极大地利好支付行业的发展。

（三）政府的大力支持

菲律宾央行等部门非常重视支付金融科技的发展，采取了多种措施，目前看整体上效果比较好。

（四）资本市场的推动

菲律宾金融科技市场被不少投资机构视为蓝海，像阿里巴巴早已布局，资本的助推将使菲律宾支付行业继续向前发展。

四、支付行业面临的挑战

（一）人才短缺，特别是技术人才

安永针对东盟的调研结论显示，被调查者将"吸引合适的人才"排在金融科技面临的诸多内部挑战的首位。具体到菲律宾，技术和软件、销售、产品管理人才被认为是排在前三位的短缺类型。PWC对菲律宾初创企业的调研也表明，人才是创业企业面临的一大挑战。

（二）互联网及支付相关配套基础设施相对落后

菲律宾非正规金融、现金交易能占据相当的比例，其实反映的是现代金融产品和服务的不足，很关键的一个原因就是互联网、支付终端、网点、系统连接、政府基础设施和服务等落后。经菲律宾央行批准的具有电子银行设施的银行截至2017年6月只有70家，占全国银行总数的比例约为0.2%。要在很短的时间内改变这种状况，难度比较大。

（三）互联网支付与银行、其他金融中介合作的不确定性

菲律宾的金融市场结构目前以银行为主，互联网支付要想发展，必须与银行、非银行金融机构等合作，相互之间利益的平衡需要反复的博弈才可能实现。

（四）政府政策和资金投入的持续性

菲律宾本土尚未出现互联网支付的独角兽，已经出现了几十家支付初创企业，但是能否发展壮大，需要政府持续性的支持政策以及相应的资金投入，PWC的报告指出，菲律宾初创企业家受访者中将资本需求、政府监管排在挑战的前两项，比例分别是88%、54%。

第四节 菲律宾征信行业

一、征信行业现状

（一）菲律宾征信系统信息流

菲律宾很早就重视征信，认为征信在金融系统中非常重要。早在1982年，菲律宾央行领导下的信用信息局（CIBI）就已成立，是菲律宾历史上第一家征信机构。1990年3月10日成立了菲律宾银行公会征信局（BAP Credit Bureau），作为菲律宾银行公会（BAP）的附属机构，主要是核对、开发、分析、出版、印刷、分发关于个人、机构、各种企业的信用信息，促进会员银行之间的信用信息交流，为会员银行和商界服务。2008年，信用信息系统法（CISA）（又称为共和国第9510法案）经总统签署成为法律，意在构建一个

综合性、集中且可靠的信用信息系统，帮助中小企业获得信贷，菲律宾证券交易委员会（SEC）为负责实施 CISA 法案的政府机构。后来成立了信用信息公司（CIC），是菲律宾唯一的中央公共征信登记机构，属于政府拥有和控制的公司（GOCC）。CIC 的 60% 股份由政府持有，40% 由行业协会持有，包括菲律宾村镇银行公会、菲律宾银行公会、储蓄银行商会、菲律宾合作社中心、菲律宾信用卡协会。信贷安排包括贷款、授信额度、担保或其他信贷融资，任何提供信贷安排的机构都属于提交主体（Submitting Entity，SE），如综合性银行、商业银行、储蓄银行、信用卡公司、准银行牌照的投资公司以及受保险委员会监管的人寿保险公司、互助协会、其他类似机构，都必须将借款人正面、负面的征信信息数据提交给 CIC。

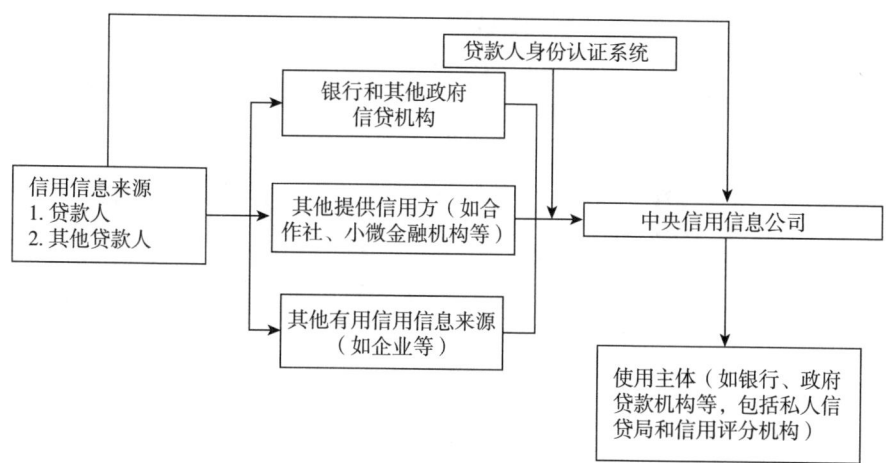

资料来源：Ruben Carlo Ascuncion（2015）。

图 5-5 菲律宾征信系统信息流

（二）个人或机构获取菲律宾人信用分及报告的途径

普通菲律宾人想获取其信用分及报告，有两种途径：一是从信用信息公司 CIC 获得，通过访问其官网或电话；二是从授权征信机构，也称为特别获取主体（Special Accessing Entities，SAEs）获得。任何提交征信数据机构或被 CIC 授权允许获得 CIC 的基础征信数据的机构被称为获取主体，经过正式被认可且业务主要是提供信用报告、信用评分或其他征信信息产品和服务的公司被称为 SAEs。目前，菲律宾的 SAEs 有六家：CIBI 信息公司、Compuscan 菲律宾、CRIF 菲律宾、TransUnion Information Solution 菲律宾、Dun 和 Bradstreet 菲律宾、Credit Bureau Singapore。其中只有 CIBI 信息公司是菲律宾本土企业，其他5家都是外资企业。2018年3月，CRIF通过并购获得Dun和Bradstreet菲律宾95.14%的股份。

对图5-6需要补充说明以下两点：一是只有那些存在信用记录或与银行、小贷机构、贷款公司、保险公司等有信贷交易的个人才能使用信用评分和报告，借款人的任何征信信息都保存在CIC的基础信贷数据库中，只有借款人及其明确授权的机构才能获取其征信报告，因此，CIC、SAEs会进行深入身份验证；二是菲律宾规定每人每年有一次机会免费获得其征信报告，获取其他征信报告服务（如信用评分）或第二次及以上获取征信报告需要缴纳相应的费用。

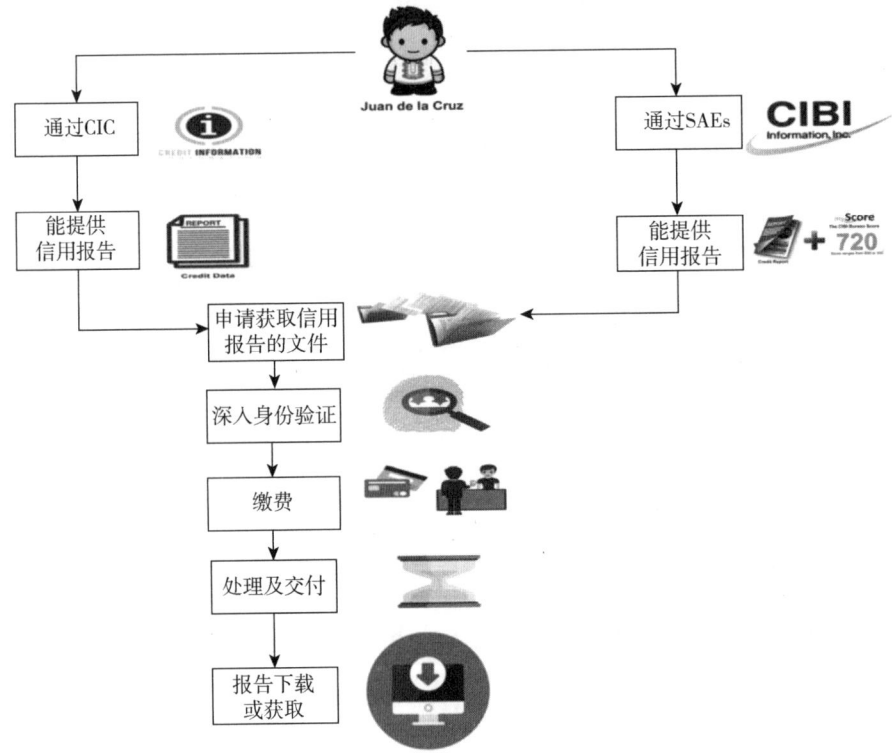

注：SAEs除了CIBI还有另外五家。
资料来源：CIC、CIBI，嘉银新金融研究院整理。

图5-6 获得菲律宾个人信用报告的途径

二、菲律宾知名征信机构

个人能否获得贷款及贷款利率的高低等都与其征信相关，银行等机构通

第三篇 东南亚篇

常会获取借款人的征信报告等以评估其信用状况。由于散布在全世界的海外菲律宾劳工（OFWs）众多，因此各国的征信机构都非常重视菲律宾征信市场。现有的征信机构提供的产品、服务覆盖了个人和企业，种类相当丰富。

表 5-5　　菲律宾主要的征信机构及其主要产品和服务

征信机构名称	主要产品和服务
CIBI Information Corporation	企业认证认可；个人背景核查；为信用评级和报告的征信服务；其他增值服务
Compuscan Philippines Inc.	信息与征信服务；决策分析；营销服务；客户关系；培训
CRIF Philippines	信息服务；综合解决方案；外包与处理；评级；个人征信方案
TransUnion Information Solutions Philippines	方案包括：分析与咨询；征信报告；调查与收集；组合管理产品包括以下 15 种：客户征信评估；征信培训；企业过程评估；CIC 数据增值服务；咨询服务；信用教育；信用报告；信用评分；数据质量改善；快速行动决策；行业排名报告；组合评估；主动分析；更多记录；自动预警
Dun & Bradstreet Philippines	企业信用；供应商管理；销售与营销
PhilRatings	债务发行评级；发行人评级；研讨会；出版物；其他报告

资料来源：各机构官网及公开信息，嘉银新金融研究院整理。

三、征信行业面临的挑战

菲律宾征信行业的发展带来的好处是明显的，Asuncion（2015）的研究对部分菲律宾银行进行了问卷调查，几乎所有银行都认为现有的征信有助于最小化借贷双方的信息缺口，但我们认为，菲律宾征信行业应该注意如下几方面的挑战。

（一）促进国内私营企业在征信行业的发展，增强行业的竞争性

目前，国资和外资主导菲律宾征信行业，而从雇用人数、创造 GDP 等指标看，私营企业在菲律宾经济中占有重要地位，显然这两种现状是不均衡的。CIC 中政府持股比例达到 60%，Asuncion（2015）的研究也认为比例偏高。

（二）征信对于解决中小企业融资难的作用以及在金融科技中的应用比较弱

菲律宾央行及 DBS 的报告都显示，银行的不良贷款率并没有因为征信行

业的发展而大幅下降，2014年至2016年银行业的净不良贷款占总贷款的比例始终在0.6%，2017年上半年该指标为0.7%。中小企业融资难的状况没有得到很大的改善，金融科技中征信的应用也比较少见。

（三）如何更好地保护数据安全和用户隐私

菲律宾消费金融稳步增长，有庞大的互联网社交用户，Facebook、Twitter的用户数分别已超过4200万、1300万，近期Facebook数据隐私泄露事件引起了市场巨大的反响，因此，菲律宾监管当局及征信行业的企业应该思考：新形势下怎样才能更好地保护数据安全和用户隐私。

（四）用户的信用教育需要加强

Llanto 和 Rosellon（2017）的实证研究表明，金融教育对于菲律宾普惠金融非常重要。消费者保护有赖于其自身的教育水平和金融素养，征信监管机构和企业有责任去做好信用教育。

（五）征信基础设施、技术应继续得到重视和改善

征信基础设施、技术内容很广泛，包括了网络系统、数据搜集存储设备、大数据、云计算、征信法律及制度等，既有硬件方面也有软件方面。随着菲律宾网贷、支付、征信等行业的快速发展，二者都有较大的改善空间。

第五节 菲律宾金融科技监管

总体上，菲律宾对于金融科技的监管相对较少但在日益增加，网贷缺乏明确且正式的监管规定，支付和征信的监管相对更多、更完善。对金融科技的监管侧重于三个方面：一是基于风险和适当的监管，二是积极地多方合作，三是消费者保护，目的是实现一种平衡的监管。

一、菲律宾网贷行业的监管

菲律宾证监会于2017年11月发布了一则关于众筹监管的通知，属于征求意见稿性质的备忘录，其条款对于权益众筹和借贷众筹均适用。该通知意在对鼓励集资的审慎监管与保护投资者利益之间平衡，比较全面且值得关注。

表 5-6　　菲律宾证监会对众筹监管提议的要点

监管方面	要点
一般条款及注册豁免	通过众筹平台的集资中介（funding portal）不得： （1）提供投资忠告或建议； （2）教唆购买、销售或认购众筹平台上的证券； （3）对任何教唆购买或销售或推荐众筹平台上证券的雇员、代理人或其他人支付报酬； （4）持有、管理、控制或其他操控众筹资金或证券。 众筹发起人在满足证券监管法规（SRC）第 12 部分规定的情况下，不用在 SEC 注册就能在众筹平台报价或销售众筹证券： （1）菲律宾的法人或自然人，且被认可为中介； （2）12 个月内众筹金额不能超过 1000 万菲律宾比索； （3）从任何一位普通投资者众筹的金额在 12 个月期限内不得超过 5 万比索，除非该投资者对这一金额限制弃权； （4）通过一家中介进行众筹应遵守关于中介的相关要求及有关规定，且排他性地在众筹中介平台完成。
众筹发起人要求	发起人对一起众筹项目在符合下列规定的前提下只能在一家平台进行： （1）选择 SEC 名单中注册的众筹中介； （2）披露业务性质、财务状况、历史运营报告； （3）披露与众筹相关的业务计划； （4）揭示投资众筹项目的风险因素； （5）说明在众筹目标没有实现的情况下如何归还资金； （6）展示完成或取消投资承诺的流程。 禁止对众筹项目做广告。
对中介（经纪商等）的要求	申请注册成为众筹中介时，申请者应明确表明其从事众筹中介的意图； 众筹交易中介须满足一系列的标准，如运营、人员、风险管理等； 一个众筹中介必须指定至少一名领投者； 中介必须建立解决利益冲突的政策和程序框架； 中介不能向任何为其提供敏感的众筹投资者或潜在投资者信息的人提供报酬。
对集资中介的监管	申请成为集资中介要满足一系列要求，如必须是经过注册的公司、公司权益至少为 5 万比索、注册申请表包含相关信息、开立账户、有信息披露规则和业务运营章程。
报告、记录及其他注册后/运营要求	所有记录必须保存在中介和/或发起人的主要营业地； 发起人和中介必须向 SEC 提交年度报告等。

注：要点只是该通知的一部分。

资料来源：菲律宾证监会，嘉银新金融研究院整理。

二、菲律宾支付行业的监管

菲律宾央行作为支付行业的监管者,已公布了八部关于银行、非银行的通知或备忘录,此外中央银行法案(RA 第 7653 号)和 2000 年电子商务法案(RA 第 8792 号)都有提及支付,还有至少十几部以指南、修订案等形式的监管法规有条款涉及支付,如 2018 年 4 月 23 日发布的《即时零售支付结算指南》。近一年来最为重要的可能是菲律宾央行 2017 年第 980 号通知(Circular No. 980)《采用国内零售支付系统(NRPS)框架》,表 5-7 为该通知的要点。

表 5-7　　BSP《采用国内零售支付系统(NRPS)框架》的要点

监管方面	要点
国内零售支付系统(NRPS)框架	NRPS 是一个旨在建立菲律宾的安全、有效、可靠的电子零售支付系统的政策和监管框架; NRPS 下的零售支付是指满足以下条件之一的支付:(1)支付不是与金融市场交易直接相连;(2)结算不是时间紧迫的;(3)付款人、收款人或者两者是个人或非金融组织;(4)或者付款人,或者收款人,或者两者不是处理支付的支付系统直接参与者。 主要原则: 对支付系统的监管包括建立和实施适用于支付系统参与方的标准和规则,这种监管应是独立且区别于对实际的结算参与方的监管; 良好的监管应有一个被央行合法承认且监督的、主导行业的自治机构(PSMB); 所有的合格央行监管金融机构(BSFIs)都是直接结算参与者和支付系统的参与者; 所有结算参与者应遵守管理支付系统的原则、政策和业务规则; 所有的结算都应在 NRPS 管理结构下进行; 自动清算所(ACH)涵盖所有重要的零售支付数据流; 零售支付系统支持非歧视参与原则; 所有的 BSFIs 应采用合理的、市场导向和透明的定价机制; 央行的政策和监管行动不直接涉及 PSMB 范围内的支付管理,而是直接适用于支付系统的单个参与者

续表

监管方面	要点
管理–PSMB	应遵循的主要原则： NRPS 管理下的零售支付交易应该包括：基于卡片为载体的交易（卡片发行和获取都是本地的）；对于在线、移动、其他电子支付工具/方式，付款人和收款人账户必须是在 BSFIs 开立，这些 BSFIs 要求报告 EFPS（即电子文档和支付系统）； PSMB 是一个非营利性的法律实体。 PSMB 应采用经过与央行磋商之后的章程。 除了遵守以下法则，PSMB 的会员标准应始终与 NRPS 框架和央行监管一致：（1）所有合格直接结算参与方必须是 PSMB 的会员；（2）一家想成为 PSMB 会员的 BSFI，至少应参与一家清算所（ACH）且在加入 PSMB 的一个月内实现；（3）每家 PSMB 会员被赋予一个投票权。 PSMB 由其会员在协商一致基础上提供资金。 应有一个 PSMB 的委员会负责以下原则得到遵守： 委员会由多方代表构成，计算所有 ACHs 的支付流，除非存在有效的理由。 委员会应有良好的公司治理实践。 委员会应任命官方代表作为 CEO 且指定一名正式的全权代表。 每一名委员有一个投票权。 不允许任何两名委员来自同一个集团公司。 主席应经过委员会选举产生且不能连任。 在支付结算业务中 PSMB 独立于结算交换服务商。 所有的 BSFIs 应遵守 PSMB 制定的、与 NRPS 框架和法律法规相一致的原则、政策、业务规则。
自动清算所（ACH）	ACH 是结算参与者之间的一个多边合法、具有约束力的协议，对结算、清算决定进行管理。 主要原则： 应建立 ACHs，并且 ACHs 基于支付流而有所区别，包括支付工具或操作、业务规则、结算活动、性质相似的风险考量； 每一笔支付仅在一个 ACH 完成； ACH 的形成和参与对所有合格结算参与方开放； ACH 的形成应该是基于所有参与方同意的一种业务安排； 一个 ACH 应从事一家结算交换供应商的服务； 在符合要求前提下，PSMB 会员可以是多个 ACH 的参与方； 至少 2 个直接结算参与方能向 PSMB 委员会或央行提请发起成立一个 ACH

续表

监管方面	要点
结算交换服务商（CSO）	主要原则： CSO 的业务结算储备和不与 ACH 的 BSFIs 相竞争的其他服务； 结算交换服务的效率和效果应与国际标准一致； CSO 应有一套可靠、富有弹性、稳健、安全的基础设施，以确保在不同运营条件下服务的一致性和连续性； CSO 应是获得菲律宾政府正式牌照许可的实体。国外实体必须获取菲律宾牌照且遵守 1991 年外国投资法等法律法规才能从事结算交换业务； 一家 CSO 能为多个 ACHs 服务； 通过其指定的 CSO，每一个 ACH 应通过央行的 RTGS 系统独立解决其结算结果

资料来源：菲律宾央行（BSP），嘉银新金融研究院整理。

三、菲律宾征信行业的监管

菲律宾征信行业的监管包括法律和通知，前者主要是第 9510 号共和国法律（即信用信息系统法）、第 9510 号共和国法律实施细则和条例，后者包括很多，2015 年至 2017 年三年每年的通知数量分别是 2 起、7 起、6 起，涵盖信用信息系统实施、数据提交、常见问题解答等多方面。表 5-8 为第 9510 号法律的要点。

表 5-8　　　　　　　　菲律宾信用信息系统法的要点

监管方面	要点
CIS（信用信息系统）的建立	银行、准银行、它们的分支和附属机构、人寿保险公司、信用卡公司、其他提供信贷的实体，都要求向 CIC 提交基础信贷数据并定期更新； CIC 应至少每个季度都搜集和更新借款人的信贷数据； CIC 也能从政府机构、司法和行政法院、检察院、其他相关机构、政府管理的养老金计划获得信贷和其他相关信息； 在没有书面同意或授权的情况下，SAE 从 CIC 获得信贷数据、信用报告、信用评级等禁止披露给非获取主体（不包括政府等相关机构）
CIC（中央信用信息公司）的建立	CIC 的法定股本为 5 亿菲律宾比索，分为普通股和不具有投票权的优先股； SEC 协调 CIC 与其他相关政府机构，并规定其他要求； CIC 的主要经营地在首都马尼拉，但可以根据业务需要在其他地方设立分支机构； 国家持有的 60% 普通股自 CIC 营业之日起将不超过 5 年，之后处理至少 20% 的股份给银行业协会、准银行和其他信贷相关协会、消费者协会等

续表

监管方面	要点
信用信息的保密	CIC、提交信息的实体、获取信息的实体、外包实体、SAEs、其他合法被授权实体均应对信用信息保密
征信教育	CIC将开发和承担一项持续性、全国性的征信教育活动,促进征信信息系统对经济的好处等
规章制度	基础征信数据以既定的格式、内容客观、信息真实,不包括任何主观的信息或观点; 借款人有权获得各自的征信信息并对信息的真实准确性进行质疑; 对征信信息的使用和转移设限; 制定信息提交实体、SAEs、非获取实体的评审标准; SEC监管征信信息系统的接入和CIC收取的费用
年度报告	SEC每年将向国会提交本法实施情况的年度报告

注:表5-8内容并非第9510号法律的全部内容。
资料来源:菲律宾CIC,嘉银新金融研究院整理。

本章小结

网贷和支付行业在东南亚方兴未艾,国内的金融科技企业都将目光瞄准菲律宾等市场。本章节首先介绍了菲律宾金融科技和普惠金融的概况,接着依次分析菲律宾网贷、支付、征信行业的现状和面临的挑战,之后分析菲律宾金融科技行业的监管,最后我们来看布局菲律宾网贷和支付行业的机会及主要风险。

一、布局菲律宾网贷和支付行业的机会

虽然菲律宾网贷和支付行业与其他国家和地区(如欧美、中国)相比还很落后,但是跳过了PC时代直接进入移动互联网时代,客观存在巨大的人口红利、语言和文化的便利性等优势,菲律宾市场存在如下机会:

- 渠道的开发和推广是市场开发的关键,国内的经验有值得借鉴之处。
- 利用品牌、技术解决网贷和支付的信任问题。尽管支付宝、微信等巨头已经布局菲律宾市场,但是以国内游客为主要服务对象,其他金融科技企业仍然有很大的发展空间。

- 创新的技术、产品、服务、商业模式等可以在菲律宾市场进行试验。菲律宾政府重视并支持金融科技的发展，央行采取的是"试验和学习"灵活监管方法，这提供了有利于创新的环境。
- 建立专门服务于初创企业、中小企业的网贷、支付平台，现在是难得的机遇期。
- 以社交、电商为切入点来挖掘网贷、支付的潜力。菲律宾人每天平均花费在社交网络上的时间超过4小时，全球排名靠前，且众多的岛屿意味着电商发展的必要性。这些都非常有助于发挥网贷、支付的发展潜力。

二、布局菲律宾网贷和支付行业的主要风险

布局菲律宾网贷和支付行业不应忽略如下主要风险：

- 基础设施较差导致的成本高、效率低、效果差。比如，菲律宾网速慢是公认的事实，政府在着手加大投入基础设施建设，不过这是一个较漫长的过程。
- 监管政策风险。像印度尼西亚、马来西亚、新加坡都颁布了明确的监管政策，未来菲律宾在借鉴其他国家经验基础上必然会出台具体的监管政策，这对于网贷和支付平台来说是一种不确定性。
- 市场竞争加剧，大浪淘沙后一旦形成垄断或寡头垄断，则对后布局者不利。这种竞争来自先入局者、国际金融科技巨头、尝试金融科技的银行等传统金融机构。
- 征信发展滞后阻碍网贷和支付行业的快速发展。数字经济时代，互联网征信的重要性不言而喻，以美国为代表的发达国家征信业比较成熟，但也是历经多年的发展，菲律宾征信行业依然面临资料来源、数据安全、技术、人才等多种挑战，也对网贷、支付带来不利影响。

菲律宾网贷、支付、征信面临着难得的发展机遇，市场潜力巨大，那些在防范风险基础上尽早抓住菲律宾市场机会的金融科技企业，必将以更快的速度发展，实现企业与菲律宾用户、社会、政府等多方共赢。

第六章 新加坡

第一节 新加坡宏观环境

截至2017年年中,新加坡总人口预估数据为561.23万人,其中新加坡常住居民有396.58万人,常住居民中的新加坡公民和新加坡永久居民分别为343.92万人和52.66万人。新加坡人主要是由近一百多年来从欧亚地区迁移而来的移民及其后裔组成的。其移民社会的特性加上殖民统治的历史和地理位置的影响,使得新加坡呈现出多元文化的社会特色。新加坡是一个较为发达的资本主义国家,被誉为"亚洲四小龙"之一,其经济模式被称作为"国家资本主义"。根据2017年的全球金融中心指数排名报告,新加坡是继纽约、伦敦、中国香港之后的第四大国际金融中心,也是亚洲重要的服务和航运中心之一。新加坡是东南亚国家联盟成员国之一,也是世界贸易组织、英联邦以及亚洲太平洋经济合作组织(APEC)成员经济体之一。

一、经济增速放缓,急需寻找新的经济增长点

新加坡作为"亚洲四小龙"之一,曾在1960—1984年间创造过年均GDP增长9%的经济神话。2008年国际金融危机对新加坡经济冲击巨大,新加坡经济由高速发展转入中低速发展阶段。受国际、国内多种因素的挑战和制约,新加坡经济发展在2010年之后逐步放缓,2015年仅增长1.9%,为近年来最低增速;2016年,新加坡经济仍保持低速稳定增长,增长率为2%,超过其政府预计的1%~1.5%的增速,但仍为自金融危机以来较低的发展水平。新加坡的两大传统增长引擎航运业和制造业陷入低迷,急需寻找新的经济增长点。

二、互联网渗透率高,基础设施不断完善

根据研究调查公司(WeAreScocial)发布的包含东南亚在内的全球数字互

联网使用调研报告（2018年1月最新版）显示，新加坡人口为575万，城市化水平已经达到100%。其中互联网用户高达483万，同比2016年增加了2%，渗透率为84%。同时，新加坡移动社交活跃用户430万，同比增长8%，渗透率75%。

英国数据众包公司（OpenSignal）发布了其2017年第一季度的全球LTE网络数据分析报告。新加坡4G网速超越韩国，位居第一。

三、政府大力支持金融科技发展

新加坡金融科技发展离不开政府的大力支持。新加坡政府从2015年开始加强对金融科技的扶持。2015年8月新加坡金管局（MAS）设立金融科技和创新团队，投入2.25亿新加坡元推动《金融领域科技和创新计划》，鼓励全球金融业在新加坡设立创新和研发中心，支持金融科技项目的开发与应用。2016年5月专门成立金融科技署，管理金融科技相关业务，为企业提供一站式服务，提升新加坡金融科技枢纽地位。

为了引导和促进FinTech产业的持续健康发展，MAS于2016年6月推出"监管沙盒"，为FinTech产业创造一个友好的制度环境。"监管沙盒"实质上是MAS为FinTech产业的各种新模式、新业态、新理念等提供的一个"试验区"，让银行等金融机构和初创企业在这个既定的"安全区域"内试验新产品、新服务、新模式等，适当放松参与试验的产品和服务的约束和管制，甚至在必要时适度修改现行法例提高弹性让初创公司试验。

为了支持新加坡金融技术部门的增长，并帮助企业更快地将其金融技术的创新引入市场，新加坡知识产权局于2018年4月发起了FinTech快速通道倡议，为金融技术的发明提供快速专利申请和授予程序。一般正常的专利申请的批准时间为2~4年，而根据这项倡议，预计金融科技专利批准时间会缩短到6个月。

四、为初创企业提供有利的创业环境

新加坡因为安全、有利的商业环境与利于外资企业税收和监管法律而驰名。新加坡基本上没有关税，目前企业所得税是17%，在整个亚洲都属于较低水平。除此之外，新加坡还有特别的税务优惠，具体可以直接与经济发展局沟通，根据企业实际投资项目和规模，给予相应的税务优惠。如对金融科技企业进行投资，享有免税政策。

新加坡有大量的金融科技加速器，如 PayPal 孵化器，还举办了众多金融科技启动节，新加坡金融科技节已举办三届。在电子商务巨大需求的驱动下，许多电子支付公司也已经将新加坡作为其区域发展的第一个据点。

第二节 新加坡金融科技概况

新加坡一直被认为是亚洲科技之都，跨国公司和金融机构都把这里作为亚洲业务总部首选。尽管新加坡在技术、创新上基础深厚，但在这次金融科技的潮流中却起步较晚。不过在监管机构的支持下，新加坡已经成功将自己打造成了东南亚"金融科技中心"。2017 年第二季度，新加坡金融科技市场交易额达到了 8300 万美元。

近年来，新加坡的金融科技领域取得了较大发展。自 2015 年下半年以来，新加坡政府决心将 FinTech 作为建设"智慧国家"的首要发展任务，不遗余力地推动 FinTech 企业、行业和生态圈的发展，立志成为世界智能科技大国和金融科技中心。

一、新加坡金融科技大幅增长

2017 年新加坡金融科技生态系统已经实现大幅度增长，目前该国家已经有超过 400 家金融科技企业，同时还有 30 多家由跨国公司设立的金融科技创新实验室、研究中心。

在诸多政府支持性政策的激励下，并有望成为全球 FinTech 枢纽和中心之一。根据英国 Z/Yen 公司编制的 2016 年全球金融中心指数，在全球 86 个金融中心中新加坡获得 755 分，排名第三，仅次于英国伦敦（800 分）与美国纽约（792 分）。同时，根据该报告的"未来数年将成为更重要金融中心"的调查，发现在亚洲地区，最多受访者选择的是新加坡，中国上海排第二位，而中国香港只排在第五位。在德勤的《2017 年全球金融科技中心报告》中，从全球金融科技中心指数得分来看，英国伦敦和新加坡得分均为 11 分，并列第一。

二、高度依赖现金和支票，支付有待进一步发展

根据 PayPal 的统计，高达 88% 的新加坡人使用现金作为支付方式之一；

43%的新加坡人最常以现金支付，其次是信用卡。这个最常使用现金的比率，与中国香港的44%相当，虽然低于印度、菲律宾、印度尼西亚、泰国的七成以上，但是仍然远高于中国内地的25%。

新加坡人对电子支付技术的认知度其实并不差，对各项技术的认知程度都高于亚洲平均水平。这个现象主要归因于新加坡电子支付系统的多元但兼容性低的特点，使得消费者需要使用多种卡片或装置，商家也需要设立多个机台来应付消费者多样化的支付方式。这不仅给消费者带来不便，也增加了商家成本。与此同时，消费者使用现金的习惯也根深蒂固。大部分新加坡餐馆及摊贩等都只收现金，使得消费者利用支付工具的诱因大幅降低。

新加坡总理李显荣认为，统一支付方式并建立民众使用习惯为首要任务，因此，计划推动QR Code作为支付的统一工具。

三、加强国际合作促进金融科技发展

2018年，新加坡与其他司法管辖区之间建立了合作伙伴关系，旨在连接新加坡与世界其他地区的金融科技生态系统。2018年3月，新加坡金融技术协会（SFA）和日本金融技术协会（FAJ）宣布交易，这一伙伴关系的目的是促进两国间的金融技术合作，并促进新加坡成为日本企业在亚洲的目的地。新加坡金融管理局还与越南国家银行、埃及中央银行和立陶宛银行建立了三个新的合作关系。新加坡金融管理局与中国香港、澳大利亚和英国等许多不同司法管辖区签署了许多双边金融技术协定。这些措施旨在鼓励金融科技创新和加强合作。据金融服务行业Deloitte的数据，新加坡的MAS比世界上其他监管机构签署了更多的金融科技合作协议。

第三节 新加坡网贷与众筹行业

一、网贷和众筹行业概况

与国内P2P网络借贷和众筹等概念划分更细不同，在新加坡，各家企业把债务众筹和股权众筹统一称为融资众筹。由于新加坡在个人信贷方面的严格监管，目前新加坡市场上主流的P2P网贷主要为面向企业的网络借贷。

新加坡金融管理局认为，面向企业的众筹债务融资，通常被称为对企业

的 P2P 借贷。P2P 借贷指的是一种融资模式，在这种模式下，许多人向一家公司提供资金，作为回报，他们将获得公司具有法律约束力的承诺，以预先确定的时间间隔和利率偿还贷款，这一融资过程通常通过一个在线平台进行。

2013 年，网络借贷对当地人来说还比较陌生。在中国网络借贷平台 P2P 获得蓬勃发展的同时，新加坡国内的市场还显得比较平静。从 2014 年起，新加坡先后出现了 CoAssets、Funding Societies、MoolahSense、Capital Match 等多家众筹平台。2015 年 5 月 Funding Societies 由面向大众的众筹平台转向 P2P 借贷平台，8 月，新加坡本地金银零售商 Silver Bullion 也推出了以金银为抵押的 P2P 借贷平台。

据毕马威咨询统计，2013 年到 2015 年，新加坡的网络替代金融交易额为 7028 万美元，其中众筹市场交易额达到 4115 万美元，P2P 网贷交易额达到 955 万美元，两者总计占比达到 72%。到 2016 年，新加坡的网络替代金融交易额为 1.64 亿美元，其中有近 83% 的交易量由 P2P 网贷和众筹（分别为 8843 千万美元和 4701 千万美元）产生。

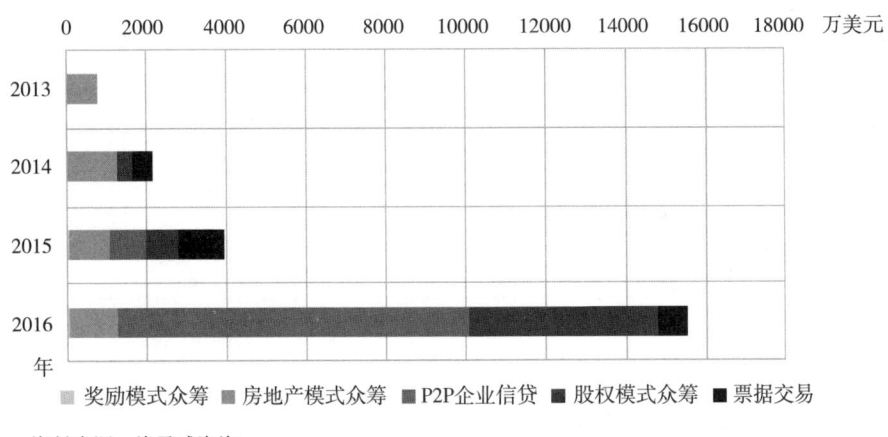

资料来源：毕马威咨询。

图 6-1 新加坡众筹市场交易情况

二、网贷与众筹典型机构分析

（一）网贷平台机构

新加坡有三大主要的 P2P 网贷机构，这三家机构专门为中小企业提供贷款。它们分别是 Funding Societies、MoolahSense 和 Capital Match。

1. Funding Societies

截至 2017 年 12 月,Funding Societies 促成了 1606 笔借款交易,筹集了 9540 万新加坡元的贷款。该公司在印度尼西亚和马来西亚也有业务,迄今已获得了 750 万美元的融资。

2. MoolahSense

截至 2017 年 12 月,由 East Ventures 和 Pix Vine Capital 支持的 MoolahSense 促成了 359 笔借款交易,总计筹集了 4130 万新加坡元的贷款。MoolahSense 拥有超过 11920 名注册投资者。

3. Capital Match

Capital Match 于 2014 年成立,提供 5 万至 20 万新加坡元的中小企业贷款及票据贷款。截至 2017 年 12 月,该平台募集了 6200 万新加坡元的贷款。Capital Match 已从 Innosight Ventures、Crystal Horse Investments 和 CE – Tech Invest 获得了 100 万新加坡元融资。

表 6 – 1　　　　　三家网贷平台的对比分析

	Funding Societies	MoolahSense	Capital Match
最低投资额	1000 美元	1000 美元	1000 美元
最低贷款额	100 美元	500 美元(直接) 1000 美元(自动分配)	1000 美元
服务费率	15%**	商业贷款 1%; 其他免费*	20%**
贷款类型	– 商业定期贷款 – 票据融资***	– 商业定期贷款 – 票据融资	– 票据融资
是否有汽车贷	有	有	否
用户友好程度	有移动应用	网站易于浏览	网站易于浏览

注:* MoolahSense 是目前唯一一个不收取任何服务费的平台。
** 服务费是赚取利息的百分比,只有在支付还款后才会收取。
*** 商业定期贷款通常跨越一年或两年,票据融资期限非常短,典型的票据期限在 15 天到 3 个月。
资料来源:公司官网。

(二)众筹平台(部分含网贷业务)

其他向中小微企业提供替代融资选择的企业还有许多,如 Crowdo 向新加坡和马来西亚提供 P2P 和股权众筹服务，以及新加坡最大的 P2P 票据融资平台 Capital Springboard，截至 2017 年 10 月，后者已完成价值超过 1.7 亿新加坡元的票据融资。

FunddedHere 成立于 2015 年 3 月，是新加坡第一个完成注册的私募股权众筹平台，于 2016 年获得 MAS 的 CMS 许可证，该平台将东南亚和大中华区有潜力的科技创业公司与专业的合格投资者联系起来。

新加坡 P2P 网贷和众筹领域的其他创新企业还有 Skolafund、CoAssets 和 EthisCrowd 等。Skolafund 是一个面向全亚洲的教育融资平台，它与投资者合作，让学生可以负担得起高等教育；CoAssets 是一个面向房地产开发商的房产众筹平台；EthisCrowd 是一家总部位于新加坡的伊斯兰房产众筹平台，分别在雅加达、吉隆坡和南非设有办事处。

Crowd Genie 创立于 2016 年初，于 2017 年 3 月获得 MAS 授予的证券许可证，旨在为不满足传统金融机构融资要求的中小企业提供资金。该平台并不仅仅使用财务指标，还利用机器学习与实践结合的方式来评估潜在借款人的信用风险状况。

三、网贷和众筹行业监管

总体而言，新加坡的 P2P 网贷主要受 2010 年《放贷人法案》和 2009 年《放贷人规则》的监管。2010 年《放贷人法案》的主要目的是发展消费者保护机制，以保护小额贷款的借款人，对放贷人的商业运作施加严格限制。上述法案要求放贷者持有放贷人的许可证，并对被许可方承担义务和限制。

监管部门也根据《证券与期货法案》（Cap. 289）（SFA）和《财务顾问法案》（Cap. 110）（FAA），监管 P2P 网贷的运营。

在 SFA 的第 239 条（3）项规定里，向一个实体发放贷款的邀请被认为是在提供债券，因此网贷平台需要向 MAS 注册一个招股说明书。不过，根据 SFA 的第 227A 和第 227B 的规定，满足以下条件则可以免除注册要求：

- 小额配售，根据 SFA 的第 272A 条款，要约人可以在任意 12 个月内提供高达 500 万美元的个人证券报价，而不需要招股说明书。
- 私人配售，根据 SFA 的第 272B 条规定，在 12 个月内向不超过 50 人提供证券的，可以在一定条件下免除招股说明书的要求。
- 机构投资者，根据 SFA 的第 274 条规定，向机构投资者提供的证券可以免除招股说明书的要求。
- 合格投资者，根据 SFA 的第 275 条规定，向被认可的合格投资者提供的证券可以在特定条件下免除招股说明书的要求。

网贷平台开展提供债券发行或建议的业务时，需要满足 SFA 资本市场服务（CMS）的许可要求。根据 FAA，网贷平台在向投资者提供有关购买证券的建议时，将被视为提供金融咨询服务，也需要满足 FAA 的要求。

第四节　新加坡支付行业

一、行业概况

益普索市场咨询研究机构公布的调查显示，新加坡移动支付应用的使用率已经从 2016 年的 26% 增长到 2017 年的 40%。尽管毕马威会计师事务所的一项研究认为，新加坡消费者和企业交易时还是更多地依赖现金和支票，但新加坡的无现金支付正朝着移动支付方向演进。

在生物识别数据和数字货币等技术解决支付安全问题的基础上，智能手机市场渗透率的不断上升，推动了数字支付的创新。在整个东盟地区，新加坡是最成熟的无现金支付市场，数字支付的普及率最高。

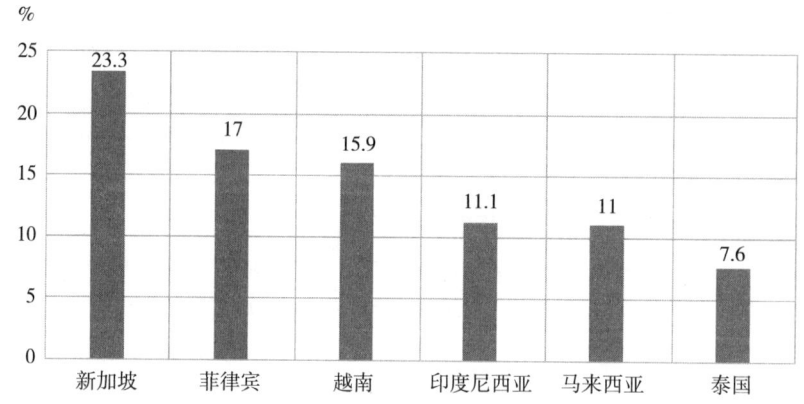

资料来源：MasterCard Wallet survey results, 2016。

图 6-2　数字钱包普及率调查结果（2015）

据大华银行统计，新加坡的数字支付交易规模在 2017 年达到了 120 亿美元，而其中移动支付的交易规模达到了 4.7 亿美元。新加坡的智能手机渗透率达到了 85%，借记卡渗透率达到了 380%，POS 机总规模达到了 10 万台，商户 POS 机的渗透率为 1.7%（占总人口的百分比），并且有 76% 的人选择使用卡支付而非现金支付,每 4 个人中就有一个人持有数字钱包。此外,新加坡的电子商务总成交额预计将于 2025 年达到 54 亿美元。

二、支付机构

据 Tracxndata 数据显示,截至 2017 年 10 月 9 日,东盟共有 367 家数字支付初创企业。新加坡是该地区最发达的支付市场,有 102 家数字支付公司,占东盟总机构数比例接近 28%。

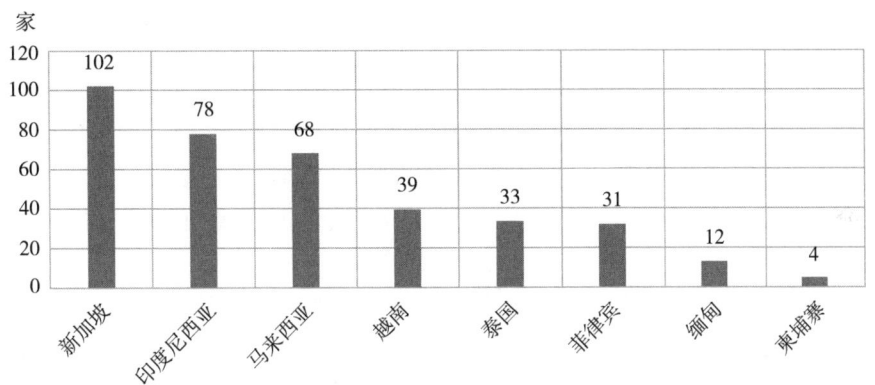

资料来源:Tracxn data。

图 6-3 东盟各国数字支付机构数量

(一) Nets

Nets 是新加坡主流的电子支付工具,创立于 1985 年,背靠新加坡的三大银行:DBS、OCBC、UOB。随着政府表态对电子支付的支持,新加坡支付公司 Nets 也逐渐加速其移动支付布局。其支付工具 NetsPay Solution 允许使用者直接通过扫描 QR Code,或是利用近场通信(NFC),直接从银行账户进行支付。

2017 年 10 月,Nets 宣布,推出可整合多张金融卡的电子钱包 NetsPay Wallet。为了让商家和民众拾起习惯,Nets 将在三年内免费为商圈摊贩提供建置基础装置。

(二) Razer

新加坡总理李显荣正式宣布电子支付为国家发展重点后,已有许多厂商如 Razer 和 Grab 等抢入新加坡支付市场。游戏外设品牌 Razer 预计将投入 7400 万美元协助 MAS 打造开放、互通的支付系统,让现有的多个支付工具能兼容,让新加坡人打造自己专属的支付工具。

（三）Grab

Grab 将原隶属于叫车服务的支付工具 Grabpay 扩张，使其成为能独立运行的成熟支付系统，在 Grab 服务渗透率高的新加坡也具有十足优势。

2017 年 9 月，Grab 推出基于 Grabpay 的 P2P 转账服务，并计划即将推出商户支付功能，希望商户能够直接使用其无现金支付系统，而不是从现金过渡到信用卡，再过渡到移动支付。

三、支付行业监管

新加坡涉及支付和结算系统的三项主要立法是：（1）2006 年《支付系统（监督）法》；（2）2002 年《支付和结算系统（终结和净额结算）法》；（3）2002 年《汇票（支票截留）法规》。其中，2006 年的《支付系统（监督）法》在 2013 年进行了修订，且 MAS 还根据《金融市场基础设施标准》对支付系统进行监管。

2017 年 11 月 21 日，MAS 发布了其拟议的《支付服务法案》和咨询文件。在此之前，新加坡于 2016 年 8 月就拟议修订新加坡支付监管框架和成立国家支付委员会进行了磋商。

该法案规范的具体业务包括：账户发行、国内转账、跨境汇款、商家收购、电子货币发行、虚拟货币服务（如中介）和货币兑换。此外，该法案还引入了新的消费者和商家保护措施，主要提出以下要点：

- 扩大支付业务的许可制度，为创新支付服务提供商提供政策的确定性；
- 从基于产品授权模式转向更加灵活的基于业务和基于风险的授权模式；
- 发放单一的"支付服务"执照，适用于价值链中的企业；
- 为过度监管的领域减轻监管负担；
- 支持虚拟货币；
- 区别监管基金相关的支付服务和辅助处理数据的服务。

第五节　新加坡互联网理财行业

一、行业概况

新加坡向来是东南亚的财富管理中心。英国研究机构"财富洞察"的一份报告称,从管理的资产规模计算,到 2020 年,新加坡将取代瑞士成为全球最大的离岸财富中心。这为那些试图从事财富管理、智能投顾的公司打下了良好的基础。

据埃森哲调查,新加坡 80% 的受访者表示他们乐于接受机器人投顾(Robo-Advisor,RA)来帮助他们确定开设哪个银行账户,以及让 RA 帮助他们选择保险产品和退休计划,84% 的受访者表示他们乐于使用 RA 进行投资。新加坡的消费者表示,使用 RA 的主要优势在于能够获得更快、更便宜的服务,并且计算机和人工智能比人类更加公正地进行分析和判断。此外,调查还发现,新加坡的消费者愿意转向非传统的金融服务提供商。32% 的受访者表示他们会考虑使用谷歌、亚马逊或 Facebook 提供的银行服务和保险产品。

新加坡智能理财应用的优势在于,其收取的服务费比传统的经纪人或共同基金更低。有了智能理财之后,寻求替代银行存款资产的投资者能以适合其风险偏好的方式配置资产,并且付出很少的咨询费用。

二、互联网理财机构

2017 年 4 月,新加坡本地智能理财应用机构 StashAway 获得了该国第一张智能理财牌照——"零售基金管理",随后,另外两家新加坡本土创业公司同样获得了该牌照。目前,新加坡的智能理财平台只能为合格投资者提供服务,并不是所有投资者都可以享受到智能理财服务。

除了本土公司以外,新加坡的智能理财行业也受到了外资企业的青睐。作为东南亚地区的财富管理中心,新加坡是外资企业进军东南亚市场的首选之地。入驻新加坡之后,外资企业即可为东南亚各国的客户提供智能理财服务。

新加坡所有智能理财平台都可以投资美国的各类资产以及全球大多数的 ETFs,这些资产包括股票、债券、黄金和其他各类商品。

(一)StashAway

StashAway 成立于 2016 年,是一家智能化、自动化的数字财富管理公司,在 2017 年获得了新加坡金融管理局的资本市场服务许可证(CMS100604 – 1)。

StashAway 根据用户的收入、储蓄能力、风险偏好和时间跨度等因素,对客户的投资组合进行个性化定制、再平衡和优化,以实现客户拟定的目标。StashAway 还采用"基于经济制度的资产配置(ERAA)"方法为用户配置资产。这一方法基于经济周期理论,通过监控不断变化的经济指标,来自动优化交易所的交易基金（ETF）组合和每月投资策略。

StashAway 的费用范围在每年 0.2% 至 0.8% 之间，具体费用取决于投资金额，没有最低投资额的要求，但要享受 0.2% 费率，用户需要至少投入 100 万美元。

（二）AutoWealth

AutoWealth 成立于 2015 年，是一家获得许可的数字金融顾问，它使用专有算法在线提供财务建议和投资管理，已拥有新加坡金融管理局的财务顾问许可证（FA100064－1）。

AutoWealth 创建了一个自动化投资流程，减少了处理时间和中介成本，同时为客户提供理想的资产配置比例、初始投资额和定期投资额的精确建议。AutoWealth 要求客户首先花费 3 分钟填写关于个人风险偏好的调查问卷，然后使用智能理财系统中的专有算法分析客户的个人风险偏好并推荐量身定制的投资组合。

无论用户的投资总额高低，AutoWealth 的费率为平均每年 0.5%，再加上每年的平台费用为 18 美元。AutoWealth 要求用户的最低投资额为 3000 新加坡元。AutoWealth 没有投资锁定期，客户可以随时撤回投资资金或关闭投资账户。

（三）Smartly

Smartly 创立于 2015 年，与 MAS 授权的基金管理人 VCG Partners Pte. 公司合作开展业务。Smartly 是一个技术提供商，不直接为用户提供投资服务。

借助 Smartly，个人可以投资于全球交易所的交易基金（ETFs）组合。具体投向的 ETFs 由 Smartly 根据每位投资者的风险状况进行选择。投资者必须提供一些自己的基本信息，然后 Smartly 的专有算法将根据个人资料推荐个性化的投资组合。如果投资者不同意这些建议，可以更改投资分配比例。

每月只需 50 新加坡元的投资，用户就可以在 Smartly 上开立一个账户。Smartly 的服务费用如下：如果用户每年投资少于 1 万新加坡元，费率为 1%；每年投资为 1 万~10 万新加坡元，费率为 0.7%；每年投资 10 万新加坡元及以上，费率为 0.5%。Smartly 没有最低投资限额，也没有最低承诺期。

投资者可以从 Smartly 平台上获得包括风险评估、基于个人状况的投资建议、无限制的存取款以及投资组合的实时监控服务。

（四）Infinity Partners

Infinity Partners 最初为在新加坡工作的美国人提供服务，后来也向新加坡人提供服务。该公司仅面向新加坡的合格投资者，也即高净值个人和对冲基金机构。Infinity Partners 拥有资本市场许可证，其境外客户可以在美国购买交易所的 ETFs。

该公司要求的服务费率约为 1%，相比之下，传统财富顾问为类似服务收取 3% 至 5% 的费用。自 2017 年开始，新加坡的合格投资者可以使用 Infinity Partners 的智能理财顾问应用购买 ETFs。

（五）Bambu

Bambu 是一家 B2B 智能理财公司，为亚洲的金融和非金融企业提供财富管理数字平台。Bambu 的私人银行产品旨在提高客户经理的效率，专有排名算法提供了资本市场和房地产市场的统一观点，并为客户投资组合提出相关的投资建议。Bambu 的智能理财平台使投资者能够方便地找到适合自己需求的投资策略，并且根据每个投资者的目标创建个性化投资与风险组合。

（六）CONNECT by Crossbridge

CONNECT by Crossbridge 是一家数字咨询平台，隶属于 Crossbridge Capital Group，后者是一家成立于 2009 年的独立财富管理公司。Crossbridge Capital 与瑞士的 Julius Baer 和 Morningstar 等顶级行业供应商合作开发了 CONNECT 这个智能理财平台。

2017 年，CONNECT 与 Bambu 联合为新加坡的合格投资者提供了智能理财服务，费用范围从每年 0.20% 到 1.25%。根据新加坡政府规定的合格投资者定义，平台只能服务于至少拥有 200 万新加坡元净个人资产或年收入为 30 万新加坡元的高净值客户。目前，Crossbridge Capital 管理着 30 亿美元，其服务主要面向新兴市场经济体的高净值客户和家庭。

三、支付行业监管

在智能投顾的监管方面，MAS 也发放了"零售基金管理"资本市场服务许可证，让一些机构先试先行。同时，MAS 也在完善智能投顾的监管制度。

2017 年 6 月，MAS 公布了一份公众咨询文件，内容包括一系列提供智能投顾服务的公司所要遵循的咨询服务许可和商业行为。根据该文件，MAS 建议放宽某些条例，比如参照证券及期货法（SFA）的基金经理型智能投顾可以在不满足五年投资记录要求的情况下，向散户提供智能投资顾问服务。

同时，这些涉足智能投顾业务的公司也需要满足另外的一些条件，比如，只提供简单的产品多元化组合（挂牌基金和股票）、主要管理层人员拥有丰富的基金管理和科技经验、运作一年内对智能投资顾问业务进行独立的审计。

智能投顾中的财务顾问角色则需要满足财务顾问法案（FAA）的相关要求，如此它们将被允许协助客户执行投资交易，并可以无须获得 SFA 额外许可证，就可为客户重新规划投资组合方案。

除此之外，MAS 还提出，智能投顾服务可以豁免于财务顾问法案（FAA）所必需的客户财务状况信息调查。不过前提是，它们需要证明它们能够在有限的客户信息中降低提供不当建议的风险。

第六节 新加坡保险科技行业

一、行业概况

新加坡的企业保险技术公司，凭借其先进的基础设施和支持创新的金融监管机构（MAS），已经在亚洲保险创新领域确立了领导地位。新加坡的保险创新中心高度集中，截至 2016 年 9 月，10 个亚洲保险创新中心中，有 8 个位于新加坡。

表 6-2　　　　　　　　　亚洲保险创新中心

公司	创新中心	国家	专注点	状态
Aviva	Digital Garage	新加坡	数字化转型	运营中
Manulife	Loft	新加坡	数字化转型	运营中
MetLife	LumenLab	新加坡	新型商业模式	运营中
Allianz	Digital Labs	新加坡	数字化转型	运营中
AXA	Data Innovation Lab	新加坡	大数据	运营中
AIA	Edge Singapore	新加坡	健康科技	运营中
Munich Re	Innovation Lab	中国	一般保险	已建成
Swiss Re	—	印度	IoT/AI/大数据	规划中
IAG	—	新加坡	—	未知
NTUC	—	新加坡	—	未知

资料来源：Insurance Thought Leadership。

2017 年 3 月，Aviva Ventures 的合伙人发布了一份新加坡保险科技生态圈报告,新加坡的保险科技领域共有30家机构提供支持服务,包括销售综合管理、信息发布整合、比较保险管理、人力资源管理相关服务数据、AI/ML/NLP物联网平台与开发者,以及相应的孵化器、加速器等。

二、典型保险科技机构

根据新加坡金融科技协会(SFA)统计,目前,新加坡总计有50家保险科技机构,其中13家已经在SFA的企业名录里认证,具体名单如表6-3所示。

表6-3　　　　　　新加坡保险科技企业名录

1-Net	Avvanz	Kommerce	Jinjerjade	GoalsMapper
Galileo Platforms	Pole Star	eBaoTech	Inzsure	InsureVite
Taiger Singapore	New Gen Infotech	Bandboo Group	Raxel Telematics	Coverbrite
jumper.ai	Synchestra	Smallticket	FitSense	Mipi
Claim Di	InsuRebel	Health2Sync	Insurance Finder	ThinkCloud
InsurMatics	IOLO	Drox	Clearly Surely	UexGlobal
Vesl	Prosecure	Arttha	Singapore Life	JLT Interactive
DIYInsurance	Bluzelle	insbee	Accuity	Zumata
PolicyPal	QuickDesk	Redox	NephTech	Mobilecover
mClinica	DirectAsia	MyDoc	CXA group	Aigang Network

资料来源:新加坡金融科技协会。

本书从上述50家保险科技公司中选取了13家较有代表性的保险科技公司,并进行简单介绍。

(一)Jinjerjade

Jinjerjade是一家保险公司评级网站,消费者可以通过评论的方式在网站上分享他们购买保险产品的体验,也可以使用该网站来决定从哪家保险公司购买保险。

(二)eBaoTech

eBaoTech是全球保险业的技术合作伙伴,致力于实现保险互联。为了实现保险互联,eBaoTech提供了两组解决方案:eBao Cloud和eBao Software:eBao Cloud是一个开放的API平台,为保险公司、传统渠道、合作伙伴和Fin-

Tech 创业公司提供连接和支持；eBao Software 为人寿保险、一般保险、健康保险和再保险人提供了核心的系统套件。

（三）Inzsure

Inzsure 为企业提供定制化的企业保险解决方案，并借助区块链、以太坊和智能合约技术提升保险业务的安全性、透明度和交付速度。

（四）InsureVite

InsureVite 是基于区块链和人工智能技术建立的替代保险支持平台，通过用机器人作为劳动力，帮助各类传统保险公司进行自我升级与改造，提高其客户参与度与服务质量。

（五）Bandboo

Bandboo 是一个保险技术平台，它使用户能够以尽可能低的成本组建数字保险社区以获得保险服务。Bandboo 以提供保险作为服务形式，收取用户加入社区的会员费，在会员期限结束时将未使用的保费退还给用户，从而尽可能地降低保险成本。

（六）insbee

insbee 是汽车行业的 P2P 保险平台，该平台改善了保险公司的风险分类并降低了分销成本，从长远来看有助于降低司机的保险费。

（七）PolicyPal

PolicyPal 是一家数字式保险经理，旨在简化购买和管理保险的过程，平台允许消费者在线管理他们的保单。

（八）Aigang Network

Aigang Network 面向数字保险的区块链协议，为物联网和智能设备提供新的数字保险服务。

（九）CXA group

Conne Xions Asia（CXA）是一个健康保险市场平台，帮助公司将其当前的医疗保健支出转变为个性化的福利和保健计划。Connexions Asia 管理、跟踪并分析员工的健康状况、生活方式风险以及医院和诊所的数据,以提高员工的健康水平,降低索赔成本和缺勤率。

(十) Raxel Telematics

Raxel Telematics 提供基于使用情况的保险产品,它使用评分模型分析驾驶员的行为,并为有良好驾驶行为的司机提供折扣,且为其提供改善安全评级和驾驶风格的建议。

(十一) Coverbrite

Coverbrite 使人寿保险客户能够与代理商联系,并为其保险客户提供购买合适保单的信息——保险客户可以通过 Coverbrite 的消息界面轻松寻求多家保险公司的建议。

(十二) Synchestra

Synchestra 是一款基于云技术的保险科技工具,可以让客户根据保险顾问的建议购买人寿和健康保险。它帮助消费者巩固个人财务状况,有效地将任何变化与选定的财务顾问同步。

(十三) FitSense

FitSense 是一个数据分析平台,与保险公司合作为任何使用智能手机或可穿戴设备的人降低保险费用。FitSense 使健康和人寿保险公司能够通过使用应用程序和设备数据来制定个性化产品和服务。

三、保险科技行业监管

2017 年 2 月 10 日,新加坡金融管理局与英国政府以及 15 家保险行业代表,包括 Aviva、NTUC Income、AXA、AON、AIA、AXA、IAG、Allianz、Etiqa and InsurTechAsia 等,共同签署了一份协议声明意向书(SOI)。该意向书致力于促进该地区保险业的数字创新。

保险科技初创企业一般有三类,分别是保险汇集商、保险中介和一站式保险,不同类型的保险科技企业需要获得不同的从业许可证明,并满足不同的监管要求。

(一) 保险汇集商

保险汇集商提供了一个简化的保险市场,客户通常可以比较市场平台上不同产品和服务的政策条款及其价格。如果保险汇集商有意冒险进行销售、发行或包销保险业务,必须根据《保险法》获得许可证。如果保险汇集商提供的建议是其所提供服务的一部分,则需要获得财务顾问的许可证。这是因为这一行为适用于提供财务顾问服务的《财务顾问法》(Cap. 110)的监管范畴。此外,只要公司已根据《保险法》(Cap. 142)正式获得许可证,公司就不再需要获取财务顾问许可证,因为《保险法》提供的许可证允许公司提供财务咨询服务。

(二) 保险中介

任何从事保险中介业务的(并且没有作为保险公司或再保险公司经营业务) InsurTech 公司都需要向 MAS 申请注册为保险经纪人。根据《保险法》和《保险中介机构法》(第 142A 章),即使 InsurTech 公司是持牌保险公司或持牌保险经纪公司,仍须确保以书面协议的方式授权其代理人代表公司处理保险合同。

(三) 一站式保险

根据 MAS 的规定,一站式保险机构需要受到严格监管。

1. 根据《保险法》(第 142 章) 申请适当的牌照

该公司需要向 MAS 申请保险公司执照。一般来说,公司可以申请两种不同类别的许可证:

- 直接人寿保险业务许可证(包括人寿保险、长期事故保险和健康保险);
- 一般保险业务许可证(除人寿保险以外的各类保险业务)。

2. 满足准入标准(包括财务要求)

在授予保险许可证时,MAS 将考虑各种因素评估申请,包括保费、资产、信用评级、财务稳健性、信誉、创新性、业务战略和计划、风险管理系统、董事和主要高管等。

InsurTech 公司需要有足够的资本来满足 MAS 所要求的财务状况。对于直接保险公司而言，人寿保险业务的最低股本要求为 500 万新加坡元，非寿险业务为 1000 万新加坡元。对于再保险公司而言，最低股本要求为 2500 万新加坡元，并且计划提供的每类保险/再保险服务还需要额外的 200 万新加坡元。

获得许可证的 InsurTech 公司需要每年向 MAS 支付年费，对于不同类别的保险业务或不同类型的持牌保险公司，费用会有所不同。

3. 重要成员任命

持牌保险公司在任命（i）首席执行官、（ii）精算师、（iii）董事等职位时，必须获得 MAS 的批准。

4. 持续符合要求

满足基金偿付能力和资本充足率要求——公司为履行债务而需要拨出的最低金额/资产总额（由 MAS 进行评估）。

保持必要的账簿和记录（包括会计报表，尤其是保单登记），以解释 InsurTech 公司的交易和财务状况，以方便审计。

确保每类保险业务都有独立的基金。

确保每个会计期间对每一类保险业务的财务状况进行调查——由 MAS 批准的精算师进行调查，并将调查报告提交给 MAS。

第七节 新加坡监管沙盒

新加坡是亚洲最重要的金融和贸易中心之一，虽然新加坡国土面积仅为 719 平方千米，但人均 GDP 却处于全球前列。金融服务业在新加坡经济发展中具有重要地位，是新加坡国内的第四大产业。目前，新加坡已聚集全球 1200 家银行、保险等金融机构的总部，金融业增加值占其 GDP 的 13%，就业人数占总劳动力的 5%。2017 年全球金融中心指数报告显示，新加坡位居全球第四，是东南亚重要的金融中心。

一、监管沙盒简介

沙盒（Sandbox）是计算机安全领域的专业词汇，是指通过限制应用程序代码的访问权限，为来源不可信、具备破坏力或无法判定程序意图的程序提供测试环境。进入沙盒中测试的程序，大多是在现实数据环境中进行，由于测试过程中预设了安全隔离措施，故测试过程中不会影响系统和数据安全。近年来，随着信息技术与金融业快速融合，创新发展速度越来越快，各国金融监管部门为提升监管水平，探索发展新的监管模式，沙盒的安全、有效的运行模式被英国金融监管部门率先引入了监管，并由此形成了"监管沙盒"这一针对金融创新的监管模式。

"监管沙盒"是英国金融管理部门针对金融创新在全球内首创的管理模式，从事创新活动的金融机构（或金融服务提供者）在消费者权益得到充分保障的前提下，可按FCA特定简化的审批程序，提交申请并取得有限授权后，可以在适用范围内推广和测试应用其创新产品，FCA会对测试过程进行监控，并对情况进行评估，以判定是否给予正式的监管授权，使其在沙盒之外推广应用。随着英国率先在全球范围内引入监管沙盒，新加坡、澳大利亚以及我国香港地区也积极行动，拥抱监管沙盒，力争在新一轮金融创新中抢抓先机。

监管沙盒对于企业开展创新探索具有重要意义。通常申请沙盒测试的企业，在现有监管模式下开展创新都面临各种各样的问题，如无法满足合规要求，或者合规成本很高，企业难以承担重负。通过沙盒测试，企业可以在监管部门许可下实现小范围真实环境测试，消费者合法权益也不会在产品和服务测试过程受到侵害。从监管者来看，沙盒测试可以使其更科学地对待监管规定与金融创新，及时发现不合时宜的监管规定并在沙盒测试过程中逐步总结和调整，使创新企业在政策允许范围内充分发挥创新能力，从而提升企业在未来市场竞争中的潜力。

监管沙盒是一个"试验区"，市场放松产品和服务的法律监管和约束，允许传统金融机构和初创企业在这个既定的"安全区域"内试验新产品、新服务、新模式等创新，甚至可以根据"试验结果"修改和提出新的法律制度。这种"监管沙盒"制度是非常值得肯定的金融监管政策，一方面，创新的实时性要求较高，而监管因为没有先例所以审批周期长，很容易错过科技创新的发展时机，"监管沙盒"有效地解决了这个矛盾，让创新在指定区域和范围内即时开展，提高了创新开发能力。另一方面，技术创新有很高的失败风险，可能影响创业者和消费者的利益，如果控制不好甚至会酿成系统性风险，破坏金融系统稳定，"监管沙盒"能够将风险保持在可控范围内，降低了创新的风险性。

二、新加坡"监管沙盒"发展历程及特点

2015年下半年以后,受全球主要经济体经济增速下滑以及新加坡地缘政治因素影响,对新加坡经济发展具有举足轻重影响的国际贸易增长速度持续下滑,当年GDP增长率仅为2%,低于预期水平。为了促进经济发展,新加坡也不断调整战略发展方向,如将建设"智慧国家"作为政府重点发展任务,通过创新带动经济增长。为了维持和发展全球金融中心地位,新加坡政府采取多种手段,大力推动金融科技企业、行业发展,目标是使其成为世界智能科技大国和智能金融中心。

监管沙盒就是在这种背景下成为新加坡发展创新金融的重要试验田。2015年8月,新加坡金融监管部门(新加坡金融管理局,简称新加坡金管局,MAS)新设立金融科技和创新团队(FTIG)。为进一步支持FinTech创新,2016年5月,新加坡创新机构(SG-Innovate)和新加坡金管局联合设立了金融科技署(FinTech Office)来管理金融科技业务并为创新企业提供一站式服务。2016年6月,参照英国的"监管沙盒"制度,针对金融科技企业推出了"监管沙盒"机制,明确任何只要在沙盒中注册的金融科技类企业,只要经过事先报备批准,可从事和目前法律法规有所冲突的创新业务,即便以后被终止在测试过程中的相关业务,监管部门也不会追究企业的法律责任。如图6-4所示,企业在监管沙盒的测试流程可以分为四个步骤。

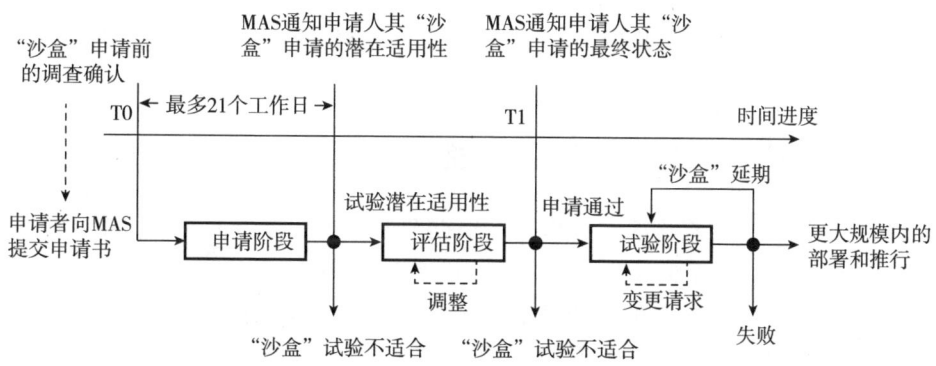

图6-4 新加坡监管沙盒申请流程

首先是向新加坡金融管理局(MAS)提出加入申请,MAS接到申请后对申请人潜在适用性进行评估,若能获得通过,则进入测试试验,不能通过评估,则申请被拒绝,若申请人能通过沙盒的测试,则可在更大规模内部署和推行。值得注意的是,新加坡"监管沙盒"内开展测试运行的企业仅限于

FinTech 领域，不涉及其他行业企业创新。

随着监管沙盒项目推进，新加坡在全球金融科技领域的影响力进一步提升。2018 年 11 月 16 日，持续一周的第三届新加坡金融科技节结束，在节日期间，全球 130 个国家 4.5 万人参与了这次活动，新加坡金融科技在全球影响力可见一斑。

新加坡监管沙盒特点主要有：

第一，坚持以保护消费者权益为中心。

新加坡金管局在沙盒监管相关文件中，明确强调要以消费者权益为中心，包括增强便利性和可得性、降低价格、更互惠的交易、提高服务质量、帮助消费者识别和缓释风险等。

第二，明确在沙盒内测试企业的退出机制。

新加坡金管局规定，沙盒测试时间到期后，金管局发布的所有在沙盒内运行的监管法律和规则都同步到期，沙盒内运行的企业要退出沙盒。若申请人想延长在沙盒测试内运行的期限，需在沙盒测试截止日期前至少一个月的时间内向金管局提出申请，明确需要延期的理由。若金管局和申请人对沙盒内测试的预期试验结果感到满意，且申请人完全遵守沙盒内运行的所有监管法律和规则要求，可在退出后继续在更大范围内部署解决方案。

第三，新加坡沙盒监管方式较为灵活，具有较强弹性空间。

新加坡金管局对在"监管沙盒"内运行进行测试的 FinTech 企业有测试时间要求，但没有明确规定在沙盒内测试的具体时长，为企业充分开展创新测试活动提供了较为宽松的时间。新加坡金管局对有志于进入沙盒内测试的企业提供了较为宽松环境。

三、新加坡"监管沙盒"相关制度

新加坡在创建监管沙盒过程中，根据金融科技发展方向，先后推出了一系列制度，其中以下制度是其制度建设的主要组成部分。

2015 年 8 月，新加坡金管局将金融科技和创新团队分为支付与技术方案、技术基础建设、技术创新实验室三个办公室，推动《金融领域科技和创新计划》，鼓励全球金融业在新加坡设立创新和研发中心，支持金融科技项目的开发与应用。

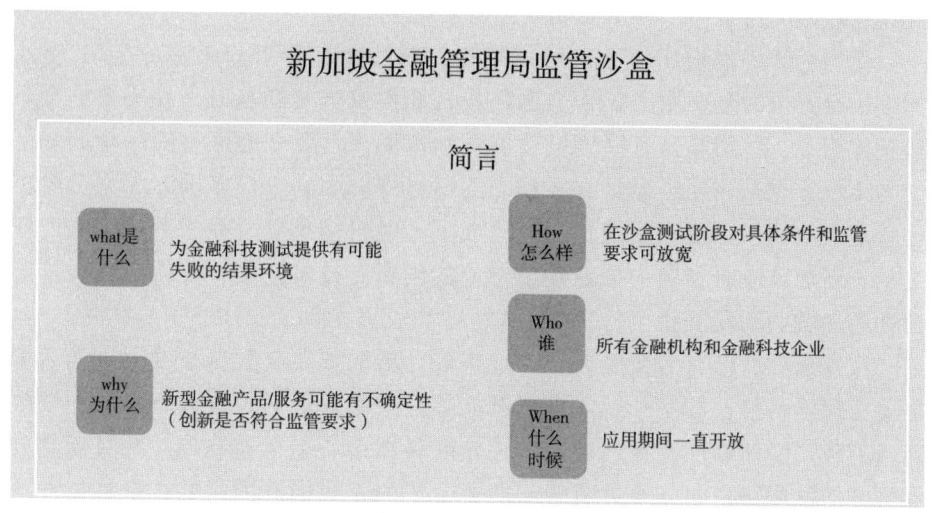

资料来源：新加坡金融管理局官方网站。

图6-5 新加坡金融管理局对监管沙盒的介绍

2016年7月，新加坡发布《众筹监管新规》，对于众筹制定了一系列规定，向散户投资者提供行业指导意见和安全保障。按照新规规定，几个已经在新加坡展开运营的借贷众筹平台须申请获得营业执照，才能面向散户投资者开展众筹融资，该规则同样适用于面向散户投资者的股权众筹平台。

2016年11月，新加坡金管局正式发布《金融科技监管沙盒指导》，开展沙盒监管探索，以促进金融科技创新。

2017年11月，面对盛行的区域链和数字货币创新产品，新加坡发布《新加坡关于ICO及加密指南》。新加坡中央银行称，该指南以区块链技术为基础，对于市场上出售数字货币的ICO行为，在一些特定情况下需要被纳入国家期货证券及金融顾问法的条款下处理。

本章小结

新加坡是东南亚重要的金融要塞，也将成为该区域核心的金融科技中心。作为全球性的金融中心，在发展金融科技方面，新加坡不遗余力地创造合适的环境并提供丰富的资源，试图将新加坡建设成为亚太地区的金融科技中心。新加坡现有的金融产业环境、基础和资源，也为其发展成为金融科技中心提供了保障和支持，也许不久的将来，新加坡的金融科技产业也将如其金融产业具有近似的竞争力，并享誉亚太甚至全球。

作为全球资本进出亚太地区的跳板，新加坡有着十分成熟的金融产业，能提供全方位的金融服务，为金融科技发展提供坚实的基础。在完善的金融监管体制下，新加坡具有高度发达的资本市场，是亚太地区首屈一指的外汇交易市场，也是该地区最具有吸引力的财富管理中心。众多国际大型金融机构落足新加坡，辐射东南亚地区，形成了金融机构集群。在成熟的金融产业之上，新加坡政府当局十分鼓励金融业的创新与技术应用，使得金融科技能够在新加坡顺利发展壮大。

根据新加坡已有的金融科技产业来看，新加坡在金融科技发展方面后来居上，保险科技、数字、智能理财都能够在东南亚地区位居前列。新加坡政府具有较高的前瞻性，在建设全球性金融科技中心上早有布局，并且规划处有详细的发展路径图，通过监管与产业合作的方式推进国内的金融科技产业发展。

在新加坡大力促进金融科技发展的良好势头上，国内诸多知名金融科技企业也紧紧抓住新加坡的这一机遇浪潮，通过资本、业务和技术多层次的输出，入驻新加坡，进军东南亚。未来以新加坡为撬点的东南亚市场将会受到越来越多的重视，随着国内金融科技产业的进一步成熟与壮大，预计会有越来越多的机构进入新加坡，参与东南亚金融科技市场的竞争之中。

第七章 马来西亚

第一节 马来西亚宏观环境

作为东南亚经济体的重要一员,马来西亚是一个多民族、多文化国家。马来西亚人口超过3000万,超过一半为穆斯林,伊斯兰金融(遵从伊斯兰教规的金融交易活动)在该国占据重要位置,增长潜力可观。马来西亚是一个新兴的多元化经济国家,在20世纪90年代突飞猛进,为"亚洲四小虎"国家之一,经济总体健康。

一、经济增速趋缓,数字经济是转型重要方向之一

1988—1997年,马来西亚经济连续10年保持了7%以上的高速发展。2006—2012年,马来西亚GDP增长也一直保持较高水平,5年内平均增长率为5.08%。2015年以来,全球经济复苏缓慢,对能源出口依存度较高的马来西亚经济受到一定冲击。2016年GDP增长率一度跌至5%以下,2017年GDP增长率回升至5.9%。

马来西亚于2010年推出的转型计划包括经济转型计划(ETP)和十二大国家关键经济领域、六大策略改革倡议等。转型计划在2010—2020年预计将吸引约1兆4000亿林吉特的投资,并创造出1兆7000亿林吉特的国民总收入,创造约330万个工作岗位。数字经济是当前马来西亚大力发展的项目之一。目前,数字经济占马来西亚经济的17.8%,到2020年将达到20%,政府已经划定了5个关键领域,包括大数据分析、云计算、电子商务,物联网和人工智能。东盟占全球电子商务交易量的比重不到1%,为了追赶美国、欧洲和中国的发展步伐,挖掘新经济增长点,马来西亚必须紧跟电子商务这一发展趋势。

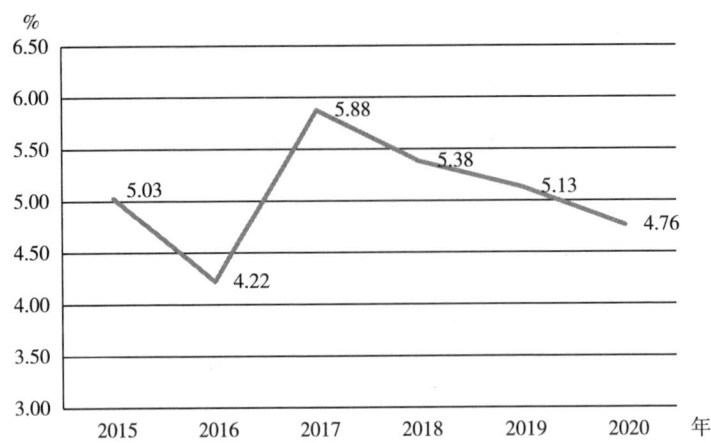

注：2018—2020年的数据为世界银行预测数据。
资料来源：世界银行，嘉银新金融研究院整理。

图 7-1　马来西亚 GDP 增长率

二、互联网基础设施优于大部分东南亚国家，移动互联网渗透率较高

华为公布的 2018 年全球连接指数（GCI）报告显示，马来西亚在 2018 年的 GCI 排名中名列第 32 位。马来西亚的移动宽带渗透率极高，在 GCI 评分中获得满分。其移动宽带用户数、智能手机渗透率、互联网参与度、固定宽带可支付性、移动宽带可支付性等指标仅次于新加坡，表现优于大多数东南亚国家。

表 7-1　东南亚代表性国家 GCI 排名及相关衡量指标对比（2018 年）

	马来西亚	印度尼西亚	新加坡	泰国	越南	菲律宾
GCI 排名	32	64	2	51	61	57
4G 覆盖率	6	4	10	5	1	3
光纤到户	4	2	10	2	1	3
移动宽带用户数	10	9	10	10	6	7
智能手机渗透率	8	7	10	8	5	8
互联网参与度	8	3	9	5	5	6
固定宽带可支付性	8	1	9	4	7	1
移动宽带可支付性	7	1	9	6	1	1
宽带下载速率	3	2	8	4	3	2

备注：单项满分 10 分。
资料来源：华为 2018 年全球连接指数报告，嘉银新金融研究院整理。

马来西亚主要的城市都有 3G 覆盖,特定的地区还有 4G 服务。此外,WiFi 基本上涵盖全部大城市,市区郊外的覆盖率还在逐渐提升。根据调查公司 WeAreSocial 的调研报告(2018 年 1 月),马来西亚互联网用户达到 2500 万,互联网渗透率高达 79%。活跃社交媒体用户达到 2400 万,渗透率超过 75%。互联网用户每天的平均上网时长超过 8 小时,83% 的用户每天上网。马来西亚移动用户达到 2162 万,占互联网用户的 86%。

三、政府重视基础设施建设

马来西亚政府非常重视发展数字经济,数字红利要普惠到每个人,才能真正地带动国家经济的增长,提升国家竞争力。2008 年,马来西亚政府正式启动建设国家级的高速宽带项目(HSBB),并列入"国家宽带经济转型倡议"中,并协同私营企业,引入公私合营的模式,开放合作,共同承担风险,分享收益。

日经亚洲评论(Nikkei Asian Review)报道指出,2020 年马来西亚电子商务产值占 GDP 比重,将从 2015 年的 12.8% 提升到 20.8%。电子商务是马来西亚政府的重点经济政策之一,包括推动数字自由贸易区、降低关税障碍、简化监管法规、支持中小型企业进行线上买卖等策略。

第二节 马来西亚金融科技概况

一、金融科技行业多样

马来西亚的数字科技良好的发展环境,为金融科技创新提供了沃土。马来西亚的金融科技行业包括支付、电子钱包、加密货币、众筹、理财、区块链、网贷等多个细分领域。

二、支付和数字钱包发展最为迅速

越来越多的公司进入马来西亚金融科技市场。有统计数据显示,在汇总的 79 家金融科技行业公司中,支付和数字钱包仍然是马来西亚金融科技场景中最典型的代表,份额分别达到 19% 和 17%,众筹和网贷均占到 6%。

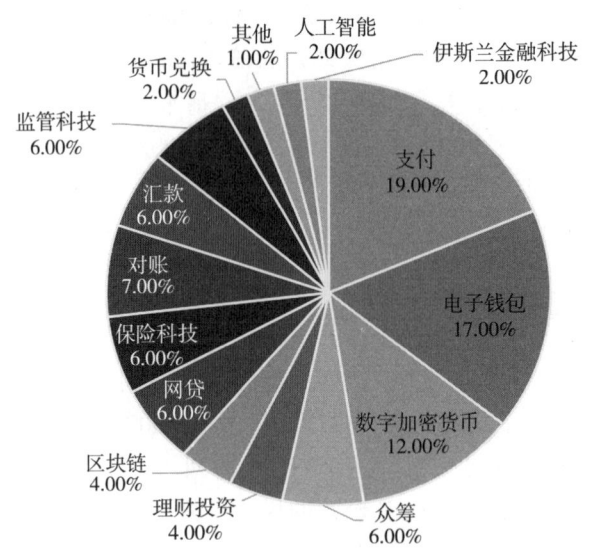

资料来源：2017年马来西亚FinTech报告，嘉银新金融研究院整理。

图7-2 各金融科技公司数量占比

根据马来西亚国家银行的统计数据显示，2017年网上银行交易笔数7.43亿笔，虽然交易笔数显著降低，但网上银行交易金额仍达到了6.5万亿林吉特，手机银行和电子货币的交易量大大增加。数据表明，通过数字钱包或手机银行进行的移动支付是执行小额支付的首选渠道。

表7-2 2017年各业务交易情况统计

	交易金额（十亿林吉特）	交易笔数（百万笔）
网上银行	6500	743
信用卡	125.6	406
借记卡	162.2	162
电子钱包	9.1	1800
手机银行	48.3	1020

资料来源：Bank Negara Malaysia，嘉银新金融研究院整理。

马来西亚证监会主席在"电子金融研讨会"上表示，国内中小企业占马来西亚企业的97%，占全国就业人数的65%，马来西亚证监会（以下简称SC）估算马来西亚国内中小企业融资缺口超过800亿林吉特。2010—2015年共有500亿美元投资于金融科技创新企业，仅2016年全球各大机构就投资了220亿美元。在2017年上半年共有11家企业通过众筹平台获得了800万林吉特资金，包括科技和非科技类公司，金融科技平台有助于缩小马来西亚中小企业融资缺口。

三、积极稳妥发展金融科技

相较于东南亚的其他国家，马来西亚在金融科技方面的法规是最先进、最完善的国家之一。马来西亚致力于通过渐进的、迅速响应监管来提高马来西亚金融服务的质量和效率。近年来，马来西亚监管机构对金融科技持开放同时谨慎的态度，马来西亚央行（以下简称 BNM）自 2016 年新任行长上任以来颁布了几项重要措施，其中最重要的是马来西亚金融科技监管沙盒的发布。

（一）金融科技沙盒（FinTech Sandbox）

金融科技沙盒面向所有金融科技公司，无论在马来西亚是否设置有办公室，都可以得到当地银行的支持而开展业务。被批准进入沙盒后，金融科技公司有 12 个月的测试期。2017 年 6 月，有四家企业正式入选金融科技监管沙盒计划，这四家金融科技公司分别是企业保险创业公司 Getover、线上汇款平台 MoneyMatch、金融产品比较平台 GoBear、资金外汇创业公司 WorldRemit。

（二）可互操作的信贷转移框架（ICTF）

马来西亚国家银行的 ICTF 于 2018 年 7 月 1 日正式生效，旨在通过实现信贷转账服务的可互操作性，在马来西亚培育高效、有竞争力和创新的支付环境。数字钱包和银行可以公平、公开访问共享支付基础设施，身份号码/手机号码作为唯一的标识符，便于平台间的支付及可相互操作的通用 QR 码（二维码），该政策还免除了低于 5000 林吉特的在线交易转账费用。

（三）加密货币监管

2018 年，马来西亚推出了新的反洗钱政策和反恐怖主义融资，将加密货币活动也纳入了其监管范围。这种新政策要求马来西亚的加密货币交易所严格按照 KYC 要求运营，对所有客户进行尽职调查。推出这种政策的目的在于"提高马来西亚数字货币活动的透明度"，同时还要"确保采取有效措施打击与数字货币使用相关的洗钱和恐怖主义融资风险"。

为推动马来西亚的金融科技发展，众多马来西亚银行相继出台鼓励政策和措施。

表7-3　马来西亚部分银行对金融科技的相关政策和措施

马来西亚中央银行（BNM）	2016年成立金融科技推动团队（FTEG），负责起草并跟进管理法令
联昌集团（CIMB）	成立银行创新方案的独立小组CIMB FinTech，是马来西亚银行内部金融科技中心，旨在对金融科技进行大量投资，提高金融科技领域价值
马来西亚银行（Maybank）	成立了Maybank FinTech项目，用于发现金融科技领域人才、项目，被选择参与项目的团队将获得特别合作的机会，被推举的合作者可以加入Maybank全亚洲任意区域的任何商业活动中。该银行还在国内推出数字支付服务
丰隆银行（HLB）	推出了为期三个月的导师计划HLB LaunchPad，旨在培养马来西亚下一代科技、金融科技领域最有希望的创业公司

资料来源：未央网，嘉银新金融研究院整理。

第三节　马来西亚网络借贷行业

一、网络借贷行业现状

2016年，马来西亚证监会（以下简称SC）在马来西亚推出了六家注册的P2P融资平台，以扩大中小企业（SME）的融资渠道。六家注册运营商分别是B2B FinPAL、Ethis Kapital、FundedByMe Malaysia、ManagePay Services、Modalku Ventures和Peoplender。这使得马来西亚成为东盟地区第一个监管P2P融资的国家。2017年2月至2017年11月，马来西亚所有P2P融资运营商编制的数据显示，P2P平台已为当地中小企业筹集了总计1700万林吉特，其中Modalku旗下的Fuding Societies提供了大约1000万林吉特的融资或超过总额的一半。

（1）B2B FinPAL。多年来，B2B FinPAL的母公司B2B Commerce（M）Sdn Bhd一直在中小企业领域提供供应链管理软件解决方案。拥有包括零售、快速消费品、石油和天然气，该地区的制造和物流公司等客户。除了马来西亚的本土外，还在柬埔寨，印度尼西亚，越南和中国拥有客户。B2B FinPAL将高净值个人作为投资者。

（2）Ethis Kapital。其目标是建立一个可持续的伊斯兰融资市场，建立在马来西亚作为全球伊斯兰金融中心的实力之上。希望通过专注于商业上可行并且对其道德和伊斯兰投资者群体负有社会责任的项目来发展伊斯兰金融。

Ethis Kapital 与符合回教律法的企业合作寻求融资，也面向所有投资者。

（3）FBM Crowdtech。由瑞典的 FundedByMe 全资控股，是欧洲增长最快的众筹平台之一，在 196 个国家拥有超过 25 万名投资者。为众多公司筹资超过 5500 万欧元。

（4）QuicKash Malaysia。母公司 ManagePay Systems 已经为众多公司提供支付解决方案。通过 QuicKash 平台，为中小企业提供更实惠的信贷，并为投资者投入更多回报。重点是为需要营运资金的中小企业提供短期贷款。贷款规模可以小到 10000 林吉特或 20000 林吉特，期限分别为 3 个月、6 个月、9 个月和 12 个月。

（5）Modalku Ventures。P2P 借贷平台 Funding Societies 的最新分支，该平台已在印度尼西亚和新加坡运营。平台运营商为 100 多家中小企业发起了近 1380 万新加坡元的发票融资和商业定期贷款，以发展业务。投资者包括全球和区域风险投资公司 Sequoia Capital India 和 Alpha JWC。在马来西亚，Funding Societies 主要撮合 1~24 个月的期限内金额在 50000 林吉特至 500000 林吉特的贷款。

（6）Peoplender。旨在促进更多的融资渠道，重点关注仍然没有得到银行服务的中小企业和微型企业家。平台提供 20000 林吉特到 200000 林吉特之间的贷款。但投资者可以参与贷款，每张投资票据只需 50 林吉特。

表 7-4　　　　　　　　　　　马来西亚网贷平台

	B2B FinPal	Ethis Kapital	FBM Crowdtech	QuicKash Malaysia	Modalku Ventures	Peoplender
平台名称	B2B FinPal	Nusa Kapital (NuKap)	Alixco	QuicKash Malaysia	Funding Societies	Fundaztic
上线时间	2017 年	2017 年	2017 年	2017 年 6 月	新加坡平台于 2015 年上线；印度尼西亚平台于 2016 年 1 月上线；马来西亚平台于 2017 年 2 月上线	2017 年上线
平台融资情况	—	—	—	—	A 轮：750 万美元；B 轮：1 亿林吉特，2018 年 4 月	—

续表

	B2B FinPal	Ethis Kapital	FBM Crowdtech	QuicKash Malaysia	Modalku Ventures	Peoplender
借款产品	无抵押贷款，主要包括票据融资和营运资金融资	—	抵押贷款	营运资金融资、供应链融资、需求链融资、抵押融资	无抵押贷款，包括闪电贷款（FS Bolt）、企业定期融资（Business Term Financing）、票据融资（Invoice Financing）	
借款金额	—	—	最低融资金额2万林吉特	1万~100万林吉特	最高50万林吉特	2万~20万林吉特
借款期限	1~6个月	—	2~24个月	最高12个月	最高24个月	3~36个月
借款利率	年化利率18%	—	年化利率3%~15%，6%~8%是中位数	—	企业定期融资：单一利息，每月0.7%	最低7%
还款方式	一次性还本付息或分期付款	分期付款	分期付款	分期付款	一次性还本付息或分期付款	分期付款
借款费用	注册费：250林吉特，不予退还；年度审核费：每年125林吉特；平台费：融资金额的1.5%~3%，视产品类型和期限而定；提前还款不收费	审核费：50林吉特；托管费：250林吉特；维护费：每年1%；服务费：资金额的3%~5%，根据风险评定费率；提现费：0.11~1林吉特	尽职调查费：每位董事100林吉特（不可退款）；平台费：融资总额的2%~8%，由风险等级和期限决定费率	审核费：100林吉特，不予退还；平台费：融资金额的2%~3%，费率由融资人的信用评级确定；保证金：实际融资金额每1000林吉特收取5林吉特，名义融资金额每1000林吉特收取10林吉特；回收费：根据具体情况确定的费率；担保费：按QuicKash确定的费率；提现费：每次1林吉特	信用评估费用：100林吉特，通过信用评估后返还	评估费：50林吉特；提现费：0~3林吉特；平台管理费：每年1%；其他银行交易费用：0.11~1.00林吉特

续表

	B2B FinPal	Ethis Kapital	FBM Crowdtech	QuicKash Malaysia	Modalku Ventures	Peoplender
是否债转	—	—	—	是	否	否
投资收益率	—	—	年化投资收益率8%~15%	年化投资收益率18%	年化投资收益14%	—
投资期限	1~6个月	—	—	1~12个月	1~24个月	3~36个月
投资金额	起投金额1000林吉特	起投500林吉特；零售投资人最高5万林吉特；机构投资人和复杂投资人无最高金额限制	起投金额500林吉特	起投金额100林吉特	起投金额100林吉特	起投金额50林吉特
投资人费用	不收取固定费用，平台收取利息的30%	平台管理费：利息的10%；提现费：0.11~1林吉特	还款总额的1%	服务费：每次还款本息的1.35%~1.5%，由发行人信用评级而定；提现费：每次1林吉特；转让费：由平台确定，在净收益中扣除	企业定向融资产品：1~11个月，每笔还款本息的一定比例，0.16%~1.83%不等，取决于投资产品的期限；12个月及以上，每笔还款本息的2%；票据融资产品：利息的15%	交易费：0~3林吉特；平台管理费：每月还款的1%；提现费：0.11~1林吉特
运营数据	截至2018年7月，平均回报率10.9%，平均融资期限76天	—	—	—	截至2018年8月，融资总额6.57亿林吉特，融资8739笔，融资完成率100%，违约率1.13%	—
资金托管	信托					

资料来源：平台官网，嘉银新金融研究院整理。

二、网络借贷行业监管

与大部分国家的 P2P 归属于中央银行监管不同，马来西亚的监管部门是马来西亚证券委员会（SC），主要是出于两方面的考虑：第一，P2P 平台运营者需要是公认的市场运营者，类似股票和衍生品市场运营者，都需要在证券监督委员会进行注册。第二，投资者会发布投资报告，类似于证明贷款的协议，属于证券的定义。

2016 年 4 月，SC 修改了相关市场准则，明确了 P2P 运营合法性，同时也对其施以严格的监管。考虑到引入 P2P 平台基于市场融资的主要目的是帮助建立小企业，反过来刺激和促进经济增长，不允许个人融资。同时，还有很多补充条款，如运营者要监控和执行反洗钱合规机制。

表 7-5　　　　　　　　　　　　P2P 相关规定

牌照	P2P 借贷（Peer to Peer Lending）牌照
平台定位	只能作为中介角色存在，禁止开展其他业务，特别是不允许作为出借人发放贷款、作为借款人获得贷款
监管机构	马来西亚证券委员会
注册地	马来西亚当地注册
实缴注册资本	不得低于 500 万林吉特
贷款利率	年化利率不得高于 18%
外资占比	无限制
借款人	个体户、合伙企业、有限责任合伙企业、私人有限公司、非上市公众公司。个人不能在 P2P 借贷平台贷款； 同一机构在同一个 P2P 借贷平台贷款不得同时超过 1 笔； 同一机构不得在多个 P2P 借贷平台为同一项目贷款
投资人	成熟投资者及天使投资者无限额；散户：在当前平台的投资总额不超过 5 万林吉特
资金账户	所有 P2P 借贷平台都应设立托管账户，用于保存借款人预存还款以及出借人投资款，使资金可以实际保存在银行里以免被 P2P 借贷平台挪用。同时，托管账户的设立也形成了便于政府监管的沙箱

资料来源：《认可市场指引》，嘉银新金融研究院整理。

三、网络借贷行业发展小结

（一）发展处于起步阶段

马来西亚成为东盟地区第一个监管 P2P 融资的国家，2016 年，马来西亚证券委员会批复了六家 P2P 牌照，大部分平台在 2017 年上线，行业发展时间短。

（二）业务门槛较高

马来西亚不允许 P2P 网络借贷平台向个人借款，只能贷给企业客户。在马来西亚开展 P2P 业务对实缴资本、贷款人、贷款利率、投资人等都有严格的规定。马来西亚开设 P2P 借贷公司是东南亚主要国家中资金要求最高的国家，且只能向企业客户贷款限制了业务范围。

（三）高利贷产业发达

马来西亚的高利贷产业发达，贷款只需要一个电话，核实完地址和工作情况，就能很方便地得到借款。高利贷产业成为马来西亚急需借款者的首选，也产生暴力催收方式使得坏账率较低，P2P 网络借贷业务的开展会有诸多困难。

（四）差异化体现在投资端和贷款端

马来西亚网贷平台的运营商针对略有不同的投资人和借款人，Ethis Kapital 的贷款客户是穆斯林，而投资是面向所有人；Peoplender 通过设置较低的起投金额 50 林吉特，以此获得年轻投资人；而 B2B FinPAL 的目标投资人是高净值个人。

第四节　马来西亚支付行业

一、支付行业现状

加快国家向电子支付迁移，实现成本节约和效益成为世界银行提高国家支付系统效率的议程的一部分。为推动马来西亚向高附加值，高收入的经济转型，电子支付是马来西亚央行发布的金融部门蓝图中的九个重点领域之一。世界银行也针对马来西亚支付系统，提出了三个阶段的改革措施。

表7-6　　　　　　　　　　马来西亚金融目标实现进展

	2013—2015年	2015—2018年	2018年以后
重点领域	电子资金转账取代支票	借记卡取代现金	手机支付取代现金和支票
挑战	支票与信用转移之间的价格扭曲	·较高的商户折扣率 ·POS机终端增长放缓	约有1200万成年人没有获得网上银行服务
方案	定价机制改革框架和电子支付激励基金： ·IBG（最高费用10仙） ·实时转账（最高费用50仙） ·支票使用费和电子支付激励基金	支付卡改革框架： ·交换费上限 ·设立市场开发基金 ·实现芯片和PIN码	可交互操作的信贷转移框架： ·为银行及非银行机构提供公开公平地共享支付基础设施 ·通过公共标识符可访问账户 ·可交互操作的QR和通用QR ·自2018年7月1日起，个人和中小企业即时转账最高可免费5000林吉特

资料来源：Transforming Mobile Phones into E-Wallets in Malaysia，嘉银新金融研究院整理。

BNM数据显示，马来西亚人均电子支付交易数量2017年较2011年增加了一倍以上，达到人均111次交易，支票使用率下降了41.9%，达到1.19亿林吉特。在同一时期，每1000名居民的POS终端数量增加了96.2%，达到407111个终端，即每1000个人就有13个POS终端。借记卡交易也增加了6倍多，达到1.623亿笔交易，人均交易5笔。虽然马来西亚不断推动电子支付发展，但要在2020年实现世界银行的目标，还存在一定的挑战。

表7-7　　　　　　　　　马来西亚金融部门蓝图目标实现进展

支付指标	2011年	2017年	2020年目标
人均电子支付	49	111	200
已清算支票（百万）	205	119	100
支付卡终端（每千人）	7	13	25
人均借记卡交易	1	5	30

注：2020年为世界银行绩效指标。

资料来源：Transforming Mobile Phones into E-Wallets in Malaysia，BNM QUARTERLY BULLETIN SECOND QUARTER 2018。

截至2018年6月底,已批准的非银行电子货币发行人增至44家,大多数新进入者擅长手机支付解决方案。中国阿里的支付宝和腾讯的微信支付已经进军马来西亚市场,分别获得了当地支付牌照。2017年5月,支付宝在马来西亚上线,2017年就批准了6家大型银行受理支付宝。除此之外,联昌国际银行旗下公司与蚂蚁金服成立合资公司,打造线上线下支付商。

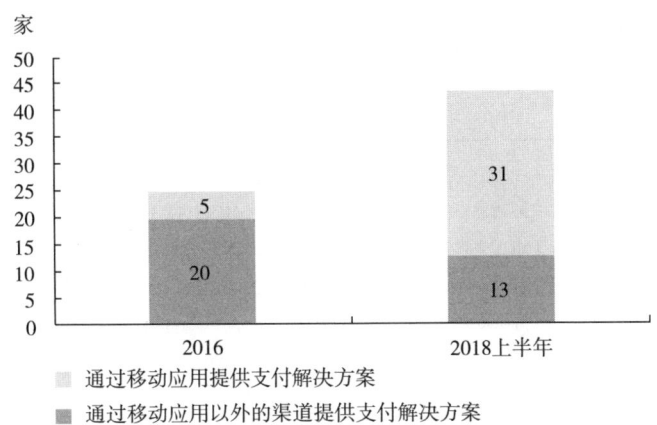

资料来源:Transforming Mobile Phones into E-Wallets in Malaysia,BNM QUARTERLY BULLETIN SECOND QUARTER 2018。

图7-3 马来西亚非银行电子货币发行人统计

在马来西亚,手机的广泛使用是推动电子支付发展的关键因素,马来西亚移动电话普及率较高,3210万人口移动电话用户达到4240万户,其中70%是智能手机。2017年,通过移动银行渠道进行的金融交易增长了90.1%,达到1.061亿笔交易,价值为483亿林吉特(2016年交易增长74.3%,5580万笔交易,价值335亿林吉特)。银行和非银行电子货币发行人越来越多地通过移动应用程序提供支付服务,包括QR码和个人对个人资金转账。预计这些趋势将加剧竞争,降低成本并增加移动支付产品的范围。

2017年数据显示,马来西亚的移动支付仍然由银行主导,交易量和交易金额分别占比98.4%和99.4%。虽然非银行移动支付的市场份额绝对数小,但在多方政策的鼓励下,近年来发展迅速。截至2018年6月底,非银行移动支付服务用户从2017年的80万户增加至340万户,增加超过4倍。而仅在2018年上半年,非银行电子货币发行人的移动支付交易达到720万笔,交易金额为4.047亿林吉特,相比2017年增长了数倍。值得注意的是,2018年上半年非银行移动支付的平均交易价值为15林吉特,而手机银行则为391林吉

亚洲金融科技发展报告

特。由此看来，马来西亚的非银行移动支付也是定位为小额高频支付。

随着马来西亚对无现金的支持，各种第三方支付金融科技企业不断增加，如 Grab Pay、Boost、Fave Pay、Razer Pay 等，甚至支付宝、微信纷纷出海，以求在马来西亚支付行业占得一席之地，马来西亚主要支付服务提供商、联昌国际银行旗下的 Touch'n GO（TnG）与中国企业蚂蚁金服结成战略合作伙伴，联合推出的电子钱包产品投入运行。该产品能实现手机充值、水电等缴费、转账、买机票等，不难看出在马来西亚无现金是未来。

表 7-8　　　　　　　　　马来西亚典型金融科技公司（支付）

支付公司	成立日期	公司介绍	主要产品和服务
MOLPAY	2005 年	最初名为 NBe Pay，2011 年被 MOL 收购。MOLPAY 是马来西亚第一家第三方支付公司，支持 150 种货币，东南亚 100 多家实体银行	MOLPAY Cash：支持 7~11 等实体地点缴纳款项； Alipay Payment：支付宝钱包； MOLPay ATM：在线到离线支付； FPX：实时在线支付
Touch'n GO	1996 年	股东为昌联国际银行。马来西亚所有高速公路唯一的电子收费系统（ETC）运营商，进入巴士等公共交通工具的公共票务系统（CTS），还进入了停车场、主题公园、零售店等	移动支付：扫描支付、资金转账、预付卡充值等功能； RFID：支持高速公路收费； Touch'n Go eWallet：电子钱包
Revenue Group Berhad（RGB）	2003 年	专注于提供完整和可定制支付解决方案的公司。该公司为许多企业提供各种服务和集成支付平台，并于 2018 年在马来西亚上市	物理终端支付：通过卡收取款，包括 VISA、MasterCard、银联等； 虚拟支付：通过数字方法（例如网上银行或在线支付）接受付款 混合支付：具有在线和虚拟支付的功能； 软件开发：提供定制解决方案； revPAY：整合多个角色和渠道的单一平台，作为支付网关，支付转换和支付收单机构
Epay	1999 年	公司属于马来西亚 GHL 系统有限公司，主要业务为马来西亚本地电子支付	—

资料来源：公司官网，嘉银新金融研究院整理。

二、支付行业监管

2003 年《支付系统法》（PSA）监管支付系统和支付工具，2013 年《金融服务法》（FSA）和《伊斯兰金融服务法》（IFSA）取代了 PSA，FSA/IFSA 对申请注册、支付工具、最低资本金额等均有相关的细则。马来西亚国家银行（BNM）是支付行业的监管部门，制定监管框架并对支付系统进行监督，确保支付系统基础设施的安全性、可靠性和效率。

马来西亚支付系统包括大额支付系统 SIPS 和零售支付系统（Retail Payment System）。SIPS 是重要的大额支付系统（LVPS），是确保金融市场顺利运作的重要支付系统，RENTAS 是马来西亚唯一的 LVPS，于 1999 年实施，目的是提高大额支付系统的整体效率。处理两类交易，即银行间资金转账（IFTS）和无纸化证券转让（SSTS）。RENTAS 目前有 69 名成员，包括商业银行、伊斯兰银行、投资银行等机构。成员之间的资金转移没有限制，但第三方付款的最低交易额设定为 10000 林吉特。

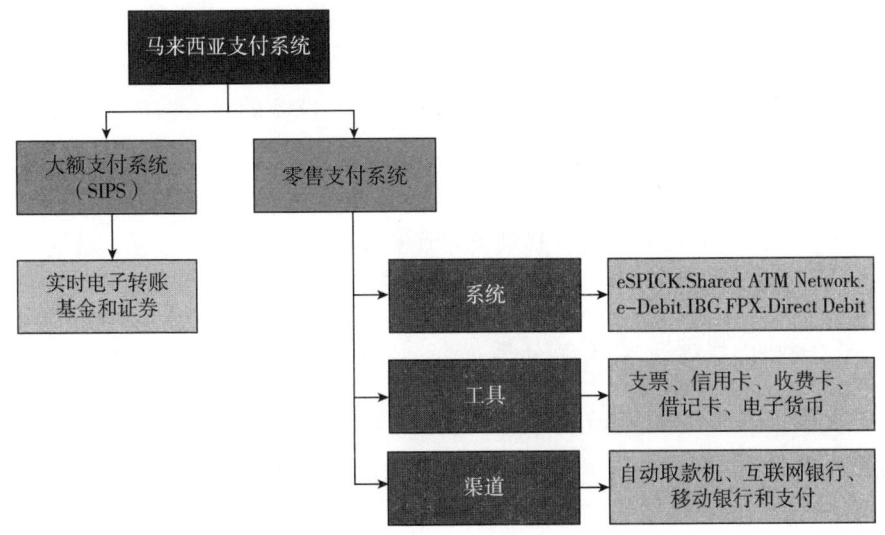

资料来源：BNM 官网。

图 7 - 4　马来西亚支付系统

在 FSA/IFSA 下，BNW 规定支票、信用卡、收费卡、借记卡和电子货币是"指定的支付工具"。

表7-9　　　　　　　　零售支付系统介绍

支付系统类型	支付工具	支付渠道
国家电子支票信息清算系统（eSPICK）	支票	网上银行
共享ATM网络（SAN）	信用卡	手机银行
提供现金提取和余额查询（HOUSe）	收费卡	移动支付
金融机构间提供资金转账服务的支付系统（IBG）	借记卡	
直接付款	电子货币	
金融流程交换		

资料来源：BNM官网，嘉银新金融研究院整理。

三、支付行业发展小结

（一）移动支付发展处于发展阶段

马来西亚银行卡渗透率80%，仅次于新加坡，在东南亚地区相对发达，民众对金融服务的理解和使用习惯较强，也比较习惯于网购，具有推动移动支付发展的基础。根据Nielsen的一项研究显示，78%的马来西亚人使用他们的移动设备作为社交媒体，而只有34%的人在移动设备上购买产品或服务，而中国手机支付率约68%，是马来西亚的2倍。从无现金社会的角度来看，马来西亚依然处于发展阶段，移动支付还有不少发展空间，这意味着这一领域的发展具有潜力。

（二）现金仍是主流支付渠道

马来西亚有3210万人口，但却有4000余万台手机，具备越过PC时代直接进入移动互联网的条件。同时，马来西亚信用卡普及程度不高，马来西亚的信用卡申请资格类似于印度尼西亚，存在少数人持有信用卡且一人多卡的现象，马来西亚国家银行、中央银行禁止银行向年收入低于2.4万林吉特的客户发行信用卡，并限制年收入低于3.6万林吉特客户的信用卡开卡数目。现金支付成为马来西亚的主要支付渠道。甚至很多第三方支付公司仍然推出支持现金支付功能的产品，如MOLPAY的MOLPAY Cash为消费者提供现金付款方式，据官方统计，企业使用这个服务后预估提升了约40%的销售量。马来西亚大部分人仍旧倾向于传统的现金支付，这可能是出于安全问题的考虑，有调查显示，有72%的马来西亚人担心移动支付的安全性。

（三）基础设施逐渐完善

马来西亚的银行和非银行移动支付并未打通，马来西亚的支付产品只能满足1200万的网银用户，鉴于此，马来西亚央行于2018年3月发布了可互操作信用转账框架（ICTF），旨在通过公平和公开的方式实现信贷转账服务的互操作性，促进银行与非银行电子货币（电子货币）发行人之间的合作竞争。同时还会免除5000林吉特的交易费用，这意味着大多数消费者不会因为转账和支付需求被迫要求付费。

2017年，BNM与工商业界达成协议，合并MyClear和MEPS成为PayNet。PayNet进一步拓展和实施即时终端支付系统（RPP），以便促进可操作的移动支付。RPP核心是国家地质数据库，通过使用手机和身份证号码付款，而不是通过银行账号。此外，RPP还将建立可互操作的QR支付计划，方便付款。

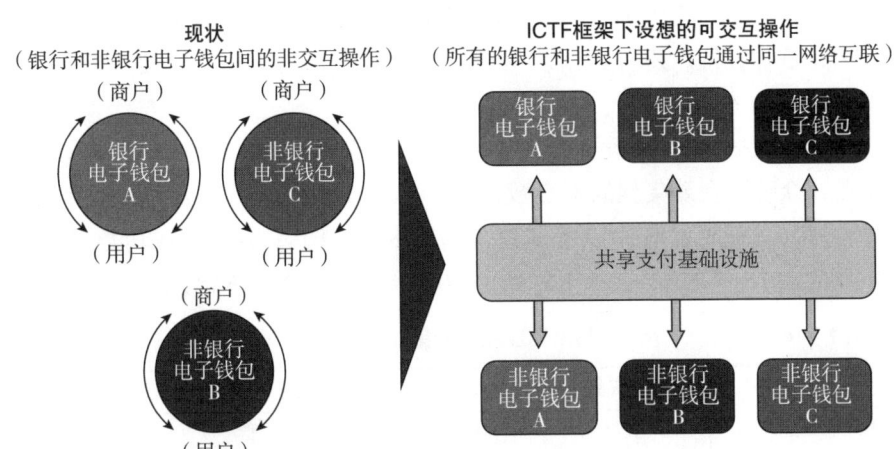

资料来源：Transforming Mobile Phones into E-Wallets in Malaysia，BNM QUARTERLY BULLETIN SECOND QUARTER 2018。

图7-5　ICTF框架下设想的可交互操作

第五节 马来西亚众筹行业

一、众筹行业现状

"第十一个大马计划"概述了股权模式众筹的发展,鼓励采用这种模式来增加初创公司或中小企业的融资。2016年,马来西亚证券委员会(以下简称SC)宣布批准六个股权模式众筹平台(ECF),这是马来西亚在2016年互联网金融行业的重要里程碑。截至2018年6月底,共有七家平台批准注册成为SC的股权众筹经营者名单,这些公司分别是Ata Plus、Crowdo、Eureeca SEA、FBM Crowdtech、Funnel Technologies、Pitch Platforms、Crowdplus。2018年,Funnel Technologies Sdn Bhd 的 Equity Crowdfunding 获得了额外的许可,成为马来西亚第七家ECF。2016年,ECF共发起了20个融资项目,其中成功融资15个。截至2016年10月,11家马来西亚中小企业通过六个ECF平台筹集了总计800万林吉特。还有数据表明在马来西亚,科技公司在股权众筹平台上获得资金成功率最高。

2017年是马来西亚股权众筹平台的"红火年"。就募得资金规模而言,通过股权众筹平台筹集到的资金数额从2016年的1090万林吉特攀升到2184万林吉特,融资成功率2017年始终保持在80%以上。就众筹成功数量而言,成功数从2016年的15次,上升到了2017年的22次,涨幅为46.6%。

表7-10 马来西亚股权众筹业务统计

截止日期	累计融资数量	成功融资率	累计融资金额	当地个人投资者占比
2017年9月19日	31	84%	2318万林吉特	91%
2017年10月27日	32	84%	2645万林吉特	91%
2017年12月	37	86%	3274万林吉特	92%
2018年6月	40	89%	3836万林吉特	88%

资料来源:SC官网,嘉银新金融研究院整理。

股权众筹成为中小企业和初创公司一个可行的资金来源,尤其是金融科技企业。根据SC数据统计,截至2018年6月,在股权众筹平台融资的企业有60%是科技类公司,融资50万林吉特以下占比48%,100万林吉特以上占比为37%。

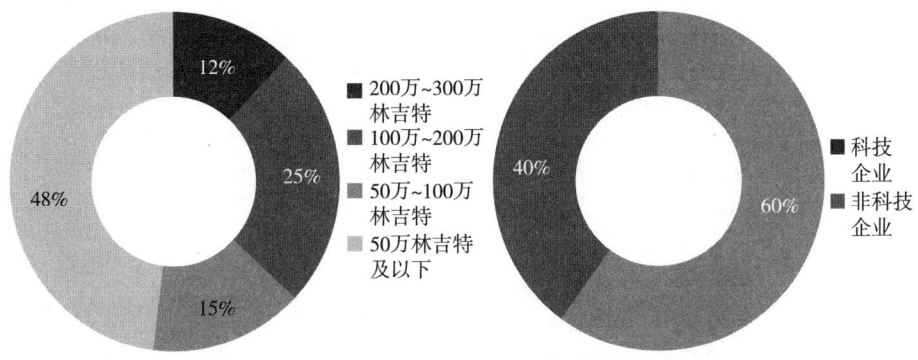

资料来源：SC官网。

图7-6 马来西亚股权众筹平台的融资企业情况

从投资人分布来看，马来西亚股权众筹的投资人年龄主要分布在35岁到55岁。这主要和马来西亚对投资人限制所致，天使投资人一年最高投资50万林吉特，而富有经验的投资人投资没有上限，这类投资人主要集中在35岁以上人群。

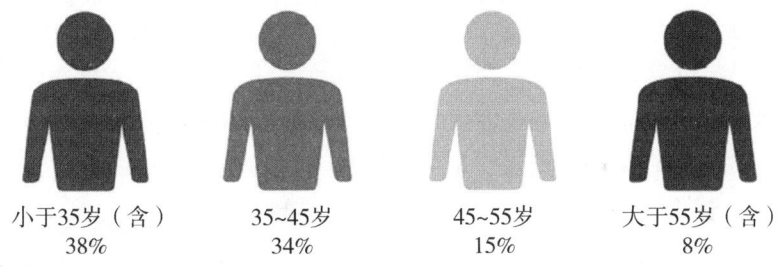

资料来源：SC官网。

图7-7 马来西亚股权众筹平台投资者画像

目前，马来西亚的7家众筹平台中业务类型集中在股权众筹，有个别平台如ptichIN还开展了奖励众筹业务。已上线的众筹平台均对发行人收费，投资人免费，各平台对发行人收费比率为融资金额的6%~7%。

表7-11　　　　　　　　　　部分代表平台

公司名称	Crowdo	Eureeca SEA	Crowdplus	Pitch Platforms
平台名称	CROWDO	FundedByMe	crowdPlus.asia	pitchIN
成立时间	2013年	2013年	—	2012年
平台类型	股权众筹	股权众筹	股权众筹	股权众筹、奖励众筹
募资所需时间	10~45天	90天内	30~60天	30~60天

续表

公司名称	Crowdo	Eureeca SEA	Crowdplus	Pitch Platforms
发行人收费	尽调费用：990 林吉特；Onboarding Fee：2260 林吉特、4260 林吉特、7000 林吉特不等；管理费用：主要投资者贡献金额的 4% 以及剩余金额的 6%；总筹资金额的 6%	平台费用：筹资总额的 7%，失败不收费；其他费用：财务、尽调等费用	平台费用：筹资金额的 7%，失败不收费；其他费用：财务和法律尽调相关费用	尽调费用：1588 林吉特；平台费用：成功融资金额的 5%~7%；Nominee structure for extra shareholders：第一年免费，第二年收费
投资人收费	免费	免费	免费	免费
优势	同时拥有股权众筹和 P2P 资质	大部分记录来自中东和英国	拥有中小企业公司记录	筹资最多的项目

注：Nominee structure：马来西亚不允许私人有限公司超过 50 名股东，因此需要 Nominee structure，使用该结构可以容纳大量的投资人，pitchIN 创造了一种简单而低成本的结构，有效处理投资人数限制的问题。

资料来源：各平台官网，嘉银新金融研究院整理。

马来西亚众筹市场中，pitchIN 独树一帜，根据其官方披露数据，现在该平台市场份额在马来西亚众筹行业中屈居第一位，2017 年 pitchIN 筹资金额占马来西亚 ECF 行业的 60%，融资数量占总行业的 43%。

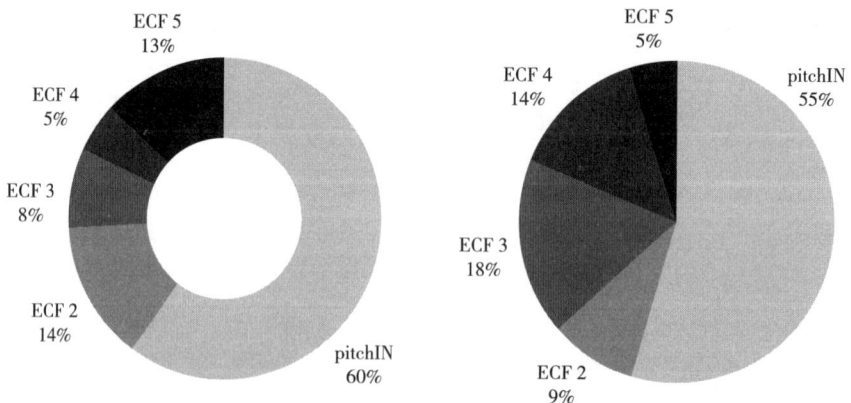

资料来源：平台官网。

图 7-8　pitchIN 平台筹资情况

二、众筹行业监管

2014年8月21日,马来西亚证券委员会发布了关于建立股权模式众筹监管架构的公开征求意见文件。其结果为2016年5月出台的《市场认可(股权模式众筹/P2P筹款)准则》,此准则要求股权模式众筹平台必须在当地注册成立公司。此类平台被要求监督参与者、履行职责调查义务,并确保发行人的披露文件已经提交给股权众筹平台。马来西亚是首批在东南亚规范股权模式众筹的国家之一。

SC于2015年11月发布市场监管指引,2007年《资本市场和服务法》("CMSA")("指引")第34条来规范在马来西亚的股权众筹(ECF),为初创企业家提供早期融资,之后又推出的P2P融资框架旨在满足中小企业筹集资金或增加资本的资金需求。截至2018年6月,已有七家股权众筹平台向马来西亚证券委员会登记。

表7-12 股权众筹的相关规定

资质	股权众筹(ECF)
监管机构	马来西亚证券委员会
注册地	马来西亚当地注册私人公司
平台职责	发行人尽调、监督发行人、开展投资人教育、验证发行人披露文件并向投资人开放、告知投资人发行人重大变动;确保发行人限额融资;确保投资人限额投资;投资人风险测评;反洗钱等
发行人限制	12个月内筹资金额不超过300万林吉特;发行人只能利用ECF平台筹集最高金额500万林吉特。发行人可以同时在ECF和P2P平台融资,但不能在多个ECF筹集资金; 禁止的发行人类别: (1)财务和商业结构复杂的公司,如投资基金或金融机构; (2)上市公司及其子公司; (3)没有特定商业计划的公司或其筹资目的用于并购或购买别的公司; (4)筹资用于投资或贷款给别的公司; (5)实收资本超过500万林吉特; (6)SC规定的其他类型
发行人融资模式	ALL-Or-Nothing融资模式。公司必须从投资者筹集目标金额,否则视为不成功,并将收取的资金返还给投资者。公司也可以自由设定筹款活动的最低和最高目标金额。在这种情况下,当达到最低目标金额时,该活动被视为成功

续表

资质	股权众筹（ECF）
投资人限制	合格投资人：无限制 天使投资人：12个月内最高50万林吉特 散户投资人：每个企业最多投资5000林吉特，12个月投资总额不超过5万林吉特
投资冷静期	6天，在此期间可撤回全部投资
资金账户	信托账户

资料来源：各平台官网，嘉银新金融研究院整理。

三、众筹行业发展小结

（一）监管积极支持引导

马来西亚总体上是亚洲司法管辖复杂度最低的国家之一，对众筹行业的监管并没有使投资人敬而远之。相反，马来西亚是股权众筹运营的风水宝地，是第一个出台股权众筹的东盟国家，相比东盟其他国家具有先发优势。监管层的积极引导，催生了大量当地的股权众筹网。

马来西亚也鼓励各类投资人参与众筹，一些国家试着通过只允许授信投资者参与股权众筹交易，来减少消费者面临风险的机会。美国就是一个很典型的例子，在JOBS法案颁布两年多以后，只有授信投资者可以在能够提供金融回报的众筹网站进行投资。放眼未来，授信投资者并不缺少投资机会。此外，限制众筹人群可能会极大地减少众筹的发展规模以及股权众筹的可接触性。然而，马来西亚证券委员会正提议允许授信投资者和散户投资人都参与到股权众筹交易中去。授信投资者不存在投资限额，而为了保护"对金融缺乏悟性"的非授信投资者，建议每笔交易不超过5000林吉特，每年投资不超过5万林吉特。

（二）投资人和发行人教育

ECF运营商遇到最大的挑战就是教育发行人和投资人关于"创业公司"的投资问题，对于发行人而言，缺乏对如何筹资以及如何进入资本市场的了解。而对于投资人而言，需要了解退出机制、股息等。

（三）存在流动性问题，散户投资者参与率低

马来西亚股权众筹市场并没有二级市场可以让投资者退出，投资退出方式主要是创业企业被收购、下一轮融资或公开上市，这三类方式并非朝夕就能发生，所耗时间较长。近年来，马来西亚的 ECF 运营商正讨论建立二级市场，以其解决股权资产的流动性问题，也能吸引更多散户投资者参与，ECF 平台对创业公司来说会更具有吸引力。

本章小结

马来西亚数字科技的良好发展环境，为金融科技创新提供了沃土。马来西亚的金融科技行业包括支付、电子钱包、加密货币、众筹、理财、区块链、P2P 等多个细分领域。越来越多的公司进入马来西亚金融科技市场，支付和数字钱包仍然是马来西亚金融科技场景最典型的代表。

马来西亚有 3000 多万人口，但却有 4000 余万部手机，具备越过 PC 时代直接进入移动互联网的条件。同时，马来西亚信用卡普及程度不高，信用卡申请资格类似于印度尼西亚，较为严格，存在少数人持有信用卡且一人多卡的现象。现金支付成为马来西亚的主要支付渠道，甚至很多第三方支付公司仍然推出支持现金支付功能的产品，如 MOLPAY 的 MOLPAY Cash 为消费者提供现金付款方式。

相较于东南亚的其他国家，马来西亚在金融科技方面的法规是最先进、最完善的国家之一。马来西亚致力于通过渐进的、迅速响应监管来提高马来西亚金融服务的质量和效率。近年来，马来西亚监管机构对金融科技持开放同时谨慎的态度，马来西亚央行自 2016 年新任行长上任以来颁布了几项重要措施，其中最重要的一项是马来西亚金融科技监管沙盒的发布。

值得注意的是，马来西亚总体上还是亚洲司法管辖复杂度最低的国家之一，对网贷和众筹行业的监管并没有使投资人敬而远之。相反，马来西亚是网贷和股权众筹运营的风水宝地，是第一个出台网贷和股权众筹的东盟国家，相比东盟其他国家具有先发优势。

总体上，马来西亚金融科技处于发展阶段，但马来西亚拥有庞大的互联网用户，享有丰富的资源，加上监管层的大力支持和推动，马来西亚是东南亚金融科技市场的重要组成部分。

第八章 泰 国

第一节 泰国宏观环境

泰国位于东南亚中南半岛，总人口6903万，在东盟十国中排名第四位。泰国共有30多个民族，泰族为主要民族，占人口总数的40%，其次华人约900万，占比13%，是除泰族之外最大的族群。泰国是佛教国家，其中90%以上的民众信仰佛教。泰国的官方语言是泰语，官方货币为泰铢（THB），主要城市有曼谷、清迈、清莱、普吉等。

泰国的人口主要为农业人口，但城市的移民正在快速上升，城市人口约占到52.7%，集中在首都曼谷等大城市。泰国92%的电子商务交易集中在曼谷，因为其拥有较高的互联网普及率、更好的物流和金融基础设施。依旧庞大的农村人口会限制泰国数字市场的发展，但也意味着待开发的巨大农村市场。

一、经济增长势头向好，前景改善

2017年，泰国GDP总计4378亿美元，低于印度尼西亚的10109亿美元，是东南亚地区仅次于印度尼西亚的第二大经济体。人均GDP 6336美元，位居东南亚地区第四位。通过政府提高投资等措施促进经济增长，泰国经济逐渐走出2014年以来的低迷状态，2017年全年GDP增速3.9%，较2016年的3.3%有所加快，是近五年来增速最快的一年。

为推动经济增长，泰国总理巴育为2018年制订了历来最庞大的开支计划，即推动总值460亿美元（1.5万亿泰铢）的基础建设项目，包括与中国合作建设高速铁路、在曼谷增设新地铁线等，预计投资的增加将刺激本国需求增长并带来更广泛的经济复苏，而且出口与旅游业也将持续为泰国经济增长注入动力。

2018年，泰国GDP实际同比增长4.1%。按照人民币，2018年泰国GDP总量约为33404.6亿元，和中国的上海市相当。泰国财政部发布2019年新一年经济预测数据报告称，2019 年 GDP 增速预计在 4%，较 2018 年的 4.1% 有所减缓，但相比 2017 年依旧呈现增长。

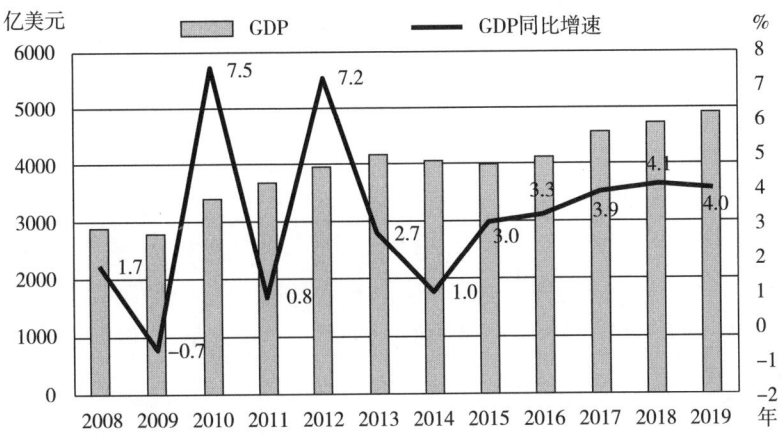

资料来源：Wind 数据库。

图 8-1　泰国国内生产总值（GDP）及增速

二、互联网基础设施进一步完善

2016 年，泰国内阁批准了为期 20 年的"数字泰国"发展计划。该计划于 2015 年 2 月首次提出，目标是将泰国建设成为以技术为支撑的社会，并提供更多的在线公共服务和电子商务。该计划共分为四个阶段，第一阶段是建设数字化基础设施；第二阶段是步入数字经济和社会；第三阶段是变革，全国实现全面数字化；第四阶段是利用数字技术推动泰国迈向发达国家。按照构建"数字经济"的战略，接下来泰国政府将在原有基础上，进一步加大互联网基础设施建设方面的资金投入，包括国家宽带网络、互联网数据中心、国家电信卫星、高速互联网和手机信号等，以加强经济体系各部门之间的连通和互动，满足互联网企业使用需求。根据泰国数字经济和社会部的测算，到 2027 年，数字经济将会贡献泰国 25% 的 GDP。

目前，泰国互联网用户约有 3900 万，占人口总数的 56.5%，预计 2022 年将达到 4916 万，手机用户 9094 万，普及率 133%，人均每日使用网络时长超过 5 小时，居世界前列。泰国网速在东南亚地区仅次于新加坡，其固定宽带互联网普及率从 2016 年的 32.7% 增长到 2018 年的 39.6%，3G 网络人口覆盖率超过 95%，4G 用户超过 1000 万，并且还在快速增长。此外，泰国还是极具发展潜力的网上购物市场，泰国人通过电脑购物的比例高达 51%，通过半板和智能手机购物的比例为47%，其网上购物能力在亚太地区仅次于中国。虽然泰国人喜欢网购，但大多数都喜欢货到付款，网络安全与欺诈问题使得人们对数字支付的信心仍较低。

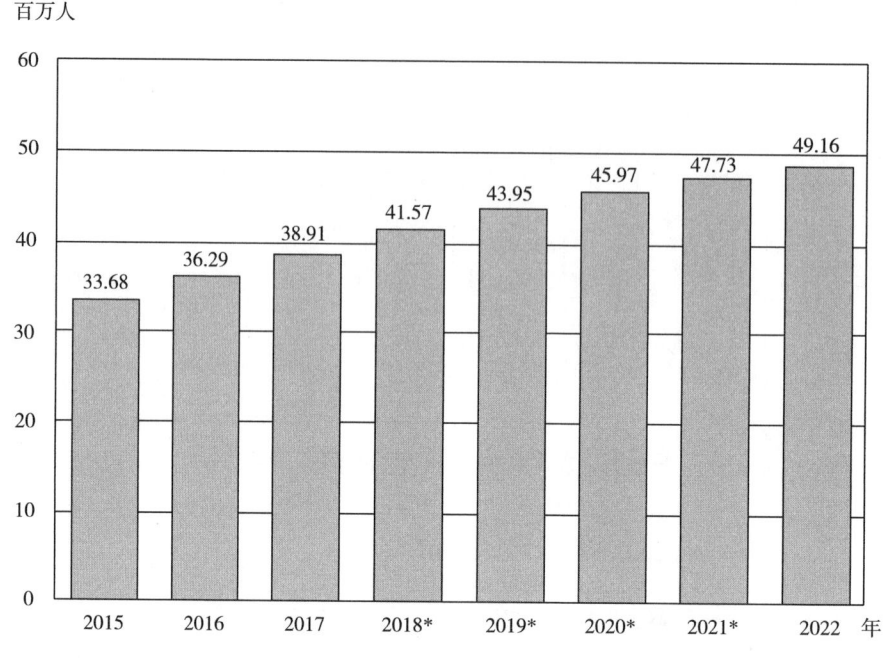

资料来源：Statisa。

图8－2　2015—2022年泰国互联网用户数

三、信贷需求旺盛，传统金融难以满足

泰国人热衷信贷消费，买房、购车、旅行、家居装修等，都乐于使用贷款实现。过去泰国政府实行刺激信贷增长的政策，比如首次购车贷款优惠、信用卡推广和支持房屋信贷等，导致负债人口持续增加，负债总额持续攀升。2017年，泰国全国有负债的人口达2100万，占总人口的30%左右，人均负债水平从2010年的29万泰铢上涨到2017年的56万泰铢。此外，泰国家庭负债状况呈现年轻化趋势，其中年龄不足30岁的借贷人比重超过50%，债务主要来自个人贷款以及信用卡。为缓解持续走高的家庭债务以及商业银行不良负债的风险压力，泰国政府于2017年9月1日开始实施收紧信用卡和个人贷款的政策，并对个人贷款和信用卡债务规定上限，以解决家庭负债高以及年轻人信用卡欠债的问题。

根据泰国央行报告，截至 2017 年底泰国全国各类信用卡保有量为 2033 万张，较 2016 年同期新增 19.8 万张，增幅 0.99%。对应泰国约 7000 万人口，大约每 3.5 个人有一张信用卡，信用卡普及率约 29%。从信用卡消费额看，全年几乎所有项目的信用卡支出都呈现上升，合计消费额 2010 亿泰铢，同比新增 326 亿泰铢，涨幅 19.31%，其中信用卡提现预支额约 181 亿泰铢，同比增加 8.77%。从信用卡发行方看，商业银行发卡量同比下滑 6.28%，但由商业银行和机构联合发行的信用卡逆势增长 8.45%，在央行下发通知要求商业银行收紧个人信贷消费信用卡业务后，泰国信用卡发行量正呈现出变道增长的趋势。

根据信用卡新政，泰国央行对金融机构信用卡发放和消费信贷额度实施更严苛的规定，月收入 30000 泰铢以下，最高授信额度为月薪 1.5 倍；月收入 30000~50000 泰铢，最高授信额度为月薪 3 倍；月收入 50000 泰铢以上则最高授信上限为月薪 5 倍。与此同时，还决定将信用卡逾期利息上限从最高 20% 下调至 18%。从实际情况来看，新政将会对国内消费支出尤其是个人信用卡消费支出造成拖累，购买力相对活跃的仍主要是月收入在 30000 泰铢以内的新上班一族，而 1.5 倍的授信额度将会让他们缩紧消费支出的范围。

第二节 泰国金融科技概况

一、金融科技发展现状

受泰国政府"4.0 战略"的驱动，近两年来，泰国公共及私人部门对金融科技的兴趣显著增加。近期泰国新成立了多家发展金融科技的公司，提供的金融服务形式更加多元化，一是支付、汇款业务，目前已得到消费者的广泛认可，二是 P2P 借贷业务，可以帮助个人客户快速获得贷款，三是开始向个人理财市场渗透，通过开发股价分析与评估交易机会系统，为个人和机构参与股票市场交易提供支持服务，四是搭建众筹系统，为企业提供在线筹资服务。2016 年泰国金融科技协会成立，会员数量达 114 家，协会为金融科技创业企业建立一个国家级的金融科技沙盒，帮助初创企业进行产品测试以及寻求融资。

泰国金融科技发展主要围绕网贷、支付汇款、保险征信、财务比较、个人理财、众筹等方向发展。由于尚处于行业发展初期，目前泰国金融科技企业数量仍然有限，但是企业融资金额在飞速增长，近五年复合增长率高达

383%。2017年,泰国金融科技初创企业有75~100家,仅占初创企业总数的3%~4%,不过金融科技企业获得的融资额累计达1.09亿美元,占初创企业融资总额的33%。其中有90%的融资额发生在数字支付领域。

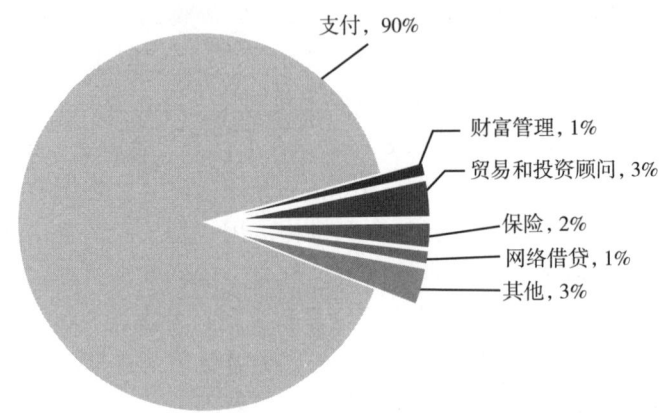

资料来源:FINTECH POSTCARD:THAILAND。

图8-3　2011—2017年泰国金融科技融资金额分布

泰国政府为金融科技公司的发展创造了良好的政策环境。在政府的支持下,2016年泰国风险投资和加速器已分别上升至60家和6家,此外泰国政府还建立了一个200亿泰铢的基金以支持现有的2500家中小企业加速创新并扩展到其他地区。据Statista称,2016年泰国金融科技市场的交易价值为64.447亿美元,预计到2020年将产生134亿美元的交易价值。

表8-1　　　　　　　　　泰国金融科技领域代表性公司

FinTech	代表公司	业务
外汇汇款	Ayannah	汇款和外汇业务
零售投资	StockRadars	基于移动的股票分析和交易平台
保险	Claim Di	在车祸现场通过移动应用程序提出请求时,Claim Di 可以立即支付汽车保险索赔
股权众筹	Dreammaker	众筹平台
支付系统	Omise	领先的在线支付和移动钱包应用
贷款	Beehive Asia	将贷方与企业联系以进行点对点融资
P2P借贷	PeerPower	点对点借贷
投资管理和个人理财	Jitta	简化了基础股票分析并加速了股票价值发现
业务工具	Flowaccount.com	基于云的会计系统

资料来源:公开资料整理。

二、金融科技监管政策

2016年9月,泰国信息与通信技术部解散,被数字经济和社会部取代,这一举动将为金融科技部门提供更有利的政策环境,尤其是非银行机构、初创企业以及中小企业。尽管建立了新的部门,制定金融部门监管框架的主要监管者仍是泰国中央银行(BOT)、泰国证券交易委员会办公室(SEC)和保险委员会办公室(OIC)。为建立金融科技特别管控框架,泰国银行要求所有金融科技相关公司都必须在中央银行(BOT)进行注册。

(一)监管沙盒

泰国是东南亚地区金融科技监管沙箱方面最先进的国家之一,泰国央行、泰国证监会和泰国保监会均启动了各自行业的监管沙盒,并与新加坡金融管理局签署了金融技术合作协议。2016年10月泰国央行发布《金融科技监管沙盒指引》(FinTech Regulatory Sandbox Guidelines),对泰国开展监管沙盒测试进行规定。

2016年12月泰国银行推出了与贷款、支付和资金转移以及类似交易相关的监管沙盒。监管沙盒适用于拥有充足资本和人力资源的银行、非银行机构、金融科技公司和科技公司,以测试创新型的借贷、支付和转账服务产品,测试周期6~12个月。据悉,商业银行将成为首批加入沙盒试验的成员,非银金融机构随后加入,金融科技相关的创业公司如果想要加入沙盒,需要加入金融机构或者FinTech Club的孵化器项目。任何加入监管沙盒的企业,其创新借贷、支付和转账服务产品只能在泰国国内开展。目前,泰国央行批准了四家金融科技公司在沙箱内运营,其中三家是使用区块链作为担保函和跨境转让的公司,另一家是生物识别领域的公司。

2017年,泰国证券交易委员会推出了监管沙盒,一个是证券和衍生品业务的监管沙盒,另一个是侧重于使用FinTech来支持证券结算所、存储机构和注册商,特别是使用区块链技术来提供这些支持功能,其他沙箱正处于公开听证阶段。

2017年6月,泰国保险委员会办公室发布了针对保险的监管沙盒,符合条件的申请者包括在泰国境内成立的保险公司、保险经纪商、金融科技公司和科技公司,参与的公司将被允许测试其创新型的保险产品(如未在泰国市场上出现过的保险产品、智能合同和自动索赔程序),除非经泰国保监会批准延长,时长不超过一年。

表8-2　　　　　　　　泰国 SEC 监管沙箱实施情况

试验时长	少于1年
参与企业范围	B2B 金融科技企业，B2C 金融科技企业，传统金融机构
实施进展	发布监管沙箱白皮书，并在2016年末最终敲定框架 推出了投资顾问沙箱，私人股权投资沙箱，清算和结算沙箱，保险科技沙箱
侧重领域	投资咨询、私募基金管理、衍生产品代理、衍生产品交易、衍生产品咨询、衍生产品基金管理

注：B2C 金融科技企业通常直接为消费者（如借款、交易执行和财富咨询）提供解决方案，B2B 金融科技企业为金融机构（如服务银行的智能投顾和支付技术）提供软件和解决方案。

资料来源：安永报告《监管沙箱在英国和亚太区的兴起与影响》，嘉银新金融研究院整理。

（二）区块链监管

在2018年泰国金融科技博览会（Thai FinTech Fair 2018）上，泰国央行行长 Veerathai Santiprabhob 发布了区块链技术部署规划，他表示会利用这一新兴技术改善本地银行服务、降低运营成本，并强化金融安全性，泰国央行称他们已经推出了央行数字货币（DBDC）"Inthanon"项目，旨在使用区块链开发一个批发银行数字货币，改善银行间泰铢清算管理。

2018年5月14日，泰国加密货币及 ICO 监管法规正式生效，该法规将加密货币定义为数字资产和数字令牌，泰国 SEC 是所有数字资产的官方监管者。该特别法案将规范加密货币和初始代币发行的购买和销售，避免出现市场操纵、洗钱、逃税和非法营销活动。

2018年8月，泰国央行发布最新通告，允许包括商业银行及其附属机构在内的国内金融机构根据有关规定参与加密货币相关的活动，包括发行数字代币、投资加密货币等。而2018年2月，泰国央行曾禁止金融机构参与特定类型的加密货币活动。泰国证券交易委员会（SEC）表示，ICO 门户网站申请人必须在泰国注册，最低注册资本为500万泰铢或15万美元。目前，SEC 公布了七家被授权在该国合法经营的加密货币公司名单，其中五家是加密货币交易所，两家是加密货币经销商。

表8-3 泰国对数字货币的监管政策

时间	政策	主体部门	监管机构	立场	监管对象
2018-02-13	泰国央行禁止银行提供任何与数字货币交易有关的服务	泰国央行	金融监管机构	禁止	加密货币
2018-03-13	泰国税务局建议修改税法：对数字货币投资收益征收10%利得税	泰国税务局	行政机构	规范	税收
2018-03-19	泰国央行行长：数字货币是财产而非货币	泰国央行行长	金融监管机构	规范	加密货币
2018-03-14	两项泰国皇家法令草案"临时性"通过，或按10%~15%税率对加密货币征税	泰国证券交易委员会SEC	金融监管机构	规范	ICO加密货币税收
2018-04-01	泰国财政部数字货币税收框架已确定：数字交易将征收7%的增值税以及15%的资本利得税	泰国财政部	行政机构	规范	税收
2018-05-14	泰国首次推出涵盖了数字货币的《数字资产法令》，加密货币及ICO监管法规正式生效	—	立法机构	规范	ICO加密货币
2018-05-17	泰国税务局将放弃对个人加密货币投资者征收7%的增值税	泰国税务局	行政机构	规范	税收
2018-08-01	泰国央行批准金融机构开展加密货币业务	泰国央行	金融监管机构	规范	加密货币

资料来源：公开资料，嘉银新金融研究院整理。

第三节 泰国网络借贷行业

一、网络借贷行业现状

泰国有两种类型的金融机构，第一种是存款类机构，包括商业银行、专业金融机构（SFI）、信用储蓄合作社、货币市场共同基金；第二种是非存款类机构，包括共同基金、保险公司、个人借贷公司、资产管理公司、证券公司等。其中，商业银行、特殊金融机构、信用卡公司、个人借贷公司和资产管理公司业务由泰国银行（BOT）监管。

表 8-4　　　　　　　　　　　泰国的金融机构

金融机构	数量	占金融机构总资产比重（%）
存款类机构	2037	70.4
商业银行（包括 16 家外商银行）	31	47.8
特殊金融机构（简称 SFI）	6	15.6
信用储蓄合作社	1960	6.3
货币市场共同基金	40	0.7
非存款类机构	6983	29.6
共同基金	1374	10.1
保险公司	86	8.1
租赁公司	769	2.0
信用卡公司和个人借贷公司	42	2.6
公积金	412	2.4
政府养老基金	1	1.9
资产管理公司	36	0.8
证券公司	52	0.8
农业公司	3613	0.6
典当行	598	0.2

资料来源：泰国银行 2015 年数据。

泰国银行贷款审批很严，个人和中小企业很难从传统的银行和金融机构获得贷款，这导致金融体系中出现越来越多的非正规贷款，而这些贷款通常都是非法的，目前，泰国非正规贷款已超过 5 万亿泰铢，覆盖了泰国约 800 万个家庭。中小企业发展同样面临融资难题，根据泰国信用担保的一项研究，58% 的中小企业没有资格从金融机构借款，17% 的中小企业将融资视为主要障碍。泰国当地人和中小企业普遍存在的融资难问题为 P2P 网贷行业发展提供了机会。与向金融机构申请贷款相比，泰国 P2P 网络借贷平台以更低的利率和更宽松的借款条件提供了新的借款选择。一般来说，向金融机构申请无担保贷款的企业必须运营至少 3 年，而在 P2P 网络借贷平台上，仅运营 1 年的企业就可以申请贷款。

通过梳理发现，泰国 P2P 网贷市场的参与者既有初创企业也有传统金融机构。目前，P2P 网贷初创企业约有十家，业务主要集中在向中小企业和个人提供贷款方面；与此同时，泰国传统银行也在加快推出自己的网贷业务，以尽早抢占市场先机和份额。目前，泰国汇商银行（SCB）已率先推出移动网贷业务，预计未来通过该平台产生的小额信贷服务额将提高至 100 亿泰铢（约 20 亿元人民币）。

成交额方面，2016 年泰国向家庭提供的贷款总额为 11.5 万亿泰铢，在总金额中，有 33% 的来自商业银行，来自信用卡、租赁和个人贷款公司的部分不足 10%。2018 年泰国通过 P2P 网络借贷平台发放的企业贷款总额约为 10 亿~15 亿泰铢，与泰国商业银行体系中的中小企业贷款总额相比，仅占 0.03%。由此可见，泰国中小企业和家庭的借款资金大部分来自传统金融机构，比如商业银行和存款类专业金融机构。虽然，目前网贷公司所提供的贷款成交额占比还非常小，但是在填补现有金融服务及中小企业和个人融资方面的缺口方面发挥了不可忽视的作用。

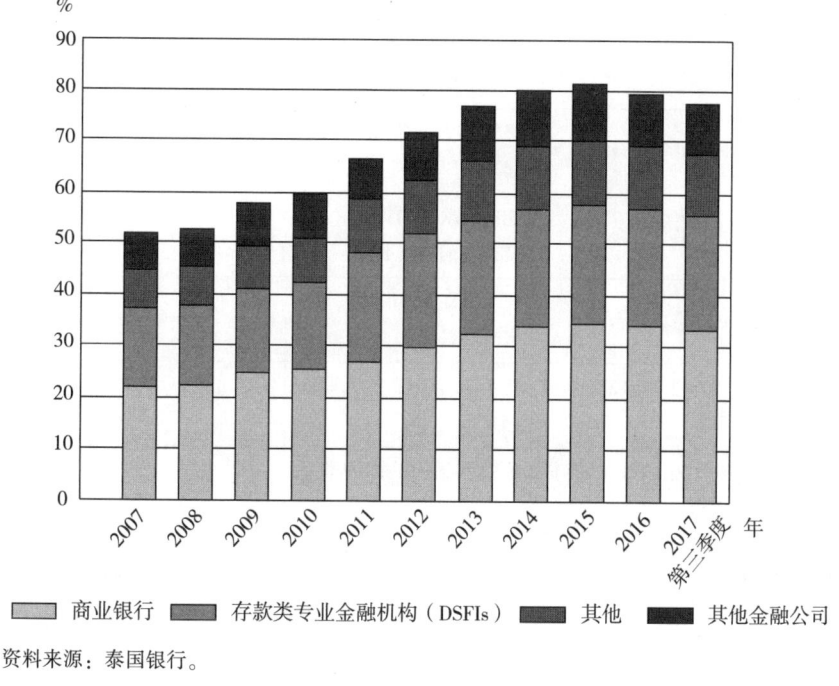

资料来源：泰国银行。

图 8-4　泰国家庭负债资金来源

总体来看，泰国网贷行业正处于发展的初期阶段，网贷平台不仅数量少而且贷款成交额也比较小，在中小企业和个人群体中的渗透率还比较低。泰国信贷需求旺盛，虽然泰国政府实行了收紧银行信贷的政策，但是并没有减弱国民的信贷需求，随着泰国经济的稳定增长以及网贷政策的逐步规范，相信网贷行业会有广阔的发展前景。

表8–5　　　　　　　　泰国 P2P 借贷平台及业务

网贷平台	定位	业务	网站
IOU	公积金贷款	允许贷方和借方在线会面和执行交易	https://www.iou.co.th/
MONEYTABLE	贷款和信贷商业工具	为合作伙伴提供区块链支持网关,还提供信用评分和P2P技术	https://www.moneytable.com/
Green Modular	P2P 借贷平台	为个人和企业提供更好的借贷融资解决方案	http://www.greenmodular.co.th/
SMARTFINN SOLUTIONS	P2P 借贷平台	帮助那些在流动性和信用方面遇到麻烦的人,以便再次获得良好的信贷	http://www.sawasdeeshop.com/
GATUNG TECH	P2P 借贷平台	为中小企业和个人提供在线 P2P 借贷服务	http://www.gatung.com/
LEND EX	P2P 借贷平台	将借款人和贷款人联系起来	http://www.welendex.com/
fincap4u	P2P 借贷平台	连接借款人和贷方（P2P贷款）的在线平台	http://www.fincap4u.com/
PeerPower	P2P 借贷平台	将信誉良好的借款人与投资者联系起来	https://www.peerpower.co.th/
BIGSTONE	中小企业 P2P 借贷平台	将小企业与贷款人联系起来	http://www.bigstone.co.th/
Beehive Asia	中小企业 P2P 借贷平台	为中小企业提供更智能的融资	http://www.beehiveasia.co.th/
MONEYWECAN	中小企业 P2P 借贷平台	为中小企业提供 P2P 借贷服务	http://www.moneywecan.com/

资料来源：泰国金融科技协会。

二、网络借贷行业监管

2008 年，泰国出台了《金融机构商业法》BE 2551（2008），这部法律对 P2P 借贷的从业公司以及行为守则进行了若干规定。2015 年，泰国银行（BOT）批准了"纳米金融"计划，并出台了多项促进"纳米金融"业务的法规。但是由于P2P借贷行业本身的独特特征,"纳米金融"法规还不足以规范P2P借贷活动。2016年10月,泰国央行发布关于P2P借贷行业管理办法的征求意见稿,希望新的借贷系统能够为泰国消费者提供更畅通的融资渠道,同时允许非银行经营者能够以更低的成本开展借贷服务。

这份征求意见稿本身不具备法律效力,但对泰国P2P信贷市场却是非常重要的,因为它表明了泰国监管机构当前对以下问题的看法,一是P2P平台运营商必须获得泰国银行BOT的批准,并且只有"媒人"借贷模式得到认可,即P2P平台运营商只能作为借款人和贷方之间的中间人;二是金融机构和非金融机构都可以作为具有不同资格和要求的P2P借贷平台运营;三是借款人可以是个人或法人,信贷类型包括零售信贷(如消费信贷、职业/商业零售信贷),担保信贷或特定项目;四是投资者可以是散户投资者(最高年投资额为50万泰铢)、高净值投资者、机构投资者、私募股权投资、风险投资和合格投资者;五是投资者应收取的利率取决于适用于每种投资者类型的相关法律,如果没有特定法律允许某类投资者的特定利率,则适用每年15%的一般最高利率。

在为期一个月的意见征集结束后,泰国央行还未公布正式版本,即目前还没有专门的法律来管理P2P贷款。但是,第58号全国执行委员会的公告授权财政部将P2P贷款规定为受监管的服务,并且需要许可才能提供服务。

目前,泰国有五种业务许可牌照,第一种为银行级别的牌照(Bank),第二种是非银行金融机构的牌照(Micro Finance),第三种是个人贷款牌照(Personal Loan),第四种是纳米金融牌照(Nano Finance),第五种是微额贷款牌照(Pico Finance)。

个人贷款(Personal Loan),是向个人提供的无抵押贷款,运营商主要有银行、信用合作社和在线借贷平台。纳米金融(Nano Finance),是向企业和个人提供不高于10万泰铢的无抵押贷款。微额信贷(Pico Finance),主要向家庭和个人提供所需的小额贷款,根据官网统计,目前,全国拥有微额信贷许可证的运营商约有268家。截至2017年底,微额信贷(Pico Finance)发放贷款总额2.19亿泰铢,不良贷款150万泰铢,占未偿还贷款总额的2.04%。

表 8-6　　　　　　　　　泰国金融牌照对比

贷款	非正式贷款	Personal Loan 个人贷款牌照	Nano Finance 纳米金融牌照	Pico Finance 微额贷款牌照
最低注册资本	—	5000 万泰铢	5000 万泰铢	500 万泰铢
信贷额度限制	2000~10 万泰铢	若月收入低于 3 万泰铢，最高信贷额度为月薪 1.5 倍；若高于 3 万泰铢，最高信贷额度不得超过月薪 5 倍；	不超过 10 万泰铢/人	不超过 5 万泰铢/人
抵押或担保	无须抵押或担保	无须抵押或担保	无须抵押或担保	可以要求提供抵押或担保
目标人群	低收入群体/需要紧急资金的个人/个人不符合金融机构的借款标准	收入不变的个人	没有固定收入的新企业主/低收入群体/个人不符合金融机构的借款标准	低收入者等超弱势群体
监管机构	不受监管	泰国中央银行	泰国中央银行	泰国财政政策办公室
最高有效利率	120%~240%（每月 10%~20%）	28%/年	36%/年	36%/年
经营限制	—	没有经营地域限制	没有经营地域限制	不能跨府经营

资料来源：公开资料，嘉银新金融研究院整理。

三、网络借贷行业面临的挑战

（一）网贷行业的监管政策尚未出台

目前，泰国政府对网贷行业的监管措施还非常不完善，由此引发的消费者权益维护以及金融系统性风险等问题不容忽视。

（二）互联网金融企业配套设施落后，缺乏完善的征信体系

泰国互联网基础设施虽有所发展，但仍有待进一步完善，移动支付普及率也较低，现金支付仍为最主要的支付方式。征信体系十分薄弱，这些因素

都将对网贷行业的发展形成挑战。

(三) 人才及技术储备不足

目前,泰国比较缺乏数字经济及金融科技相关的人才储备。根据世界经济论坛发布的《全球竞争力指数》报告显示,泰国的总体教育得分4.05分,落后于亚洲的主要经济体。教育水平落后带来的人才短缺、技术发展不足问题将制约金融科技的长远发展。

第四节 泰国支付行业

一、支付行业现状

随着技术进步、物联网普及和智慧手机支付日趋便利,原先以现金支付为主要消费模式的泰国国民,逐渐对电子支付产生兴趣,也吸引更多银行与企业推出自家的电子钱包、QR Code支付以及线上转账系统等。泰国政府更积极推广相关平台,让泰国迈向无现金模式的社会。2015年泰国开始推行国家电子支付 (National e-Payment) 计划,投入20亿~30亿泰铢,鼓励消费者和商家接受并使用电子支付。2017年1月,泰国在全国同步开通个人之间转账服务——即时支付 (PromptPay),标志着国家电子支付计划正式实施的第一步。

PromptPay是一种电子支付系统,注册PromptPay其实是将身份证号和手机号与银行卡号进行绑定的过程。PromptPay可以用于用户转账,若收款人已经注册PromptPay账号,付款人只需输入收款人的手机号码或身份证号即可,PromptPay还可用于接收政府部门的支付款,如社会保险金、退休金和退税等。收费方面,根据泰国央行的规定,企业电子转账金额在10万泰铢以上最高可收取15泰铢手续费,转出方为普通个人的则按普通个人电子转账规定执行,即5000泰铢免手续费。截至2017年8月,泰国已有15家商业银行和4家国营银行支持用户开通PromptPay电子支付服务。2017年,PromptPay共完成1.27亿笔交易,总额超过490亿泰铢,注册用户数达3930万。通过减少现金运输和保险成本,PromptPay有望在十年内为银行节省22亿美元。

目前,泰国支付方式可以分为五大类:

第一类是线下店现金支付,包括Tesco, Family Mart, Big C, 7-Eleven等连锁商店均接受现金作为客户付款方式,这种支付方法也是泰国主要的支付方式。

第二类是运营商代扣,泰国三大营运商 AIS(拥有近 5000 万用户)、DTAC(拥有近 3000 万用户),TrueMove(拥有近 2500 万用户),均可通过短信计费等方式为数字产品商家代扣客户消费金额。

第三类是银行转账,泰国的四大银行曼谷银行、暹罗商业银行、泰京银行和泰华农业银行均可通过网银和 ATM 提供银行转账服务。

第四类是游戏券支付,泰国电信公司 TrueMove、AIS 和 DTAC 各自都发行现金卡,客户购买现金卡后刮开涂层获取代码或到便利店请求收银员从终端设备打印代码,然后登录商家网站,购买商品并支付货款。

第五类是电子钱包,分为两种,一种是由电信公司发行,如 AIS 公司的 M-pay,True 公司的 True Money,电信公司发行的电子钱包由泰国银行电子货币规则监管,可用于直接购买实物商品;第二种是第三方支付,如 MOL、Paysbuy。MOL 是泰国最大的支付公司之一,其产品包括 MOLPay、MOLWallet、MOLPoints 等。

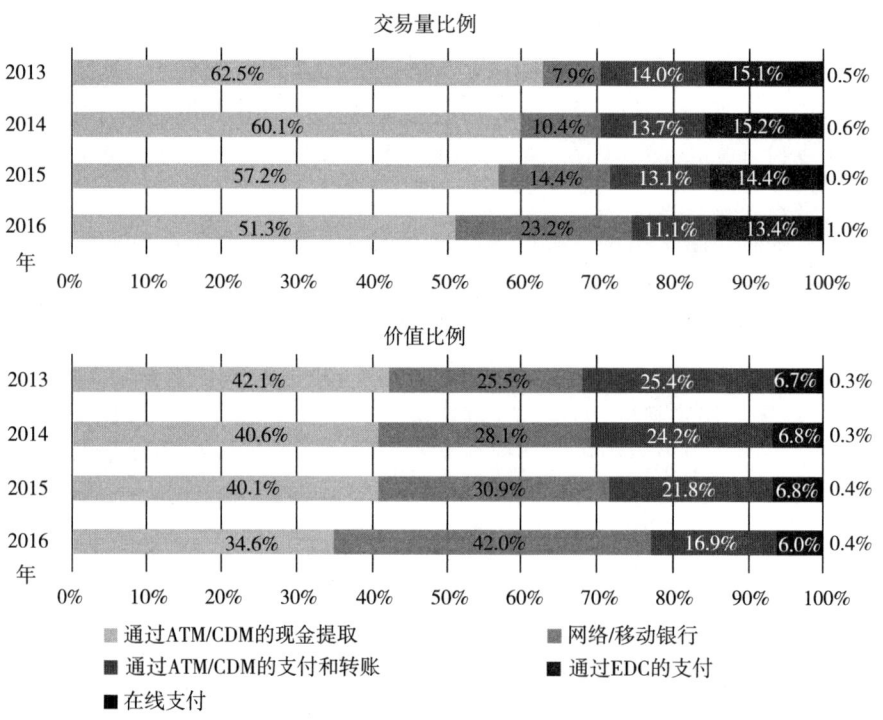

资料来源:泰国银行。

图 8-5 2013—2016 年泰国国民支付方式演变

泰国央行对电子支付的管理比其他渠道支付更严格,微信支付就曾在2016年5月被泰国央行警告在泰国业务并未获得授权。许多电子支付平台会与当地业务关系公司结成联盟,提供电子支付方式,比如京东金融与泰国本地的尚泰集团合作成立合资公司,首先落地的核心业务就是电子支付,而落地的关键就在于要适应泰国严格的监管体系,并获得相应的经营许可批准。

随着移动支付的快速普及和渗透,预计2018年泰国移动支付活跃账户将增至3000万个。根据泰国央行公布的资料显示,2017年,泰国移动支付活跃账户达2600万个,通过移动银行累计完成的交易记录为4.8亿次,交易金额达到3.76万亿泰铢。随着越来越多的商家加入及银行金融机构的推广活动,泰国将持续转型为无现金社会,数字支付的普及率也会持续增加。

泰国的电子支付虽发展潜力巨大,不过由于网络安全等问题,泰国还没有出现像中国支付宝这样普及度非常高的第三方支付,泰国支付平台虽然较多,但是市场集中度比较低,行业格局比较分散。

表8-7　　　　　　　泰国有代表性的支付金融科技企业

企业名称	成立日期	背景	经营情况	主要产品及服务
AirPay	2014年	Sea集团(前身Garena)旗下的在线支付金融平台	2017年6月底,AirPay用户从2015年底的50万人增至300万人,泰国和越南为其主力市场	提供全方位的支付金融交易服务,是多家银行的合作伙伴,电子钱包是其主要业务之一
Omise	2013年	泰国本土支付企业	2017年7月,通过ICO募集到1750万美元的B轮融资;2017年7月,收购PAYSBUY的支付业务。业务覆盖到东南亚主要国家市场,包括印度尼西亚、新加坡、马来西亚等	提供类似Stripe的支付解决方案,2017年5月,Omise与阿里巴巴支付宝合作推出了一款电子钱包服务
TrueMoney	2003年	Ascend Money旗下的支付平台,背靠正大集团,2016年蚂蚁金服收购其20%股份	2017年底,TrueMoney活跃用户数量达到400万,预计2018年底将达到800万,泰国和其他东南亚国家为其主力市场	提供电子钱包、虚拟卡、现金卡、国际转账、支付网关、汇款等服务。在一些重要的东南亚市场中持有金融服务牌照
mPAY	2005年	是Advanced Info Service PLC的子公司	mPAY已经获得财政部和信息通信技术部的电子货币许可证和电子支付许可证	通过移动设备和其他电子渠道提供多种移动金融服务,如充值、账单支付、汇款等

续表

企业名称	成立日期	背景	经营情况	主要产品及服务
Line Pay	2014年	韩国Line集团旗下移动支付平台	截至2015年4月，Line月活跃用户达2.05亿户，泰国是其亚洲第二大用户群，其用户数不少于3300万户。Line Pay已经获得了泰国银行的电子支付许可	提供移动钱包服务，允许客户进行在线和在商店扫码支付，还可以相互转账

资料来源：公开资料，嘉银新金融研究院整理。

二、支付行业监管

过去，泰国的电子支付服务受到皇家法令BE 2551（2008）的监管。2017年10月，泰国政府在政府公报上发布支付系统法案BE 2560（2017），规定了新的许可和注册制度以规范电子支付运营商，并为电子支付生态系统制定若干条款。2018年4月16日起，新支付系统法案BE 2560（2017）已经生效，该法案旨在促进泰国提供许多新的和创新的支付服务。希望继续开展业务的现有电子支付服务提供商须在财政部MOF通知发布后120天内（即2018年8月13日）提交新许可证或注册申请。对于新运营商而言，虽然无须在上述120天期限内提交许可证或注册申请，但除非收到许可证或在财政部下注册，否则无法经营业务。

根据这项新法案，不同类型的电子支付系统和业务分为三类：（1）战略电子支付系统；（2）受监管的电子支付系统；（3）受监管的电子支付服务。要被视为战略支付系统，有两条标准，一是国家的主要基础设施，其破坏可能对系统成员产生持续和广泛的系统性影响，二是一种处理高价值资金转移或用于成员之间清算或结算的支付系统。通常，由泰国银行建立或运营的任何支付系统都被认为是战略支付系统，如BAHTNET（BOT自动高价值传输网络）和ICAS（图像检查清除和存档系统）。

受监管的支付系统被定义为，一是作为系统用户之间的中心支付系统，并支持资金转移、清算或结算；二是可能影响公共利益、公众信心或支付系统的稳定性和安全性。

受监管的支付服务是指：（1）信用卡、借记卡或ATM卡服务；（2）电子货币服务；（3）通过电子方式向服务提供商或债权人提供电子支付服务；（4）通过电子方式提供资金转账服务；（5）可能影响金融系统或公共利益的其他支付服务。受监管的电子支付系统和电子支付服务的标准将根据泰国银行（BOT）的建议，以财政部部长发布的附属立法的形式进一步规定。泰国银行 BOT 将成为新支付系统法案的主要监管机构，并将监督支付系统和支付服务的运作。

泰国没有国有的清算组织，但是有一个国内所有银行共同持股的一个民间组织 ITMX 来对所有银行的交易进行清算，现在已发展成为泰国正式的银行清算组织。ITMX 成立于 1993 年，前身为 ATM Pool Company Limited，2005 年 6 月更名为 National ITMX Company Limited。ITMX 系统是泰国主要的银行间支付基础设施，支持各种渠道的各种电子支付，包括 ATM、柜台、互联网和移动渠道。

三、支付行业面临的挑战

（一）现金支付仍是最为主要的支付方式

泰国民众对数字支付的信心不足主要是源于对电子支付系统安全的担忧。2016 年 8 月，泰国国家储蓄银行遭到黑客攻击，造成曼谷和其他 21 个省份的提款机现金被盗，失窃总额达 1200 多万泰铢，另有 200 台自动取款机怀疑感染计算机病毒。

（二）数字经济发展不均衡，电子支付难以惠及全民

电子支付依赖网络和通信设备的普及，而曼谷与外区各收入阶层之间存在一定的"数字鸿沟"，特别是在一些边远农村地区，固定宽带接入和移动网络覆盖常常无法满足当地群众的需求。

（三）信息隐私以及知识产权保护不到位

目前，泰国还没有颁布专门的法律对个人信息隐私进行保护，网络安全法案、个人数据保护法案、电子交易修正案及电子交易代理发展法案等涉及公民信息隐私的法律还正在进行起草。信息服务提供商在使用用户数据时常常出现"无法可依"的情况，导致很多公司不敢尝试涉及个人信息的业务。

第五节 泰国众筹行业

一、众筹行业现状

国际证券监督管理委员会（IOSCO）认为众筹是中小企业（SME）的一种市场融资方式，众筹可以帮助创新型创业公司筹集资金以促进经济发展，因此对经济发展起着重要作用。众筹可以分为以奖励为基础的众筹（Reward-based Crowdfunding），以捐赠为基础的众筹（Donation-based Crowdfunding）和以股权为基础的众筹（Equity-based Crowdfunding）。以奖励为基础的众筹是一种独立于金融机构的融资形式，为项目提供资金的个人可以换取某种奖励，奖励的大小取决于所贡献的金额。基于奖励的众筹可以用于各种不同的目的，例如，产品发布、艺术、音乐和电影融资、软件开发、科学研究等。以捐赠为基础的众筹是一种为项目筹集资金的方式，需要大量捐助者单独向其捐赠少量捐款，由于这种集资是以捐赠为基础的，资助者不会获得项目的任何所有权或权利，也不会成为项目的债权人。以股权为基础的众筹即众筹购买股权，大量非特定投资者投资以股权为基础的筹资项目，投资者会获得与股权或利润相关的投资回报。

表8-8 三种众筹类型比较

众筹类型	捐赠基础	奖励基础	股权基础
阶段及目标	种子阶段——企业处于非常早期阶段，可能只有一个想法或模型		起步阶段——企业已成立，产品和服务已生产，需要扩大客户基础
回报	不期望任何回报，可能获得税收优惠或从支持项目中获得成就感	获得非财务收益，一般为产品或服务奖励	股权、股利、资本收益
风险	风险低：因为没有预期的财务回报		风险高：如果项目失败，承担100%的资金损失

资料来源：SME financing through crowdfunding。

众筹有两种基本模式，一种是All or Nothing（AoN），另一种是Keep it All（KiA）。AoN模式意味着如果在给定时间范围结束时尚未达到承诺的金额，活动发起方将不会收到任何款项。KiA意味着在给定时间范围结束时不管有没有达到承诺的金额,活动发起方都可以保留目前已收到的所有款项,无须退还给贡献者。

泰国众筹市场募集资金从 2015 年的 100 万美元增长到 2016 年的 372 万美元,增幅达 260%,这使得泰国成为继新加坡、印度尼西亚和马来西亚之后在东南亚的第四大市场,然而泰国只占该地区市场总量的 1.7%。其中,奖励模式的众筹贡献绝大部分增长,2016 年取得 269 万美元的筹款额,增幅高达 305%,占比 72.3%,其次为股权模式众筹,2016 年首次取得 57 万美元的筹款,占比 15.3%,捐款模式众筹的筹款额从 2015 年的 31 万美元下降到 2016 年的 20 万美元,占比 5.4%。

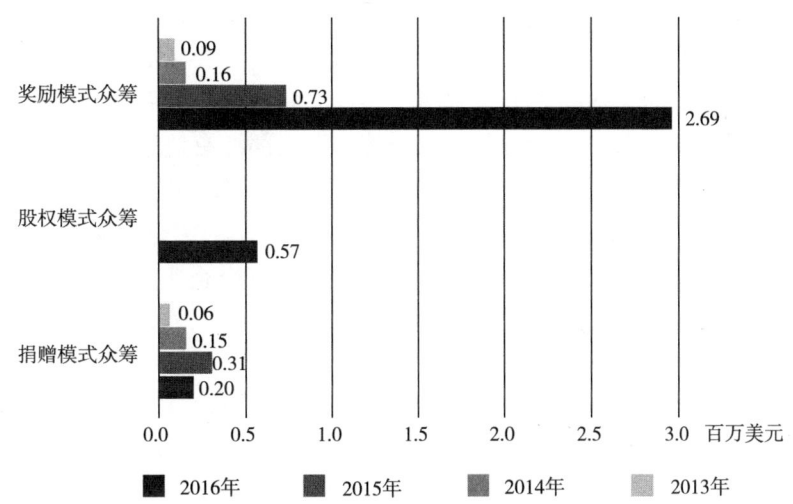

资料来源:第二期亚太地区网络替代金融行业报告。

图 8-6 泰国众筹各类模式成交量

表 8-9 泰国有代表性的众筹平台

公司名称	定位	网站
Kickstarter	基于奖励的众筹	https://www.kickstarter.com/
Indiegogo	基于奖励的众筹	https://www.indiegogo.com/
MeeFund	基于奖励的众筹	http://meefund.com/
Asiola	基于股权、奖励和捐赠的众筹	https://asiola.co.th/
Siwatthana	基于股权、奖励和捐赠的众筹	https://sinwattana.com/
Dreamaker	基于股权、奖励和捐赠的众筹	http://www.dreamakerequity.com/
Socialgiver	基于捐赠的众筹	http://socialgiver.com/

续表

公司名称	定位	网站
Taejai	基于捐赠的众筹	https://taejai.com/th/
Weeboon	基于捐赠的众筹	https://www.weeboon.com/

资料来源：嘉银新金融研究院整理。

二、众筹行业监管

自2015年起，初创企业和中小企业可以通过经泰国证监会批准的股权众筹渠道融资。泰国证监会认可这类融资方式简单、经济而快捷。针对股权众筹，监管要求不像常规的IPO融资要求那么严格，符合泰国证监会要求的股权众筹还可以被豁免备案和募集说明书，也没有机构投资者人数或机构投资者融资额度的相关要求。针对非股权众筹，财政部拥有监管此类平台的一般权力，目前尚不清楚财政部如何行使其权力来控制泰国的非股权众筹平台。针对零售投资者，泰国证监会要求发行人第一年募集的资金不能超过2000万泰铢，总计不能超过4000万泰铢。零售投资者对每个企业的此类投资不得超过5万泰铢，每年不能超过50万泰铢。

根据泰国证券交易委员会的通知，任何打算成为经批准的众筹门户网站应向泰国证券交易委员会办公室提交申请。只有满足以下条件，众筹门户网站的申请人才能获得泰国证券交易委员会办公室的批准：（a）根据泰国法律注册成立；（b）已交付不少于500万泰铢的注册资本（约合15万美元）；（c）没有合理理由相信申请人有财务状况问题或有不适合作为众筹平台的情况；（d）能够证明在众筹门户业务运营中成为董事、经理或具有管理权限的人员，不具有资本市场通知中规定的任何禁止特征；（e）按照规定安装了准备运营众筹门户业务的系统；（f）如果申请人是经营其他业务的公司，则其他业务不得与众筹门户平台存在利益冲突。每份申请费用为25万泰铢，其中5万泰铢须在申请日支付，剩余的20万泰铢应在批准之日支付。

在上述规则中，泰国众筹平台的资本要求与许多亚洲国家有很大不同，例如，中国台湾地区众筹平台的最低资本要求是160万美元。这表明在泰国建立众筹平台可能更容易；如果与其他国家相比，不仅是亚洲国家而且还有西方国家，泰国法律下众筹平台的最低资本要求也明显低于其他国家。一些法律学者对众筹平台业务失败的风险以及由于资本要求低而导致的投资者风险表示担忧。

三、众筹行业面临的挑战

(一)法律法规不完善

众筹所提供的融资渠道对加强中小企业在国内和全球市场竞争力方面发挥重要作用,泰国中小企业需要有关众筹的适当法规和政策。但是目前泰国对众筹资金门户缺乏适当的定义和监管,对投资者利益也缺乏适当的法规维护。

(二)欺诈风险较高

对于基于奖励和股权的众筹而言,如果发行人使用虚假身份,使用众筹平台进行洗钱活动,或者滥用募集资金,将导致投资人严重的资金损失。

(三)专业人才不足

众筹在泰国是一个相对较新的行业,相关人才比较缺乏。投资人经验不足可能带来经营风险甚至破产风险。

本章小结

从全球金融科技发展态势以及泰国经济社会的发展来看,各类企业对泰国金融科技的信心都在不断增强,一些机构认为泰国正处于电子商务和金融科技服务大爆发的前夜。从泰国潜在市场规模来看,泰国拥有超过8000万个移动电话号码,手机使用不仅成为泰国居民社交生活的必要工具,也成为该国居民游戏娱乐和金融消费的重要渠道。东南亚国家联盟总计10国,潜在市场规模更比泰国高出近10倍,从这个角度来看,包括中国在内的各国金融科技企业、泰国本土的创新型企业未来的确面临金融科技创业创新的历史性机遇。

泰国国内对发展金融科技相对乐观,一些人认为泰国参与现代金融科技的机会已经成熟,可以在区域和全球性初创性竞争中处于不败之地。泰国各方人士对监管规定的态度不一,绝大多数机构和个人都希望政府出台更清晰的法规。也有一些人认为相对宽松的监管规定,可以让金融科技创业公司更方便地进行产品迭代,这对泰国金融科技的创新发展也会更有利。2016年泰国创立了金融科技协会,该协会起初是一家致力于促进金融科技创业公司、大型银行和投资者之间沟通的网络化俱乐部,现在该协会更加关注为金融科技创新型企业创造一个良好的发展环境。在各方因素综合作用下,预计泰国金融科技行业有望实现快速发展。

第九章 越 南

第一节 越南宏观环境

越南位于中南半岛的东部,北部与我国的云南省、广西壮族自治区接壤,人口总数9554万,世界排名第十五位。越南有54个民族,其中京族为主体民族,占总人口的80%以上。越南官方语言为越南语,居民主要信仰佛教、天主教,主要城市有胡志明市、河内、海防等。越南是一个农业大国,农业人口约占总人口的65%。由于地形原因,越南国土中部地区人口分布较少,北部以首都河内市为中心的红河三角洲和南部以最大城市胡志明市为中心的湄公河三角洲,是越南人口最为密集的区域。

一、GDP稳步增长,中期经济前景乐观

越南属于发展中国家,1986年实行经济改革后,越南经济实现了高速增长,近几年年均复合增长率超过9%。2012年金融危机导致GDP增长有所放缓,但2015年开始恢复高增长,2018年GDP增长率达到7.1%,是过去10年来GDP增速最大的一年,远远高出年初政府提出的6.7%的目标。2018年全年实现GDP约2425亿美元,人均GDP约2540美元。从产业结构上看,越南是传统农业大国,但是农业对越南经济的贡献率在逐渐下降,工业所占的比重正在快速上升。基于越南宏观经济继续保持稳定,以及吸引外资、加大经济结构重组和实施各项自由贸易协定,越南计划投资部国家经济社会预报和信息中心(NCIF)预测,2019年越南国内生产总值(GDP)增长将达6.9%~7.1%。在全球经济强劲增长和越南经济内在优势日益显现的背景下,越南经济有望实现突破性发展。

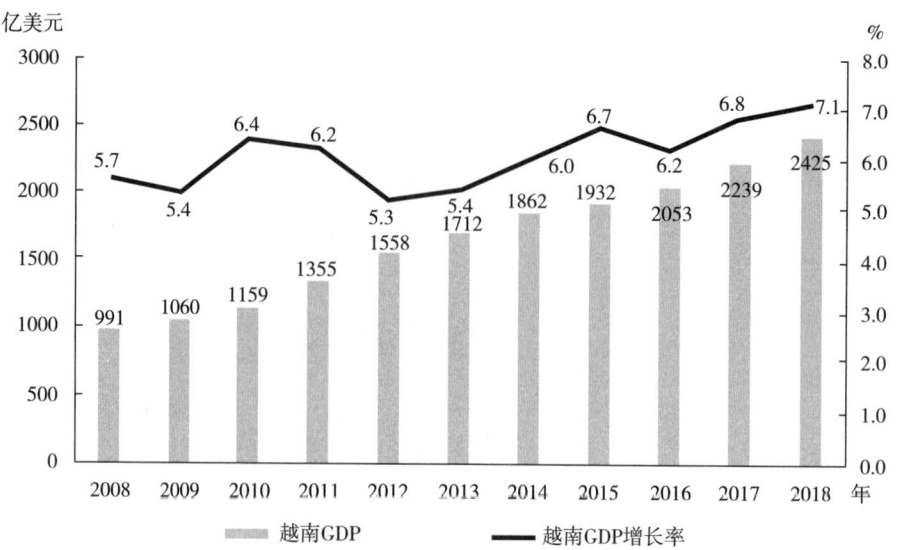

资料来源：公开资料，嘉银新金融研究院整理。

图9-1 越南历年GDP及增长率

二、年轻化人口结构贡献红利

作为以劳动密集型产业为经济基础的新兴经济体来说，经济增长的速度和空间很大一部分动力来自人口红利。从人口结构来看，越南人口结构较年轻化，15~64岁人口占比约占70%。劳动人口5445万，位居世界第12位，其中农业劳动人口占比48%，工业部门劳动人口占比21%，服务业31%，失业率为2.0%，预计未来劳动力也将保持充裕。但是，越南人口受教育程度普遍不高，受过良好教育和培训的劳动力目前仅占比不到20%。越南劳动力成本较低，月平均工资为218美元，对比中国为904美元，每小时劳动力成本为1.9美元，中国为3.3美元。与中国相比，越南在劳动力成本上的优势较为明显。

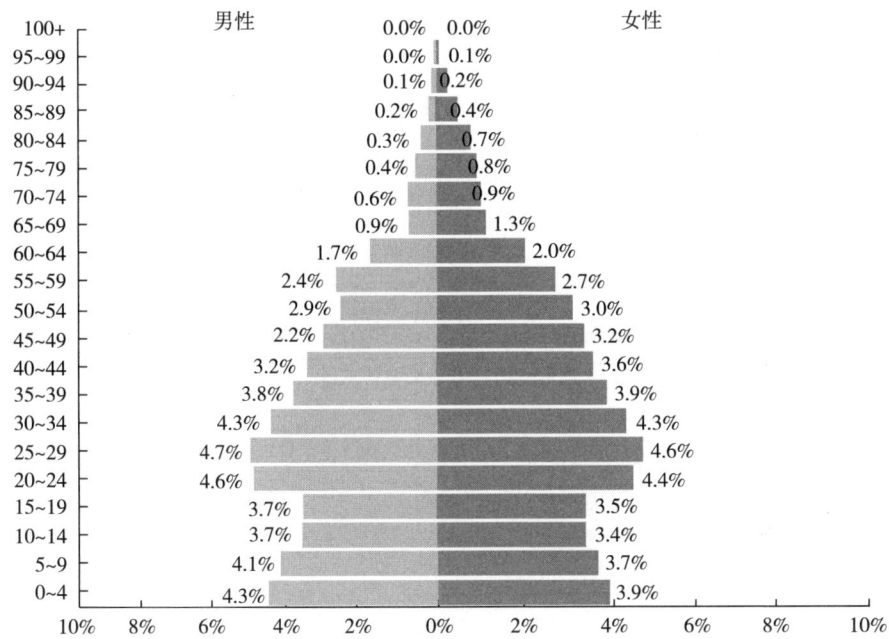

资料来源：公开信息，嘉银新金融研究院整理。

图9-2 2016年越南人口结构

三、银行和金融服务渗透率低

越南银行业呈现顶部集中、底部分散，整体欠发达的特征。据统计，目前越南有98家银行，其中55家为外资银行，本国银行主要有国有控股银行（SOCB）、股份制商业银行（JSCB）、农村商业银行等几大类型。其中，4大国有控股银行（外贸银行、农业银行、工商银行、投资发展银行）提供了58%的国内信贷，拥有45%的资产和35%的净资产，垄断程度较高。而其他股份制商业银行、农村商业银行规模较小，业务通常以区域性为主。

过去越南9000多万公民中只有三分之一的人拥有银行账户。根据越南国家银行的数据，在过去七年中，银行账户数量从2010年的1680万越南盾增加到2017年的6740万越南盾，虽然银行渗透率一直在增长，但仍然落后于其他东南亚国家，而且偏远或农村地区的传统银行服务仍然很少。

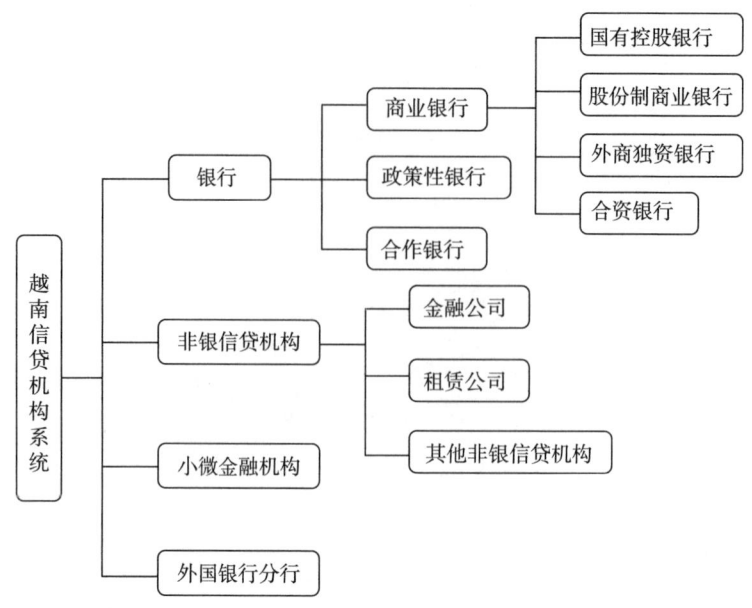

资料来源：越南国家银行。

图 9-3　越南信贷机构系统

四、移动通信较发达，手机普及率高

越南移动通信业较发达，手机拥有量为 1.22 亿部，人均 1.4 部，排名世界第十，其中智能手机数 2200 多万，智能手机普及率约 23%。根据越南信息与通信部公布的数据，越南约有 5000 万互联网用户，占全国人口的 53%，高于世界平均水平的 46.64%，在 20 个亚洲国家中排名第 16 位，适合发展基于互联网的应用业务。越南的目标是将这一比例提高到 80% 到 90%，达到发达国家的水平。越南网络购物用户超过 3500 万，预计将增加到 4200 万，到 2021 年将达到预计人口的 42.5%，预计电子商务的蓬勃发展将支持数字支付的增长。随着越南互联网和智能手机普及率不断提高，电信基础设施的改善以及中产阶级收入水平的不断提高，越南金融科技领域的机遇将大增。

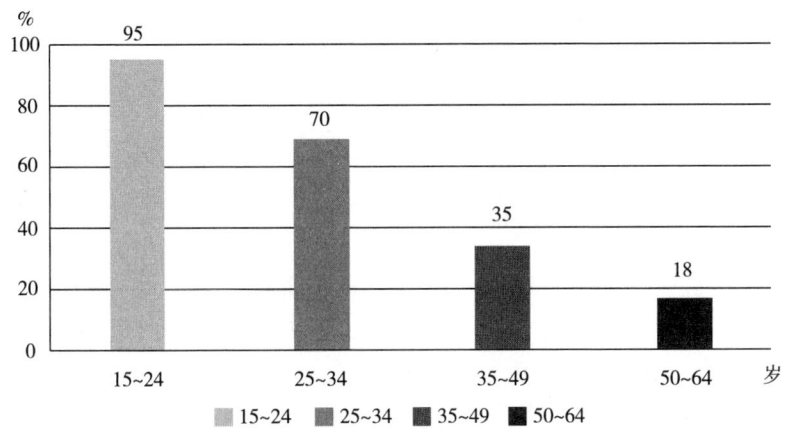

资料来源：公开信息，嘉银新金融研究院整理。

图 9-4　越南不同年龄阶段互联网渗透率

第二节　越南金融科技概况

一、金融科技发展现状

随着互联网技术延伸到各个行业，越南也顺应全球化趋势发展金融科技。据安永称，目前已约有 80 家金融科技创业公司在越南开展各领域的相关业务，但是金融科技在越南仍处于起步阶段，一些初创公司并不会与银行竞争，而是利用技术帮助银行连接商家和用户。具体而言，这些公司将向越南国家银行（SBV）申请提供支付中介服务的许可证，以便与银行合作向消费者提供相关产品和服务。

越南金融科技的参与者主要有当地企业家、移动和互联网运营商、当地银行等机构以及国外投资者等，最近几年市场对金融科技领域的投入加大，不时有投资并购事件发生，金融科技企业的创业氛围良好，环境逐渐开始成熟。根据亚太咨询公司 Solidiance 的数据，2017 年越南金融科技的市场规模达 44 亿美元，预计 2020 年会达到 78 亿美元。2017 年越南金融科技市场的产品潜在用户达 6200 万人，预计 2021 年会达到 7300 万人。

目前，越南金融科技主要由数字支付、个人理财和企业融资、数字支付解决方案三大领域主导，具体细分领域有个人理财、P2P 借贷、POS 机管理、众筹、支付、金融产品比较、比特币/区块链、货币转账及数据管理等。截至2017年，数字支付解决方案占据整个金融科技市场份额的89%，但在未来的几年里，预计越南将见证金融科技其他领域的长足发展，包括随着P2P贷款兴起的个人理财和企业融资、机器人顾问、众筹投资和其他信用评分等。

二、金融科技监管政策

金融科技是一个新兴的领域，发展和创新都比较快，目前，越南还没有完整地针对金融科技业务的一般法律制度，当前法律管理的范围仅涉及在线支付服务领域。不过越南政府已多次修改越南国家银行法和信贷机构法，以便使1997年制定的这部法律适应银行业和金融业的最新发展情况。

为了促进金融包容性，实现经济现代化和控制逃税，越南政府启动了一项2016年至2020年期间在越南开展非现金支付的金融计划。2017年1月签署了一项政策决定，目标是到2020年将现金交易额所占比例降至10%，至少有70%的15岁以上公民拥有银行账户，确保到2020年至少有50%的城市家庭使用电子支付进行日常交易。该计划还包括为农村和偏远地区开发新的支付方式，开发国家支付网络，改进销售点系统和ATM以扩展到医疗机构、公共交通和教育部门。

2017年3月，越南国家银行成立了金融科技指导委员会，旨在向政府提供有关生态系统发展的建议，包括帮助制定监管框架以确保市场增长并支持金融科技创新。目前越南国家银行正在制定金融科技的"监管沙箱"，以便初创企业和新的研发项目进行概念验证工作。此外，越南还存在各种加速器计划，为初创公司提供帮助，例如越南创新启动加速器（VIISA）向初创企业投资600万美元，旨在建立越南以外的全球公司。

从以上越南政府近期的举动来看，越南政府对于金融科技的支持和管理正在日趋完善，许多银行和财政机构对金融科技的看法也有了积极的转变，不再将金融科技视为市场扰乱者，同时逐渐与金融科技创新企业寻求战略性合作。不过越南整体的司法制度和商业法律仍不健全，由于缺乏法律支持，金融科技企业将面临诸多风险和障碍，比如网上交易诈骗、黑客数据窃取以及商业银行的直接竞争等。

表 9-1　越南政府 2020 年无现金目标

	2017 年第三季度底	2020 年底目标
货币（纸币）在流通中作为货币供应的一部分	11.47%	<10%
POS 机数量	260187	>300000
通过 POS 机进行的交易数量	3940 万	2 亿
拥有银行账户的 15 岁以上人口的百分比	59%	>70%

资料来源：公开资料，嘉银新金融研究院整理。

第三节　越南网络借贷行业

一、网络借贷行业现状

根据世界银行的统计，越南有 79% 的人口无法获得官方金融服务。在传统的银行贷款中，银行依靠个人的信用评分来决定是否借贷，而在越南约有 40% 的人口没有银行账户，这意味着将很大一部分人完全排除在获取金融服务之外。在越南，由于 P2P 尚未正式合法，P2P 领域的公司通常会注册为投资咨询公司。目前越南 P2P 公司数量很少，参与者多为初创公司，主要为个人和中小企业提供小额贷款服务，代表性公司有 Loanvi，Tima，TrustCircle。

这里需要提及的是持牌金融服务机构捷信越南，于 2009 年成立。目前为止在全国范围内拥有 1 万名员工，提供产品包括：摩托车分期付款、消费品分期付款以及现金贷产品等。有超过 8000 个销售点，覆盖全国 63 个省。2017 年上半年净贷款规模达到 4.74 亿欧元，净利润达到 3300 万欧元。活跃用户达到 182.9 万。业务增长速度十分亮眼。

表 9-2　越南有代表性的 P2P 借贷公司

借贷公司	成立时间	成立地点	业务简介
Loanvi	2014 年	胡志明市	Loanvi 是越南首家网络借贷公司，公司目的是为没有银行账户的个人和投资者搭建桥梁，帮助个人获得贷款，以及帮助投资者获得稳定的投资回报

续表

借贷公司	成立时间	成立地点	业务简介
Tima	2015年	未知	Tima公司主要为消费者和中小企业运营者提供小额贷款。2016年6月，Tima开始提供财务咨询和连接服务，截至2016年底，Tima共发放了近200万笔贷款，总金额约1.15亿美元
TrustCircle	2014年	未知	2016年7月推出点对点金融平台移动应用程序，为所有领域、职业、年龄组和收入部门的用户提供储蓄和借贷需求，特别有利于那些无法获得传统金融服务的人

资料来源：嘉银新金融研究院整理。

目前，有不少中国金融科技企业在印度尼西亚牌照较难获取后，看到越南市场信贷需求较大，同时有捷信等其他持牌金融公司也已经了解了部分群体，因此也纷纷将目光投向了越南。除掌众和明特量化等较早布局东南亚市场外，新锐创业企业也开始步入。如ScoreOne，面向的群体为年轻工薪人群，以工厂工人、服务行业从业人员为主，客单价100～140美元，目前放贷总额达到4000万美元。获客方面，ScoreOne依靠Google和Facebook广告投放、线下代理团队地推、电销等方式。除越南市场落地外，2018年初已经上线针对菲律宾市场的现金贷APP UPeso，并获得菲律宾当地的小贷牌照，目前贷款累计达到500万美元。

中国信贷科技控股收购了Amigo Technologies 51%的股份来布局越南市场，并通过收购LEYUlimited 48%的股份成为掌众金融的第一大股东。

二、网络借贷行业监管

越南国家银行（State Bank of Vietnam，SBV）是越南的中央银行，负责执行银行业监管职能，同时也负责签发或撤销信贷机构的运营牌照，解散、兼并信贷机构，检查、监控信贷机构的经营活动，并处罚违规的信贷机构。截至目前，越南国家银行还没有对金融科技领域颁布任何监管政策和牌照，现有政策仅局限于不包括比特币在内的货币交易和信贷机构。因此在越南，目前理论上只有银行和持牌金融机构允许进行放贷业务。

除了传统银行机构提供的电子银行服务（无论其是否与金融科技公司合作），大多数现有的越南金融科技业务都致力于P2P借贷或P2P转账（包括国际汇款）。与其邻国相比，越南的P2P借贷平台似乎更加活跃，一是因为越来越多的居民会更倾向于从朋友和家人处借钱而不是从金融机构借钱，二是来自海外越南侨民的汇款以及大多数居民缺少借记卡的现状也推动了 P2P 转账平台的发展。

第四节 越南支付行业

一、支付行业现状

越南是一个以现金支付为主的国家，其中近 90% 的交易都是以现金方式进行的，这导致金融科技主要关注支付服务的发展，大约 47% 的越南金融科技创业公司只专注于支付。在电子商务显著发展、银行卡和智能手机快速普及的推动下，越南移动支付发展迅猛，至今越南已成立有 30 多家电子支付公司，其中三分之二提供移动支付服务。2016 年越南移动支付市场交易额 160.54 亿美元，预计到 2025 年将达到 709.37 亿美元，2018 年到 2025 年的复合年增长率为 18.2%。总体而言，越南移动支付市场参与者众多，但市场较为分散，各个公司拥有各自独立的用户和商家，而且服务同质化，行业有待整合。

目前，市场占有率排名前列的是 MoMo Pay，它是越南公司 M_ Service 开发的电子钱包和移动支付应用程序。MoMo Pay 使用户能够在线支付，进行点对点转账，购买游戏信用卡，充值以及支付水电费。它目前支持近 100 家服务提供商在线业务的支付，并与 24 家国内银行以及包括 Visa、MasterCard 和 JCB 在内的国际支付网络集成。截至 2017 年 10 月，该服务在 iOS 和 Android 上拥有近 1000 万用户。MoMo Pay 被 H2 Ventures 和 KPMG 评为 2018 年 FinTech 100 全球领先的金融科技创新者之一。

表 9-3 越南有代表性的移动支付公司

支付公司	成立时间	成立地点	业务简介
OnePay	2006 年	越南胡志明市	OnePay 是越南领先的在线支付和金融交易处理公司
VinaPay	2007 年	越南河内市	VinaPay 是一家私营公司，专注于使用移动和互联网技术的电子支付服务
VNPAY	2007 年	越南河内市	VNPAY 与银行联系并合作建立基于现代手段的支付解决方案，例如手机银行、VnTopup、账单支付 VnPay-Bill、在线服务门户 Vban.vn、VnMart 电子钱包，公用事业 SIM 卡，销售机票

续表

支付公司	成立时间	成立地点	业务简介
SenPay	2008年	越南胡志明市	自2008年以来授权在越南支付电子商务和在线零售商的支付网关
123Pay	2010年	越南胡志明市	连接并广泛应用于许多领域,包括数字服务(在线游戏,在线音乐);电子商务(销售网站);预订度假旅游和酒店,电影/机票,手机充值,支付电/水/ADSL账单等公用事业服务
Momo Pay	2013年	—	MoMo是越南电子钱包和数字金融服务平台,其产品帮助越南客户进行全国范围的现金转账,支付超过100种账单,为手机账户充值,结算个人贷款以及购买软件许可和在线游戏卡,航空公司和电影票等服务
1Pay	2013年	越南河内市	允许客户通过短信、在线和预付卡进行支付,可以通过1Pay在越南手机上购买商品,商家可以在1Pay提供的界面中查看所有销售
Vimo	2014年	越南河内市	Vimo是一个电子钱包和移动支付应用程序。Vimo使用户能够在几秒钟内在线支付并进行点对点传输
Payoo	2014年	越南胡志明市	Payoo是一家电子钱包服务公司,旨在"帮助用户在线购买,销售和交易"

资料来源:嘉银新金融研究院整理。

二、支付行业监管

越南政府支持电子商务和电子(无现金)交易,并大力投资数字化基础设施和电子支付服务。2012年,为电子支付提供法律框架的第一部立法《非现金支付法令》颁布。目前,第三方支付服务提供商被定义为由越南国家银行许可提供第三方支付服务的银行以外的组织,并受第101/2012/ND-CP号法令和第39/2014号通知/TT-NHNN的监管。该法令详细规定了越南的银行和非银行组织必须遵守的一系列规则,以获准提供支付中介服务,如电子支付门户、现金收款和支付服务、电子汇款服务和电子钱包服务。服务提供商申请许可证需要满足以下要求,包括拥有至少500亿越南盾(220万美元)的注册资本,法定代表人和员工必须拥有"专业能力",技术基础设施必须满足SBV的要求以及执行服务的内部流程要求等。到目前为止,越南国家银行已向27家非银行机构授予许可证。

随着数字基础设施的发展，政府也在关注数字支付的安全性，以确保消费者权益得到保护。为了降低风险，政府于2016年10月发布了第30/2016／TT－NHNN号通知，规定了支付服务和中间支付服务，包括安全解决方案、处理索赔、ATM安全以及合法权利等方面的规定。此外，越南国家银行也实施了多项解决方案，包括加快审查电子支付法律文件的合规性，完善支付系统的安全和保障框架，保护客户和支付交易提供者的合法权益。

对于越南来说，走向数字经济需要进一步改变监管框架并与私营部门合作。越南政府需要进一步扩大银行服务的渗透率，尤其是农村地区ATM和POS机的渗透率，其次为了建立消费者对在线支付的信任并提高普及率，政府应激励非现金交易，简化数字支付规则，并确保适当的申诉补救制度。而金融科技公司需要增加与公用事业账单支付、网上购物、汇款等其他服务的合作，以实现服务的多元化和差异化。

第五节 越南众筹行业

一、众筹行业现状

众筹在全球范围内呈指数级增长，为企业和投资者提供了令人兴奋的机会。众筹受到西方发达国家的高度关注，现在也在向新兴市场蔓延。过去几年，众筹开始进入越南市场，但是发展比较缓慢，只有少数项目成功筹集了足够的资金，其中大多数是艺术家创业项目（漫画书）或技术（手机游戏）等。由于东西方之间的文化差异，众筹在越南的发展面临一些挑战，而这在西方国家并不存在。在创业方面，越南对失败和批评的恐惧影响了人们分享想法和寻求投资的意愿；在投资方面，个人商业关系在越南文化中发挥着重要作用，这使得人们很难通过互联网投资于"陌生人"。尽管与许多西方国家相比，越南众筹并不常见，但这并不意味着越南的众筹不会增长，相反，许多众筹平台正在兴起，其中几个平台已经取得了巨大的成功，比如FirstStep，Comicola等。

表9-4　　　　　　　　　　越南有代表性的众筹平台

众筹平台	成立时间	业务
FirstStep	2014年	FirstStep是越南基于奖励的众筹平台，为初创公司提供筹集资金的可能性
Betado	2015年	与FirstStep类似，Betado也是一个快速发展的众筹平台，旨在为越南市场创造创新产品的机会
Comicola	—	Comicola是越南漫画业的众筹平台，旨在帮助越南的年轻漫画家分享他们的产品
Fundstart	2015年	Fundstart.vn将自己视为一个创意之家，它将来自不同领域的小型到大型项目孵化，如音乐、艺术、设计、游戏或技术

资料来源：嘉银新金融研究院整理。

二、众筹行业监管

众筹在越南发展面临的一大障碍是越南的法律体系，目前越南尚未制定关于众筹的具体法律。为了提供一个良好的政策环境，未来越南需要制定关于众筹的明确法律。

本章小结

随着东盟和整个亚洲地区风险投资公司数量的增加，投资者现在正在关注越南金融科技创业公司的情况。两家韩国基金、渣打私募以及高盛都已斥重资投资了越南金融科技的发展。

然而，金融科技行业的增长不仅取决于投资、新技术或智能手机渗透，还需要强大的法律框架。政府已开始注意到金融科技的崛起，并于去年成立了金融科技指导委员会，以改善生态系统。政府需要继续推动在公民和政府机构中采用此类技术，与私营企业密切合作，增加数字服务的可及性，并建立积极的法律框架，以促进金融科技在越南的发展。